程序性辩护的道与术

PROCEDURAL DEFENSE

娄秋琴 著

法律出版社 LAW PRESS·CHINA
北京

图书在版编目（CIP）数据

程序性辩护的道与术 / 娄秋琴著. -- 北京 : 法律出版社, 2025. -- ISBN 978 -7 -5244 -0027 -1

Ⅰ. D925.11

中国国家版本馆 CIP 数据核字第 2025WQ9607 号

程序性辩护的道与术
CHENGXUXING BIANHU DE DAO YU SHU

娄秋琴 著

策划编辑 赵明霞 魏艳丽
责任编辑 赵明霞 魏艳丽
装帧设计 马 帅 臧晓飞

出版发行 法律出版社
编辑统筹 法商出版分社
责任校对 李慧艳
责任印制 胡晓雅
经　　销 新华书店

开本 710 毫米×1000 毫米 1/16
印张 28.75　**字数** 456 千
版本 2025 年 5 月第 1 版
印次 2025 年 5 月第 1 次印刷
印刷 北京中科印刷有限公司

地址:北京市丰台区莲花池西里 7 号(100073)
网址:www.lawpress.com.cn
投稿邮箱:info@lawpress.com.cn
举报盗版邮箱:jbwq@lawpress.com.cn
销售电话:010 - 83938349
客服电话:010 - 83938350
咨询电话:010 - 63939796

书号:ISBN 978 -7 -5244 -0027 -1
定价:118.00 元

凡购买本社图书,如有印装错误,我社负责退换。电话:010 - 83938349

序

娄秋琴博士的著作《程序性辩护的道与术》即将问世，作为她攻读博士学位期间的导师，我对她的新著出版由衷地感到高兴，并愿意在浏览书稿后谈一点感受。

我国刑事诉讼理论界提出“程序性辩护”的概念已经20多年。当今司法实践中，刑辩律师围绕程序问题展开程序性辩护已成为常态，并且其中不乏取得良好辩护效果的成功案例。正是在此背景下，娄秋琴于2017年9月入学攻读博士学位后提出以“程序性辩护”作为其博士学位论文的选题，对此我不仅同意而且全力支持。经过三年刻苦学习，潜心研究，她如期完成了论文并取得法学博士学位。《程序性辩护的道与术》一书是她在博士学位论文的基础上，结合司法实践中程序性辩护的现实问题和大量辩护案例，进行充实、完善的成果。浏览书稿后，我不仅看到了较其博士学位论文在理论上的进步，更看到了在程序辩护实践上的尽情挥洒。其中以下几点给我的印象最为深刻：

一是她对程序性辩护理论问题的深入研究和辩护实践的不懈追求令我感动，值得点赞。通常，在职人员攻读全日制博士取得学位后，往往会“刀枪入库，马放南山”，不再触碰研究过的课题。一则因为工作忙顾不上，二则因为写作完成博士学位论文“已经消耗干了激情和精力”。但是，娄秋琴“一反常态”，其毕业后在博士学位论文基础上继续深入研究，笔耕不辍，先后写作出版两部著作。这对于一位两个孩子的母亲和“不是在出庭就是在出庭路上”的资深刑辩律师而言，是何其之难！她之所以能够如此，没有对程序性辩护理论问题的强烈兴趣和对程序性辩护实践的不懈追求，是不可能的。仅对此而言，就值得我们为她点赞！

二是《程序性辩护的道与术》是对其之前相关著作的深化与突破，值得阅读学习。浏览书稿后，我感到本书并不是作者之前研究成果的重复之作。应该说这是作者深耕刑事辩护实务二十余载，在博士学位论文基础上，从程序性辩护理论与辩护实践的碰撞中淬炼出的一部兼具学术厚度与实务锋芒的力作。该书既以刑事诉讼法学理为根基，系统阐释程序性辩护的权利逻辑与制度框架，又以司法实践中的“真问题”为导向，展开程序性辩护的实务研究，提出诸多真知灼见。对读者而言，透过本书，足以洞见程序性辩护理论与实践问题的现象与本质、局部与全貌、原理与规律。

三是本书通过对程序性辩护实战案例的深入剖析，提炼出了司法实践中程序性辩护主要领域的思维范式与操作要领，对于广大刑辩律师具有不可多得的指导意义。在娄秋琴写作博士学位论文期间，鉴于博士学位论文的学术规范和评价标准，我提示她应当把研究重点放在与程序性辩护相关的基础性学术问题上，相关案例可以有甚至应该有但不宜多。而且文中使用案例不需要对案例本身展开研究，而应当从案例中抽象、提炼出程序性辩护的理论问题和学术观点。让她待博士毕业后再在博士学位论文的基础上，发挥自己是执业律师的优势，更多地结合司法实践中程序性辩护的实战案例展开研究，完善内容。应该说《程序性辩护的道与术》一书充分体现了这一精神，达成了娄秋琴最初的心愿，而且也使她多年的研究心血对广大刑辩律师开展程序性辩护实践更具指导意义。

总之，《程序性辩护的道与术》一书既展现了一名法学博士对诉讼原理、本质的深刻洞察，又彰显了一名资深刑辩律师的实战智慧，为刑事辩护专业化、精细化发展提供了方法论指引，同时也对刑事司法工作者充分理解程序性辩护对促进刑事程序正当性的作用具有不可忽视的参考价值。因此，无论是司法实务工作者还是学术研究者，皆能从本书中获得思想启迪与实践镜鉴。

最后，再次祝贺娄秋琴博士《程序性辩护的道与术》新作出版！

中国政法大学教授
顾永忠
2025 年 3 月 12 日

前·言

在一起对非国家工作人员行贿1000余万元的案件中，本人通过申请排除两名被告人的有罪供述，申请侦查人员出庭，申请调取同步录音录像，最终使得被一审法院判处有罪的案件在二审改判为无罪。正是通过程序性辩护，我们成功推翻了认定当事人有罪的15份关键证据——这个经历像一粒种子，让我持续关注那些藏在程序褶皱里的正义之光。

这些年，本人见证了刑事辩护领域的悄然变革。过去律师更多聚焦于“该不该判刑”“该判多久”的实体之争，如今越来越多的同行开始钻研“证据怎么来的”“手续齐不齐全”“程序合不合法”的程序细节。这种转变在2012年《刑事诉讼法》修订后尤为明显，就像打开了潘多拉魔盒，让程序性辩护从纸面理论真正走进法庭实战。在甘肃陈某琴故意杀人两次被判死缓的案件中，正是2012年《刑事诉讼法》修改之后，本人向法庭申请召开庭前会议，申请启动非法证据排除程序，通过走访案发现场，最终排除了陈某琴的有罪供述，最后取得了二审改判无罪的结果——这种纸面上的改判结果，恰是程序意识觉醒的“惊雷”。

正是因为这些宝贵的程序性辩护经验，本人对程序性辩护产生了浓厚的研究兴趣，并在入校攻读博士学位时就将博士学位论文的选题确定为“程序性辩护”。在读博期间通过查阅各类文献发现，理论界对程序性辩护的研究一直没有中断过。很多知名学者，如陈光中、顾永忠、陈瑞华、闵春雷、王敏远等教授，在论文和著作中对程序性辩护均有涉猎，其中很多观点开了程序性辩护学术研究的先河。其他学者的研究成果也不少见，但具有系统性的与时俱进的成果并不多。即使在2012年我国《刑事诉讼法》修改后，相关研究还基本停留在此次《刑事诉讼法》修改之前的时空条件下，大部分对程序性辩护的研究还局限在“狭义程序性辩护”的范围内，甚至主要集中在非法证据排除的问题上。这种情形不仅与立法上关于程序性辩护的重大变化相脱节，也在实践中制约了程序性辩护的广泛运用和有效发挥作用。① 由于程序性辩护具有一定的实务性，很多人更加关注程序性辩护的具体实操，所以学术探讨更多的还是停留在问题层面上，并未对程序性辩护进行体系性研究，没有完全厘清程序性辩护的基本概念等基础性问题，也没有对程序性辩护的理论基础和价值进行深入的研究，加上缺乏程序性辩护实务经验的支撑，研究成果在实操性方面也较为薄弱。鉴于当前的研究现状，本人的博士学位论文主要从理论和实务两个角度对程序性辩护进行系统的梳理：一方面，从基础理论入手，厘清程序性辩护的基础性问题，丰富程序性辩护的理论研究，以便为程序性辩护的实务活动提供理论支持；另一方面，以实务为切入口，将理论思考与实务分析相结合，希冀为程序性辩护的实务操作提供借鉴和参考。后博士学位论文顺利通过了答辩。

博士毕业后，本人对博士学位论文重新进行了一次系统梳理，增加了实操性更强的实践内容，并在全国 31 个省（直辖市、自治区）搜集了 50 多起程序性辩护成功的案例，在中国人民大学出版社出版了《程序性辩护》一书，在业内引起广泛关注。为了让自己的研究成果在实践中发挥更大的价值，尤其是为程序性辩护实战提供操作指引，本人又重新进行了体系化调整，删除了较为宏观的理论内容，又增加了 100 多个成功的程序性辩护的案例，以案例精析为导向，力争更贴近实践，最终完成了《程序性辩护的道与术》一书，希冀为辩护律师、司法工作者、程序法研习者等对程序性辩护感兴趣的读者提供借鉴和参考。

书中收录的案例，每个都是辩护律师进行程序较量的缩影，有的维护了程序的正义，有的取得量刑的从轻，有的甚至取得了全案无罪的结果。比如在办理的一起检察机关指控贪污 3000 余万元和挪用 1200 余万元的案件中，本人作为辩护律师申请管辖异议，申请回避，申请排除以引诱、威胁的方式取得的被告人供述，再结合实体性辩护，最终使案件获得一审宣告无罪的结果。这些实战经验让我深刻体会到：程序性辩护不是死磕挑刺，而是用法律人的“显微镜”，在程序的“毛细血管”里寻找真相的印记。

---

① 顾永忠、娄秋琴：《程序性辩护的理论发展与实践展开》，载《国家检察官学院学报》2020 年第 3 期。

本书共分十章，前四章是“道”，着重厘清程序性辩护的底层逻辑，比如程序性辩护的现状、什么是程序性辩护、程序性辩护到底有没有价值、如何运用理论增强辩护效果以及如何有效地进行程序性辩护。后六章则是“术”，系统拆解申请非法证据排除、提出刑事管辖异议、申请办案人员回避、申请强制措施变更与解除以及会见和阅卷等常见的程序攻防策略，以案例为导向，从实务的视角阐述了如何运用规则和制度进行相关的程序性辩护，并对司法实践中存在的现实问题，提出应对之法以及相关的完善建议。

特别要说明的是，书中所有案例都经过脱敏处理，但保留了最核心的程序攻防要点。读者会在阅读本书时逐渐发现，程序性辩护是一个辩护律师必须重视的辩护形态。程序辩护不是花架子，也不是非要和司法机关硬碰硬，而是要在法律框架内讲道理、摆证据、把握分寸。就像医生既要关注病人的病症，也要检查医疗过程是否规范，只有把这两方面结合起来，才能真正维护当事人的合法权益。司法工作者同样需要更新观念。程序性辩护不是给办案“找麻烦”，而是帮助发现办案过程中的漏洞和问题。法官、检察官、警官若能以开放的心态认真对待律师提出的程序问题，不仅能避免冤假错案，更能推动司法公正和规范化建设。这本书就像程序辩护的“实用手册”，既适合天天在法庭上较真的律师和司法人员，也适合法律专业的师生。这些鲜活的实践经验，或许能让你对“程序正义”四个字有更真切的理解。

当然，本书虽然历经十几次修改，但书中难免留有遗憾。刑事辩护本就是遗憾的艺术，不管事先准备多么充分，都可以不断精进完善，但正是这些遗憾，才能推动着我们不断前行，所以也恳请读者通过邮箱分享您的真知灼见来弥补这些遗憾，您提供的每个成功的程序性辩护案例，都可能成为下次修订时的珍贵材料（联系邮箱：louqiuqin@163.com）。

contents

目·录

上篇

原理篇

下篇 实战篇

第五章 如何有效地进行程序性辩护

第六章 申请非法证据排除

第七章 提出刑事管辖异议

第八章 申请办案人员回避

第九章　申请变更、解除强制措施

第十章　会见和阅卷

案例索引

第一章　程序性辩护的现状

第二章　什么是程序性辩护

第三章　程序性辩护到底有没有价值

第六章　申请非法证据排除

第七章　提出刑事管辖异议

第九章　申请变更、解除强制措施

第十章 会见和阅卷

上篇

原理篇

导 读

刑事辩护是一项实战性很强的专业活动，所以很多律师更注重实战经验，而不太重视相对晦涩的理论问题。由于中国司法传统一直重实体、轻程序，程序性辩护在实践中取得的效果不尽如人意，导致很多律师不重视程序性辩护，而且对程序性辩护是什么、辩护的范围包括哪些、辩护能起到什么作用并不清晰甚至在认知上存在很大偏差。为此，本书原理篇旨在通过阐述程序性辩护的基础理论，厘清对程序性辩护的理解误区，以提升律师对程序性辩护的认识。

01

第一章

程序性辩护的现状

受重实体轻程序司法传统的影响，程序性辩护在司法实践中一直不受重视，辩护效果不尽如人意，又反向导致程序性辩护进一步被忽视，如此恶性循环。本章通过呈现程序性辩护的现状来发现程序性辩护当前存在的问题。

第一节 重实体轻程序占据主流

随着“保障人权”被写入宪法，我国的刑事诉讼法也在不断加强对犯罪嫌疑人和被告人诉讼权利的保护，如扩大辩护权在内的诉讼权利、以立法的形式确定非法证据排除规则、修改辩护人的责任等，为程序性辩护奠定了立法基础。但受传统思维的影响，“重实体、轻程序”的思想在司法实践中仍然十分盛行，并且占据主流地位，程序正义的观念要得到普遍的接受需要一定的时间和过程。

一、司法机关容易忽视程序问题

长期以来，我国司法机关对于刑事诉讼中的程序问题并未给予足够的关注，无论是公安机关、检察机关，还是审判机关，对于《刑事诉讼法》及相关司法解释规定的程序要求都不够重视，所以容易出现程序瑕疵乃至程序违法。造成这种局面的因素错综复杂，主要体现在以下四个方面：

（一）传统思维更重视实体真相

受纠问式诉讼制度的影响，我国司法机关对刑事案件重在查明案件真相和惩治罪犯，往往容易忽视对人权的保障。“国家尊重和保障人权”于2004年被写进宪法，这是中国人权发展的一个重要里程碑。但即使如此也仍没有削弱司法界对实体真相的追求，有人甚至认为强调人权保障，就难免会影响实体真相的发现，犯罪的惩治力度就不可避免地被削弱；要增强对犯罪的惩治力度，就必须以牺牲对个人权利的保障为代价。由于传统思维对实体真相的重视和追求，程序要求往往就容易被忽视。

（二）终身责任制度导向关注实体问题

2013年，中央政法委发布了《关于切实防止冤假错案的规定》，要求人民警察、法官和检察官对办案质量终身负责，并建立健全冤假错案的责任追究机制。2015 年，最高人民法院《关于完善人民法院司法责任制的若干意见》中规定，法官应当对其履行审判职责的行为承担责任，在职责范围内对办案质量终身负责。此外，公安部和最高人民检察院也对警察和检察官的刑事司法工作规定了相应的终身责任制度。但这些终身责任制度的追究标准主要是以实体真相为导向的，只有案件在实体上存在重大错误，相应司法人员才会被追究责任，而那些实体上没有错误，只是程序违法的情况，并不在追责的范围内。相反，如果因程序违法将有罪证据排除后导致实体认定错误的，却有被追责的可能。在这种导向下，司法机关必然更重视实体而忽视程序问题。

（三）考核制度也重视实体问题

司法机关的内部考核制度主要关注破案率、打击数、逮捕数、捕后不诉率、实刑率、不起诉率、无罪判决率、发回重审率等，这些考核指标也主要关注的是实体问题，对于程序问题很少设置相应的指标予以考核，如没有设置非法证据排除率、变更强制措施率等。这也使司法机关工作人员对于关注程序问题“提不起劲”，自然不会太在意是否存在程序瑕疵或者程序违法问题。

（四）司法机关之间相互配合多于制约

虽然我国《刑事诉讼法》规定公检法进行刑事诉讼，应当分工负责，互相配合，互相制约，以保证准确有效地执行法律，但在司法实践中，公检法毕竟都是国家机关，在面对被追诉人和辩护人提出程序违法的抗辩时，体现互相配合多于互相制约，对于程序瑕疵或者程序违法，一般只需写写情况说明进行解释或者补正，不会产生惩罚性后果，付出的代价太低，导致程序问题得不到应有的重视。

二、辩护律师自己也不重视程序性辩护

程序性辩护虽然是刑事辩护中一项非常重要的辩护内容，但刑事辩护律师也都更愿意在实体问题上进行深入研究，对于程序问题和相应的规则并没有那么大的热情，有些资深律师还谆谆告诫年轻律师不要轻易进行程序性辩护。刑

事辩护律师不重视程序性辩护主要有以下几方面的原因：

（一）因对程序性辩护研究不足而没有信心

程序性辩护与实体辩护一样，专业性极强，需要对《刑事诉讼法》及相关司法解释研究深入、透彻，对程序背后蕴含的法理理解全面，方能提出有效的程序性辩护意见。而刑事辩护律师通常热衷于实体研究，热衷于研究如何定罪和如何量刑，相比于实体法，程序法是相对弱项，对其进行深入钻研的人较少，所以即使案件存在程序问题，囿于研究不深，认知不够，也不敢提出程序性辩护的意见，对进行程序性辩护缺乏信心。

（二）因认知偏差而不知道进行程序性辩护

除了不知道如何进行程序性辩护外，很多律师还不知道什么是程序性辩护，有的律师甚至认为只有到了审判阶段才能进行程序性辩护，认为只有在审判阶段申请非法证据排除或者以程序违法为由要求撤销原判才属于能产生辩护效果的程序性辩护，所以在审前阶段根本没有想过进行程序性辩护，这种认知上的偏差容易导致错失程序性辩护的时机。实际上，程序性辩护是与实体性辩护并行和交织进行的活动，贯穿于刑事诉讼全过程。辩护律师不但可以在审判阶段进行程序性辩护，在审前阶段也可以进行程序性辩护，甚至审前阶段的程序性辩护占比还更重，比如侦查阶段，从立案开始，犯罪嫌疑人往往会被采取强制措施，同时还伴随各种强制性侦查措施和财产性强制措施，错误的强制措施可能会严重侵犯被追诉人的人身权利和诉讼权利，甚至会产生严重的侵害后果。因此，审前阶段的程序性辩护在保障人身权利和诉讼权利上不但需要而且可能更能发挥作用。但由于认知上的偏差，很多律师不知道在审前进行程序性辩护。

（三）因害怕得罪司法机关或害怕抗争而不敢进行程序性辩护

在我国现行司法环境下，程序正义得不到重视，提出程序性辩护意见，容易被司法机关工作人员误认为是“挑刺”“没事找事”。尤其是近些年来，辩审冲突逐步加剧，辩护律师和法官在法庭上的冲突不断，再加上程序性问题事无巨细，需要逐项提出问题并进行反驳，从而拖慢诉讼节奏，容易引起司法人员反感。对于程序违法提出抗辩型的程序性辩护，直接将矛头指向司法机关或者司法人员，存在直接的利害关系，也很容易因此得罪司法机关或者司法人员。因此在司法实践中，司法人员对于辩护律师提出程序性辩护进行打断或责难的情形不在少数。在这种环境下，辩护律师害怕得罪司法机关或者司法人员而使自己或者当事人处于不利地位，久而久之，也容易打消程序性辩护的念头。还有一些辩护律师讲究“中庸之道”，认为不该为程序问题在法庭上唇枪舌剑，没有必要与司法人员伤了和气，害怕抗争，所以也不进行程序性辩护。

（四）因担心增加工作量而不愿意进行程序性辩护

程序性辩护的专业要求不但高，而且还可能增加额外的工作量，比如申请非法证据排除，通常需要查阅海量的同步录音录像，相比于看纸质的讯问笔录或询问笔录，查阅同步录音录像所需要耗费的时间和精力是巨大的，尤其是想要找出线索和材料，就得认真看细节和听细节，这对辩护律师开展程序性辩护而言会带来不小的阻碍和考验。由于实践中程序性辩护收效甚微，很多律师不愿意耗费这么多时间和精力进行程序性辩护，认为其投入和产出不成正比。

三、理论界对程序性辩护研究不足

（一）对刑事辩护本身研究不足

一方面，我国刑事辩护起步较晚，自 1954 年辩护制度设立起算，至今也不过七十年的发展历程，因而在理论领域的研究尚浅薄。另一方面，刑事辩护作为一门实践科学，其中不仅包含法学知识，还包含了语言学、逻辑学、犯罪学、心理学等知识，甚至是博弈论、交际学、统计学等内容，研究难度之大也令一般学者望而却步。这就导致国内直至目前还尚未出现对刑事辩护成体系的研究课题和成果。而实务改革是需要理论研究推动的，在理论研究尚还落后且未引起学者足够重视的情况下，或多或少使得程序性辩护施展拳脚难免存在局限。

（二）理论界对程序性辩护的研究很少

刑事辩护尚未掀起研究热浪的情况下，程序性辩护作为刑事辩护下的一个独立分支，受到的关注和研究就更少之又少。近些年来，很多知名学者，如陈光中、顾永忠、陈瑞华、闵春雷、王敏远等教授，在论文和著作中对程序性辩护均有涉猎，其中很多观点开了程序性辩护学术研究的先河。其他学者的研究成果也不少见，但将理论与实践结合进行系统性研究的并不多。而刑事辩护作为一门实践科学，并非空中楼阁，正需要学者将理论与实践结合起来研究，唯有立足司法实践，结合真实案例，在案例中运用与思考，才能真正将程序性辩护发扬光大。

第二节 程序性辩护的效果不尽如人意

不少律师在司法实践中进行程序性辩护，但效果却不尽如人意，程序性辩护的意见要么被置之不理，要么不被采纳，如申请非法证据排除、申请变更强制措施、申请回避、申请变更管辖、申请证人出庭等，程序性辩护取得良好效果的并不常见，律师进行程序性辩护时的无力感却是常态，造成这种局面有司法机关的原因，也有律师自身的原因。

一、司法机关重视不足

程序性辩护在我国司法实践中难以取得良好效果，原因在于司法机关对于实体的关注远大于程序，对程序正当要求的“阈值”很低。在程序合法方面，司法工作人员既没有考核压力，也没有太大的职业风险，对程序瑕疵司空见惯，通过情况说明进行补正和解释通常都能得以解决，程序违法的代价很小，导致明知程序违法而为之，且我国长期受纠问式制度的影响，被追诉人很多时候仍然处于“诉讼客体”的地位，其合法权利和诉讼权利得不到充分地重视，有些司法工作人员对辩护律师提出的程序问题重视不足，认为对实体不会造成影响就不用在意程序性辩护。

二、辩护律师能力所限

（一）专业不足

程序性辩护要求辩护律师对《刑事诉讼法》及其相关的司法解释、部门规章甚至是内部规定都要了然于胸。如果对这些规范规定没有研究，在提出程序性辩护意见时就容易捉襟见肘。尤其是要对程序设立背后的法理有清晰认识，对程序正当的独立价值有深刻理解，否则一旦面临法官或检察官的质疑，辩护律师可能陷入自乱阵脚的尴尬境地。例如，针对毒品案件，最高人民法院、最高人民检察院、公安部对其扣押、取样、称量、鉴定等程序问题进行了极为细致的规定，对其中的内容辩护律师必须如数家珍。而之所以对毒品案件作出如此细致的规定，正是基于毒品案件的特点。一方面，毒品案件死刑率高，基于尊重生命的基本要求，更要以程序是否合法为抓手和导向，严格掌握死刑证据认定的最严标准和最高要求。另一方面，毒品案件程序问题多且对案件影响大。毒品作为毒品案件的重要物证，其搜查、扣押的合法性、同一性必须得到保障。另外，毒品的化学属性又要求对其严格保管、取样、鉴定，否则就极为容易对实体审理产生重大影响。对于这些问题，辩护律师必须进行专业的研究和掌握。但在实践中，很多辩护律师对这方面研究不足，无法做到有效的程序性辩护，导致辩护效果不尽如人意。

（二）方法欠缺

实践中一提到程序性辩护，很多人脑海里呈现的就是剑拔弩张或者“你死我活”的激烈场景，因为理论界有学者提出程序性辩护的性质就是攻击性辩护的观点，认为程序性辩护是从消极的防御转变为积极的进攻，从被动地进行无罪或者罪轻的抗辩，转变为主动地对程序性违法行为提出指控。这样的程序性辩护具有很强的攻击性。

但程序性辩护不只是针对程序违法行为提出抗辩，还包括提出对被追诉人有利的程序性请求。在进行这类程序性辩护时，被追诉人及其辩护人不是主动进行控诉和攻击，而是进行沟通与协商。可见，程序性辩护既可以采取攻击的方法，也可以采取交涉的方法。如果没有把握程序性辩护的本质，有可能对程序性辩护在认知上产生偏差，不利于进行有效的程序性辩护。

（三）缺乏分寸

抗辩型的程序性辩护是针对程序违法提出异议，控辩双方通常处在剑拔弩张、势不两立的冲突和对抗中，实践中很多律师掌握不好分寸，将法律问题的对抗上升到了人的对抗，将情理的对抗上升到了情绪的对抗，最终导致辩审冲突、控辩冲突等极端结果，既影响了庭审效率，又不利于维护被追诉人的合法权益。

事实上，不管是基于什么样的考虑和部署，辩护律师对抗都必须立足于事实和法律，对于确实存在对抗空间的案件，应该坚决进行对抗，为权利而斗争，或者提出存在程序性违法行为，或者提出证据无法形成完整的证据链，无法达到排他性或者结论唯一性的程度，无法达到排除合理怀疑这一法定的证明标准，不管这样的辩护意见最终是否被实际采纳，律师的辩护都是依法进行且有理有据有节。律师不能为了对抗而对抗，将瑕疵证据当作非法证据，无视司法机关合法的补正和合理的解释，无视案件具体的事实和证据情况，单纯为了无罪辩护而进行无罪辩护，从而丧失对当事人有利的量刑辩护的机会，更不能为了自我炒作进行对抗性表演，这样不仅达不到从轻处罚的结果，还可能使自己的当事人处于更加不利的境地，辩护效果可想而知。

第三节 程序性辩护存在的误区

一、程序性辩护仅发生在审判阶段吗?

答案是否定的，程序性辩护贯穿于刑事诉讼全过程，不局限于审判阶段。这样的误区源于对刑事辩护理解的偏差，有人将刑事辩护仅理解为在审判阶段出庭辩护，不出庭就不是辩护，那么自然很多人认为程序性辩护也只发生在审判阶段，尤其是那些典型的程序性辩护，如申请回避、提出管辖异议、申请非法证据排除等，很多都是在审判阶段才被展示出来，所以程序性辩护就被误解为只发生在审判阶段。

如前所述，程序性辩护是一个在逻辑上与实体性辩护相对应，从属于刑事辩护概念的下位概念，是一项与实体性辩护并行的活动，与实体性辩护一样，贯穿于刑事诉讼全过程，不仅包括审判阶段还包括审前阶段，甚至审前阶段的程序性辩护占比还更重。但有学者提出，在审前阶段因为没有中立的第三方法院参与并居中进行裁判，程序性辩护最多只能算作辩护方与检控方进行的秘密协商和交涉，不会产生任何实质的法律效果。所以实践中对程序性辩护在审前阶段并不重视，而是将其局限于在审判阶段进行，且认为只有在审判阶段申请非法证据排除或者以程序违法为由要求撤销原判才属于能产生辩护效果的程序性辩护。这样的理解不利于全面开展程序性辩护。

顾永忠教授曾提出，在中国提出并开展程序性辩护，必须放在中国语境下。中国的刑事诉讼相较西方国家的刑事诉讼在程序设计上具有明显区别：一是法官并不介入审前程序，包括侦查程序和审查起诉程序；二是侦查机关以及检察机关在审前程序中具有较大的采取人身和财产强制措施的权力以及进行特殊侦查的权力；三是检察机关不仅是行使公诉职能的检控机关，还是法律监督机关。在此背景下，如果把程序性辩护局限在审判阶段，并且寄希望于审判机关对侦控机关的程序违法行为的程序制裁，势必大大降低程序性辩护的地位。

《刑事诉讼法》历经几次修改，关于程序性辩护“辩什么”和“如何辩”的规定越来越丰富，程序性辩护涉及的范围很广，包括针对人身强制措施的程序性辩护、针对财产强制措施的程序性辩护、针对案件管辖的程序性辩护、针对办案人员回避的程序性辩护、针对阻碍辩护人依法行使诉讼权利的程序性辩护、针对证据收集程序违法的程序性辩护、针对证据收集手段违法的程序性辩护、针对侦查措施适用问题的程序性辩护、针对审判程序问题的程序性辩护等，以上很多内容都是在审前阶段进行的，做好审前的程序性辩护有利于提升程序性辩护的地位。以下就是辩护律师通过审前一系列程序性辩护最终在审前阶段取得良好的实体辩护效果的案例。

案例 1－1 杜某涉恶案审前申请非法证据排除①

杜某系辽宁省东港市人，在本地经营典当业务，后因与债务人产生纠纷遭到恶意举报，被当地公安机关定性为恶势力团伙，以涉嫌诈骗、寻衅滋事、非法侵入住宅、敲诈勒索、虚假诉讼等五个罪名立案调查，可能面临15年以上有期徒刑的指控。

北京刘卫东律师、张海粟律师介入本案时，杜某正被公安机关指定居所监视居住，当地在先辩护律师多次申请会见杜某均遭到了公安机关拒绝。针对此情况两位律师依法向DD市检察院提出两项控告：一是要求检察机关对公安机关阻碍律师依法行使合法权利的情况予以立案调查；二是要求检察机关对公安机关错误适用强制措施的情况进行侦查监督。

在两位律师多次控告之后，检察机关责令公安机关将强制措施变更为刑事拘留，将杜某送看守所羁押。在此期间辩护律师得知杜某在指定居所监视居住期间，遭受到了严重的刑讯逼供，致使身体条件不符合羁押条件，被送至公安医院治疗。此后经过一周的治疗，杜某被送至看守所羁押，在会见期间杜某详尽地讲述了自己遭受刑讯逼供的过程。此种情况下，辩护律师制定了先固定证据再控告的策略，在家属的陪同下，到公安医院调取了杜某住院治疗期间的全部病历。病历显示，杜某由于遭受殴打已经出现了左手爪形手的功能性障碍，

① 本案例由北京市冠衡律师事务所刘卫东律师提供。

属于严重的伤情。后辩护律师立即兵分两路，一是到市检察院报案，要求对办案人员涉嫌刑讯逼供职务犯罪进行立案侦查；二是到具体办案的YB区检察院要求进行排除非法证据审查，并且要求检察院按照相关排除非法证据规定，在审查起诉阶段结束前，必须将调查结论书面告知辩护人。

基于刑讯逼供证据明确，YB区检察院决定排除在案犯罪嫌疑人的所有供述。最终案件在零口供的情况下被移送法院，法院判决杜某与羁押时长相同的“实报实销”刑期，其余犯罪嫌疑人均免予刑事处罚。

二、程序性辩护仅限于抗辩与攻击吗？

答案也是否定的。程序性辩护的方式和形式多种多样，不局限于抗辩与攻击。狭义的程序性辩护，辩护方成为程序性意义上的控诉方，国家专门机关成为程序性意义上的被告方，对抗性极强。美国著名刑辩律师艾伦·德肖微茨就说过：“我的一些委托人胜诉的原因是政府人员侵犯了他们的宪法权利。在为刑事被告，特别是有罪的刑事被告辩护时，你经常需要采取以攻代守的方式来对付政府——你得把政府置于被告的地位让它为自己的非法行为受审。在法律上就和体育比赛一样，最好的辩护就是主动进攻。”① 这种特性在申请非法证据排除的程序性辩护中尤为突出。侦查人员使用肉刑或者变相肉刑或者其他非法手段收集证据，被追诉人及其辩护人申请排除通过非法手段获取的证据，属于一种典型的程序性辩护。在进行这项程序性辩护时，被追诉人及其辩护人无须考虑指控的事实和罪名是否成立，指控的证据是否确实充分，而是对侦查活动中的非法收集证据的行为提出指控，有时甚至直接指控侦查人员的行为涉嫌构成刑讯逼供罪，形成了庭中庭或案中案，由检察机关或者审判机关审查侦查机关的非法取证行为，从而侦查人员及其非法取证的行为是被审的对象。侦查机关要提供证据证明取证行为系合法的，如果无法证明取证行为是合法的或者不能排除取证行为非法的可能性，侦查机关取得的证据就要被排除，即侦查机关收集证据的这个行为会被宣告无效。在这样的程序性辩护中，对抗是非常激烈的。

但程序性辩护不仅针对程序违法行为进行抗辩和攻击，还包括提出对被追

① ［美］艾伦·德肖微茨：《最好的辩护》，唐交东译，法律出版社1994年版，第2页。

诉人有利的程序性请求。比如，申请变更强制措施，提出符合变更强制措施条件的事实和法律依据时，因为办案机关并不存在程序性违法行为，想让这样的辩护意见被采纳，只能与国家有关机关进行交涉。可见，不能认为程序性辩护只能进行抗辩和攻击，其还包括沟通与协商。

案例 1－2 谢某某组织、领导黑社会性质组织案律师争取会见①

2019 年 6 月，某市公安局扫黑办在侦办谢某某涉嫌组织、领导黑社会性质组织一案过程中，为了阻止辩护律师会见谢某某，将谢某某化名为谢某羁押在 B 地看守所。谢某某家属前后两次聘请律师向公安机关申请会见，均被以“案情复杂，没有经过专案组组长审批不允许律师会见”为由予以拒绝，也未被告知谢某某被羁押在哪个看守所。谢某某家属无奈之下又委托马子伟律师团队担任谢某某的辩护人。辩护律师接受委托后继续向办案机关递交会见申请书，但办案人员采取躲避的态度：不见律师，也不收取申请手续。辩护律师在公安局办公室守了两天后终于见到了承办人，但承办人拒绝讲明相关信息。

虽然没能达到会见的目的，但辩护律师在交涉和抗辩过程中获知了该案系由省厅交办，由市局指导，交由其他县公安局扫黑大队办理的。于是辩护律师让谢某某家属回忆公安机关通知时打来的电话，然后设法知道该通知家属的人系 A 县公安局扫黑大队大队长，并推测谢某某被关押地点可能是 A 县看守所或该县附近的 B 县看守所。于是辩护律师通过办理正常手续分别前往两个看守地要求会见谢某某，了解到 A 县公安局在办理此案，而谢某某被羁押在 B 县看守所，并且谢某某在看守所已经被化名成谢某。之后辩护律师向 A 县公安局递交会见申请，但 A 县公安局拒绝律师会见。于是辩护律师以“A 县公安机关阻碍其会见犯罪嫌疑人”为由向 A 县人民检察院控告申诉部门进行控告，同时还向该院检察长写信反映情况。A 县人民检察院遂派员到看守所核实，被告知确实对谢某某进行过更名，但对该人的会见需经办案单位同意。A 县人民检察院书面向公安机关发出检察建议，要求其纠正违法行为，依法支持辩护人行使会见权。但辩护律师却被告知案件已经被市公安局收回办理，而 A 县人民检察院出

① 本案例由贵州瀛黔律师事务所马子伟律师提供。

具的检察建议书对市公安局无效。次日，辩护律师到市公安局与该局主要负责人进行了沟通和协调。案发后第四天，辩护律师终于成功会见到了谢某某，之后的会见也未再受阻。后经过辩护律师的有效辩护，谢某某涉嫌组织、领导黑社会性质组织犯罪未被认定。

三、程序性辩护是完全独立于实体性辩护吗?

答案是否定的。程序性辩护与实体性辩护相辅相成，但在不同诉讼阶段侧重不同。在学术上程序性辩护与实体性辩护虽然是两种相互独立的辩护形态，但在实践中却是两种并行不悖的辩护活动，两者相辅相成且密不可分，只有协同配合，才能达到最佳的辩护效果，使被追诉人的合法权益得到最大限度的维护。总体而言，程序性辩护既有独立的价值，又有服务于实体性辩护的价值，包括定罪辩护和量刑辩护。比如，指控犯罪的关键证据因属非法证据而被依法排除，势必影响对案件定罪或者量刑的实体判决。又如，与案件有某种特殊关系、可能影响公正处理案件的办案人员因程序性辩护被决定回避后，对实体性辩护也会产生积极的促进意义。再如，进行不予批准逮捕的程序性辩护有时要依托于是否有犯罪事实的实体性辩护，成功获得不予批准逮捕后又有利于推动取得绝对不起诉的结果。

案例1－3　杜某某非法经营案不予批捕后获绝对不起诉①

杜某某系在读研究生，其弟弟杜A注册了许昌经济开发区某烟酒店，并取得了烟草零售许可证，经营范围包括卷烟、雪茄烟，有效期2020年7月16日至2025年7月15日。该店平时由杜某某父母经营，2023年2月，杜某某为筹集读研学费，经他人提议，决定效仿通过微信等网络渠道销售“小象牌”烟油、奶茶杯等电子烟产品，2023年2月至4月，杜某某通过网络销售“小象牌”烟油、奶茶杯人民币共计160765元。公安机关以杜某某涉嫌非法经营罪对其刑事拘留，并提请检察机关批准逮捕。

泰州陈志学律师接受委托担任杜某某的辩护人，向检察机关提交不予批准

① 本案例由江苏尚学律师事务所陈志学律师提供。

逮捕法律意见书，同年5月30日检察机关作出不予批捕决定书，后案件被移送审查起诉。在审查起诉阶段，辩护人提出杜某某直系亲属（弟弟杜A）具有烟草零售许可证，杜某某和其父母、弟弟杜A共同生活，电子烟销售超过其经营许可范围，应适用行政法规范进行调整和处理，不应认定为犯罪。检察机关经审查最终采纳了辩护人的辩护意见，作出杜某某没有犯罪事实的不起诉决定书。

四、程序性辩护与实体性辩护孰轻孰重?

在肯定程序性辩护与实体性辩护之间的密切关系后，从辩护实务的角度讲，在刑事诉讼中，程序性辩护与实体性辩护孰轻孰重、如何把握，则是一个现实而又具体的问题。顾永忠教授曾提出从整体上而不是从个案来讲，在不同诉讼阶段，程序性辩护与实体性辩护的关系是不同的。他指出，在侦查阶段，刑事辩护应当以程序性辩护为主，以实体性辩护为辅。因为侦查阶段一般不会涉及具有法律意义的定罪量刑问题，且侦查阶段还在收集证据材料，为实体性辩护提供的条件和空间非常有限，所以要以维护犯罪嫌疑人的诉讼权利和定罪量刑以外的其他程序性合法权益为核心的程序性辩护为重。而在审查起诉阶段进行实体性辩护已经具备基本的条件和相应的空间，处在被追诉地位的犯罪嫌疑人仍然需要程序性辩护。因此，审查起诉阶段辩护人进行刑事辩护应当做到程序性辩护与实体性辩护并重。一旦刑事案件进入审判阶段，完整的控、辩、审诉讼构造就形成了，诉讼任务是对定罪量刑问题进行全面审理并裁判。此时对于辩护人来讲，应当是以实体性辩护为主，以程序性辩护为辅。但以程序性辩护“为辅”，并不是说在审判阶段程序性辩护不重要，而是说应当把程序性辩护放在适当的位置上：一方面，对于重要的程序性问题，特别是会对实体性问题产生影响的问题，应当予以重视并积极辩护；另一方面，对于一般的程序性问题，特别是一些程序瑕疵问题，既要提出辩护，又要把握好尺度，不能“捡了芝麻，丢了西瓜”，转移庭审重点，冲击实体性辩护。

02

第二章

什么是程序性辩护

司法实践中之所以对程序性辩护存在很多误区，认为程序性辩护只发生在审判阶段，且都是攻击性的，主要是因为对什么是程序性辩护这个基础问题没有搞清楚，本章主要阐述程序性辩护应遵循的原则、发展过程以及程序性辩护的定义和分类。

第一节 程序性辩护要遵循刑事辩护的原则

程序性辩护是刑事辩护的一种，是刑事辩护的下位概念，要了解程序性辩护，必须厘清刑事辩护的概念。刑事辩护应当注意的问题，作为下位概念的程序性辩护也同样要注意。

一、辩护人不能成为“第二公诉人”

案例 2－1 林某某担任辩护人被启动调查程序

浙江省法律援助中心指派林某某担任一起涉嫌贩卖毒品罪上诉案件的二审辩护人，该辩护人于 2020 年 10 月 17 日在辩护词结尾处写道：“然有宵小之辈，为己之力，冷漠公义；甚有邪恶之徒，杀人贩毒，泯灭人性，实为国之忧，民之害也，安可恕乎？综上，辩护人认为一审判决认定事实清楚，证据确实充分，法律适用正确，定罪量刑正确。”后杭州市律师协会发布了通告，称会根据《律师法》、中华全国律师协会《律师职业道德和执业纪律规范》等规定启动行业调查程序。

该辩护词在网上被公布后引起了热议，该辩护人不但作出“一审判决认定事实清楚，证据确实充分，法律适用正确，定罪量刑正确”的意见，更公然用了“安可恕乎”这样的反诘句，提醒法官被告人“罪不可恕”。很多人认为该辩护人违背了律师的职业道德，充当了“第二公诉人”的角色，破坏了控、辩、审三方的诉讼构造，动摇了律师制度的基石，降低了法治社会的公信力。

对于辩护人应当充当什么样的角色，发挥什么样的作用，我们可以从“辩护”的概念入手。从字面来看，所谓辩护，就是以“论辩”的方法或者手段，达到“保护”的目的。所以，辩护的核心是要起到保护的作用。从保护的对象来看，辩护可以是为了保护自己，也可以是为了保护他人：保护自己的辩护叫自行辩护，受委托保护他人的辩护叫委托辩护。从实现保护目的的方法和手段来看，辩护只能针对不利的内容进行反驳和论辩，提出更有利的观点，说明对方指出的错误是不存在的或者没有对方说得那么严重，而不能提出更不利的意见，甚至站在对方一边指出更多的错误。这在我国的法律上也得到了充分的体现，根据《刑事诉讼法》第 37 条的规定，辩护人的责任是根据事实和法律，提出犯罪嫌疑人、被告人无罪、罪轻或者减轻、免除其刑事责任的材料和意见，维护犯罪嫌疑人、被告人的诉讼权利和其他合法权益。案例 2－1 中的辩护律师不但没有提出对被告人更有利的观点，没有提出被告人无罪、罪轻或者减轻、免除其刑事责任的意见，反而使用“安可恕乎”，提出更不利的观点，对该案的被告人没有起到保护作用，已经违反了法律规定的辩护人的职责，确实是不可取的。因此，律师在从事辩护工作时要特别注意这一点，即使案件事实认定清楚，证据确实充分，定罪没有问题，也仍然可以从认罪悔罪态度、一贯表现、犯罪动机等视角进行审查，看是否存在从轻处罚的情节，而绝不能充当“第二公诉人”。

实体性辩护应当如此，程序性辩护也应当如此。比如，辩护人在申请变更强制措施时，应当申请将强制性较强的措施变更为强制性较弱的措施，而不能将强制性较弱的措施变更为强制性较强的措施；辩护人在申请排除非法证据时，应当申请将对当事人不利的证据排除，而不能申请将对当事人有利的证据排除；等等。总体而言，程序性辩护也要起到保护当事人的作用，而不能不利于当事人。

二、辩护人不同于诉讼代理人

从美国《布莱克法律辞典》对辩护（defense）作出的定义来看，辩护不但包括刑事辩护，还包括民事辩护，不管是对刑事指控还是对民事起诉提出抗辩和反驳，都属于辩护的范畴。这是广义上辩护的概念，但在我国诉讼领域，“辩护”是刑事诉讼中的专有名词，《刑事诉讼法》第 11 条明确规定“被告人有权获得辩护，人民法院有义务保证被告人获得辩护”；另外还专设一章“辩护与代理”，规定了辩护的方式、辩护人的范围、委托辩护的时间和形式，以及辩护人的责任、权利和义务等有关刑事辩护的内容。但在《民事诉讼法》和《行政诉讼法》中，并没有使用"辩护"一词，当事人为了维护自身的权益可以自行发表意见，也可以委托他人包括律师在诉讼中提供协助和帮助，但被委托的人被称为诉讼代理人而非辩护人，受委托提供协助和帮助的活动被称为代理而非辩护。由此可见，在我国，辩护人只能出现在刑事诉讼中。

但在我国的刑事诉讼中，并非所有的"论辩"都属于辩护，为了维护被害人或者刑事附带民事诉讼原告人和被告人的权益而进行的论辩，没有被称为辩护，而被称为代理；只有为了维护犯罪嫌疑人或被告人的权益而进行的论辩才被称为辩护。因此，辩护人是在我国刑事诉讼中受犯罪嫌疑人和被告人委托维护其合法权益的人员，这里的权益包括实体性权益，也包括程序性权益。所以，辩护人既可以进行实体性辩护也可以进行程序性辩护。律师在刑事诉讼中接受委托后应当了解委托人的情况以及受委托处理的法律事务，因为委托人基于不同的身份所享有的权利义务是不同的。

案例 2－2 李某故意杀人案中的辩护与代理

被告人李某因涉嫌故意杀害张某未遂而被检察机关以涉嫌故意杀人罪移送起诉。张某提起刑事附带民事诉讼，要求李某赔偿医疗费、误工费、营养费、残疾赔偿金、精神损害抚慰金共计50余万元。李某家属认为张某提出的赔偿要求过高，所以委托陈律师对此进行抗辩，并签署了委托书。陈律师受委托后参加了庭审，提出：张某未能就医疗费、误工费、营养费等提供发票证据予以证实，而残疾赔偿金、精神损害抚慰金不属于附带民事赔偿范围，法院不应支持张某的诉讼请求。与此同时，陈律师还提出：根据现有证据不能证明李某的行为构成故意杀人罪，只能成立故意伤害罪。法院提出：陈律师只是受委托担任刑事附带民事诉讼被告人李某的诉讼代理人，没有受委托担任刑事诉讼被告人李某的辩护人，所以陈律师只能针对刑事附带民事诉讼范围提出法律意见，不能针对是否构成故意杀人罪提出辩护意见。

三、刑事辩护应当定位为诉讼活动

在解释刑事辩护的含义时，我国学者采取了不同的说法，主要有"权利说""职能说""活动说"三种。"权利说"把刑事辩护定位为一项国家赋予被追诉人的诉讼权利；“职能说”则把刑事辩护定位为与控诉、审判职能并列的一种基本的诉讼职能；“活动说”把刑事辩护定位为一项提出犯罪嫌疑人、被告人无罪、罪轻或者减轻、免除刑事责任的材料和意见的诉讼活动。这些说法虽然角度不同，但从不同的侧面揭示了刑事辩护在现代刑事司法制度中的丰富内涵。[①]理论上和实务中已经存在辩护权和辩护职能这两个概念，分别对应了“权利说”和“职能说”，为了在概念上作出区分，将刑事辩护定位为一项诉讼活动更适宜，即刑事辩护是指在刑事诉讼过程中，被追诉人及其辩护人根据事实和法律对国家专门机关的指控和诉讼行为进行论辩、反驳和申诉，提出对被追诉人有利的材料和意见，以维护被追诉人的诉讼权利和合法权益的诉讼活动。从这个概念可以看出，刑事辩护既可以从实体的视角提出被追诉人无罪或者罪轻的意见和材料，也可以从程序的视角提出主张或者抗辩，以维护被追诉人的诉讼权利。这就衍生出实体性辩护和程序性辩护两个概念。

---

① 熊秋红：《刑事辩护论》，法律出版社1998年版，第4—5页。

第二节 刑事辩护及程序性辩护发展的过程

刑事辩护制度经历了一个不断发展的过程，最早的刑事辩护制度可以追溯到雅典共和国时期，当时存在私人诉讼和公共诉讼两种诉讼。两种诉讼均是由原告提起，并传唤被告到庭，然后由法官对案件进行审查并居中裁判，被告可以进行答辩和申辩。到公元前 6 世纪古希腊时期，被告还可以雇用辩护士为自己辩护。在弹劾式诉讼模式下，不管是被告人自行答辩、申辩还是委托辩护士辩护，都是在法官主持的庭审中进行的。当时并不存在审前程序，也就不存在审前程序的辩护。在纠问式诉讼模式下，国家专门机关承担起了积极主动追究犯罪和惩罚犯罪的责任，虽然形式上存在侦查、控诉、审判等职能，但这些职能由同一机关承担，司法工作人员可以为了查明事实真相，合法使用刑讯逼供等方法收集被告的口供，然后围绕事实真相进行审判。被告在整个诉讼过程中不享有任何诉讼权利，即使提出申辩，也只能是针对实体性问题提出。从古代刑事辩护制度的发展脉络来看，刑事辩护主要集中在法庭审理过程中，而且主要针对的是实体性问题，因此，人们对刑事辩护的认知主要集中在审判阶段的实体性辩护。

在经过两次世界大战之后，人们更加意识到了人权保障的重要性，尊重和保障人权也频频出现在各国宪法和国际公约中。在刑事诉讼制度上，世界各国普遍实现了控审分离，被追诉人被赋予诉讼主体的地位，并享有一系列诉讼权利。刑事辩护制度也循着辩护权不断扩大的方向前进，其中一个标志性的变化就是从审判辩护扩大到了审前辩护，尤其是侦查阶段的辩护。

从现代辩护制度的设立来看，一些国家虽然建立了律师辩护制度，但被追诉人获得律师辩护的权利仅限于审判阶段，而且还受到了很大的限制。以我国 1979 年《刑事诉讼法》为例，其规定辩护人的责任是“根据事实和法律，提出证明被告人无罪、罪轻或者减轻、免除其刑事责任的材料和意见，维护被告人的合法权益”。从该规定可以看出，辩护的对象只有“被告人”，说明辩护只限于审判阶段；辩护的内容是“提出证明被告人无罪、罪轻或者减轻、免除其刑事责任的材料和意见”，说明辩护只是围绕实体问题进行；此外，辩护人要“提出证明……的材料和意见”，说明辩护人还要承担举证责任。在当时的法律框架下，人们对刑事辩护的认知只能局限于审判阶段的实体性辩护，很难把程序性辩护囊括进去。

随着人权意识和程序正义观念的不断增强，世界上很多国家从原来只允许辩护人参加审判阶段，逐渐转变为允许辩护人参加整个刑事诉讼过程，逐渐将辩护人参加刑事诉讼的时间提前到了侦查阶段，使被追诉人能尽早及时地获得法律帮助，有助于刑事辩护发挥更大的作用和功能。如我国 1996 年《刑事诉讼法》将辩护的对象从被告人扩展到了犯罪嫌疑人，说明辩护的诉讼空间已经从审判阶段扩展至审前阶段，但辩护的内容还是围绕涉及定罪量刑的实体问题，辩护人仍然要承担举证责任。由于审前阶段缺乏中立的裁判者参与，有学者认为在这样的阶段进行辩护没有辩护的空间，由于缺少一种最基本的听证和裁判活动，所以不管被告方的辩护是否具有说服力，都无法发挥直接的辩护效果；认为这种辩护不是法律意义上的辩护。① 但随着程序正义理论的进一步发展，世界各国刑事诉讼法不断改变“重实体、轻程序”的司法理念，通过不断完善程序性辩护的法律依据、证据规则、制度保障，使程序性辩护得到越来越多的关注和研究，且这种程序性辩护不但可以发生在审判阶段，而且还可以发生在审前阶段，如在审前阶段申请变更强制措施的意见被采纳的，也属于辩护效果的实现。这样的变化使刑事辩护不但从审判阶段扩展到了审前阶段，而且从实体性辩护扩展到了程序性辩护。如我国 2012 年《刑事诉讼法》修改时规定了“犯罪嫌疑人自被侦查机关第一次讯问或者采取强制措施之日起，有权委托辩护人”，由此确定了侦查阶段辩护人的身份；还规定了“辩护人的责任是根据事实和法律，提出犯罪嫌疑人、被告人无罪、罪轻或者减轻、免除其刑事责任的材料和意见，维护犯罪嫌疑人、被告人的诉讼权利和其他合法权益”，从而为程序性辩护提供了法律依据。由此可见，刑事辩护的内容也是随着人权保障意识的

① 陈瑞华：《程序性辩护之初步考察》，载《燕山大学学报（哲学社会科学版）》2005 年第 1 期。

加强和辩护权不断扩展而不断发展的。

在现代辩护制度下，刑事辩护不但包括审判阶段的辩护，也包括审前阶段的辩护；不但包括实体性辩护，也包括程序性辩护。因此，不管是广义的程序性辩护还是狭义的程序性辩护，其本质都属于刑事辩护。

第三节 给程序性辩护下个定义

什么是程序性辩护？回答这一问题是研究程序性辩护的起点，也是研究程序性辩护的方向。这不只是关乎理论问题，也直接影响律师进行程序性辩护的具体事务。搞不清楚这个基础问题，导致很多律师对程序性辩护存在误解和偏见，还导致很多律师在进行程序性辩护却不自知。比如，有些律师说自己从不进行程序性辩护，那只是因为他们并不知道程序性申请其实就是程序性辩护，申请取保候审也是程序性辩护。所以，要了解什么是程序性辩护，先要给程序性辩护下个定义。笔者在读博期间对近年来学者对程序性辩护的定义进行了收集和整理，也根据司法实践的情况在本书中给程序性辩护下了定义。

一、许多学者都给程序性辩护下过定义

（一）定义一

早在 20 多年前，王敏远教授就对程序性辩护下过一次定义：程序性辩护是指在刑事辩护中以有关部门的侦查、审查起诉、审判活动程序违法为由，提出犯罪嫌疑人、被告人无罪、罪轻或者不应追究刑事责任的意见，以及要求未依法进行的诉讼程序应予补充或者重新进行、非法取得的证据应予排除等，从程序方面进行辩护的方法。①

案例 2-3 刘某故意伤害案申请取保候审

犯罪嫌疑人刘某因涉嫌故意伤害罪被刑事拘留，辩护律师基于犯罪嫌疑人患有严重疾病向公安机关提出变更强制措施为取保候审的申请，既没有提出公

---

① 王敏远：《刑事辩护中的程序辩护》，载《法制日报》2001 年 12 月 23 日版。

安机关存在程序违法的意见，也没有提出刘某无罪、罪轻或者不应追究刑事责任的意见，没有要求未依法进行的诉讼程序应予补充或者重新进行、非法取得的证据应予排除。如果按照王敏远教授的定义，律师的这项辩护不属于程序性辩护。

王敏远教授的这个定义是在 2001 年提出的，在当时人们对刑事辩护的认识还局限在实体性辩护的情况下，作出这样的定义已是非常难能可贵。但该定义将程序性辩护定位为一种辩护方法，内容是“提出犯罪嫌疑人、被告人无罪、罪轻或者不应追究刑事责任的意见”。这实际上是实体性辩护的核心内容，维护的是被追诉人的实体性权利，明显受制于当时实体性辩护概念的影响，容易将程序性辩护的目的和作用重新引回实体性辩护，不利于将程序性辩护与实体性辩护准确区分开来，无法适应当前立法规定、司法实践以及理论研究等背景。此外，王敏远教授也提及程序性辩护的内容还包括了“要求未依法进行的诉讼程序应予补充或者重新进行、非法取得的证据应予排除”，体现了程序性辩护相对于实体性辩护具有一定的独立性，但该定义也只谈到了纠正与制裁，没有涵盖要求采纳有利的程序性主张，比如无法涵盖案例 2 – 3 中的辩护情况，限缩了程序性辩护的范围。另外，该定义中的“从程序方面进行辩护”的表述也过于宽泛，未能准确界定程序性辩护。

（二）定义二

在王敏远教授提出的定义的基础上，有学者从程序性辩护的发生领域、依据、对象、内容、方式、目的等方面进行了更细致的定义，反映了程序性辩护不同于实体性辩护的特征。比如，有学者提出，程序性辩护是指在刑事诉讼中辩护方以刑事诉讼程序为依据，针对控诉方和裁判方违反刑事诉讼程序而进行的程序违法行为向中立的第三方提出辩护，以期获得宣告已经进行的违反法律规定的诉讼程序及其相关法律结果无效的法律活动。① 还有人提出，程序性辩护是以刑事程序法为依据，通过将公权力机关的违法诉讼行为诉诸法庭，获得有利于己方的程序性裁决，达到推翻或者重新进行某一诉讼程序、排除某一诉讼

---

① 朱冠琳：《程序性辩护之思考》，载《法制与社会》2009 年第 25 期。

行为等法律效果。[①] 这两个定义，明确了程序性辩护发生在刑事诉讼过程中，并且是以刑事诉讼程序或刑事程序法为依据，同时确定程序性辩护针对的是控诉方和裁判方的程序违法行为或公权力机关的违法诉讼行为，辩护的目的是宣告诉讼程序和法律结果无效，反映了程序性辩护的部分特征，但尚未完全准确地涵盖程序性辩护的全部内容。一方面，这两个定义都没有将申请变更强制措施等程序性申请纳入其中，不能涵盖如案例2－3中的辩护情况，缩小了程序性辩护的范围；另一方面，这两个定义将程序性辩护限定为只能向第三方提出辩护或者诉诸法庭，不符合我国现行的法律规定和司法实践，比如案例2－3中的申请变更强制措施就是向办案机关提出申请，并不是向第三方提出。另外，我国的程序性辩护不但包括审判阶段的程序性辩护，也包括审前阶段的程序性辩护，如非法证据排除申请既可以在审判阶段向人民法院提出，也可以在审前阶段向人民检察院提出。

案例2－4 秦某非国家工作人员受贿案审前申请非法证据排除

犯罪嫌疑人秦某因涉嫌非国家工作人员受贿罪被移送检察机关审查起诉，家属委托陈律师担任秦某的辩护人，陈律师到检察机关查阅案卷并到看守所会见秦某。秦某辩解称：其收受开发商给予的300万元系因其家族房子拆迁而与开发商多次协商后获取的额外的拆迁补偿款，而从未利用其在村委会的职务为开发商谋取任何利益。其在侦查阶段之所以作出承认收取这300万元是因为帮助开发商协调拆迁进度的笔录，是因为侦查人员以要抓他妻子相威胁。陈律师问秦某有无将具体情况告诉来提审的检察官，秦某说他以为只能等到开庭的时候跟法官去说。

陈律师听完秦某的陈述后，根据其陈述制作了完整的会见笔录，问清了他被威胁时做笔录的时间、地点，侦查人员以及侦查人员具体的威胁方式，然后又进行了调查取证。在收集相关线索材料后，陈律师撰写了非法证据排除申请书，连同线索材料一并递交给了检察机关，要求检察机关排除侦查人员在侦查阶段以威胁的方法非法取得的秦某的有罪供述。这属于典型的在审前阶段的程

① 王楠：《论刑事诉讼中的程序性辩护权》，中国政法大学2007年硕士学位论文，第1页。

序性辩护。上述两种定义无法将这类辩护囊括进去。

（三）定义三

从辩护的内容来看，以上两种定义都没有涵盖程序性申请或程序性请求，如果使用这样的定义，将大大缩小程序性辩护的范围。闵春雷教授发现了这样的缺陷，于是提出：以程序法为依据，针对刑事诉讼中的程序性争议提出主张或提出程序性申请，以期维护或实现被追诉人的程序性权利的辩护即为程序性辩护。其标志是通过该辩护活动启动某一诉讼程序，达致被追诉人诉讼利益的实现。① 这个定义明确了程序性辩护的依据是程序法，目的是维护或实现被追诉人的程序性权利，范围包括对程序性争议提出主张或者提出程序性申请；涉及的程序性辩护的内容相对比较全面，只是没有对程序性辩护所要达到的效果和目的进行阐述。

还有学者提出，程序性辩护是指被告人及其辩护人依据事实与法律，提出有利于犯罪嫌疑人或被告人的程序性请求，以及以程序违法为由要求审判机关宣告相关的诉讼行为无效，维护犯罪嫌疑人或被告人的合法权益的诉讼活动。② 这个定义包含了提出程序性请求和要求宣告程序违法行为无效两个内容，但在表述方面还存在以下问题：第一，辩护主体为被告人及其辩护人不够严谨，因为程序性辩护不但可以发生在审判阶段，还可以发生在审前阶段，辩护主体还包括犯罪嫌疑人，所以将辩护主体表述为被追诉人及其辩护人为宜；第二，表述“依据事实与法律”的含义过于宽泛，无法与实体性辩护相区别，无法反映程序辩护的特征，表述为“根据程序性事实和程序性法律”更为恰当；第三，将程序性辩护的目的定位为“维护犯罪嫌疑人或被告人的合法权益”过于宽泛，无法与实体性辩护进行区别，维护犯罪嫌疑人或被告人的诉讼权利和其他合法权益才是程序性辩护的目的。

闵春雷教授的定义和王俊民、吴云的定义虽然都囊括了案例 2－3 中的申请变更强制措施的程序性辩护，但对于案例 2－4 中的申请非法证据排除的程序性辩护，前者没有指出该类辩护所要达到的效果和目的，因为申请非法证据排除的程序性辩护，不只是为了维护被追诉人的程序性权利，还为了宣告非法取证

① 闵春雷、刘铭：《审前程序中的程序性辩护》，载《国家检察官学院学报》2006 年第 6 期。

② 王俊民、吴云：《程序性辩护的误区及应对思路》，载《法学》2006 年第 10 期。

诉讼行为无效；后者无法包含审前阶段的程序性辩护，因为申请非法证据排除的程序性辩护，不仅可以在审判阶段进行，还可以在审前阶段进行。

（四）定义四

通过前面的分析可以看出，学界对程序性辩护作出的定义主要分两大类：一类是以程序违法为由要求宣告无效的程序性辩护，另一类是包含对程序性争议提出主张或者提出程序性申请的程序性辩护。前者定义的范围较窄，后者定义的范围较广。于是有学者提出应将程序性辩护在理论上分为狭义和广义两种。比如，陈瑞华教授指出：广义的程序性辩护是指所有在程序层面上提出诉讼请求、诉诸司法裁判的辩护活动。从申请回避、申请变更管辖、申请变更强制措施、申请证人出庭作证、申请重新鉴定，一直到申请召开庭前会议、申请二审法院开庭审理，都属于辩护方进行程序性辩护的方式。相比之下，狭义的程序性辩护则是一种“反守为攻”的辩护，是辩护方针对国家专门机关的程序违法行为，申请司法机关宣告无效的辩护活动。辩护方通过这种带有进攻性的辩护活动，可以挑战侦查行为、公诉行为和审判行为的合法性，说服司法机关对这些行为作出违法之宣告，并最终排除这些诉讼行为和诉讼结果的法律效力。① 事实上，陈瑞华教授早在2005年就发表了两篇关于程序性辩护的研究论文，一篇是《程序性辩护之初步考察》，另一篇是《程序性辩护之初步研究》，对程序性辩护的概念及相关问题作了详尽的阐述，并在业界产生了广泛的影响。应该说，对程序性辩护进行广义和狭义的划分，既可以涵盖所有类型的程序性辩护，又可以突出典型程序性辩护的特点，有利于对程序性辩护进行研究时有所侧重。这种划分方法无疑是值得肯定的。但对相关定义的表述，还可以进一步地进行推敲，以便能够更准确地识别出程序性辩护的性质和特点。

二、本书给程序性辩护下的定义

（一）广义的程序性辩护

既然程序性辩护是与实体性辩护相对应的概念，那么它们应当都属于刑事

---

① 陈瑞华：《程序性辩护的理论反思》，载《法学家》2017 年第 1 期。

辩护的范畴，既有刑事辩护的一般属性，又有各自的特征。因此，对程序性辩护下定义，应当从刑事辩护的一般概念出发。① 在前面刑事辩护的概念的基础上，笔者认为广义的程序性辩护是指，在刑事诉讼中，被追诉人及其辩护人根据案件程序事实和刑事程序法，提出对被追诉人有利的程序性请求，或对国家专门机关的程序违法行为提出异议，要求国家专门机关予以采纳或纠正、制裁，以维护被追诉人的诉讼权利和定罪量刑以外的其他程序性合法权益的辩护活动。这一概念具有以下几个要点。

其一，程序性辩护发生的领域为"刑事诉讼"，贯穿于刑事诉讼的全过程，而不局限于审判阶段。在世界范围内，刑事辩护从审判阶段扩展到审查起诉阶段，再到侦查阶段，是人权保障观念不断增强的结果。我国的刑事辩护也经历了这样的过程：律师辩护从 1979 年《刑事诉讼法》只限于审判阶段到经 1996 年《刑事诉讼法》扩展到审查起诉阶段，再到 2012 年《刑事诉讼法》赋予律师在侦查阶段的辩护人身份。程序性辩护作为刑事辩护的下位概念，自然也应当贯穿于刑事诉讼全过程：一是有利于区别在民事诉讼或行政诉讼或其他领域中的辩护活动，二是有利于澄清将程序性辩护限于审判阶段的观点。

其二，程序性辩护的依据是"案件程序事实和刑事程序法"。这是对刑事辩护概念中的"根据事实和法律"的具体化，也有利于区别实体性辩护所依据的"案件实体事实和刑事实体法"，突出了程序性辩护的依据特征。这里的"程序事实"是指案件中存在的或者发生的有关程序方面的事实。比如，审判法院所在地既不是犯罪行为发生地也不是犯罪行为结果地，辩护方据此向法院提出管辖异议。又如，检察人员担任过案件的证人，辩护方据此向检察机关提出回避申请。这里的"刑事程序法"是指辩护方提出的程序性辩护意见，不管是"请求"还是"异议"，都要依据刑事诉讼中关于程序方面的法律法规或规则，如《刑事诉讼法》中关于管辖或者回避的规定。需要注意的是，刑事程序法只是进行程序性辩护最直接的法律依据，比如要求排除未持搜查证搜查的证据，是根据《刑事诉讼法》中关于非法证据排除的规定，但同时也需要引用《宪法》中关于住宅不受侵犯的相关规定。换句话说，程序性辩护所有的法律依据并不限

---

① 顾永忠、娄秋琴：《程序性辩护的理论发展与实践展开》，载《国家检察官学院学报》2020 年第 3 期。

于刑事程序法，还可能包括与程序性辩护相关的其他法律规定。

其三，程序性辩护的主体是“被追诉人及其辩护人”。这里的被追诉人包括审前阶段的犯罪嫌疑人和审判阶段的被告人，与刑事辩护以及实体性辩护的主体是一致的。这表明程序性辩护既可以发生在审前阶段也可以发生在审判阶段。明确辩护主体也有利于区别刑事诉讼中的被害人、刑事附带民事诉讼原告人、刑事附带民事诉讼被告人的代理活动。

其四，程序性辩护的内容是“提出对被追诉人有利的程序性请求和对国家专门机关的程序违法行为提出异议，要求国家专门机关予以采纳或纠正、制裁”。这里包括两个方面：一个方面是提出程序性请求，即只要是有利于维护被追诉人的诉讼权利或者其他程序性权利的，辩护方都可以依法提出相关请求，比如申请变更强制措施，申请羁押必要性审查，申请证人、鉴定人、侦查人员出庭，申请调取新的物证、书证，等等，但关于这些事项，法律只赋予了辩护方申请的权利，至于申请能否被采纳，仍由国家专门机关进行裁量；另一个方面是对国家专门机关的程序违法行为提出异议，即只要是国家专门机关违反程序规定侵犯被追诉人及其辩护人的诉讼权利或者其他程序性权利的，辩护方都可以依法提出抗辩和异议，要求国家专门机关予以纠正，如对于剥夺辩护律师会见权的，可要求纠正使辩护律师得以会见当事人，或者要求国家专门机关予以制裁。如对于一审法院违反回避制度的，要求撤销原判、发回重审，或者对于非法取得的证据，要求予以排除。这些属于法律的强制性规定，如果辩护方的抗辩和异议成立，国家专门机关就应当予以纠正或制裁。

其五，程序性辩护的目的是“维护被追诉人的诉讼权利和定罪量刑以外的其他程序性合法权益”。在刑事诉讼中，国家专门机关以国家强制力为后盾，并拥有庞大的资源，相比之下，被追诉人处于天然的弱势地位，而且国家专门机关一般是以“合法”的名义限制甚至剥夺被追诉人的人身权利，如拘留、逮捕被追诉人或者将被判决有罪的人交付监狱执行，一旦发生错误，将会产生无法挽回或弥补的后果。所以现代刑事诉讼立法根据无罪推定原则，都会赋予被追诉人诸多的诉讼权利，并保障这些权利能够得到实现，使被追诉人在刑事诉讼中能得到平等公正的对待，也有机会与国家专门机关进行平等对抗。与实体性辩护的目的是防止对被追诉人错误定罪量刑不同，程序性辩护的目的主要是维护被追诉人的诉讼权利和定罪量刑以外的其他程序性合法权益。

其六，这一概念同时也包括了狭义的程序性辩护的内容，即“对国家专门机关的程序违法行为提出异议，要求予以纠正、制裁”，体现了广义程序性辩护与狭义程序性辩护之间的关系。

（二）狭义的程序性辩护

对于狭义的程序性辩护，理论界大多数赞成将其限定为“对国家专门机关的程序违法行为提出异议”，但对于提出的异议是由作为中立第三方的法院作出裁决还是不要求由法院作出裁决存在一定的争议。有学者认为，要想让程序性辩护产生实质的法律效果，必须有中立的第三方法院参与，并由第三方法院居中进行裁判。如果没有第三方法院的参与，在陈瑞华教授看来，“程序性辩护最多只能算作辩护方与检控方所进行的秘密协商和交涉而已，而一般不会发生任何实质的法律效果”①。但也有学者提出，中国的诉讼模式与其他国家的诉讼模式不同，检察机关作为具有中立性的法律监督机关，也可以成为程序性裁判的主持者，但与此同时，检察机关毕竟承担着控诉职能，需要为了成功控诉犯罪而做好充分的准备。詹建红教授认为：“当两种分化的角色同时集中于检察机关时，其能否保持中立则是颇有疑问的。但从现有的检察机关排除非法证据的实践来看，这种中立性并非全无现实的可能。”② 换句话说，虽然检察机关有保持中立的现实可能性，但在程序上仍然是受质疑的，因为其与案件具有利益上的牵涉，即使其在裁决中保持了中立，人们仍然会质疑其裁决结果的公正性。因此，增加作为中立第三方的法院参与程序性制裁的机会是必要的，“唯有如此才能使程序性辩护实现更多的诉讼化而不是行政化，有关程序性问题的争议才能更有效地以一种公开、利益对立的主体的辩论、中立的裁判者根据提出的证据与意见决断的方式出现”。为了鼓励法院参与程序性裁判，更好地发挥程序性辩护的法律效果，笔者将狭义上的程序性辩护定义为：在刑事诉讼中，被追诉人及其辩护人根据案件程序事实和刑事程序法，针对国家专门机关的程序违法行为提出异议，要求中立的法院作出程序性裁判，以期被追诉人获得程序性利益的辩护活动。

---

① 陈瑞华：《程序性辩护之初步研究》，载《现代法学》2005 年第 2 期。

② 詹建红：《我国程序性辩护制度之省思》，载《法商研究》2014 年第 3 期。

第四节 对程序性辩护进行分类

目前在理论研究上对刑事辩护的分类有很多，如根据辩护权的来源，将刑事辩护分为委托辩护和指定辩护；根据辩护人和被追诉人的数量，将刑事辩护分为单独辩护、多数辩护和共同辩护；根据辩护主体的情况，将刑事辩护分为自行辩护、律师辩护和其他辩护人辩护；根据辩护是否具有强制性，将刑事辩护分为任意辩护和强制辩护。这些分类方法既适用于实体性辩护，也适用于程序性辩护。由于程序性辩护在司法实践中并未受到足够的重视，目前我国理论界并没有专门针对程序性辩护进行系统分类。需要注意的是，对程序性辩护进行分类虽然属于理论研究范畴，但对于司法实践是具有一定指导价值的。笔者根据辩护方式的不同将程序性辩护分为交涉型和抗辩型两种；根据辩护效果的不同将程序性辩护分为请求型、纠正型和制裁型三种；根据辩护发生阶段的不同将程序性辩护分为审前阶段的和审判阶段的两种。这样的分类，既填补了程序性辩护目前在理论研究上的空缺，也有利于指导律师在实践中根据实际情况选择有效的程序性辩护方式。

一、交涉型程序性辩护和抗辩型程序性辩护

根据程序性辩护的辩护方式不同，可以将程序性辩护分为交涉型程序性辩护和抗辩型程序性辩护。一般来说，程序性辩护是根据刑事程序法进行的，根据不同的程序性法律规范，所采取的辩护方式不尽相同。在刑事程序法中，法律规范可以分为授权性法律规范和义务性法律规范两种。如果根据授权性法律规范进行程序性辩护，可以称为交涉型程序性辩护；如果根据义务性法律规范进行程序性辩护，可以称为抗辩型程序性辩护。在司法实践中，很多人误认为程序性辩护就是与司法机关进行激烈对抗，辩护方式只能是抗辩型手段，这样就大大限制了程序性辩护的适用。事实上，程序性辩护除使用抗辩型手段外，

还可以使用交涉型手段，与国家专门机关进行非激烈的沟通与协商。了解这样的分类，有利于辩护律师在实践中根据法律规范的不同选择不同的程序性辩护方式，应当使用抗辩型方式却采用交涉型方式，或者应当使用交涉型方式却采用抗辩型方式的，都无法达到良好的辩护效果。

（一）交涉型程序性辩护

交涉型程序性辩护是根据授权性法律规范进行的程序性辩护。授权性规范又称任意性规范，是指国家专门机关可以自行抉择做或不做某种行为的法律规范，法律条文中多以“可以”“有权”“享有”“具有”等词来表述。我国《刑事诉讼法》中有大量这种授权性规范，比如，“人民法院、人民检察院和公安机关对有下列情形之一的犯罪嫌疑人、被告人，可以取保候审”，“人民法院、人民检察院和公安机关对符合逮捕条件，有下列情形之一的犯罪嫌疑人、被告人，可以监视居住”，“人民检察院、公安机关根据侦查犯罪的需要，可以依照规定查询、冻结犯罪嫌疑人的存款、汇款、债券、股票、基金份额等财产”。换句话说，对被追诉人是否采取取保候审、监视居住的措施，对被追诉人的以上财产是否采取冻结的措施，国家专门机关具有一定的自由裁量权，但不管作出什么决定，都不属于直接的程序违法。辩护律师如果想要达到取保候审、监视居住或者财产不被冻结的辩护效果，可以根据案件程序事实和刑事程序法，提出国家专门机关有可能接受的理由，通过与国家专门机关进行交涉和协商，说服其采纳辩护方的意见。这种辩护就是交涉型程序性辩护。

辩护律师在进行这种交涉型程序性辩护时，要熟练掌握授权性规范的内容，尽可能准备好符合条件的相关事实和证据，然后再与国家专门机关交涉。申请取保候审就是一种典型的交涉型程序性辩护，辩护律师在申请取保候审时，要掌握《刑事诉讼法》规定的取保候审的适用条件，审查被追诉人是否符合取保候审的条件，具体而言，第一，根据对案件事实、证据以及适用法律的分析，审查被追诉人是否可能被判处管制、拘役或者独立适用附加刑，即审查被追诉人是否犯罪较轻，无须判处有期徒刑以上刑罚。第二，对于可能被判处有期徒刑以上刑罚的被追诉人，则需要提供采取取保候审不致发生社会危险性的理由和依据。这在实践中比较常见，辩护律师可以从被追诉人一贯的表现、所犯罪名的危险性、犯罪情节及主观恶性程度、能否提供足额的保证金和适格的保证人、认罪悔罪的表现、被害人的谅解和态度等角度切入。第三，审查被追诉人是否患有严重疾病、生活不能自理，是否属于怀孕或者正在哺乳自己婴儿的妇女。如果满足前面两个条件之一，还需要提供采取取保候审不致发生社会危险性的理由和依据。第四，审查羁押期限是否届满、案件是否尚未办结、是否需要采取取保候审措施。这就需要辩护律师审查相关文件及案件办理的情况。如果被追诉人符合法定的取保候审的条件，辩护律师最好向有关机关提供书面的取保候审申请书，然后与办案人员进行沟通交流，说服有关机关采纳取保候审的意见。在案例2－5中，辩护律师申请变更强制措施，虽然办案人员一开始并不同意，但辩护律师反复交涉沟通，阐述犯罪嫌疑人的特殊情况，最终取得了很好的辩护效果。

案例2－5 林某诈骗案申请取保候审[①]

林某通过网上招聘广告来到某传媒公司应聘，应聘后被安排以“网红”美女的身份与直播间的粉丝聊天互动，聊天内容是该公司统一提前安排好的话术，目的是以处男女朋友的名义骗人钱财。工作了半个月后，因被害人举报案发。吉林市C区公安机关将该传媒公司包括林某在内的所有员工抓捕归案，林某因涉嫌诈骗罪被刑事拘留。

吉林李冬姣律师接受委托担任林某的辩护人，通过会见了解到案情后，结合林某的实际情况向公安机关提出辩护意见：林某入职时间短，只是按照所在公司要求发送聊天信息，充当犯罪工具。与林某岗位相同的还有很多人，林某在整个犯罪活动中所起的作用微不足道，具有可替代性，故申请对林某变更强制措施为取保候审。同时，林某的行为还符合“情节显著轻微、危害不大，不认为是犯罪”的条件，建议公安机关撤销案件。但办案人员以涉案人数众多、部分犯罪嫌疑人还没有归案、取保候审后不利于侦查等理由不同意变更强制措施。但辩护律师之后反复与公安机关沟通，阐明林某的特殊情况。最后，公安机关经研究决定对林某进行了取保候审，在侦查终结时又对林某作出撤销案件

① 本案例由北京大成（吉林）律师事务所李冬姣律师提供。

的决定。

（二）抗辩型程序性辩护

抗辩型程序性辩护是根据义务性法律规范进行的程序性辩护。刑事程序法中的义务性法律规范包括命令性法律规范和禁止性法律规范两种，其中，命令性法律规范是指要求国家专门机关必须作出一定行为的规范，禁止性法律规范则是指要求国家专门机关不得作出一定行为的法律规范。这两种法律规范明确规定了国家专门机关不得以任何形式违反其义务，否则就属于程序性违法。

1. 违反命令性法律规范所引发的抗辩型程序性辩护

我国《刑事诉讼法》规定的“人民法院、人民检察院和公安机关进行刑事诉讼，必须严格遵守本法和其他法律的有关规定”“审判人员、检察人员、侦查人员必须依照法定程序，收集能够证实犯罪嫌疑人、被告人有罪或者无罪、犯罪情节轻重的各种证据”“询问证人应当个别进行”“证据必须经过查证属实，才能作为定案的根据”“证人证言必须在法庭上经过公诉人、被害人和被告人、辩护人双方质证并且查实以后，才能作为定案的根据”“人民法院审判案件，除本法另有规定的以外，一律公开进行”“人民法院、人民检察院和公安机关应当保障犯罪嫌疑人、被告人和其他诉讼参与人依法享有的辩护权和其他诉讼权利”“审判人员、检察人员、侦查人员有下列情形之一的，应当自行回避”“犯罪嫌疑人、被告人可能被判处无期徒刑、死刑，没有委托辩护人的，人民法院、人民检察院和公安机关应当通知法律援助机构指派律师为其提供辩护”“原审人民法院对于发回重新审判的案件，应当另行组成合议庭，依照第一审程序进行审判”，都属于命令性法律规范。司法机关违反这些命令性法律规范的行为是被禁止的，辩护方可以进行抗辩。

2. 违反禁止性法律规范所引发的抗辩型程序性辩护

我国《刑事诉讼法》规定的“严禁刑讯逼供和以威胁、引诱、欺骗以及其他非法方法收集证据，不得强迫任何人证实自己有罪”“传唤、拘传持续的时间不得超过十二小时；案情特别重大、复杂，需要采取拘留、逮捕措施的，传唤、拘传持续的时间不得超过二十四小时”“不得以连续传唤、拘传的形式变相拘禁犯罪嫌疑人”“与案件无关的财物、文件，不得查封、扣押”，都属于禁止性法律规范。侦查人员使用暴力、威胁等非法手段逼迫犯罪嫌疑人认罪，或者以连续传唤、拘传的形式变相拘禁犯罪嫌疑人，都违反了禁止性法律规范。

国家专门机关违反这两类法律规范，在大部分情况下是明知故犯，有的是为了尽快侦破案件，有的是为了提高效率，有的是为了省事，但这些违反规范的行为，侵犯了被追诉人的诉讼权利，有的甚至直接侵犯了被追诉人的人身权利，比如对于使用刑讯逼供的方法收集口供，由于存在直接的利益冲突，如果辩护方只是平和地与有关机关进行交涉和协商，通常很难达到良好的辩护效果。而通过抗辩或者对抗的方式进行申诉、控告，提出异议，才可能达到让国家专门机关纠正违法行为或者否定程序违法行为产生的诉讼结果或者作出程序性制裁。这种辩护就是抗辩型程序性辩护。

案例2－6 辽宁某涉黑案件14名被告人全案“脱黑”①

20××年，某市公安局的专案组打掉了以被告人王某、刘某为首的长期盘踞在该市某地区的黑恶势力团伙，抓获嫌疑人14名，该团伙通过开设赌场、寻衅滋事、非法拘禁、敲诈勒索、强迫交易、故意伤害等违法犯罪活动疯狂敛财，同时还涉嫌强奸等其他犯罪。其后该市检察院以王某等14名被告人构成组织、领导黑社会性质组织罪等9个罪名提起公诉。

沈阳赵庆杨律师接受委托担任王某的辩护人，获知在侦查阶段，检察机关批准逮捕后，侦查机关并没有在2个月侦查羁押期限内移送审查起诉，而是不断补充罪名重新侦查，反复延长侦查羁押期限，既没有报请上级检察院批准，也没有向当事人送达立案告知书。经家属同意后，辩护律师向该市检察院、辽宁省检察院递交控告信，控告本案的侦查程序违法。此后，案件很快就被移送到检察机关审查起诉，检察机关仅用了一周就提起了公诉。同时，此案被上级法院指令进行异地审理。

在审判阶段，辩护律师申请庭前会议观看讯问的同步录音录像，发现了一份笔录存在刑讯逼供的情形，遂向法院提出排除非法证据的申请。开庭时法官宣布，公诉机关撤回该份被告人供述。同时，辩护律师还通过质证和部分罪名

① 本案例由北京大成（沈阳）律师事务所赵庆杨律师提供。

超过追诉时效期限提出不构成黑社会性质组织犯罪。最终，该案 14 名被告人都没有被认定构成黑社会性质组织罪，全案“脱黑”。

二、请求型程序性辩护、纠正型程序性辩护和制裁型程序性辩护

根据程序性辩护所产生的效果，可以把程序性辩护分为请求型程序性辩护、纠正型程序性辩护和制裁型程序性辩护。在司法实践中，很多人认为程序性辩护就是通过对抗或者抗辩的方式达到纠正或者制裁的效果，这一看法大大限缩了程序性辩护的范围，因为除了纠正型和制裁型程序性辩护，还有一种请求型程序性辩护。对程序性辩护进行这样的分类，可以引导辩护律师在实践中进行多维度的程序性辩护，以便取得多维度的辩护效果。

（一）请求型程序性辩护

请求型程序性辩护是指根据案件程序事实和刑事程序法，提出对被追诉人有利的程序性请求，通过交涉和协商，希冀请求得到国家专门机关采纳的辩护。这类辩护主要是针对授权国家专门机关自由裁量、决定的程序性问题。例如，我国《刑事诉讼法》规定了取保候审适用的条件，但是否采取取保候审的强制措施，由人民法院、人民检察院和公安机关自由裁量进行决定，辩护律师可以向人民法院、人民检察院和公安机关提出事实和理由，说明被追诉人符合法律规定的取保候审的情形，申请有权决定的机关作出取保候审的决定。这样的请求即使未被采纳，也不能要求国家专门机关纠正或者要求对国家专门机关进行制裁，所以把它称为请求型程序性辩护。还有申请证人出庭、鉴定人出庭、侦查人员出庭，辩护律师也可以提出申请，由人民法院作出决定，虽然决定权在人民法院，但辩护律师为了能更好地说服人民法院同意申请，也要尽可能地陈述申请的理由。

案例 2－7　彭某故意伤害案申请证人和侦查人员出庭[①]

崔某在酒后与朋友来到一 KTV，因行为不端与 KTV 经营者彭某发生争执，在争执过程中崔某倒地身亡。公诉机关指控彭某故意伤害致人死亡，建议量刑

① 本案例由重庆索通律师事务所何峰律师提供。

10年以上。重庆何峰律师受托担任彭某的辩护人，通过会见和阅卷，认为本案应系过失致人死亡且有自首情节。为此，辩护律师提出以下系列申请：一是申请现场证人出庭，证实案发过程及被害人有过错；二是申请当庭逐帧播放KTV内外两段监控视频，证实被告人彭某无犯罪故意，主观上系过失；三是申请侦查人员出庭，证实被告人彭某具有自首情节。在开庭审理中，公诉人认为被告人彭某未完全认罪，当庭撤回对被告人彭某坦白的情节认定。但辩护律师通过证人出庭和视频可视化，展示了案发过程和被害人存在过错，缓和了被害人多位直系亲属与被告人的对立情绪，降低了其赔偿要求，最终达成谅解协议。在第一次庭审中有两位侦查人员出庭，但并未完全证实被告人彭某的自首情节。辩护律师认为还有一位在第一时间接触了被告人的侦查人员，故在第一次庭审后再次提出通知该名侦查人员出庭的申请，并向法院详细说明理由。在第二次庭审中，辩护律师通过向应申请到庭的第三位侦查人员发问，证实了被告人彭某接电话到达派出所后，主动提供了自己KTV内的监控视频，不排除被告人彭某可能提出过KTV外还有某市场视频供侦查机关调取，因系口头了解情况并未有书面笔录。最终法院虽然没有改变定性，但认定被告人彭某构成自首，对其判处有期徒刑3年，缓刑5年。

（二）纠正型程序性辩护

纠正型程序性辩护，是指根据案件程序事实和刑事程序法，针对国家专门机关的程序违法行为提出程序性异议或者抗辩，希冀国家专门机关予以纠正或者采取补救措施的辩护。例如，行使会见权、阅卷权和调查取证权是辩护人进行刑事辩护的前提和条件，是实现辩护权和控辩平等的先决条件，国家专门机关有义务保障被追诉人和辩护人依法享有这些权利，如果辩护人的这些权利被国家专门机关限制或者剥夺，辩护方有权进行申诉、控告，要求予以纠正，使辩护人能够会见、阅卷或调查取证。又如，我国《刑事诉讼法》规定人民法院决定开庭审判后应当确定合议庭的组成人员，将起诉书副本至迟在开庭10日以前送达被告人及其辩护人，如果将起诉书副本送达被告人及其辩护人不到10日便开庭，辩护方有权要求延期到送达10日之后的时间开庭。这是对违法开庭的一种补正措施。再如，我国《刑事诉讼法》对强制措施都规定了法定期限，如果超过法定期限，辩护人有权要求解除强制措施，以纠正错误的强制措施。这种以纠正程序违法行为为效果的辩护被称为纠正型程序性辩护。在案例 2－8 中，辩护律师发现应当并案处理的没有并案处理，于是进行程序性辩护，希望司法机关予以纠正或者作出补救。

案例 2－8　骆某某等人走私普通货物案被发回重审并案审理[①]

2021 年 7 月 22 日，骆某某等人因涉嫌走私腰果被 H 海关缉私分局以涉嫌走私普通货物罪刑事拘留。H 市中级人民法院对该案公开开庭审理，认定骆某某系主犯，并判决骆某某犯走私普通货物罪，判处有期徒刑 10 年，并处没收财产。

昆明杨阳律师接受委托担任骆某某的辩护人。在二审期间，律师通过会见了解到同案犯陈某、杨某等清关团伙又因受他人委托走私草果、胡椒等被 H 市人民检察院以走私普通货物罪移送至 H 市中级人民法院，并已开庭审理。辩护律师认为如果将这两个案件作并案处理，可能有利于对骆某某的责任认定，于是提出应将案件发回重审后并案处理的意见，依据是最高人民法院《关于适用〈中华人民共和国刑事诉讼法〉的解释》第 24 条的规定：人民法院发现被告人还有其他犯罪被起诉，涉及同种犯罪的，一般应当并案审理。人民法院发现被告人还有其他犯罪被审查起诉、立案侦查、立案调查的，除非可能造成审判过分迟延的，一般也应当并案审理。最终 Y 省高级人民法院裁定撤销原审判决，发回重新审判。原审法院随后也作出了合并审理的裁定。

（三）制裁型程序性辩护

制裁型程序性辩护，是指根据案件程序事实和刑事程序法，提请对国家专门机关的程序违法行为进行审查，要求宣告程序违法行为及其产生的诉讼结果无效或者进行程序性制裁的辩护。程序性制裁的方式有排除非法证据、撤销原裁判、宣告诉讼行为无效等。我国目前还没有宣告诉讼行为无效的制裁方式，程序性制裁的方式主要就是排除非法证据和二审撤销一审裁判这两种。例如，

---

① 本案例由北京大成（昆明）律师事务所杨阳律师提供。

一审法院的审理违反有关公开审判的规定、违反回避制度、剥夺或者限制当事人的法定诉讼权利，可能影响公正审判的；或者审判组织的组成不合法的；或者存在其他违反法律规定的诉讼程序，可能影响公正审判的情形的，一审法院作出的裁判无效，应当予以撤销，发回原审法院重新审判。这就是对违反程序性规定的一审审判活动的程序性制裁。这种以制裁程序违法行为为目的的辩护被称为制裁型程序性辩护。

案例2-9 王乙抢劫案举证质证违法[①]

1993年8月11日，某公安局接到报案称王甲被杀害。2019年3月14日，犯罪嫌疑人王乙被某公安局刑事拘留，犯罪嫌疑人齐某某在逃。某市中级人民法院一审判决王乙犯抢劫罪，判处死刑，缓期2年执行，剥夺政治权利终身，并处没收个人全部财产。

呼和浩特韩书宇律师接受委托担任王乙的辩护人，其在二审庭审时从程序方面提出了如下辩护意见：第一，本案已过追诉期限，不应再对王乙进行追诉；第二，本案侦查机关没有立案，案卷中没有立案文书，后续移送审查起诉、检察机关提起公诉以及原审法院审判均是违法的；第三，一审判决中载明的多数证据材料，在一审庭审中未经公诉机关出示，也未经过质证，却成为判决的依据，明显违法。最终某省高级人民法院以原审法院判决所依据的证据未经质证为由，撤销了原审判决并发回重审。

三、审前阶段的程序性辩护与审判阶段的程序性辩护

根据程序性辩护发生的阶段，可以把程序性辩护分为审前阶段的程序性辩护和审判阶段的程序性辩护。随着刑事辩护的不断发展，行使辩护权的范围不断扩大，不管是实体性辩护还是程序性辩护都可以发生在刑事诉讼的任何一个阶段，既可以发生在侦查阶段、审查起诉阶段，也可以发生在一审阶段、二审阶段和再审阶段。根据有无中立第三方即法院的参与，我们把发生在侦查阶段和审查起诉阶段的程序性辩护统称为审前阶段的程序性辩护，把发生在一审阶

---

① 本案例由北京市隆安（呼和浩特）律师事务所韩书宇律师提供。

段、二审阶段和再审阶段的程序性辩护统称为审判阶段的程序性辩护。进行这样的分类，主要有利于挖掘审前阶段的程序性辩护与审判阶段的程序性辩护的特征，提醒辩护律师在不同诉讼阶段进行程序性辩护时应当注意的问题。

（一）审前阶段的程序性辩护

审前阶段包括侦查阶段和审查起诉阶段，是相对封闭、不公开的阶段。在侦查阶段，涉及证据的收集和强制措施的适用。在这一阶段，国家独占着刑事司法资源，辩护人没有阅卷权，行使会见权有时还会受到一定程度的限制，很难从实体上为被追诉人进行辩护。若国家权力的行使在这个阶段缺乏有效的监督和制约，容易导致权力的扩张和膨胀，从而侵犯被追诉人的诉讼权利甚至人身权利，如被追诉人在侦查阶段容易受到刑讯逼供或者超期羁押。到了审查起诉阶段，虽然辩护人享有阅卷权，可以查阅、复制案件证据材料，检察机关也可以作出不起诉决定以直接解决实体问题，但因为没有居中的第三方即法院进行中立裁判，也无法进行公开的举证、质证和辩论，辩护人想通过实体性辩护直接解决实体问题难度较大，实体性辩护所能发挥的作用非常有限，但通过程序性辩护，如申请变更强制措施，可以监督国家权力的运行，帮助被追诉人克服孤立无助的心理障碍，增强自行辩护和对抗的能力，防止其人身权利和诉讼权利受到侵害。

对于有些程序违法行为，越早发现越早抗辩，越有利于维护犯罪嫌疑人的权益，取得的程序性辩护的效果越好。但如果辩护意见未被采纳，辩护律师不能气馁，要持续进行抗辩，案例2－10就是一个很好的例子。

案例2－10 王某某诈骗案持续提出管辖异议[①]

因经济纠纷，A公司向其所在地公安机关控告王某某诈骗其200万元，该公安机关以诈骗罪对王某某立案侦查。太原陈浩律师接受委托担任王某某的辩护人，经与王某某沟通，发现王某某住所地、户籍地以及本案所涉纠纷发生地等均与A公司所在地无关，A公司所在地公安局对本案没有管辖权。依据《公

① 本案例由北京大成（太原）律师事务所陈浩律师提供。

安机关内部执法监督工作规定》第2条规定，上级公安机关有权对下级公安机关刑事立案等刑事执法活动是否合法和适当进行监督，辩护人遂向上级公安机关提出执法监督申请，上级公安机关经核查，认为该案管辖、证据等均存在问题，最终要求立案单位作出撤案决定。

撤案后，A公司仍不断控告、申诉，后A公司所在地检察院对本案进行立案监督，要求A公司所在地公安机关继续侦查本案，本案在错误管辖的基础上侦办并最终移交A公司所在地人民法院审判。法院开庭审理前，辩护人提出申请要求召开庭前会议，并依据《人民法院办理刑事案件庭前会议规程（试行）》第10条相关规定，着重对案件管辖权提出异议，同时提出该案可能受到地方保护势力干扰，该院不宜行使管辖权，后经该院审查并请示上级人民法院，案件移送至其他县区人民法院管辖。

至此，案件的管辖错误问题基本解决，尽可能规避了可能存在的不利影响，使本案得以公平、公正、公开地接受审理。最终法院依法采纳了辩护人提出的意见，王某某终获无罪判决。

（二）审判阶段的程序性辩护

审判阶段的程序性辩护是指在居中裁判的法院主持下的审判阶段所进行的程序性辩护。根据审级的不同，审判可以分为一审、二审和再审，有的国家还有三审；根据适用程序的不同，审判可以分为普通程序审和简易程序审。在不同的审判状况下，程序性辩护发挥的作用略有不同。但总体而言，刑事审判最终解决的是被告人是否承担刑事责任以及所承担的刑事责任大小的问题，所以实体性辩护在审判阶段占据非常重要的位置，但由于在审判阶段由第三方法院进行居中裁判，其可以针对程序违法行为作出程序性制裁，如作出排除非法证据的决定或者裁定撤销一审判决，从而使程序性辩护取得最直观的效果，因此审判阶段的程序性辩护不容小觑。在二审阶段，程序性辩护的作用更为突出。

1. 争取二审开庭审理

在我国司法实践中，二审阶段经常出现不开庭审理的状况，虽然有法院进行居中裁判，但在缺乏控辩双方交涉、质证和公开听审的情况下，辩护意见很难得到法庭的采纳。所以辩护律师在二审阶段非常重要的一项工作就是争取二审开庭，审查案件是不是以下案件种类之一，然后向二审法院提交开庭审理的申请：（1）被告人、自诉人及其法定代理人对第一审认定的事实、证据提出异议，可能影响定罪量刑的上诉案件；（2）被告人被判处死刑的上诉案件；（3）人民检察院抗诉的案件；（4）其他应当开庭审理的案件。

2. 争取按程序开庭

有的法院虽然同意二审开庭审理，但却大大简化庭审程序，有的甚至不安排法庭质证环节，而要求控辩双方直接发表辩护意见。这样“走过场”的庭审下，辩护意见很难得到采纳。所以辩护律师不但要争取开庭审理，而且要争取按照程序开庭审理。这也是一种程序性辩护。在案例 2－11 中，不管是争取二审开庭审理还是要求法庭安排质证环节，都属于审判阶段的程序性辩护。

案例 2－11　黄某某贪污案二审力争质证①

F 市司法局局长黄某某被控贪污，F 市人民法院于 2014 年 6 月 17 日认定黄某某的行为构成贪污罪，并判处 11 年有期徒刑。后黄某某上诉至 Z 市中级人民法院。在辩护律师的沟通争取下，Z 市中级人民法院决定开庭审理。但在庭审过程中，承办法官不安排控辩双方进行法庭质证，而是要求控辩双方直接发表辩护意见。辩护律师对这种安排进行了强烈的抗议，提出：质证是法庭调查的一个基本环节，是不能忽略的程序。在辩护律师的据理力争下，承办法官同意对部分证据进行质证，把重点放在辩护环节。

3. 审查是否违反诉讼程序

争取二审开庭或者按照程序开庭是为了更好地查清案件事实，如果二审法院认定原审判决事实不清楚或者证据不足，虽然可以在查清事实后改判，但实践中通常是裁定撤销原判，发回原审法院重新审判。获取这样的结果可能需要经历很长的时间，但辩护律师如果能从诉讼程序入手，向二审法院提出一审法院的审理具有下列违反法律规定的诉讼程序的情形之一，就有可能直接获得撤销原判、发回原审法院重新审判的结果：（1）违反《刑事诉讼法》有关公开审

① 朱明勇：《无罪辩护》，清华大学出版社 2015 年版，第 195－197 页。

判的规定的；（2）违反回避制度的；（3）剥夺或者限制了当事人的法定诉讼权利，可能影响公正审判的；（4）审判组织的组成不合法的；（5）其他违反法律规定的诉讼程序，可能影响公正审判的。可见，如果要获得撤销原判、发回原审法院重新审判的结果，在二审进行这样的程序性辩护会更加高效。下面就是两起辩护律师以一审法院违反诉讼程序为由提出辩护，成功获得裁定撤销原判、发回原审法院重新审判的结果的案例。

案例2－12　张某某运输毒品案审判人员不具审判资格①

被告人张某某因涉嫌运输毒品被一审法院判处死刑，剥夺政治权利终身，并处没收个人全部财产。张某某提起上诉。深圳董玉琴律师和内蒙古曹春风律师接受委托担任其二审辩护人。在二审开庭审理过程中，辩护律师提出多项事实未查清以及程序存在严重违法情形，其中一项是一审合议庭中有一名审判人员没有入法官员额，根据是最高人民法院《关于完善人民法院司法责任制的若干意见》（法发〔2015〕13号）第45条的规定，法官是指经法官遴选委员会遴选后进入法官员额的法官。一审法院在审判本案之时已实行员额制改革，该审判人员没有进入员额，即不具有审判资格，属于程序严重违法。开庭后第六天，二审法院就明确以原审审判组织的组成不符合相关规定为由撤销了原审判决，发回原审法院重新审判。

案例2－13　敬某诈骗案违反法庭调查程序②

敬某被C市中级人民法院以诈骗罪判处有期徒刑13年，并处罚金人民币100万元，冻结、查封、扣押的款物依法分别予以处理［所附清单（一）的款物发还给被害人姚某……］敬某不服，提起上诉。杭州何慕律师接受委托担任其二审辩护人。为了能撤销一审判决，何慕律师直接从程序入手，提出一审判决中两项对财产的处理违反了法定诉讼程序：第一，对涉案财产“不审而判”。

① 本案例由北京大成（深圳）律师事务所董玉琴律师提供。
② 本案例由北京大成（杭州）律师事务所何慕律师提供。

根据最高人民法院《关于适用〈中华人民共和国刑事诉讼法〉的解释》第 279 条第 1 款“法庭审理过程中，应当对查封、扣押、冻结财物及其孳息的权属、来源等情况，是否属于违法所得或者依法应当追缴的其他涉案财物进行调查，由公诉人说明情况、出示证据、提出处理建议，并听取被告人、辩护人等诉讼参与人的意见”和第 280 条“合议庭认为案件事实已经调查清楚的，应当由审判长宣布法庭调查结束，开始就定罪、量刑、涉案财物处理的事实、证据、适用法律等问题进行法庭辩论”的规定，一审庭审时未就查封、扣押、冻结财物及其孳息的权属、来源进行专门调查，公诉意见和辩护意见中都未见相关内容，虽然犯罪事实与涉案财物处理之间存在一定关联，但二者属相对独立的案件事实，不能认为对案件事实进行调查与辩论等同于对涉案财物处理进行调查与辩论，故原审法院未就涉案财物进行法庭调查与辩论便作出处理裁判，违反了法律规定的诉讼程序。第二，返还财产“对象错误”。应依法返还的涉案财物应当返还给具体的被害人即财物原所有权人，而非发还给抽象的被害人。葛某、姚某虽为夫妻关系，其个人名下的财产亦可能属于个人财产，但即使待发还财产为葛某、姚某的共同财产，亦应发还给该财产原来的具体共同财产人葛某，而不应是姚某。后二审法院未开庭，直接裁定撤销原判决，发回原审法院重新审判。

03

第三章

程序性辩护到底有没有价值

司法实践中很多律师不重视程序性辩护，很大原因是认为程序性辩护不但没有用，可能还会起反作用，会因此得罪司法机关反而加重刑罚，存在这种认知误区的原因在于没有认清程序性辩护的价值。本章重点阐述程序性辩护的价值问题。

第一节 程序性辩护的独立价值

从辩护的依据、内容和目的等方面来看，程序性辩护与实体性辩护是两种截然不同的辩护形态，两者之间是彼此独立的。传统观点认为实体是内容，程序是形式，程序是为实体服务的，只具有工具价值。随着程序正义理念的发展，程序的独立价值逐渐得到了认同。要了解程序性辩护的价值，首先应当摒弃程序性辩护只能依附于实体性辩护的传统观念，认可程序性辩护的独立价值。例如，设置审判管辖制度和回避制度是为了保障被追诉人获得公平审判的权利，但在司法实践中，没有管辖权的法院和应当回避而没有回避的法官审理案件未必作出实体不公正的判决，他们仍有可能秉公作出实体公正的判决，而辩护方进行提出管辖异议和申请回避等程序性辩护，不但可以为被追诉人争取到公正审判的机会，还可以消除因程序不公正而对实体公正产生的合理怀疑，提高司法的公信力和权威。这体现了程序性辩护独立于实体性辩护的价值。又如，侦查机关使用刑讯逼供的方法获取了犯罪嫌疑人的口供，但即使排除了这些非法取得的口供，案件的其他证据也许仍然可以印证犯罪嫌疑人实施了犯罪，不会影响案件实体上的定罪量刑，但辩护方在征得犯罪嫌疑人的同意后，也可以独立地进行申请非法证据排除的程序性辩护，由此不但可以排除非法取得的口供，还可以针对侦查人员刑讯逼供的行为进行申诉控告，有利于维护犯罪嫌疑人的人身权利和其他诉讼权利。这也体现了程序性辩护独立于实体性辩护的价值。换句话说，在个案中，程序性辩护虽然不一定能直接带来实体上的利益，但却可以独立实现和维护程序上的合法权益。

除了在个案上的独立价值外，程序性辩护还可以促进或者倒逼司法行政机关执法或者司法规范化。一般来说，抗辩型的程序性辩护是针对司法行政机关违反了义务性法律规范进行的辩护，因此，可以进行抗辩型程序性辩护的地方就是司法行政机关执法或者司法不规范的地方，当事人或者辩护律师进行抗辩，可以促进或者倒逼司法行政机关执法或者司法规范化，有利于其他潜在案件的规范化处理，这也是程序性辩护一个非常重要的独立价值。在案例3-1中，虽然司法机关在排除了被告人有罪供述后仍然按照同案犯的指认认定了犯罪事实，但辩护律师排除非法证据本身是具有独立价值的，可以促进司法机关严格依法收集证据，应当进行同步录音录像的就要做好同步录音录像，否则就要承担收集到的证据被排除的法律后果。

案例3-1 唐某制造毒品案申请非法证据排除①

唐某因涉嫌制造毒品罪被刑事拘留，成都蒋健律师接受委托担任唐某的辩护人，代理该案一审、二审、死刑复核阶段。在本案的审理过程中，唐某始终保持“零口供”状态，称其唯一一次有罪供述系非自愿作出，称侦查人员强迫其签字，以释放其妻子作为条件，迫使其在精神极度疲惫的情况下签字承认犯罪事实；唐某还表示侦查人员自其被抓获后至作出第五次供述前没让其吃饭、睡觉，并存在对其实施殴打等行为。

据此，辩护律师提出了非法证据排除的申请，详尽阐述了排除该证据的理由：唐某被抓获3日后才送到看守所，对于可能判处死刑等重大案件是必须进行同步录音录像的，但本案唯一一次有罪供述却没有同步录音录像。公安机关监察部门虽然出具了关于侦查行为合法的情况说明，但该情况说明不具有证明力，监察部门作为公安机关的内设监督机构，与侦查部门关系密切，不能作为侦查行为合法的有效证据。最后，本案一审、二审法院均认可了辩护律师的辩护意见，将唐某唯一的一次“有罪供述”作为非法证据予以排除，最后只能根据其他同案犯的指认进行事实认定。

对于辩护律师而言，对程序性辩护的独立价值更要心中有数，在审查证据时不能只关注实体是否真实，还要关注程序是否合法，否则就有可能错失程序性辩护。

---

① 本案例由北京大成（成都）律师事务所蒋健律师提供。

案例 3－2　张某某赌博案申请非法证据排除

被告人张某某因涉嫌赌博罪被移送起诉，家属委托刘律师担任张某某的辩护人。张某某在会见时告诉刘律师他是在被抓后遭到侦查人员韩某某的殴打才承认了赌博的事实，后被制作了讯问笔录。张某某希望刘律师向法院提出非法证据排除的申请。刘律师向张某某逐一核实了其在侦查阶段的讯问笔录，问张某某这些笔录的内容是否属实，张某某说笔录的内容是属实的。刘律师认为，既然张某某口供的内容是真实的，就没有必要再申请排除这些口供，以免白白浪费时间和精力。

在案例 3－2 中，刘律师这样的回答说明其尚未理解程序性辩护的独立价值：张某某因遭受刑讯逼供而作出口供，不管其内容是否真实，张某某都有权利申请排除使用刑讯逼供等非法方法获取的证据，此外，张某某还可以对侦查人员刑讯逼供的行为进行申诉控告，以维护其人身权利。辩护律师应当将这些权利以及申请非法证据排除的程序等情况如实地告诉张某某，既要告诉他可能产生的排除这些口供以及让对其进行刑讯逼供的侦查人员受到惩戒等对其有利的效果，也要告诉他申请非法证据排除可能产生诉讼拖延等不利的效果，由他进行选择。

第二节 程序性辩护对实体性辩护的价值

程序性辩护具有独立的价值，但也绝不能忽略其为实体性辩护服务的工具性价值。这与程序性权利和实体性权利的关系是紧密联系的。实体性权利是直接关系是否追究被追诉人的刑事责任以及刑事责任大小的权利，而程序性权利是体现在诉讼程序中的权利，是实体性权利在诉讼程序中的延伸，可以保障实体性权利的实现，只有程序性权利得到有效的行使，实体性权利才能在诉讼程序中得到实现。正如有人提出的那样，为了保障被追诉人的实体性权利不因其处于被追诉的地位而受到国家专门机关权力的侵害，法律应当赋予其广泛的程序性权利作为维护实体性权利的手段。① 因此，程序性辩护除了具有维护被追诉人诉讼权利及其他合法性权益的独立价值，还可以直接或者间接地为实体性辩护服务，协助实体性辩护取得无罪、罪轻或者减轻、免除被追诉人刑事责任的实体性辩护效果。因此，律师要摒弃程序性辩护无用论的观点，要积极运用程序性辩护、善于运用程序性辩护。

一、程序性辩护对定罪辩护的价值

是否追究被追诉人的刑事责任直接关系到被追诉人的实体性权利，不追究刑事责任，通常是通过实体性的定罪辩护完成的。如果通过辩护认定被追诉人具有以下情形，便可以提出不追究刑事责任的意见；如果已经追究，则可以提出撤销案件、作出不起诉决定、裁定终止审理或者宣告无罪的意见：（1）没有犯罪事实；（2）情节显著轻微、危害不大，不认为是犯罪；（3）犯罪已过追诉时效期限；（4）经特赦令免除刑罚；（5）依照刑法告诉才处理的案件，没有告诉或者撤回告诉；（6）犯罪情节轻微，依照刑法规定不需要判处刑罚或者免除

① 孙启亮：《论侦查阶段的程序性辩护——以刑事诉讼法的修改为视角》，载《中共杭州市委党校学报》2007 年第 4 期。

刑罚；（7）指控被追诉人犯罪的证据不足，不能排除其他合理怀疑。从这些情形来看，大多数是要根据实体法的内容以及依靠实体事实进行认定的，如有无犯罪事实以及犯罪情节是否轻微需要根据案件实体事实来认定，如犯罪是否超过追诉时效期限以及是否属于告诉才处理的案件需要根据刑法规定认定，而这些都属于实体性辩护的范畴。但是，能否达到不追究刑事责任的效果，除了进行实体性辩护，很多时候也需要借助程序性辩护，以帮助实体性辩护达到更好的辩护效果。

（一）从证据收集的手段入手

案件事实是要靠证据才能认定的，而且要求证据必须同时具备合法性、真实性和关联性，其中对证据合法性的审查，尤其是对证据收集手段的审查，就属于程序性辩护的范畴。如果证据收集的手段不合法，辩护方可以通过程序性辩护排除掉使用非法手段取得的证据或者让司法机关不采纳使用非法手段取得的证据，从而有可能动摇认定有罪的证据链，使对案件定罪的证据无法达到确实、充分、排除其他合理怀疑的程度，从而取得基于证据不足的无罪辩护的结果。这主要针对的是言词证据。例如，据以认定有罪的被追诉人的口供是通过刑讯逼供等非法方法收集的，或者证人证言或被害人陈述是通过暴力、威胁等非法方法收集的，辩护方可以通过申请非法证据排除的程序性辩护，将这些据以认定被追诉人有罪的非法证据排除。

在下文案例 5－1 中，被告人陈某昊从两次被判死缓到最终被宣告无罪，是因为省高级人民法院认为该案存在非法搜查、指事问供、伪造书证等违反法定程序的行为，通过以上取证行为收集的证据应被认定为非法证据，予以排除。排除非法证据后，原审法院所采信的证据已经无法形成完整的证明体系，无法得出陈某昊杀害被害人张某某的唯一的、排他性的结论。由此可见，被追诉人及其辩护律师要想成功获得无罪辩护的结果，除要在实体上辩解其没有实施杀人行为之外，还要在程序上指出取证违法，申请将违反法定程序收集到的证据予以排除，让据以定罪的证据无法形成完整的证明体系，从而达到无罪的辩护效果。案例 3－3 也是如此。

案例3-3 徐甲行贿案申请非法证据排除[①]

2012年下半年，徐甲为承揽某市区内部分小区的建筑主体外墙保温工程，与时任该市建设工程质量监督站监督二科科长徐乙商议，让徐乙利用其负责监督建筑工程质量的职务之便在其监督区域范围内为徐甲介绍外墙保温工程和催要工程款，徐甲将所得利润款的一半送给徐乙作为酬谢。在徐甲做外墙保温期间，其先后多次给徐乙人民币共计33万元；2016年年底，徐甲在徐乙没有实际出资的情况下，在与金某合作成立某公司时出资人民币20万元作为股份赠送给徐乙，徐乙作为隐名股东收受。检察机关以徐甲涉嫌行贿罪向法院提起公诉。

石家庄李永辉律师接受委托担任徐甲的辩护人，通过认真反复观看审讯视频，发现侦查人员有强制徐甲抬头看“强光灯”并有殴打徐甲的情形，遂向法院申请非法证据排除，再次开庭时，法庭宣布“经合议庭合议并经审判委员会研究决定，排除徐甲、徐乙在侦查阶段的有罪供述”。本案进入审查起诉阶段后，徐甲、徐乙否认行受贿的事实，而侦查阶段的有罪供述又被排除，导致本案定罪证据不足。最终，检察机关从法院撤诉并作出了存疑不起诉的决定。

（二）从证据收集的程序入手

我国《刑事诉讼法》不但禁止司法机关使用非法的手段收集证据，而且规定了要依照法定的程序收集证据。如果司法机关没有按照法定的程序收集证据，严重影响了司法公正，且又不能补正或者作出合理解释，也应当排除这些证据。这主要是针对书证、物证等实物证据。比如在毒品犯罪案件中，为了提高办理毒品犯罪案件的质量和效率，规范毒品的提取、扣押、称量、取样和送检程序，最高人民法院、最高人民检察院、公安部共同发布了《办理毒品犯罪案件毒品提取、扣押、称量、取样和送检程序若干问题的规定》，以确保毒品实物证据的收集、固定和保管工作严格依法进行。辩护律师在为这类案件进行辩护时，就应当依据这些规定认真审查相关程序是否符合规定，审查程序上是否存在瑕疵，审查这些瑕疵是否会严重影响司法公正，司法机关能否予以补正或者作出合理

① 本案例由北京大成（石家庄）律师事务所李永辉律师提供。

解释，以便决定是否进行申请非法证据排除的程序性辩护。[①] 在案例 3－4 中，辩护律师就是从毒品的检查、封存、扣押程序存在瑕疵，导致毒品的同一性无法证明，可能严重影响司法公正，且经两次退回补充侦查，侦查机关不能补正或者作出合理解释的角度进行程序性辩护，最终导致认定刘某某的行为构成贩卖毒品罪的证据存疑，检察机关最终作出了不起诉决定。

案例 3－4　刘某某涉嫌贩卖毒品罪被不起诉

2016 年 5 月 20 日 19 时许，刘某某在重庆市某区附近以 900 元的价格将 0.82 克麻古和 2 小包冰毒（分别净重 0.93 克和 0.96 克）贩卖给唐某某，交易完成后被当场抓获。经鉴定，查获的毒品中均检出甲基苯丙胺成分。后刘某某被公安机关移送检察机关审查起诉。但案件经检察机关审查并两次退回公安机关补充侦查。因涉案毒品的检查、封存、扣押程序未及时在案发现场且未当着犯罪嫌疑人的面进行，亦未在现场对毒品的原始位置进行拍照或者录像，且在现场无见证人见证毒品交易具体情况，刘某某的辩护律师提出程序存在瑕疵，可能严重影响司法公正，且已不能补正或作出合理解释，毒品的同一性无法证明，导致认定刘某某的行为是否构成贩卖毒品罪的证据存疑，要求检察机关作出不起诉决定。后检察机关认为刘某某的行为构成贩卖毒品罪的事实不清、证据不足，决定对刘某某不起诉。

（三）从证据收集的程度入手

对认定案件事实的证据不但要求具备合法性、真实性和关联性，还要求必须充分，排除其他合理怀疑。一般来说，证据是否确实充分，能否达到定罪判刑的标准，很多时候需要依靠实体性辩护，但有时也需要借助程序性辩护。例如，司法工作人员依法应当收集、调取的证据没有收集、调取或者已经收集的证据未依法提交的，辩护律师可以根据《刑事诉讼法》关于“审判人员、检察人员、侦查人员必须依照法定程序，收集能够证实犯罪嫌疑人、被告人有罪或者无罪、犯罪情节轻重的各种证据”“辩护人认为在侦查、审查起诉期间公安机

① 娄秋琴：《常见刑事案件辩护要点》，北京大学出版社 2021 年版，第 572－578 页。

关、人民检察院收集的证明犯罪嫌疑人、被告人无罪或者罪轻的证据材料未提交的，有权申请人民检察院、人民法院调取”“辩护律师……也可以申请人民检察院、人民法院收集、调取证据”“法庭审理过程中，当事人和辩护人、诉讼代理人有权申请通知新的证人到庭，调取新的物证，申请重新鉴定或者勘验”等的规定申请收集、调取证据。这个申请收集、调取证据的过程就是程序性辩护。辩护律师根据通过司法机关收集、调取到的证据进行判断，看是否存在无罪事实或者罪轻事实，或者看有罪或者罪重的证据是否充分。这也是程序性辩护为实体性辩护服务的一种情况。

案例 3－5 温某非法持有枪支案违反证据收集规范①

2014 年 5 月 31 日，民警接到报案，来到某机关办公室，在办公室主任温某个人使用的铁皮柜内缴获两把手枪和几十发子弹。后温某被指控涉嫌非法持有枪支罪被移送起诉。广州宋福信律师接受委托担任温某的辩护人。

案卷材料显示，两年前温某调来某机关办公室后，该铁皮柜就是由温某一直使用，警察在其中 1 把六四式手枪突出的保险按钮上提取到了温某的生物成分。但温某一直辩称涉案枪支弹药不属于其本人。

辩护律师发现在案证据有 DNA 鉴定意见但没有指纹鉴定意见，这不符合常规的取证习惯，且铁皮柜钥匙曾由他人保管，不排除铁皮柜曾被他人使用的“合理怀疑”，因此，辩护律师向法庭申请调取涉案枪支子弹的指纹鉴定意见。调取来的指纹鉴定意见显示，在涉案的一把枪支上提取到了一枚新鲜指纹，但不属于温某，而是勘查现场的一位民警的。结合指纹鉴定意见和现场勘查照片，辩护律师推断涉案枪支曾被民警放在办公桌拍照时接触到了温某残留在办公桌和地上的生物成分，鉴定出有温某生物成分的检材手枪实际上被二次污染了，故 DNA 鉴定意见不可采纳。为了证实这个推断，辩护律师申请参与勘验的侦查人员出庭作证，当庭询问当时的勘查经过，证实枪支确实曾被放在办公桌和地上拍照。

最后一审判决认定侦查人员对涉案枪支取证操作时未严格隔离作为检材的

① 本案例由广东宋氏律师事务所宋福信律师提供。

手枪、弹药与温某的办公桌桌面及地面的接触，不排除检材手枪被温某残留在办公桌桌面、地面的生物成分污染的可能，故DNA鉴定意见不能证明温某是枪支的持有人，也无法排除指控的枪弹为他人持有的合理怀疑，故判温某无罪。

（四）从案件办理的程序入手

根据《刑法》第87条的规定，犯罪经过下列期限不再追诉：（1）法定最高刑为不满5年有期徒刑的，经过5年；（2）法定最高刑为5年以上不满10年有期徒刑的，经过10年；（3）法定最高刑为10年以上有期徒刑的，经过15年；（4）法定最高刑为无期徒刑、死刑的，经过20年。因此，审查案件是否超过追诉时效期限，要根据案件事实判定法定最高刑为多少年以及已经过了多少年，然后再根据刑法规定进行判断，对于已经超过追诉时效期限的，不再追究刑事责任。以此进行的辩护，属于实体性辩护的范畴。但对于法定最高刑为无期徒刑、死刑的案件，经过20年是否追诉，我国刑法还规定了一个由最高人民检察院核准的例外程序，即如果20年以后认为必须追诉的，在报请最高人民检察院核准后仍可以追诉。因此，在进行这类案件的辩护时，除要审查是否超过追诉时效期限外，还要审查是否经过最高人民检察院核准。没有经过核准而追诉的，辩护方由此进行的抗辩，属于程序性辩护。这样的程序性辩护最终可以帮助实现不追究刑事责任的辩护效果。

案例3-6　刘某某故意杀人案终止审理[①]

湖北刘某某因与陈某某发生口角并相互殴打涉嫌故意伤害致死案发生在1993年，案发后刘某某一直未到案，后于2016年7月23日被抓获。2016年11月，GS市人民检察院报请最高人民检察院核准追诉本案。2018年3月6日，最高人民检察院经审查认为本案无追诉必要性，不符合核准追诉的条件，决定对犯罪嫌疑人刘某某不予核准追诉。但因死者家属多次上访，在有关部门的组织协调下，SZ市人民检察院于2019年10月21日提起了公诉。2020年5月7日，SZ市中级人民法院判决被告人刘某某犯故意杀人罪，且认为本案没有超过最长

① 本案例由湖北武珞律师事务所秦龙律师提供。

追诉时效，遂判处有期徒刑15年，刘某某不服，向湖北省高级人民法院提起上诉。

武汉秦龙律师和深圳田鹏律师受托担任其二审辩护人，通过阅卷、会见、咨询专家，律师认为本案对刘某某的追诉已过最长追诉时效且最高人民检察院不予核准追诉，应当终止审理，故一方面向湖北省高级人民法院提出开庭审理的申请，并同时提交了书面辩护意见，论证本案已过最长追诉时效，应当终止审理的理由；另一方面，通过撰写报告材料向湖北省人民检察院、最高人民检察院反映了SZ市人民检察院不顾最高人民检察院的决定，执意将本案起诉到法院的行为属于程序违法，要求上级检察机关纠正，并得到了两级检察机关的回复。最终，湖北省高级人民法院裁定本案终止审理，被羁押4年之久的刘某某获释。

在司法实践中，为在实体处理上取得好的效果，有时需要多种程序性辩护一起发挥作用，多管齐下。

案例3－7　邱某非法捕捞水产品案因多项程序性辩护取得改判①

2020年4月，二被告人刘某、邱某因被控涉嫌非法捕捞水产品罪，在审查起诉阶段已经签署了认罪认罚具结书，检察机关量刑建议拘役一个月，缓刑两个月。

重庆伍继军律师接受委托担任邱某的辩护人，在阅卷后发现几个案子（包括刘某、邱某检举他人犯罪立功的案卷）的见证人均是同一个人，且系办案单位的辅警，以及办案民警在讯问过程中只有一名侦查人员在场，遂向法院提出调取同步录音录像、本案不适用速裁程序的申请，并同步展开非法证据排除工作。

首先，两名被告人的讯问笔录虽然记录了讯问人和记录人，但自始至终只有记录人在自问自记，违反了“讯问的时候，侦查人员不得少于二人”的规定。其次，案卷材料中的《提取笔录》《捕获物称量清点记录》《扣押决定书》《扣

① 本案例由重庆海力律师事务所伍继军律师提供。

押清单》《作案现场指认笔录》的见证人均不是与本案无关的公民，程序违法。再次，通过对到庭作证的两名侦查人员进行发问，证实讯问时确实只有一名侦查人员在场，另一名侦查人员不在讯问室，且见证人是办案单位辅警。最后，通过当庭播放讯问同步录音录像，证实在讯问时自始至终都只有一名警官的声音，辩护律师又当庭申请二被告人对另一名侦查人员进行了指认，均说未见过。据此，定罪量刑的关键证据在程序上均存在重大问题。虽然法院最终将这些证据直接予以排除，但认定了证据在程序上确有瑕疵，在充分考虑辩护律师意见的情况下，对邱某作出犯非法捕捞水产品罪，单处罚金 1 万元的判决。

二、程序性辩护对量刑辩护的价值

认定被追诉人的刑事责任大小主要是通过量刑辩护实现的。量刑辩护，主要是帮助被追诉人取得从轻、减轻或者免除刑事责任的较轻的量刑结果。辩护律师通常要审查被追诉人是否具有自首、坦白、立功、从犯、胁从犯、正当防卫、紧急避险、犯罪预备、犯罪未遂、犯罪中止等情节，或者被追诉人是否属于未成年人、精神病人等限制刑事责任能力人；通常是根据刑事实体法关于可以从轻、减轻、免除刑事责任的规定进行辩护的。这是典型的实体方面的辩护，所以很多人认为只有实体性辩护才能帮助被追诉人在量刑上取得良好的辩护效果，而程序性辩护是无法取得这样的效果的。但事实上，程序性辩护通过提出程序性请求或者对程序违法行为提出异议也能服务于实体性辩护，从而获得较轻量刑的辩护效果。下面举几个例子进行说明。

（一）提出程序性请求的程序性辩护

申请变更强制措施是提出程序性请求的程序性辩护，比如请求办案机关将对被追诉人的逮捕变更为取保候审，辩护律师需要提出被追诉人符合取保候审条件的事实，其中就包括对被追诉人采取取保候审不具有社会危险性的事实，比如被追诉人一贯表现良好、属于初犯、涉案金额较小、犯罪情节较轻、主观恶性不大、认罪认罚悔罪等，力争说服办案机关采纳变更强制措施的申请而取得被追诉人不被羁押的结果，一旦申请被办案机关采纳，取得了不被羁押的结果，也印证了被追诉人没有社会危险性，辩护律师可以以此为由进而说服裁判者对被追诉人判处较轻的刑罚，甚至判处缓刑。由此可见，这种提出程序性请求的程序性辩护间接影响了量刑结果，是服务实体性辩护的一种表现。

案例3－8 蔡某某涉嫌故意伤害罪取保候审后被不起诉

蔡某某与张某某系邻居，因琐事发生口角，蔡某某一气之下，采取双手抱住并放倒的方式，把张某某放倒在地，后把膝盖跪在张某某的左腰部，导致张某某肋骨骨折，经法医鉴定为轻伤二级。蔡某某将受伤的张某某送至医院进行治疗，并主动报警。后蔡某某被公安机关刑事拘留。蔡某某的辩护律师向公安机关递交取保候审申请书，提出：蔡某某犯罪情节轻微，且具有自首、认罪认罚、赔偿谅解等情节，对其取保候审不具有社会危险性。公安机关采纳了辩护律师的意见，将对蔡某某的刑事拘留强制措施变更为取保候审。案件移送审查起诉后，辩护律师继续向检察机关提出蔡某某犯罪情节轻微，且具有自首、认罪认罚、赔偿谅解等情节的辩护意见；并指出蔡某某在侦查阶段就被公安机关变更强制措施为取保候审，也证明其不具有社会危险性；请求检察机关对蔡某某作出不起诉决定。后检察机关采纳了辩护律师的意见，对蔡某某作出不起诉决定。

案例3－9 郭某涉嫌失火罪取保候审后被判缓刑①

20××年，郭某在墓地祭祀时，不慎点燃了周围的杂草，引发火灾。这场火灾导致九户村民的财产遭受了损失。据消防救援大队的侦查核实，过火面积3.1277公顷，烧毁了苗圃作物和阳光大棚等物品，经价格评估机构对事故损失认定，造成的经济损失总计988430元人民币。公安机关迅速介入调查，对郭某以失火罪立案侦查，后逮捕并移送审查起诉。

哈尔滨樊晓丹律师接受委托担任郭某的辩护人，在查阅卷宗后发现，作为定案依据的《资产评估报告》所依赖的数据，均来自九户村民的自行申报，而这些数据之间存在明显的矛盾，且与村民的供述也不相符，缺乏必要的佐证材

① 本案例由北京大成（哈尔滨）律师事务所樊晓丹律师提供。

料。公安机关在勘验过程中存在未记录现场保护情况、现场原始情况和现场勘验、检查情况，见证人是被害人本人，未对勘验过程进行录像，拍摄现场照片无见证人签名，未对现场进行有效保护等问题。因此，辩护人向检察机关提交了详尽的法律意见书，认为证据不充分，程序也不合法，建议检察机关对郭某变更强制措施。最终，检察机关接受了辩护人的意见，对郭某进行取保候审，后郭某被法院判处缓刑。

（二）对程序违法行为提出异议的程序性辩护

对国家专门机关的程序违法行为提出异议，如应当提供翻译人员而没有提供或者翻译人员应当回避而没有回避，应当进行同步录音录像而没有进行同步录音录像，应当告知诉讼权利内容而没有告知，询问证人时应当个别进行却没有个别进行，鉴定检材的来源、取得、保管、送检不符合法定程序，应当有见证人在场而没有见证人在场的，辩护方可以提出异议并要求予以纠正或者制裁；但有些已经发生，无法恢复或者无法纠正的诉讼行为所收集的证据，尚不属于非法证据排除规则适用范围内的非法证据而无法予以排除，辩护方进行这类程序性辩护，可以动摇部分证据的可采性，动摇法官内心的确信。在实行诉辩交易制度的国家，这样的程序性辩护有利于获得降格指控或者从轻判处刑罚的效果。在未实行诉辩交易制度的国家，通过动摇证据链条的稳定性，也可能动摇法官的内心确信而获得较轻量刑。在死刑案件中，由于对证据的证明标准更加严格，所以进行这样的程序性辩护，有时能起到“保命”的效果。比如上海市高级人民法院在2005年出台的《上海法院量刑指南——毒品犯罪之一（试行）》就指出，毒品犯罪案件中认定主要犯罪事实的证据有瑕疵，量刑上需要留有余地的，一般不判处死刑立即执行。[①]

由此可见，对于认定主要犯罪事实的证据即使无法直接排除，但通过程序性辩护指出证据存有瑕疵的，也可以在量刑上留有余地，有助于在量刑上取得良好的辩护效果。

另外，涉案金额和犯罪情节也是决定量刑的重要因素，从这两方面进行辩

---

① 娄秋琴：《常见刑事案件辩护要点》，北京大学出版社2021年版，第568－569页。

护虽然属于实体性辩护，但如果关于涉案金额和犯罪情节的证据的收集行为违反法定程序，辩护律师提出异议的，也是程序性辩护。排除掉据以量刑重的证据或者提出据以量刑重的证据存在瑕疵，也可以取得量刑轻的辩护效果，这也是程序性辩护有助于在量刑上取得良好辩护效果的表现之一。

案例 3－10 霍某诈骗案取证不规范被判缓刑①

朴某的姐姐涉嫌集资诈骗罪，霍某称有能力帮助朴某的姐姐免除刑事责任，朴某共支付给霍某 480 万元用于“打点”。后朴某的姐姐未被追究刑事责任，但朴某认为霍某对此事没有起到作用，要求霍某退款。经多次催讨，霍某仅退还 40 万元。朴某遂向警方报案。后检察机关以霍某涉嫌诈骗罪移送起诉。经审查，霍某将涉案 480 万元中的 170 万元用于公司经营，将 230 万元转给了香港的梁某，将 80 万元转给了金某，金某案发后前往韩国。霍某坚称：其向梁某及金某请托，让他们寻找律师及可靠社会资源协助朴某的姐姐处理所涉刑事案件，但梁某及金某收款后未予归还，与二人的微信沟通记录已删除。由于梁某和金某在境外，侦查机关采取电话询问的方式向二人了解情况，梁某和金某在电话中均称霍某所转的资金系还款，但未提供借款凭证及其他证据佐证。检察机关以公安机关提供的电话记录作为证据提起公诉，并认定霍某到案后拒不如实供述，建议 10 年以上量刑。

在庭审过程中，上海朱海斌律师作为辩护人提出：侦查机关以电话记录取证不符合法律规定，电话记录证据无法核实对方身份，不具有合法性，且梁某和金某与本案存在利害关系，证言也不具有真实性，不能作为定案根据。此外，朱海斌律师还提出被害人朴某的陈述中忽略了如涉案资金中包含给霍某的酬劳等对霍某有利的事实，存在断章取义的情况，遂向法庭申请本案相关证人及被害人出庭。法庭经评议后批准了辩护人的申请，安排了被害人朴某及其他证人出庭，在境外的梁某和金某重新出具了由当地使领馆公证的亲笔证词，二人在新的证言中承认霍某曾就协助朴某的姐姐免除刑事责任一事寻求帮助，转给二人的资金大部分用于寻找法律专业人士、找关系请客吃饭等用途。最终，法院将霍

---

① 本案例由北京大成（上海）律师事务所朱海斌律师提供。

某转给梁某、金某二人的310万元及案发前退还的40万元予以扣除，同时认定霍某构成自首，加上被害人朴某同意谅解，遂判处霍某有期徒刑3年，缓刑3年。

案例3－11　王某非法吸收公众存款案电子数据取证不规范被判缓刑[①]

被告人王某2012年入职H市一家龙头民企，从事会计工作，同时开展理财业务，2021年，该公司理财业务暴雷，公安机关以该企业及员工涉嫌非法吸收公众存款罪立案侦查，公司涉案金额20亿元，多名员工已被判一年至五年不等的实刑。检察院指控王某涉案1000余万元，并起诉至法院，量刑建议1年10个月实刑。

哈尔滨潘明律师接受委托担任王某的辩护人，王某希望能够被判缓刑。介入案件后，辩护人发现本案鉴定意见系依据电子数据作出，因为纸质版会计账册已被公司销毁。但是公安机关并未依照法定程序提取电子数据，没有看到注明类别、文件格式、完整性校验值等的《电子数据提取固定清单》，没有看到封存前后拍摄被封存原始存储介质的照片。此外，公安机关也没有对电子数据提取过程进行录像。

据此，辩护人提出会计数据的原始载体被损毁，电子数据已被污染，无法补正，鉴定意见主要依据的是被告人供述和证人证言等非财务资料，违反了《人民检察院司法会计工作细则（试行）》第24条的规定，不应被采纳，本案指控犯罪金额的数据证据不足，公诉机关指控的犯罪不能成立。法院虽然没有直接采纳该辩护观点，但仍判处王某缓刑。之所以取得这样的结果，与程序性辩护是密切相关的。

---

① 本案例由北京市京师（哈尔滨）律师事务所潘明律师提供。

第三节 程序性辩护对刑事诉讼程序的价值

刑事辩护制度是刑事诉讼的重要组成部分，两者的价值目标是一致的。国内外学者针对刑事辩护价值的研究形成了不少理论，但这些理论在本质上体现的就是刑事诉讼的价值目标。例如真实发现理论认为，设立刑事辩护制度是为了发现案件事实真相。该理论是以对抗制是发现真实的最好制度为前提的：控辩双方通过竞争和对抗，从不同的视角进行强有力的陈述，可以使真相越辩越明，揭示已经发生的过去的事实。通过刑事辩护发现案件事实真相，不仅维护了实体公正，维护了国家和社会秩序，也保障了公民个人自由。可见，真实发现理论反映了公正、秩序和自由等价值目标。还有学者提出了公平裁判理论，认为设立刑事辩护制度是为了抑制政府的有利地位，使被追诉人能够公平地参与诉讼，获得公正的裁判和自愿接受裁判结果。这个理论强调对国家和个人均安排公平的争议解决程序，赋予被追诉人反对自我归罪等一系列权利以弥补其相对于国家专门机关所处的不利地位。这些权利的赋予或者程序的设置有可能对发现真实构成障碍，如排除掉真实的非法证据可能造成无法发现案件真相，但却在形式上保障了公正，体现了程序公正的价值目标。还有学者提出了权利理论，认为设立辩护制度是为了防止政府权力滥用而保护公民权利不受非法侵害。这个理论与公平裁判理论都强调抑制政府权力，但公平裁判理论是从程序设置的视角，而权利理论是从赋予被追诉人权利的视角，认为赋予被追诉人广泛的权利可以为政府成功地追诉犯罪设置障碍，被追诉人可以通过行使被赋予的权利去赢得有利于个体的诉讼结果，因此这个理论更倾向于自由的价值目标。还有一种理论被称为交易刺激理论，它从实用主义的视角提出，设立刑事辩护制度有利于以审判之外的其他方式解决刑事案件：因为控辩双方激烈的对抗，还要耗费大量的人力物力精力并历经漫长的诉讼过程，这会导致审判的结果存在不确定性，那么与其承受败诉的风险以及漫长诉讼过程的折磨，不如以协商的方式解决纠纷，案件真相显得不那么重要，重要的是尽快解决当事人之间的纷争。这为有罪答辩和诉辩交易方式提供了理论基础，也反映了诉讼效率的价值目标。

程序性辩护是刑事辩护的一种形态，刑事辩护制度的价值目标当然适用于程序性辩护，对刑事辩护制度的价值分析也为程序性辩护的价值问题提供了丰富的思想素材。但程序性辩护由于起步较晚且发展缓慢，在司法实践中经常遇到阻力和障碍，没有发挥出应有的辩护效果。很多学者对刑事辩护制度的研究主要还是着眼于实体性辩护，并未对程序性辩护进行深入的研究和分析。这使程序性辩护特有的价值无法得到全面的体现。要研究程序性辩护的价值目标，离不开刑事诉讼程序，目前理论界和实务界对刑事诉讼程序的价值追求达成了以下共识，即司法公正、司法效率和司法秩序。笔者在这个价值体系下进一步分析了程序性辩护的价值。

一、促进司法公正

（一）刑事诉讼中公正的含义

公正，又称公平或者正义，它历来被视为人类社会的崇高理想，被视为法律应当具备的品质或价值。但关于何谓公正众说纷纭。先哲们不但给出了各种定义，还对公正进行了若干分类，如分配的公正与平均的公正、形式公正与实质公正、社会公正与个人公正。就公正与法律之间的关系而言，主流观点是将公正分为实体公正和程序公正。在刑事诉讼中，实体公正是指通过查明案件事实真相并正确适用实体法而实现结果上的正确和公平；程序公正则是指不但案件处理结果要正确、公平，而且案件裁判的过程还应当体现公平、合理和正义，如谚语所言："正义不仅应得到实现，而且要以人们看得见的方式加以实现。"（Justice must not only be done，but must be seen to be done.）可见，实体公正注重对案件结果的评价，而程序公正关注对过程的评价。一般情况下，这两者是相互统一的，实体公正虽然是最终目标，但坚持程序公正有助于实体公正的实现。但在特殊情况下，两者也会产生冲突，追求实体公正可能破坏程序公正或者坚持程序公正可能有损实体公正。在两者发生冲突时，坚持实体公正还是程序公正，应当如何进行取舍？对此学界主要存在三种观点。

一种观点主张实体公正优先，认为刑事诉讼追求公正的初衷就是实现实体公正，才确定了程序公正的标准。程序公正存在就是为实体公正服务的，程序公正是手段，实体公正是最终的目的；当坚持程序公正不利于实体公正的实现时，应该无条件放弃程序公正。

另一种观点是在英美法系国家盛行的程序公正优先论，该理论主张不存在独立于诉讼程序的实体公正的客观标准，认为只要诉讼程序是公正的，案件的审判结果就是公正的。[①] 换句话说，只要保障了程序公正，就能实现实体公正，如果没有程序公正，那么就无法实现实体公正。因此，程序公正优先于实体公正，应当成为刑事诉讼的基准价值。但在现实中，遵循了程序公正，就一定能产生公正的结果吗？答案是否定的。因为很多犯罪都是在隐蔽的状况下实施的，加上侦查能力有限和个体主观认知差异等原因，即使法律程序设计得再精细、再完美，司法活动进行得再公正，也有可能因无法查清案件事实真相而放纵了犯罪或者冤枉了无辜。可见，从现实的角度而言，坚持了程序公正未必能实现实体公正。但主张程序公正优先论的学者认为：只要程序公正，人们以可见的方式看到法律维护了自己的权利，就算实体公正有所缺失也在可容忍的范围内。因此，不管程序公正是否可以实现实体公正，都应当优先保障程序公正。

以上两种观点因偏重一个方面的公正而受到质疑，于是有学者提出实体公正与程序公正并重的观点，认为：实体公正与程序公正同等重要，都是刑事诉讼追求的目标，不存在谁主谁辅和谁优先于谁的问题。德国学者罗科信曾言："在法治国家的刑事诉讼程序中，对司法程序之合法与否，被视为与对有罪之被告、有罪之判决及法和平之恢复，具有同等之重要性。"[②] 这样的观点在我国理论界和实务界也得到了认可。陈瑞华教授提出："必须牢固树立一种对程序的内在价值和外在价值予以兼顾的观念。兼顾原则要求我们对公正的程序和公正的结果予以同等的重视，并通过刑事审判活动的进行，使程序参与者受到最低限度的公正对待，确保有罪者受到适当的定罪和判刑，无罪者免受刑事追究。只有这样才能确保正义的要求在整个刑事审判过程中得到全面、彻底的实现。"[③]

---

① 陈学权：《论刑事诉讼中实体公正与程序公正的并重》，载《法学评论》2013 年第 4 期。

② ［德］克劳思·罗科信：《刑事诉讼法》，吴丽琪译，法律出版社 2003 年版，第 5 页。

③ 陈瑞华：《刑事审判原理论》，北京大学出版社 1997 年版，第 105 页。

2006 年 8 月 2 日，时任最高人民法院院长肖扬在接受《人民日报》专访时指出："司法公正，不仅包括实体公正，也包括程序公正。"① 2012 年时任最高人民检察院检察长曹建明在全国检察长座谈会上强调："始终坚持程序公正与实体公正并重。这次刑诉法修改使程序公正、程序的独立价值得到更加充分的体现，我们要高度重视程序公正对提升检察机关执法公信力的重要意义，切实改变'重实体、轻程序'的倾向，真正把程序公正作为保证办案质量、实现实体公正的前提和基础，坚持严格要求检察机关每一个执法办案环节都必须符合刑事司法程序规范。"② 从理论研究的视角而言，能做到实体公正与程序公正并重当然是最理想的状态，但现实不可能达到这种理想的状态，实体公正和程序公正不可能在任何案件中都能有机地结合在一起，并不产生任何冲突。当两者相统一时，我们可以说两者并重；当两者发生冲突时，我们仍然要考虑哪个优先的问题。

但不管是实体公正还是程序公正，都应当具备以下三个要素：（1）平等。公正是指公平与正义，最原始的含义中就包含了平等之意，即人人平等且平等地享有应得权益。刑事诉讼中的平等则是指控辩双方均是诉讼主体，地位平等，力量均衡，权利义务对等。双方对等地进行交锋和辩论，既有利于实现程序上的公正，又有利于查清案件事实真相而实现实体上的公正。（2）中立。要实现公正，除要求控辩双方平等对抗外，还要求居中的裁判者保持中立，即裁判者对控辩双方应当一视同仁、不偏不倚，保持一种超然的无任何偏袒的态度，公正地作出裁判。要做到这一点，裁判者不得与案件处理结果有利害关系，不得与案件或案件当事人有牵连，不得事先接触案卷对案件产生预判。如果背离这样的中立原则，裁判者就有可能因形成预断和偏见而作出错误的裁判，既损害了程序公正，也损害了实体公正。（3）公开。公开是公正的保障，公正是公开追求的价值。要实现公正，刑事诉讼就应当贯彻公开透明的原则，保障当事人的知情权、参与权和监督权。如果刑事诉讼是在隐秘状态下进行的，不管最终的结果是好是坏，人们都会抱有怀疑态度，公正性必将大大受损。以审判为例：它是刑事诉讼最重要的活动，直接决定着对当事人的定罪量刑，除特殊情况外，

---

① 肖扬：《迟到的公正也是一种不公正》，载《上海法治报》2006 年 8 月 4 日。

② 曹建明：《着力转变和更新执法理念，牢固树立"五个意识"》，载《检察日报》2012 年 7 月 18 日，第 1 版。

审判活动不但要对当事人和其他诉讼参与人公开，还要对社会公众公开，以便接受社会公众和媒体的监督，营造关注司法公正的社会环境，以此促进司法公正。

案例3－12 朱某发等人寻衅滋事案两次发回重审被撤回起诉[①]

无为县某村村民何某明、何某宝、何某生、朱某发因为多次上访，给当地村镇干部造成一定的压力。“扫黑除恶专项斗争”开始后，四人因涉嫌寻衅滋事罪名被WW市公安局于2019年4月18日刑事拘留，同年5月24日被WW市检察院批准逮捕。后WW市检察院指控四名被告人构成恶势力，涉嫌破坏生产经营罪、寻衅滋事罪并移送法院起诉。

芜湖张苏明律师接受委托担任朱某发的辩护人，进行指控证据不足的无罪辩护，后法院审判委员会经讨论认定四人不构成恶势力、不构成破坏生产经营罪，对四人以寻衅滋事罪分别判处有期徒刑1年至1年2个月不等的刑期。四人不服均上诉。二审期间，辩护人申请证人出庭，以证实侦查阶段作的证言系虚假的，推翻了公诉机关的指控和原审判决认定的事实。此外，辩护人还指出公安机关抓获四名被告人的程序违法，抓获当场宣读的是传唤证不是拘留证和逮捕证，但却给四人套上黑头套、戴上手铐，录制视频，侵犯了公民的人身权利。二审法院以原判认定事实不清、证据不足为由，于2020年7月16日裁定撤销原判，发回WW市人民法院重新审理，但WW市人民法院仍以寻衅滋事罪对四人判处有期徒刑1年至1年2个月不等的刑期。四名被告人继续上诉，二审法院又以事实不清、证据不足为由将案件第二次发回重审。

在第二次重新审理期间，WW市人民检察院撤回对四名被告人的起诉，法院裁定准许，检察院最终作出不起诉决定书，相关被告人也得到了国家赔偿。

（二）程序性辩护对实现程序公正的作用

由于刑事诉讼是运用国家强制力追究和惩罚犯罪的活动，公民个人的力量在国家强制力面前显得非常微弱，所以必须通过设置正当的法律程序来限制国

---

① 本案例由安徽真见律师事务所张苏明律师提供。

家强制力的扩张，核心目的是保障公民的个人权利。这构成了程序正义的基本内容。为了实现这个目的，很多国家的法律和国际公约都规定了最低限度的程序保障，比如法官中立、当事人平等参与以及对法官任意性的排除。如果这些程序要求未被遵守，辩护方可以提出抗辩和主张，要求进行纠正和制裁。

程序性辩护对于实现程序公正具有的积极价值，具体表现在以下几个方面。

1. 程序性辩护有助于获得中立公正的裁判

获得中立的裁判是程序公正的基本要素，如果裁判者与案件具有利害关系，不能做到不偏不倚，不能平等地倾听双方的意见，不管裁判结果如何，都无法实现程序公正。因此，很多国家的法律和国际公约都将获得由一个依法设立的、合格的、独立的、不偏不倚的法庭进行公正和公开的审判作为刑事诉讼中一项最低限度的程序保障，或者规定为被告人的一项基本权利。为了保障这项权利得到行使，很多国家还设置了配套的制度，如刑事管辖异议制度和刑事回避制度，赋予被告人对不宜进行审判的法院提出管辖异议的权利和对不宜进行审判的法官申请回避的权利。例如，进行裁判的法院或者法官若与案件有关联，或与案件处理结果有利害关系，或对案件一方当事人存有偏见，不能平等地听取双方的意见，辩护方就可以申请将案件移送到其他法院或者申请具有影响公正审理案件情形的审判人员退出对案件的审理。这就是一种程序性辩护。通过这样的辩护，让被告人获得中立、公正的裁判，才能实现程序公正。如果不进行这样的设置，不能对不宜审判的法院或法官提出抗辩和质疑，不能进行程序性辩护，即使立法规定被告人有获得公正、中立裁判的权利，该规定也只能是一纸空文，现实中无法获得公正、中立的裁判，也无法真正实现程序公正。

2. 程序性辩护有助于控辩双方进行平等对抗

被追诉人是刑事诉讼活动的重要参与人，其在诉讼过程中能否获得公平的对待是衡量程序公正与否的重要标志。公正的诉讼程序应当确保被追诉人的诉讼权利得到维护且被追诉人与控诉方享有平等的抗辩机会。但在刑事诉讼中，控诉方代表着国家利益，并以国家强制力作为后盾，拥有庞大的国家资源，而被追诉人作为个体，资源非常有限，有的还经常处于被羁押的不自由状态，所以控辩双方力量对比悬殊，诉讼地位先天失衡。但程序性辩护可以使被追诉人对控诉方的程序违法行为提出抗辩和质疑，要求纠正程序违法行为并影响诉讼结果；还可以对诉讼中的程序性问题提出自己一方的主张和理由，以诉讼主体的身份积极参与整个诉讼过程。这样就大大加强了被追诉人与控诉方进行平等对抗的能力，具体表现为两个方面：第一，程序性辩护可以保障被追诉人实际享有法律赋予的诉讼权利，如不得自证其罪权、获得公正审判权、调查取证权、阅卷权、质证权、辩论权、最后陈述权、上诉权。因为程序性辩护的终极目的就是维护被追诉人的诉讼权利，防止诉讼权利受到侵犯，而这些诉讼权利是被追诉人与控诉方在诉讼过程中进行对抗的资本，如果受到侵犯后无法进行救济或者恢复，控辩双方就不可能进行平等对抗。第二，程序性辩护可以实现控辩双方的诉讼责任与义务在实质上的均衡。为了保障控辩双方能够进行平等对抗，法律不但赋予被追诉人一系列的诉讼权利，还要求控诉方承担更多的责任和义务，以实现实质上的均衡，例如，无罪推定原则要求控诉方承担证明责任并达到“排除合理怀疑”的证明标准，控诉方不能提供证据或者达不到法定的证明标准，则应当承担败诉的后果；证据开示制度要求控诉方将自己掌握的事实材料和证据向被追诉人进行披露，未开示的证据不得在法庭出示；非法证据排除规则要求控诉方对证据取得的合法性承担证明责任，如果控诉方不能证明取证手段合法，则应将该证据予以排除，不得在法庭上出示，更不得将其作为定案的依据。被追诉人利用这些制度、规则和原则，基于控诉方未履行相应义务而进行的程序性辩护，弥补了被追诉人先天力量微弱的缺陷，有助于实现控辩双方的平等对抗。

3. 程序性辩护有助于限制和制约公权力

程序公正强调的是诉讼过程的正当性，不管是中立裁判还是控辩平等，最大的障碍都源于国家权力的扩张和对个体权利的侵犯，因此，如何限制和制约天生强大的国家权力也是衡量程序公正的一项重要内容，而辩护制度的存在就是为了以私权制约公权。相比于实体性辩护，程序性辩护，尤其是抗辩型程序性辩护，对国家权力进行限制和制约的功能更加强大。抗辩型程序性辩护是指由辩护方针对国家专门机关的程序违法行为提出异议和抗辩，要求国家专门机关纠正程序违法行为或者要求否定程序违法行为产生的诉讼结果或者要求进行程序性制裁，通常使用的是抗辩型手段，具有很强的攻击性。对侦查、起诉、审判诉讼活动中的程序违法行为提出指控，使其滥用国家权力的行为受到审查，通过纠正违法行为、否定效力，有效地限制和制约公权力，实现程序公正。

（三）程序性辩护对实现实体公正的影响

1. 程序性辩护对实现实体公正的间接积极意义

刑事诉讼的基本任务是惩罚犯罪和保障人权，但不管是惩罚犯罪还是保障人权，前提都是查清案件的事实真相。没有查清事实真相，就无法正确适用实体法判处刑罚，不管是错判无辜还是放纵罪犯，也不管是重罪轻判还是轻罪重判，都无法完成刑事诉讼惩罚犯罪和保障人权的基本任务。因此，各国刑事诉讼制度都将查清案件的事实真相作为刑事诉讼的根基，把实现实体公正作为刑事诉讼的基础价值。程序性辩护虽然不直接涉及被追诉人的定罪和量刑等实体性问题，但其根据刑事程序法从维护被追诉人诉讼权利的视角提出主张和异议，对于查清案件事实，实现实体公正，具有间接的积极意义。首先，案件的实体事实需要证据加以证明，证据收集得越多、越充分，就越接近真相，而程序性辩护有利于保障辩护方自行调查取证以及申请控诉方调查取证或者补充证据的权利，使能证明案件实体事实的证据尽可能完备和全面，进而有利于查清案件事实真相，实现实体公正。其次，证明案件实体事实的证据真伪有别，真实的证据才能揭示案件事实真相。被追诉人、被害人和证人因趋利避害的自我保护心理，在暴力、威胁、引诱等状态下，为了摆脱眼前的压力、困境或者获得利益交换，易作出虚假的供述、陈述或证言，而程序性辩护有利于排除使用暴力、威胁、引诱等非法方法获取的存在极大虚伪风险的证据，将证据去伪存真，从而揭示案件事实真相，实现实体公正。最后，程序性辩护可以保障与案件无涉的司法工作人员或者司法机关公正地处理案件，无疑是有利于实现实体公正的。由此可见，程序性辩护不仅有利于实现程序公正，对保障实体公正也有间接的积极作用。

案例 3-13　W 某单位行贿案申请非法证据排除[①]

2016 年 2 月，黑龙江省某区检察院以 H 证券公司、被告人 W 某涉嫌单位行贿罪向某区法院起诉。指控该 H 证券公司为获得证券审批，由 W 某向证券发行

① 本案例由北京大成律师事务所于兴泉律师提供。

主管部门领导寻求帮助，事后为表感谢，行贿数额巨大，构成单位行贿罪。

北京于兴泉律师接受委托担任被告人W某的辩护人，被告人辩称其笔录是在受到威胁的情况下作出的，所作供述不实。辩护人核实在案笔录及相关证据，发现指控贿赂行为发生的时间、地点、资金来源等方面有证供不一的情形，再经比对被告人W某17次讯问笔录、4次亲笔供词及相应的提讯提解证内容，发现笔录没有对应同步录音录像、有提讯记录但无对应讯问笔录，有的同步录音录像起始时间与讯问笔录记载起始时间相差较大等情形，明显违反相关法律规定，无法排除对被告人W某采取熬夜体罚、语言威胁等手段非法取证的可能性。遂辩护人提出排除本案全部非法证据的申请，并在庭前及开庭过程中多次向合议庭反映。

该案经2016年7月召开庭前会议进行“排非”，同年8月开庭，再次组织“排非”质证。2016年11月该区法院裁定准许区检察院撤诉，2017年6月，检察院对本案作出不起诉决定书。

2. 程序性辩护对积极实体公正的消极影响和对消极实体公正的积极影响

“重实体、轻程序”的司法传统折射到辩护领域就是重实体性辩护而轻程序性辩护，有人认为程序性辩护对于实现实体公正没有积极价值，还有人认为程序性辩护不利于证据的收集而有碍实体公正的实现，具体表现为：第一，程序性辩护不利于口供的获取。在证据的发展史上，口供一直是最古老的证据，历来受到重视。这是由于被追诉人是过去已经发生的案件事实的亲身经历者，他的供述能够直接证明案件事实真相，而且依据他的供述能够更加准确快速地收集到其他证据进行印证，比如通过杀人者的口供收集到被其隐匿的杀人工具或者尸体。可见，口供是查清案件事实真相非常重要的证据，甚至被誉为证据之王。为了有效地获取口供，国家专门机关通过采取限制自由等强制措施，使被追诉人处在被羁押的状态下。从经验的角度而言，被追诉人迫于压力会如实陈述案情。但程序性辩护从保护被追诉人诉讼权利的视角出发，倡导被追诉人享有保释权和不得强迫自证其罪权，并通过申请变更强制措施或通过保释制度使被追诉人免受羁押。这样的程序性辩护，大大减轻了被追诉人的心理压力，从而不如实供述，但这显然不利于查明案件事实真相，有碍实体公正的实现。第二，程序性辩护不利于其他证据的收集。一般来说，证据收集越全面，越接近案件事实真相，越能保障实体的公正。但程序性辩护不利于口供的获取，也就不利于通过从口供获取的线索收集物证、书证、证人证言等其他证据。此外，申请变更强制措施或者保释等程序性辩护，可以使被追诉人不被羁押，增加了被追诉人串供，毁灭、伪造证据的风险，也不利于其他证据的收集。此外，程序性辩护除可以对人的强制措施提出异议外，还可以对物的强制措施如查封、扣押、冻结提出异议，要求对物解除强制措施，从而不利于可以作为证据的物的保全，导致侦查活动难以正常展开，不利于实现实体公正。第三，程序性辩护可能排除真实的证据。程序性辩护是针对程序问题提出主张或者针对程序违法行为提出抗辩，只关注程序问题，而不关注实体问题。比如，非法证据排除规则只关注申请排除的证据是不是合法取得的，不需要考虑申请排除的证据是否真实，即使证据是真实的，但只要是使用非法方法收集的，也应当予以排除。美国著名律师艾伦·德肖微茨在《最好的辩护》一书中提出："被告辩护律师，特别是在为确实有罪的被告辩护时，他的工作就是用一切合法手段来隐瞒'全面事实'。对于被告辩护律师来说，如果证据是非法手段取得的，或该证据带有偏见，损害委托人的利益，那么他不仅应当反对而且必须反对法庭认可该证据，尽管该证据是完全真实的。"① 可见，程序性辩护有可能使真实的证据被排除在法庭之外，不利于对案件事实的认定，也不利于对案件真相的揭示。

通过上述分析可见，程序性辩护确实有可能在一定程度上对惩罚有罪的犯罪分子起到消极的妨碍作用，有可能使有罪的犯罪分子逃脱刑事处罚，从而对于实现实体公正具有一定的消极影响。但需要说明的是，这里所言的实体公正是一种积极的实体公正，即只要行为人实施了犯罪行为，就必须发现它、认定它、追究它，不能留有任何遗漏地给予刑事处罚。但实体公正应该包括两类：一类是前面所说的积极的实体公正，另一类则是消极的实体公正，它主张不处罚无辜者，只要不能维持有罪的证明就可以认定为无罪的真实，而不需要去查明无罪的真实。程序性辩护正是通过限制国家专门机关的公权力，保障被追诉人的诉讼权利，最大限度地避免错误地追究无辜者，保障无罪的人不受刑事处罚。从这一点来看，它是有利于直接实现消极的实体公正的。陈瑞华教授认为，

① ［美］艾伦·德肖微茨：《最好的辩护》，唐交东译，法律出版社1994年版，第8页。

由于人类的认识和实践能力有限，尽管不断为实现实体正义而完善程序，却仍不得不进行某种妥协，如对不能证实其实施犯罪却实际有罪的被告人宣告无罪，这种无罪推定意味着从方法和过程上已尽了最大努力仍不能确定实体时，假定某个结果合乎正义是一种不得已的必要妥协。① 因此，我们应当辩证地看待程序性辩护对于实现实体公正的影响，虽然对积极的实体公正可能有一些消极影响，但对消极的实体公正具有很大价值。

二、提高司法效率

（一）刑事诉讼中效率的含义

效率是刑事诉讼一项重要的价值目标，它是指投入的或者消耗的司法资源与取得的收益之间的比例，要求尽可能以最少的资源消耗，在最短的时间内取得最佳的效果。一个良好的诉讼程序运作，必须保持高效率，不但有利于国家，也有利于个人。从国家的视角而言，国家资源毕竟是有限的，投入司法中的资源更是有限，故要使用最少的资源，迅速不拖延地追究和惩罚犯罪，将犯罪分子绳之以法，尽快恢复被破坏的社会秩序，及时起到社会警示效应和预防效果，维护社会公共利益。从个人的视角而言，无论是无辜的人还是有罪的人，都希冀得到迅速的裁判：无辜的人可以尽早恢复自由和声誉，免受更大的损失；有罪的人可以尽早摆脱诉累，避免因诉讼拖延而投入大量的时间、精力和金钱。因此，不论是理论主张还是法律规定，效率都是刑事诉讼追求的价值目标之一。蔡墩铭教授指出："无论立于国家或被告人之利益，迅速裁判对于刑事司法而言，至为重要。"② 陈朴生教授认为："刑事诉讼法之机能，在维持公共福祉，保障基本人权，不计程序之烦琐，进行之迟缓，亦属于个人无益，于国家社会有损。故诉讼经济于社会制度之建立实不可忽视。"③ 张文显教授指出："现代社会的法律，从实体法到程序法，从根本法到普通法，从成文法到不成文法，

---

① 陈瑞华：《程序正义论纲》，载《诉讼法论丛》1998 年第 1 期。

② 日本东京第二律师协会编：《各国律师制度》，朱玉璜、王舜华译，法律出版社 1989 年版，第 51 页。转引自熊秋红：《刑事辩护论》，法律出版社 1998 年版，第 140 页。

③ 美国律师协会编：《美国律师职业行为标准规则》，俞兆平、姜福丛译，中国政法大学出版社 1989 年版，第 18 页。转引自熊秋红：《刑事辩护论》，法律出版社 1998 年版，第 140 页。

都有或应有其内在的经济逻辑和宗旨：以有利于提高效率的方式分配资源，并以权利和义务的规定保障资源的优化配置和使用。”① 美国学者彼得·斯坦和约翰·香德指出：“法律中所存在着的价值，并不仅限于秩序、公平和个人自由这三种。许多法律规范首先是以实用性，即获得最大效益为基础的。”② 综上所言，提高诉讼效率在刑事诉讼中是非常重要的，有利于司法公正的实现。美国法律经济学家波斯纳在运用经济分析方法研究法律现象时就指出：“公正在法律中的第二个意义是指效率。”③ 效率越高，公正的程度亦越高；效率越低，所谓的公正就是虚伪的公正，故有“迟到的正义已非正义”一说。可见，效率与公正之间是具有一致性的，但即使如此，也要注意两者之间的冲突性，既不能过分强调公正，也不能过分强调效率，否则会导致公正与效率两败俱伤。正如熊秋红教授所言：“过分追求公正，过分地赋予被追诉人辩护权对付指控，过分地强调控、辩双方的辩论，必将大大减慢办案速度，浪费不必要的人力、物力、财力，使案件久拖不决，出现超期羁押等现象，损害诉讼参与人权益，最终也不能维护公正，使得公正与效率两败俱伤。”④ 同样地，过分追求效率，必然会限制被追诉人的包括辩护权在内的诉讼权利，就容易出现刑讯逼供或其他非法取证现象，容易损害被追诉人的诉讼主体地位，不利于查清案件事实，极大地损害司法公正；对于造成的错误追诉，需要耗费更大的司法资源予以纠正，最终也损害了诉讼效率，同样会导致公正与效率两败俱伤。

（二）程序性辩护对效率价值的影响

1. 程序性辩护对效率价值的消极影响

程序性辩护主要针对程序性问题提出主张和抗辩，是对过程是否正当的评价，不关注实体结果，因此说到效率问题，更多人想到的是程序性辩护对提高诉讼效率的消极影响。这种消极影响主要体现在：第一，降低言词证据收集的

---

① ［美］乔恩·R. 华尔兹：《刑事证据大全》，何家弘等译，中国人民公安大学出版社 1993 年版，第 283 页。转引自熊秋红：《刑事辩护论》，法律出版社 1998 年版，第 141 页。

② ［美］彼得·斯坦、约翰·香德：《西方社会的法律价值》，王献平译，中国人民公安大学出版社 1990 年版，第 19 页。

③ ［美］波斯纳：《法律之经济分析》，台北，商务印书馆 1987 年版，第 18 页。

④ 熊秋红：《刑事辩护论》，法律出版社 1998 年版，第 143 页。

效率。从趋利避害的自我保护心理来看，任何人在面对压力、困境或者获得利益交换的状态下，都更容易陈述相关事实，所以当侦查人员采用暴力、威胁、引诱等手段进行取证时，获取言词证据的效率往往更高；但证据收集的合法性是程序性辩护关注的重要内容，辩护方一旦发现取证行为违法，可以进行申诉、控告，也可以申请将这些采用非法手段收集的证据予以排除，从而有效遏制这些非法取证行为，使侦查人员不得不放弃这些高效的取证手段，依法收集证据，相比之下，言词证据收集的效率显然就降低了。第二，降低实物证据收集的效率。一般而言，对实物证据需要通过搜查、查封、扣押、冻结等手段进行收集，但应当严格按照法定程序进行，比如搜查要使用搜查证，查封、扣押需要见证人在场并查点和签名，提取和扣押毒品犯罪案件中的毒品，需要对毒品的原始状态进行拍照或录像，需要有见证人在场，需要有 2 名以上的侦查人员执行扣押。在司法实践中，有的侦查人员并未严格按照法定程序收集这些实物证据，客观上提高了收集证据的效率。但程序性辩护可以针对这些没有按照法定程序取得的证据，要求侦查人员进行补正或者作出合理解释，对于不能补正或者作出合理解释的，可以要求予以排除。这样的辩护设置，不但增加了侦查人员的工作负担，也制约着侦查人员放弃效率而严格遵守法定程序，从而降低了实物证据收集的效率。第三，拖延诉讼的进程。一般状况下，每个刑事案件都可以按照《刑事诉讼法》规定的程序依序进行，但如果辩护方认为办案人员或者办案机关不适宜办理该案，可以申请侦查人员、检察人员、审判人员、书记员、翻译人员和鉴定人回避，退出案件的办理，或者提出管辖异议，要求将案件移送到其他侦查机关、检察机关或者审判机关。这样的程序性辩护，导致原有的诉讼进程中断，然后办案期限重新计算，对被追诉人的羁押延长，进而造成诉讼进程的拖延。第四，降低审判的效率。在庭审过程中，辩护方除了可以申请回避和提出审判管辖异议外，还可以申请证人、被害人、鉴定人、侦查人员出庭以及申请非法证据排除，这些都属于程序性辩护的内容。这些申请提出后，审理法院必须搁置对案件实体方面的审查，先对这些程序方面的申请进行审查。以非法证据排除程序为例：它犹如一个“庭中庭”，由控诉方举证证明证据收集的合法性，然后由辩护方进行质证和辩论。法院只有在对是否排除非法证据作出决定后才能继续审理案件实体内容，而这必然导致审判效率的降低。对于其他程序性申请，法院也应当进行审查并作出决定，这或多或少都会影响审判的效率。第五，增加当事人的诉累。程序正义关注的是过程的正当性，为了限制国家权力的扩张，往往需要设计相对烦冗的程序，程序性辩护的目的就是监督国家专门机关严格按照设计的程序进行诉讼活动，以保障被追诉人的诉讼权利。但不可否认的是，在要求国家专门机关严格按照法定程序进行诉讼活动时，程序性辩护如申请更换办案人员或者办案机关，有时确实会拖延诉讼的进程，当事人需要为此付出更大的时间、精力和经济成本（如增加的律师费），并使诉讼结果处于不确定状态，增加了当事人诉累，所以有人抱怨“打不起官司”。基于以上五个方面，有人提出程序性辩护并不利于效率价值的实现；在程序性辩护对实体结果并无影响的状况下，有人甚至认为程序性辩护对于诉讼效率而言，并无存在的价值。

2. 程序性辩护对效率价值的积极影响

那么，程序性辩护是否只会损害诉讼效率，而对提高诉讼效率起不到任何积极作用呢？答案是否定的。一方面，程序性辩护可以大大减少错误的成本，从而提高整体的诉讼效率。“刑事诉讼的成本主要是指在刑事诉讼中为揭露、证实、惩罚犯罪和保障人权而由司法机关和诉讼参与人支付的人力和物力，它由直接成本、错误成本和伦理成本等部分组成：刑事诉讼的收益是通过正确处理案件，恢复被破坏的社会资源配置，从而使社会经济正常运行所获得的社会财富增加量。”① 如果为了追求效率而不正当地缩短期限或者不重视对程序的遵守，直接成本可能降低了，但错误成本和伦理成本可能增加了，导致总成本的增加，最终并不能达到追求效率的目标。以刑讯逼供取证为例：采用这样的方法确实容易快速获取口供，但这样的口供是被追诉人在被强制的状态下背离自己的主观意愿作出的，有可能是为了避免继续被折磨而迎合办案人员的要求作出的虚假供述。如果采信这种证据进行定案就有可能产生错误的裁判，对没有实施犯罪的人进行错误追究。而为了纠正这种错误，需要付出巨大的社会资源。如湖北佘某林故意杀人案中，法院由于采信了其因刑讯逼供作出的供述，而判处其死刑。后案件被发回重审并经重新起诉，佘某林又被判 15 年有期徒刑。多年来，佘某林和家人不断四处申诉但却都石沉大海。直到 2005 年“死亡”的被害

---

① 陈开琦：《价值 · 效率 · 正义——从刑事诉讼中的程序违法谈起》，载《江西行政学院学报》2004 年 S1 期。

人突然出现佘某林才被改判无罪。这个错误的判决虽然最终得到了纠正，但佘某林付出了入狱 11 年的惨痛代价，且在这 11 年里，佘某林及其家人为翻案不断申诉，付出的时间、精力、金钱都是无法计量的。可见，对效率的追求最终未必能实现诉讼效率。但设置程序性辩护，使被追诉人及其辩护人可以针对程序性问题提出主张或者抗辩，如针对刑讯逼供等非法取证行为启动非法证据排除程序，让控诉方承担证明证据收集合法的责任，表面上看好像牺牲了一部分效率，但却可以避免将虚假的非法证据作为定案依据，避免冤假错案的发生，大大减少错误成本，整体上反而有利于诉讼效率的提高。

另一方面，进行程序性辩护可以尽快终结诉讼，防止诉讼逆行。人类的认识能力虽然在不断提高，但毕竟是有限的，对已经发生的案件事实，即使我们努力去发现，也可能无法达到绝对正确无误或者客观真实的认识或判断。因此，刑事诉讼立法对国家专门机关的诉讼行为设置了期限，如侦查期限、审查起诉期限、审判期限、羁押期限，国家专门机关未能在有效的期限内完成要求的诉讼活动就应当承担不利的后果。例如，在羁押期限届满时，案件仍未办结的，就应当释放被羁押人员而采取取保候审的措施。再如，在审查起诉期限届满时，退回补充侦查后，证据仍然不足，不符合起诉条件的，就应当作出不起诉决定。这样的设置就是从诉讼效率的角度出发的。程序性辩护从程序设置的视角提出变更强制措施的主张或者进行要求作出不起诉决定的抗辩，有利于尽快终结诉讼，提高诉讼效率。

《刑事诉讼法》从效率出发，除规定期限外，还引进了举证责任制度。因为既然人的认识能力是有限的，即使穷尽力量，也有可能无法绝对正确地发现案件真相，那么我们有限的时间和精力，就不应当任由某一个案件来耗尽，而是应当及时终结。诚如锁正杰教授所言："那就需要价值活动参与进来，通过根据价值观念而设计的一系列程序机制，来简化认识的过程，并且能够使得这种认识过程及时终结并能够为人们接受。举证责任制度就是这样的一种机制，在追诉方举证达不到法定标准的时候，这种认识活动就要终结，应当认定被告人无罪。这种举证责任制度体现了一种法律价值，即保护公民的自由和利益。"①

---

① 锁正杰：《刑事程序价值论：程序正义与人权保障》，载《中国法学》2000 年第 5 期。

此外，申请排除非法证据是一种典型的程序性辩护。大部分国家的非法证据排除规则都规定：由控方承担证据收集合法的证明责任，如果控方的举证达不到法定标准，那么就应当排除申请排除的非法证据。如果排除了非法证据后控方的举证仍达不到法定标准，就应当尽快终结诉讼。从这个角度而言，程序性辩护也有利于提高诉讼效率，避免案件因存疑而无休止地进行下去。

三、维护司法秩序

（一）刑事诉讼中秩序的含义

众所周知，刑事诉讼是以追究和惩罚犯罪为主要内容的活动，而犯罪直接破坏的恰恰是社会秩序。因此，秩序成为刑事诉讼非常重要的价值追求之一。事实上，追求秩序是在人们追求自由的同时产生的，两者之间是相辅相成的辩证统一关系：秩序是自由得以实现的前提和基础，自由为秩序提供目标和方向。但从某种意义上讲，自由侧重于在微观上对个体权利的保护，而秩序更强调对社会整体稳定状态的维护，因此两者之间不可避免地会产生一定的冲突。在不同诉讼价值的指引下，各国形成了不同的诉讼模式。帕卡提出的犯罪控制模式和正当程序模式得到了普遍认可，前者重视国家和社会整体利益，秩序价值优先；后者注重个体利益，自由价值优先。但在司法实践中，在不同时期，出于不同需求，各国的司法政策也会发生变化。例如，在个人主义哲学和保障人权思潮高涨的时候，很多国家都在刑事诉讼中进行了声势浩大的“正当程序革命”，大幅度增强对被追诉人的自由和权益的保护，但在面对刑事犯罪日益增加的压力时，又不断调整司法措施，对权利保障程序进行修改，以削弱这些程序对打击犯罪的阻碍作用。

一般来说，刑事诉讼中秩序价值的含义主要包括两个方面。

1. 通过追究和惩罚犯罪维护、修补社会秩序

刑事诉讼是国家运用刑罚对犯罪进行惩罚和威慑的活动。一方面，国家通过设定刑罚权，向社会传递一个信号，即人人都应当遵守既定的社会秩序，不得随意进行破坏，否则将遭受最严厉的刑事处罚，可能会丧失财产、自由甚至生命。这种刑事处罚不是刑事实体法中的抽象规定，而是可以通过刑事程序的设置转化为现实的可预期的处罚，从而具有威慑作用，使社会上的一般人出于

对刑罚的畏惧而不敢实施破坏社会秩序的犯罪，与此同时，还可以促使人们遵守法律设定的规则，肯定和鼓励守法者，双管齐下，达到维护社会秩序的目标。另一方面，国家通过行使刑罚权，根据实体法规定的内容和程序法规定的程序，追究和惩罚破坏社会秩序的犯罪，对犯罪人进行刑事处罚，限制和剥夺其再犯罪的能力，平复和化解犯罪所引发的社会冲突，使受害者及其家属在心理上和物质上得到安抚或补偿。这样，不但可以修补已经遭受破坏的社会秩序，还可以防止血亲复仇、决斗等私人救济手段导致对社会秩序的二次破坏，使社会秩序得到维护。

2. 以程序性规范构建国家行使刑罚权的秩序

刑事诉讼的过程，是国家实现刑罚权的过程，但国家实现刑罚权的过程，也是国家以强制力剥夺公民的财产权、自由权乃至生命权等基本权利的过程。为了防止司法专断和国家专门机关擅权，刑事实体法划定了罪与非罪、此罪与彼罪的界限，并对各类犯罪的量刑标准进行了明确的规定，要求国家专门机关不得超越刑事实体法的范围与内容进行追究和惩罚。但刑事实体法只是规定了什么行为构成犯罪以及应当如何判处刑罚，并不能自我直接实现刑罚权，刑罚权必须通过国家的追诉活动才能够真正实现。这种追诉活动可以在判定其行为构成犯罪之前对被追诉人的人身权利或者财产权利进行一定程度的限制或剥夺，故这种追诉权力一旦被滥用，国家随意地拘留、逮捕、搜查、扣押、起诉、审判或执行，也是对社会秩序的一种破坏，甚至比犯罪对社会秩序的破坏更为严重。所以英国哲学家培根曾说："一次不公正的审判，其恶果甚至超过十次犯罪。因为犯罪是无视法律——好比污染了水流，而不公正的审判则毁坏法律——好比污染了水源。"因此，为了避免社会秩序遭受国家权力的破坏，法律对国家专门机关的追诉活动也设置了程序性规范，要求国家专门机关的追诉活动依法定的程序性规范展开，进而构建国家专门机关行使刑罚权的秩序，避免追诉活动的无序、任意和专断，最终使社会秩序得到维护和延续。

（二）程序性辩护对实现司法秩序的作用

在刑事诉讼中，对于构建行使国家刑罚权的秩序而言，程序性辩护是一项不可缺失的制度。为了防止刑罚权的滥用，绝大多数国家都制定了一套刑事诉讼程序或者规则，要求国家专门机关按照法定的诉讼程序或者在规则范围内开展追诉活动。但有权力的地方就可能出现权力的滥用，即使是法律作出了明文规定，国家专门机关有时也会偏离法定的程序规则，破坏刑罚权运行的秩序。程序性辩护正是对刑事诉讼中国家专门机关的程序违法行为提出异议和抗辩的活动，它通过对程序违法行为进行纠正甚至制裁，可以恢复遭受破坏的刑罚权行使的秩序，维护司法秩序。其具体作用表现在以下几个方面。

1. 有助于维护证据收集的程序和秩序

证据是刑事诉讼活动的灵魂，是刑事诉讼的基础和核心，是立案、提请逮捕、侦查终结、批准和决定逮捕、提起公诉、审判的根据，直接影响对被追诉人的定罪和量刑及案件最终的处理结果。因此，证据的收集和运用通常是刑事程序法规定的重要内容之一。刑事程序法通过对证据的种类、范围、收集和运用的规则、举证责任和质证规则、非法证据的排除等的规定，构建证据收集和运用的规则并形成行使刑罚权的秩序。一旦这种秩序形成，国家专门机关都应当予以维护和遵守，按照法定的程序和方法收集、运用证据，让被追诉人和社会公众事先知悉，有利于他们积极配合国家专门机关按照法定程序调查取证，有利于维护证据收集的秩序。例如，刑事程序法明确规定了询问证人的地点、方式、人员以及需要出示证件等内容，侦查人员就不得将证人传唤到法定场所以外的地方进行询问，不得将多个证人集中在一起询问；证人清楚地知道自己不是犯罪嫌疑人，知悉自己所享有的权利和应承担的义务，便能按照法定程序和步骤接受询问。

但在过往司法实践中，侦查人员并不总能按照法定的程序和规则收集证据。为此，各国刑事诉讼法规定了不同内容的非法证据认定规则和排除规则，我国《刑事诉讼法》在 2012 年确立了非法证据排除规则，体现在第 54 条第 1 款中，即“采用刑讯逼供等非法方法收集的犯罪嫌疑人、被告人供述和采用暴力、威胁等非法方法收集的证人证言、被害人陈述，应当予以排除。收集物证、书证不符合法定程序，可能严重影响司法公正的，应当予以补正或者作出合理解释；不能补正或者作出合理解释的，对该证据应当予以排除”。因此，对于使用了以法律规定的这些非法方法收集到的证据，辩护人可以要求予以排除，不得作为起诉意见、起诉决定和判决的作出依据。这就是非法证据排除的程序性辩护。

通过这种程序性辩护，非法取证行为归于无效，国家专门机关无法从非法取证行为中获得预期效果，从而倒逼国家专门机关放弃非法取证的手段，由此促进证据收集规则的贯彻落实，维护证据收集应有的秩序。

我国《刑事诉讼法》除明确禁止使用非法方法收集证据之外，还规定了收集证据的原则和程序，违背这些原则和程序，即使不属于应当予以排除的非法证据，亦可以针对证据的合法性提出质疑。例如，对于讯问笔录，可以审查讯问的时间，进而判断是否存在疲劳审讯；审查讯问的地点是否在看守所或办案地点；审查讯问人是否具备侦查人员的身份；审查讯问的人数是不是两人；审查讯问的方式是否存在威胁或者引诱；审查笔录的制作、修改是否遵循了被讯问人员的原意；审查讯问未成年犯罪嫌疑人、被告人时法定代理人或者有关人员是否到场；审查讯问聋、哑人时是否提供了通晓聋、哑手势的人员；审查讯问不通晓当地通用语言、文字的人时是否提供了翻译人员；审查讯问笔录有无经过核对确认；审查讯问笔录是侦查机关收集的还是行政机关在行政执法和查办案件过程中收集的；等等，从而提出讯问笔录是否因违反了法律规定、不具有合法性而不得作为定案依据的辩护意见。这也是程序性辩护的内容。通过这样的程序性辩护，也可以督促国家专门机关依照法定程序和规则收集证据，从而维护证据收集的秩序。

案例 3－14　张某危险驾驶案取证不规范被判无罪[①]

张某系天津某镇的副镇长，于2019年6月某日与同事聚会后唱歌，临散场时拿起酒杯敬了一下，喝了1杯啤酒，随后叫“代驾”回家。“代驾”将张某送回家时，没有将车停到地库，而是将车停到了地库上面。“代驾”走后，张某自行将车开下了地库，与停在车位的5辆小轿车发生了碰撞。张某下车查看没有起火后，留下了电话号码，上楼回家。民警在第二天5时40分左右在张某家中找到张某，将其带到医院进行酒精测试，测试结果显示酒精含量为134mg/100ml。随后交警将张某带回交警队做笔录。在首次笔录中张某承认在吃饭的时候喝了三两白酒，唱歌的时候喝了几瓶啤酒。两个月后，交警队将案件移交给

① 本案例由天津唯辩律师事务所张耀午律师提供。

派出所，张某在派出所民警给其做笔录时提出：三两白酒和两瓶啤酒是在出车祸后为了压惊回家喝的，之前在交警队向交警交代过，但交警没有如实记录。随后派出所民警对当晚在场的其他证人进行取证，有的人说没注意，有的人说张某没喝，大部分证人陈述张某临走时喝了1杯啤酒。后检察机关以张某涉嫌危险驾驶罪向法院提起公诉。

天津张耀午律师受托担任张某的辩护人，在代理案件的过程中提出：根据《刑事诉讼法》及相关司法解释的规定，行政机关在行政执法和查办案件过程中收集的物证、书证、视听资料、电子数据等证据材料，经人民检察院审查符合法定要求的，才可以作为证据使用。交警队对张某做的笔录属于行政机关在行政执法和查办案件过程中收集的言词证据，不能作为刑事案件的证据使用，应当予以排除。结合张某在派出所所作的回家后喝酒的笔录和诸多证人证明张某临走时才喝了1杯啤酒的证言，无法证明事故发生当时张某处于醉酒状态，发生事故与张某被交警查获间隔了5小时，不能排除张某回家后饮酒的可能，不应认定张某的行为构成犯罪。法院最终采纳了辩护律师的意见，宣判张某无罪。

在案例3－14中，辩护律师进行程序性辩护，排除了行政机关在行政执法和查办案件过程中收集到的言词证据，维护了刑事案件中言词证据收集的程序和秩序，避免了行政机关收集的言词证据直接在刑事案件中作为证据使用。在案例3－15中，辩护律师通过程序性辩护排除了违反鉴定程序的鉴定意见，维护了鉴定意见收集的程序和秩序。

案例3－15　乔某某受贿案鉴定不规范被降档量刑[①]

乔某某系某银行行长，赖某某是某民营企业法定代表人。为了获得某银行在贷款上的帮助，赖某某在2016年至2020年先后送给乔某某合计210余万元。此外，赖某某于2017年在工艺品二手市场花了30万元买得黄花梨工艺品一件送给乔某某，该工艺品被鉴定价值120万元。后检察机关以乔某某涉嫌受贿360余万元提起公诉，并提出10年6个月的量刑建议。在庭审过程中，辩护律师申

① 本案例由北京大成律师事务所娄秋琴律师提供。

请鉴定人出庭，通过发问发现鉴定人并不具备黄花梨方面的专门知识，本人并未见过该工艺品，而是通过不具有鉴定资格的第三方对该工艺品进行价格鉴定的。辩护律师指出该鉴定意见违反了法定的鉴定程序，不应当被采信。后法院采纳了辩护律师的意见，根据有利于被告人的原则，对黄花梨工艺品的价值按照购买价格进行了认定，最终以乔某某受贿240余万元，并结合其他情节，判处乔某某7年有期徒刑。

2. 有助于维护采取强制措施的程序和秩序

在刑事诉讼中，为了查明案件事实，防止被追诉人二次破坏社会秩序，国家专门机关有权对被追诉人的人身采取强制性措施，对被追诉人或者他人的财产采取强制性措施，关于什么国家专门机关在什么情形下采取什么样的强制措施以及如何采取强制措施刑事诉讼法都有明文规定，遵循这样的规定，既有利于司法工作人员依照法定程序办事，也有利于人们预知自己行为的后果。例如，我国《刑事诉讼法》明确规定了四类可以采取取保候审的情形①，如果犯罪嫌疑人、被告人符合其中的一种情形，原则上司法机关都可以作出取保候审决定。但法条中使用的是“可以”而非“应当”，导致实务中存在对符合这四类情形的犯罪嫌疑人、被告人采取监视居住或者逮捕的强制措施的状况。为了正确适用规则，维护采取强制措施的秩序，被追诉人及其辩护人有权向国家专门机关申请将监视居住或者逮捕的强制措施变更为取保候审。这种就强制措施适用的程序性问题提出主张或者申请的辩护活动是程序性辩护的内容之一。

除针对强制措施适用情形提出变更强制措施的申请外，被追诉人及其辩护人还可以针对强制措施适用过程中的程序违法行为提出程序性抗辩。例如，我国《刑事诉讼法》规定拘传的时间原则上不得超过12小时，即使案情特别重大、复杂，需要采取拘留、逮捕措施的，也不得超过24小时；如果两次拘传，间隔的时间也不得少于12小时。如果拘传的时间超过法律规定，或者通过连续拘传的方式变相拘禁犯罪嫌疑人，或者在拘传期间没有保证犯罪嫌疑人的饮食

---

① 这四种情况包括：（1）可能判处管制、拘役或者独立适用附加刑的；（2）可能判处有期徒刑以上刑罚，采取取保候审不致发生社会危险性的；（3）患有严重疾病、生活不能自理，怀孕或者正在哺乳自己婴儿的妇女，采取取保候审不致发生社会危险性的；（4）羁押期限届满，案件尚未办结，需要采取取保候审的。

和必要的休息时间，采取拘传的强制措施就违反了法律规定，被追诉人及其辩护人可以针对拘传强制措施进行抗辩，向有权机关进行申诉或者控告；对于在非法拘传期间所收集的证据，可以要求不得作为定案的依据，以维护采取强制措施的秩序。

3. 有助于维护国家诉讼权力分工、运行的秩序

为了防止国家诉讼权力的滥用，国家通过立法针对刑事诉讼制定了一套程序和规则，国家诉讼权力必须依据这套程序和规则运行，由此建立起来的一种有条不紊的状态就是秩序。但国家诉讼权力又有侦查权、起诉权、审判权和执行权之分，国家专门机关又有侦查机关、检察机关、审判机关和执行机关之别，为了保障这些权力和机关在刑事诉讼过程中有序地运行，立法在每一个诉讼阶段和流程都对各机关进行了分工，赋予了各自的职责，例如，警察等负责侦查工作，检察官负责审查起诉工作，法官负责审判工作。我国《刑事诉讼法》明确规定："人民法院、人民检察院和公安机关进行刑事诉讼，应当分工负责，互相配合，互相制约，以保证准确有效地执行法律。"如果国家专门机关超越自己的职能范围，行使其他机关的职能，如人民检察院立案侦查应当由公安机关管辖的案件，公安机关立案侦查告诉才处理的自诉案件，被追诉人及其辩护人就有权提出异议和抗辩，使这种职能管辖活动归于无效，恢复应有的法律秩序。这是程序性辩护的价值所在。

国家专门机关除了职能上的分工，还有地域和级别上的分工。一个刑事案件发生后，除要确定应当由哪类国家专门机关办理外，还要确定应该由哪个地方的国家专门机关以及哪一个级别的国家专门机关办理。此即所谓的地域管辖和级别管辖。解决了这些管辖问题，与刑事案件有关的诉讼活动才能进行。各国立法对地域管辖和级别管辖，尤其是审判机关的地域管辖和级别管辖，作了明确的规定，可以使国家专门机关在法定的分工范围内有序地行使国家权力。如果国家专门机关在行使权力过程中背离了这种分工，破坏了分工运行的秩序，被追诉人及其辩护人可以提出管辖异议的程序性辩护，要求将案件移送到有权进行管辖的国家专门机关，进而恢复国家权力分工运行的应有秩序。

案例3-16 王某某挪用资金案提起管辖异议[①]

武汉和山东两家公司在股权转让和交叉持股过程中，因股权转让款、股权转让金支付方式、公司控制权等问题而产生经济纠纷，武汉公司向武汉警方报案，山东公司法定代表人王某某因涉嫌挪用巨额资金而被武汉市公安局经侦支队刑事拘留，并被检察机关批准逮捕。后案件被移送法院提起公诉。

武汉朱远超律师接受委托担任山东公司法定代表人王某某的辩护人后，向主审法官就本案的管辖问题提出书面意见并严正交涉。当天下午，法院刑事审判庭明确回应了辩护人关于管辖异议的申请，并表示合议庭成员一致认为该法院对本案没有管辖权，已将案件退回区检察院等候处理。随后，辩护人又直接到检察机关提交了措辞较为强硬的《请求对犯罪嫌疑人王某某采取变更强制措施的法律意见书》，并找机会当面向检察长陈述了本案如不能办理取保候审，将会导致程序上超期羁押的重大瑕疵问题，引起高度重视。当天检察机关就将案件退回到了公安机关，并向公安机关通报了可能超期羁押的后果。公安机关连夜办理了取保候审决定，所有涉案犯罪嫌疑人顺利回到山东。

4. 有助于刑事诉讼中形成合理的诉讼结构

一般认为，控诉、辩护、裁判三种诉讼职能相分离，裁判者中立，控诉方和辩护方平等对抗，是现代刑事诉讼中的基本格局。这种格局的形成，离不开辩护制度的建立，没有辩护制度，控诉方就没有对立面，裁判者的中立地位也就无从谈起。尤其是程序性辩护，可以针对刑事诉讼中的国家专门机关的程序违法行为提出异议和抗辩，甚至可以通过启动非法证据排除程序，将非法取证的国家专门机关置于被告的地位，并要求其承担证明证据收集合法的责任。通过这种反守为攻的辩护，辩护方能与控诉方展开平等对抗，而这显然有助于建立合理的诉讼结构，形成合理的诉讼秩序。

除了申请非法证据排除，质疑国家专门机关采取的限制或者剥夺人身权利的强制措施的合法性也是程序性辩护的一项内容。这种程序性辩护在合理设置机构和程序的情况下也有利于形成合理的诉讼结构。比如，有些国家设置了专

① 本案由北京大成（武汉）律师事务所朱远超律师提供。

门的机构和程序对强制措施的合法性进行审查：要求审查的机构只能是中立的法院，甚至是具有较高审级的法院；并且要求举行专门的听审，首先由控辩双方就强制措施的合法性问题提出己方观点，甚至进行辩论，然后由法院居中作出程序性裁判。在这种情况下，控辩双方力量对等，有利于形成合理的诉讼结构。但在有些国家，虽然辩护方也可以质疑强制措施的合法性，但不是由中立的法院进行审查，而是由控诉方进行，且不举行公开听审活动，辩护方无法获知相关证据。此种情形下，控辩双方力量对比悬殊，诉讼结构失衡，对强制措施合法性质疑的程序性辩护也不可能达到好的效果。

04

第四章

如何运用理论增强辩护效果

刑事辩护有理论基础，程序性辩护也有理论基础，了解程序性辩护的理论基础，有利于从本质上理解程序性辩护。虽然相比于实践经验，理论问题显得晦涩，读起来费点劲，但掌握一些理论能够加强辩护律师进行程序性辩护的底气，增强程序性辩护的说服力。

第一节 人权保障理论

从两者的源起和发展历程来看，程序性辩护与人权保障理论是密不可分的，程序性辩护随着人权保障观念的出现而产生，随着人权保障意识的不断增强和理论的不断深入而日趋完善。以我国为例：2012 年《刑事诉讼法》修订时首次将“尊重和保障人权”写进其任务中，同时以立法的方式确立了非法证据排除规则，并将辩护人的责任中的“维护犯罪嫌疑人、被告人的合法权益”改为“维护犯罪嫌疑人、被告人的诉讼权利及其他合法权益”。由此足见人权保障理论与程序性辩护之间的紧密联系。两者之间的关系具体体现为以下几个方面。

一、被追诉人享有程序主体地位是程序性辩护的前提

被追诉人在刑事诉讼中拥有与国家专门机关平等的程序主体地位，是刑事诉讼的参与者。这是被追诉人进行程序性辩护的前提条件，如果其不具有主体地位，而只是诉讼客体，就不可能对国家专门机关的程序违法行为进行抗辩，也不可能为了行使诉讼权利而提出程序性主张。对此，具体可以从以下几个方面分析：（1）被追诉人的人格和尊严不受侵犯是人权保障的底线，也是被追诉人成为诉讼主体的前提。根据人权保障理论，禁止对被追诉人实施刑讯逼供或者其他侵犯人格和尊严的行为，避免被追诉人遭受肉体和精神方面的损害与痛苦，这是人权保障不可逾越的底线。如果逾越了该底线，出现刑讯逼供或者其他侵犯人格和尊严的行为，被追诉人及其辩护人有权进行申诉控告，通过启动非法证据排除程序来否定非法取得的证据的效力，从而巩固被追诉人的主体地位。（2）被追诉人享有一系列基本人权，这是被追诉人享有程序主体地位的表现。根据人权保障理论，被追诉人享有一系列基本人权，除享有生命权、自由权和平等权等人与生俱来、固有的权利外，还享有程序上的基本人权，其中包括辩护权，即不是消极被动地接受国家专门机关的处理，而是可以针对指控进

行抗辩和防御，尤其是可以根据程序事实和法律对程序违法行为进行程序性辩护，将程序违法行为置于受审的境地，转守为攻。这充分彰显了被追诉人的程序主体地位。（3）被追诉人的基本人权得到国家立法和司法的保护，这是被追诉人享有程序主体地位的有力保障。被追诉人虽然享有一系列的基本人权，但国家如果不通过立法和司法进行保护，对侵犯被追诉人之权利的行为不进行打击和制裁，这些权利就无法得到充分、有效的行使，被追诉人的程序主体地位就难以得到巩固和加强。由此可见，人权保障理论确立了被追诉人的程序主体地位，使其有身份和条件质疑国家专门机关的程序违法行为，以及要求国家专门机关采纳有利于被追诉人的程序性请求，为程序性辩护提供了理论基础。与此同时，程序性辩护权的实现，也有利于进一步巩固被追诉人的程序主体地位，促进人权保障理论的发展。

二、规范和限制国家权力是程序性辩护的条件

根据人权保障理论，国家既要对公民的各项基本权利进行正向保障，也要通过限制和规范国家专门机关的权力对公民的各项基本权利进行反向保障。国家权力需要保障公民基本权利的有效行使，人权保障主要靠国家专门机关来实现，但国家专门机关在追究、惩罚犯罪的司法活动中，如果其权力不受限制，就有可能因违法行使职权或者滥用职权而侵害公民的基本权利。因此，规范和限制国家权力，使其在法律允许的范围内按照正当的程序运行，是人权保障理论的重要内容之一。对于国家专门机关违反法律规定，未按照正当程序行使职权，侵犯被追诉人之权利的行为，赋予被追诉人及其辩护人对程序违法行为提出异议，要求国家专门机关予以纠正或者制裁的权利，允许被追诉人及其辩护人进行程序性辩护，有利于保障人权。如果不对国家权力进行规范和限制，国家专门机关就不存在程序违法行为，也就不存在对程序违法行为进行对抗的程序性辩护。可见，人权保障理论对国家权力进行规范和限制为程序性辩护提供了条件。

三、被追诉人享有的诉讼权利是程序性辩护的依据

根据人权保障理论，被追诉人不但享有生命权、自由权、平等权、财产权

等基本权利，还享有防御性诉讼权利、救济性诉讼权利、推定性诉讼权利等一系列的诉讼权利。所谓防御性诉讼权利，是指被追诉人为了抵御国家专门机关的指控并消减其指控效果而享有的权利，如不得强迫任何人证实自己有罪的权利，就是被追诉人为了防止国家专门机关获取其有罪供述对其进行指控而享有的一项防御性权利，国家专门机关不得强迫被追诉人自己证明自己无罪或者有罪。所谓救济性诉讼权利，是指被追诉人对国家专门机关违反法定程序侵犯其权利或者作出对其不利的行为、决定或裁判，要求其他机关进行审查并予以撤销、变更或者补救的权利。如上诉权和申诉权，就是对某一国家专门机关作出的决定、判决、裁定不服而向另一国家专门机关要求重新审查的权利，是对错误或不当的决定、判决或裁定的一种救济手段。所谓推定性诉讼权利，是指在刑事诉讼中通过规定国家专门机关应当履行的法律义务而在客观上使被追诉人受益所推定出来的权利。如审判机关应当独立、公正、及时地审理案件，被追诉人则享有获得独立、公正、及时审判的权利。这些派生出来的诉讼权利，都是为了从程序上保障被追诉人的基本人权不受侵犯，因此都是被追诉人进行程序性辩护的权利依据，被追诉人正是因为享有这些诉讼权利，才能够进行程序性辩护。

第二节 正当程序理论

与实体性辩护关注事实真相和被追诉人在实体上的定罪量刑结果不同，程序性辩护关注的是被追诉人在刑事诉讼过程中的诉讼权利是否得到充分的保障，强调的是程序性和过程性，而正当程序理论关注的也不是结果的正当性，而是结果据以形成的程序或者结果所形成的过程是否符合正当性和合理性标准。两者之间具有非常高的契合度，相辅相成：正当程序是程序性辩护的理论基础，程序性辩护可以保障刑事诉讼在正当程序中进行。

那么，什么程序是正当程序？正当程序的判断标准有哪些？这些标准对程序性辩护的影响是什么？只有解决了这些问题，才能深刻理解正当程序理论与程序性辩护之间的关系。正当程序所体现的价值就是程序正义，我国学者关于程序正义的基本要求有很多学说，其中陈瑞华教授就针对刑事审判所要实现的最低限度的程序正义提出了诸如裁判者的中立性，程序的参与性、对等性、合理性、自治性和及时终结性等要求。笔者认为正当程序原则不应当只适用于审判阶段，而应当贯彻于整个刑事诉讼过程中，其具体应当包括以下最低限度的要求。

一、中立裁判

中立裁判是正当程序中最重要的一项要求，即裁判者应当在那些其利益处于冲突状态的参与各方之间保持一种超然和不偏不倚的态度与地位，而不得对任何一方存有偏见和歧视。这一要求的意义在于确保各方参与者受到裁判者平等的对待。① 拥有中立的裁判者，也是现代刑事诉讼构造非常重要的标志。一般来说，它主要包括以下内容：（1）裁判者不得是案件的当事人或者与案件当事

---

① 陈瑞华：《程序正义论——从刑事审判角度的分析》，载《中外法学》1997 年第 2 期。

人具有利害关系，如案件的被害人或者其近亲属不得担任案件的审理法官；（2）裁判者不得与案件结果具有利益上或者其他方面的关系，如判决的结果直接影响法官的晋升或者其他荣誉；（3）裁判者不应有支持或者反对某一方的预断或偏见，裁判者应当保持中立地位，对双方给予公平的注意，听取双方的论据和意见。如果裁判者无法做到以上要求，就违背了中立性，背离了程序正义，被追诉人及其辩护人可以申请裁判者回避，甚至可以申请将案件移送到其他法院进行裁判，杜绝不中立裁判而产生的程序上的不公正。

二、控辩平等

根据正当程序理论，代表国家公权力的控诉方与代表被追诉人的辩护方在刑事诉讼过程中应当获得平等的武装和平等的保护，进行平等的对抗和平等的协商。这是平等权在刑事诉讼活动中的必然反映，具体包括以下内容：（1）平等武装，即要求给控辩双方配置平等的诉讼权利和攻防手段。由于控辩双方力量对比悬殊，诉讼地位先天失衡，需要通过无罪推定、证据开示、非法证据排除等一系列配套规则和制度，赋予辩护方更多的程序性或者防御性权利。如果控诉方违反了这些规则和制度，破坏了这种对等关系，辩护方有权利用这些规则和制度进行程序性辩护，以实现控辩平等。（2）平等保护。这不但要求有中立的裁判者，而且要求设立有利于控辩双方公平参加诉讼的规则。控辩双方可供利用的司法资源原本就不平等，只有加强对被追诉人的特殊保护，赋予其一系列的特权或者保障，才能做到实质上的平等保护。（3）平等对抗。控辩双方的对抗是通过控诉方的攻击和辩护方的防御来完成的。一方面，控诉方对被追诉人有实施强制处分的权力，如强制侦查权、讯问权、逮捕权、搜查权、调查取证权，为防止这些强制处分权行使的专断和恣意，法律同时要求这些处分行为必须遵循合法性、相当性和选择性原则，通过立法权限制司法权。另一方面，法律又赋予被追诉人通过辩解、保释、举证质证、获得律师帮助、非法证据排除等与控诉方在程序上予以对抗的防御权利，通过权利制约权力。如果控诉方的强制处分行为违背程序规则，或者被追诉人的防御权利受到侵害，辩护方均可以进行程序性辩护，使其恢复平等对抗的状态。（4）平等合作。这体现为控辩双方人格和地位的平等，控诉方掌握广泛的自由裁量权，辩护方掌握对权利完全的处分权。这是双方能够互相合作的条件。一方面，需要制定相关的诉讼制度，保障被追诉人作有罪答辩是出于完全的自愿而非控诉方的威逼利诱；另一方面，需要赋予被追诉人相应的辩护权，让辩护律师积极参与控辩之间的合作，保障平等。

三、程序参与

让受判决结果影响的当事人享有充分的机会积极参与整个刑事诉讼程序，提出有利于自己的主张和证据，反驳对方提出的对自己不利的观点，质疑对方提出的证据，进行交叉询问和辩论，以此来促使裁判者作出尽可能对自己有利的裁判，这是程序公正的表现，符合正当程序原则。如果被追诉人在诉讼过程中不能向裁判者提出自己的主张并进行交涉，不能充分地与控方展开反驳和辩论，不管最终的裁判结果是否正当，被追诉人都会在诉讼过程中产生强烈的不公正感，因为其权利受到忽视、主体地位遭受否定。为了确保被追诉人在程序上受到公正的对待，国家专门机关应当保障被追诉人在裁判或决定作出的过程中始终在场，保障裁判者在争议双方都在场的情况下听取双方的意见，保障被追诉人得到公平的机会提出对自己有利的程序主张或对程序违法行为提出异议和抗辩，保障裁决结论是建立在对主张和证据进行辩论与理性推演的基础之上。提出对自己有利的程序主张或对程序违法行为提出异议和抗辩是程序性辩护的表现，辩护能否达到实际效果，有赖于被追诉人能否获得由法庭审判的机会或者由第三方听证的机会，有赖于被追诉人是否能够实际参与诉讼程序。

四、程序规制

根据正当程序理论，剥夺任何人的生命、自由或财产都必须经过正当的法律程序。这个法律程序不但要求作出剥夺生命、自由或财产的裁决经过合理充分的论证、详细适当的评议、对裁决根据和理由的释明等正当程序，还要求作出裁决之前的立案、侦查、起诉等程序也必须符合正当、合理的标准，尤其是可能限制或剥夺被追诉人的自由和财产的侦查手段或强制措施，必须严格受到程序上的规制。为了防止国家公权力侵犯公民的个人权利，正当程序理论要求国家立法对国家专门机关的行为进行规制，使其依规定的顺序、步骤、期限、程式、方法行使职权，不得违反法定程序实施行为，否则被追诉人可以将其界定为程序违法行为并提出异议，进行程序性辩护，使国家专门机关的行为恢复到规制的程序范围内。被追诉人只有在整个诉讼过程中感知受到公正的对待，才能在心理上信服对自己产生不利决定和后果的裁决。

程序规制是正当程序理论非常重要的要求，也是程序性辩护非常重要的理论根基。如果国家专门机关惩罚犯罪的追诉行为不受程序的规制，就不可能存在程序违法行为，程序性辩护也就不可能根据程序事实和法律对程序违法行为提出异议或抗辩。

五、及时终结

刑事案件得到迅速、及时和不被无故拖延的处理，是刑事诉讼最基本的要求，也是正当程序理论的具体要求之一。《公民权利和政治权利国际公约》第14 条规定，人人不但有资格由一个依法设立的合格的、独立的和无偏倚的法庭进行公正的和公开的审讯，且还完全平等地有资格享受受审时间不被无故拖延的最低限度的保证。英国有句古老格言，“迟来的正义为非正义”，也深刻揭示了诉讼拖延与迟缓所带来的严重的消极后果。

及时终结，一方面要求裁判者及时形成裁判或决定结果，避免过急或过缓而使被追诉人受到不公正的对待；另一方面则要求诉讼活动通过一项最终的裁判或决定而告结束，不能随意或者无期限地重新进行。例如，在审查起诉阶段对于证据不足的，只能进行两次退回补充侦查；二审时发回重新审判以一次为限，不能再次发回重审；对于中止审理的情形进行严格的限制；对于已经作出终审判决的案件，不得随意重新启动审判程序。这些规定都是为了避免被追诉人因其利益和地位的反复变化或不确定而受到不公正的对待，也避免被追诉人因没有得到足够的重视而感觉自己受到不公正的待遇。这是正当程序理论的要求，也是程序性辩护的依据之一。

第三节 程序法定原则

所谓程序法定原则，是指不管是国家专门机关追究、惩罚犯罪的职权还是其追究、惩罚犯罪的程序，都必须由立法机关按照程序所制定的法律加以规定，司法活动必须按照法律明确设立的程序和规则进行，即司法的职权和程序都是“法定”的。

众所周知，刑事诉讼活动中贯穿着个人与国家之间的冲突和调和。国家拥有强大的权力和资源，既可以强有力地保护个人权利，也有可能严重地侵犯个人权利，因为只要是权力就有可能扩张，正如孟德斯鸠所言：“自古以来的经验表明，所有拥有权力的人，都倾向于滥用权力，而且不用到极致绝不罢休。”[①] 如果国家权力不受限制，一旦过度扩张，超越了保护个人权利的必要限度，就有可能侵犯个人权利。对于追究和惩罚犯罪的刑事司法活动而言，其本质就是作为个体的被追诉人与代表国家的追诉机关之间的一种较量和冲突。被追诉人的行为破坏了国家和社会秩序，国家为了追究和惩罚犯罪而需要动用国家司法权力来限制或剥夺被追诉人最基本的权利，包括财产权、自由权乃至生命权。从力量对比来看，被追诉人通常处于被羁押的状态，在拥有强大资源的国家面前处于明显的弱势地位，国家司法权力如果不受约束和限制，很容易因过度膨胀和扩张对被追诉人的个人权利和自由造成侵害。国家司法权力属于国家权力，要对其进行制约，只能通过同属于国家权力的国家立法权，即要求国家司法权必须在立法机关制定的法律授权的范围内行使，超越法律授权范围的司法权的行使将归于无效或者受到制裁。

由于国家刑事司法权实际上包含了实体层面的行使处罚权与程序层面的刑事追究权，因此刑事司法权力法定原则也必然涵括实体意义上的罪刑法定和程

---

① ［法］孟德斯鸠：《论法的精神》（上册），许明龙译，商务印书馆2016年版，第185页。

序意义上的程序法定两项要求。[①] 罪刑法定要求“法无明文规定不为罪，法无明文规定不处罚”，从实体层面以立法的方式制约刑事司法权，国家专门机关不能对立法机关制定的法律没有规定为犯罪的行为进行追究和惩罚，这样可以保障公民不受国家专门机关任意的定罪和处罚，使公民的自由和权利得到保障。但这还远不够，因为国家刑罚权是通过国家追诉行为来实现的，在对被追诉人定罪处罚之前，国家的追诉行为也可以限制或者剥夺公民的自由和权利，如果国家的追诉行为不被约束，不遵守法定的程序和规则，如对被追诉人进行任意的逮捕和拘留，在无搜查证的情况下任意进入他人住宅搜查，为了获取口供刑讯逼供等，同样会严重侵犯公民的自由和权利。因此，除了实体上强调法定性，程序上也要强调法定性。一般来说，程序法定原则可以通过两种机制来制约国家追诉行为：一是“以权力制约权力”机制，即通过立法机关制定的法律来限制司法机关的权限和程序。这通常包括两方面的内容：一方面要求国家通过立法确定追诉犯罪的诉讼程序和规则，另一方面则要求国家专门机关和参与人进行诉讼活动必须遵守法定的程序，不得超越立法所设定的职权范围和背离立法所确立的程序规则，否则将承担一定的法律后果。二是“以权利制约权力”机制，即通过立法机关制定的法律来规定被追诉人所享有的诉讼权利，赋予被追诉人与国家专门机关相抗衡的武器。这种限制权力和赋予权利相结合的刑事诉讼立法模式有利于保障人权，也是程序法定原则的体现。

一、程序法定原则是程序性辩护的制度前提

根据程序法定原则，刑事诉讼的程序规则只能由立法机关制定的法律加以规定，司法机关不得违背法定的程序规则而任意决定诉讼的进程，更不能任意创制程序规则。“司法权如果与立法权合并，公民的生命和自由就将由专断的权力处置，因为法官就是立法者。”[②] 贝卡里亚甚至提出：“刑事法官根本没有解释刑事法律的权利，因为他们不是立法者。”[③] 因此，司法机关严格遵守立法机关创制的程序规则是贯彻这项原则的应有之义，而程序性辩护就

① 谢佑平、万毅：《刑事诉讼法原则：程序正义的基石》，法律出版社 2002 年版，第 108 页。
② ［法］孟德斯鸠：《论法的精神》（上册），许明龙译，商务印书馆 2016 年版，第 187 页。
③ ［意］贝卡里亚：《论犯罪与刑罚》，黄风译，中国法制出版社 2005 年版，第 15 页。

是以立法机关制定的刑事程序法为依据，提出有利于自己的程序性主张或者针对程序违法行为提出异议。立法机关创制的程序法是程序性辩护的法律根据，司法机关背离立法机关创制的程序法是程序性辩护的事由。

二、程序法定原则是权利保障的基本准则

程序法定原则不仅得到世界各国国内法的认可，在实践中得到贯彻，而且也得到了国际社会有关文件的确认，如作为国际人权保护领域的一个非常重要的公约，《公民权利和政治权利国际公约》第 9 条第 1 款就对程序法定原则有相应的描述。它首先肯定了每个人都享有人身自由与安全的权利，明确了任何人不得被任意逮捕或羁押；其次规定了剥夺自由只能依据法律所规定的理由，并且必须遵守法定的程序。由此可以看出，程序法定原则是权利保障的基本准则，遵循程序法定原则，能够有效地平衡和协调国家权力与个人权利之间的冲突，使公民的基本人权得到保障。程序性辩护就是以保障人权为目标的辩护方式，两者的目标是一致的。程序法定原则为程序性辩护提供了制度依据，使得程序性辩护有“法”可依。与此同时，程序性辩护通过对国家专门机关背离诉讼规则的程序违法行为提出异议或抗辩而促使国家专门机关遵循法定的程序行使职权，遵循程序法定原则。因此，程序性辩护既是程序法定原则产生的必然结果，也有利于程序法定原则的贯彻落实。

下篇

实战篇

导 读

了解了什么是程序性辩护，为什么要进行程序性辩护，接下来就是怎样进行程序性辩护，所以本书设置了实战篇，阐述如何有效地进行程序性辩护，并且对非法证据排除，提出刑事管辖异议，申请办案人员回避，申请变更、解除强制措施，会见，阅卷等典型或常见的程序性辩护的实战应用进行深度剖析。

05

第五章

如何有效地进行程序性辩护

在深度剖析非法证据排除，提出刑事管辖异议，申请办案人员回避，申请变更、解除强制措施，会见，阅卷等典型或常见的程序性辩护之前，本章起到一个总领作用，阐述如何有效地进行程序性辩护，即具体的方法和技能。

第一节 怎样进行程序性辩护

一、厘清程序性事实和程序性法律

程序性辩护依据的是案件程序事实和刑事程序法，这是程序性辩护的概念中所要求的“根据事实和法律”的具体化，也是程序性辩护区别于实体性辩护的重要特点。不管是哪一种类型的刑事辩护，都应当依据事实和法律，背离事实和法律的辩护，既不能达到辩护的效果，也是法律所不允许的。但案件事实有实体和程序之分，适用的法律也有实体与程序之分，由此区分出实体性辩护和程序性辩护。

这里的“案件程序事实”是指案件中存在的或者发生的有关程序方面的事实，比如，公安、司法工作人员是否对被追诉人实施了刑讯逼供的行为，公安、司法工作人员是否与案件有利害关系，犯罪行为发生地和犯罪结果发生地在哪里，被追诉人是否患有严重疾病、是否生活不能自理或者是否怀孕或正在哺乳自己婴儿，等等。如果存在公安、司法工作人员对被追诉人实施了刑讯逼供的事实，辩护方可以申请启动排除非法取得的口供的程序；如果存在公安、司法工作人员与案件有利害关系的事实，辩护方可以申请相关人员回避；如果存在审判法院所在地既不是犯罪行为发生地也不是犯罪结果发生地的事实，辩护方可以提出审判管辖异议；如果被追诉人存在患有严重疾病、生活不能自理或者怀孕或正在哺乳自己婴儿的事实，辩护方可以申请变更强制措施。提出上述请求或者异议，就属于程序性辩护，与根据被追诉人是否在犯罪现场，是否实施了犯罪行为，是否具有刑事责任能力，是否存在自首、立功、从犯、预备、未遂、中止等情节的案件实体事实，提出被追诉人无罪、罪轻或者减轻、免除刑事责任的意见的实体性辩护，在外在表现上有很大区别。

这里的“刑事程序法”是指刑事诉讼领域关于程序方面的法律，它们的主要功能是为公民实现诉讼权利，为国家专门机关行使职权提供必要的规则、方式和秩序，从而维护和保障被追诉人的诉讼权利和其他程序性权益。由此程序性辩护区别于依据刑事实体法的规定对被追诉人进行正确定罪量刑的实体性辩护。这里的刑事程序法范围较广，各国的法律情况各不相同，但刑事诉讼法或者刑事诉讼规则是各国最常见的刑事程序法，此外，还包括一些国家专门机关的组织法，如法院组织法、检察院组织法，有些国家还有警察法、法院法、陪审团法、保释法、刑事证据法、刑事审判法、刑事上诉法等。为了正确实施这些程序法，有的国家还颁布了相应的司法解释和司法文件，依据这些程序法的司法解释和司法文件进行辩护的，亦属于程序性辩护。中国的司法解释和司法性文件就有很多，包括但不限于公安部《公安机关办理刑事案件程序规定》，最高人民检察院《人民检察院刑事诉讼规则》，最高人民法院《关于适用〈中华人民共和国刑事诉讼法〉的解释》，最高人民法院《关于严格执行公开审判制度的若干规定》，最高人民法院、最高人民检察院、公安部、国家安全部、司法部、全国人大常委会法制工作委员会《关于实施刑事诉讼法若干问题的规定》，最高人民法院《关于依法切实保障律师诉讼权利的规定》，最高人民法院、最高人民检察院、公安部、司法部《关于刑事诉讼法律援助工作的规定》，最高人民法院、最高人民检察院、公安部、国家安全部、司法部《关于办理刑事案件排除非法证据若干问题的规定》《关于办理刑事案件严格排除非法证据若干问题的规定》，等等。

需要注意的是，刑事程序法虽然是程序性辩护直接的法律依据，但并不排斥进行程序性辩护时还援引其他方面的法律法规。例如，公安机关未持搜查证进入被追诉人的住宅进行搜查的，在进行程序性辩护时，辩护方可以依据《刑事诉讼法》中关于非法证据排除规则的规定要求排除未持搜查证搜得的证据，也可以援引《宪法》中关于住宅不受侵犯的相关规定。从这个视角而言，程序性辩护的依据还可能包括刑事程序法之外的与程序性辩护相关的其他法律规定。

案例5－1 陈某昊故意杀人案非法证据排除

2009年12月14日，G市人民检察院提起公诉，指控被告人陈某昊犯故意杀人罪。指控称：2009年1月13日23时许，陈某昊在张某某的出租屋内与其发生争执，陈某昊用手捂住张某某的口鼻并将她按倒在床上，致张某某死亡，然后逃离现场。经法医鉴定，尽管张某某死亡时衣着完整，双手间还抱着玩具圆枕呈熟睡状，经鉴定却是口鼻部被捂导致机械性窒息死亡，并且体内检出安眠药成分。后一审、重审都判处陈某昊死刑，缓期2年执行，直到2015年10月30日，省高级人民法院终审宣告陈某昊无罪。省高级人民法院审判委员会经讨论认为：该案存在非法搜查、指事问供、伪造书证等违反法定程序的行为，以上取证行为收集的证据应被认定为非法证据，予以排除。排除非法证据后，原审法院所采信的证据已经无法形成完整的证明体系，无法得出陈某昊杀害被害人张某某的唯一的、排他性的结论。

一审定罪的一个关键客观证据，是在陈某昊住处搜到的死者张某某的私人物品。陈某昊辩称侦查人员在搜查其住所时没有搜查证，搜查所获得的多项物证并非来自自己住处的物品。辩护律师申请启动非法证据排除程序，属于典型的程序性辩护，应当依据“侦查人员在搜查其住所时没有搜查证”这个程序事实，而不是“搜查所获得的多项物证并非来自自己住处的物品”这个实体事实。因此，辩护律师在进行这项程序性辩护时，就应当重点审查当时的搜查行为是否合法。在本案中，搜查证显示搜查日期是2009年2月24日，但被搜查人陈某昊在该搜查证上的署名日期是10月16日，两者相差了7个月22天。这表明可能存在搜查时无搜查证事后补办的情形。为查明原因，法庭通知侦查人员刘某全、肖某谦出庭作证，要求二人向法庭解释搜查是否存在违反法定程序问题。但侦查人员不能对此作出合理解释，甚至肖某谦在作证时说：“我参与对陈某昊租住处的搜查，但我记不清搜查时有没有出示搜查证，认为遇到紧急情况可以不出示搜查证。”因此法庭最后认定该次搜查属于无证搜查，且不排除侦查人员事后补办搜查证以隐瞒真实取证过程的可能，该搜查行为不合法。该行为导致法院无法判明搜查行为获得的物证的真实来源，法院依法认定非法搜查所获得的多项物证属非法证据，予以排除。

因此，辩护律师在进行程序性辩护时，首要的是找到能支持辩护意见的程序性事实和程序性法律。如果这两个根本点没有找到或者没有找准，其进行的程序性辩护是不可能达到预期效果的。

二、根据案件具体情况确定辩护策略和方向

根据程序性辩护的定义可以看出，其内容是提出对被追诉人有利的程序性

请求和对国家专门机关的程序违法行为提出异议，要求国家专门机关予以采纳或纠正、制裁。针对哪些情况提出程序性请求、哪些情况提出异议，辩护律师要根据案件具体情况来确定辩护的策略和方向。

程序性请求，是指在刑事诉讼中为了实现公民的诉讼权利或者为了规制国家专门机关行使职权和履行职责的行为而提出的不涉及实体内容的申请或者诉求。例如，辩护方向国家专门机关申请对被追诉人采取取保候审或者保释的措施，使被追诉人在被法院判决之前免受羁押之苦，或者辩护方请求适用简易程序审理案件或者申请法院不公开审理案件，使被追诉人获得快速的审理或者使隐私或商业秘密得到保护，或者辩护方申请证人、鉴定人或侦查人员出庭，以便通过发问对证人证言、鉴定意见、口供等证据进行质证，这些请求都属于程序性请求。由于这些请求的事项属于国家专门机关自由裁量的范围，所以辩护方不能采取攻击或者抗辩的方式，而最好是与国家专门机关进行沟通和交涉，有理有据有节地提出辩护意见，以说服国家专门机关予以采纳。

除了程序性请求，程序性辩护的另一项辩护内容则是对国家专门机关的程序违法行为提出异议。国家专门机关在侦查、审查起诉、审判、执行等各个诉讼阶段违反法定程序规则的行为，包括对没有管辖权的案件进行管辖，具有回避事由却没有回避进行诉讼活动，使用刑讯逼供等方法收集证据，将非法取得的证据作为起诉意见、起诉决定和判决的依据，违反公开审判的规定进行审判，剥夺或限制被追诉人法定的诉讼权利，等等。这些都属于程序违法行为。对于这些违法行为，辩护方可以提出抗辩或者异议，要求国家专门机关对相关的程序或诉讼行为的合法性进行审查，要求国家专门机关予以纠正或者制裁，如作出移送管辖的决定、回避的决定、排除非法证据的决定、撤销原判的裁决等。

在案例 5－1 中，申请排除非法搜查的物证属于程序性辩护，辩护的内容就是对侦查人员在侦查阶段违反《刑事诉讼法》规定的“进行搜查，必须向被搜查人出示搜查证”的程序要求的搜查行为提出异议，要求法院对搜查行为的合法性进行审查，并要求对不合法搜查行为进行制裁，即排除通过非法搜查行为所获取的物证。这些内容都具有程序性。如果辩护律师不掌握程序性辩护的方法，而是从搜查所获取的物证是不是从被告人陈某昊的住处所搜查出来的进行审查，那么辩护方向便发生错误，由此大大增加了辩护的难度，也很难达到排除这些物证的辩护效果。

三、分配程序性辩护的权重和时机

前面提到过，在不同的诉讼阶段，程序性辩护与实体性辩护的权重是不同的，在侦查阶段，以程序性辩护为主，实体性辩护为辅；在审查起诉阶段，程序性辩护和实体性辩护并重；在审判阶段，以实体性辩护为主，程序性辩护为辅。这是一般规律。但司法实践的案例千差万别，辩护律师还是要根据案件具体情况合理选择进行程序性辩护的时机，有的时机一旦错过，造成的后果是很难弥补的。例如在审判阶段，定罪的关键证据是非法证据，能否将该证据排除直接关系到能否定罪，在这样的案件中，如果非法证据在之前的程序中没有被依法排除，那么审判阶段就应当以非法证据排除为主，在笔者办理的周某某对非国家工作人员行贿案中，认定其有罪的证据就是他本人和其分公司负责人梁某某的口供，他们均陈述这些口供系在被刑讯逼供的情况下作出的，因此，整个审判过程中，辩护律师主要就是围绕非法证据排除进行程序性辩护。

此外，有时程序性辩护还需要锲而不舍。申请变更强制措施虽然一般发生在侦查阶段，向公安机关申请取保候审，在审查逮捕阶段向检察机关提交不应批准逮捕的法律意见，批捕之后，有的律师就很少继续申请了。对于有些案件，如果辩护律师认为被追诉人确实不构成犯罪或者不符合逮捕条件，即使到了审查起诉阶段和审判阶段，也还是应当继续申请变更、解除强制措施或者申请对羁押必要性进行审查。在笔者办理的阚某某贪污、挪用公款案件中，被追诉人虽然之前被侦查机关和检察机关羁押了两年多时间，但到了审判阶段，笔者仍然继续向审判机关递交取保候审申请书，并说服审判机关对被追诉人变更强制措施为取保候审。

四、不能单纯为了程序性辩护而辩护

虽然程序性辩护需要锲而不舍，但也不能单纯为了程序性辩护而辩护。程序性辩护的目的是“维护被追诉人的诉讼权利和定罪量刑以外的其他程序性合法权益”。这里的诉讼权利是指被追诉人参与刑事诉讼过程中所享有的权利，如自行辩护和委托辩护权，申请回避的权利，使用本民族的语言、文字进行诉讼的权利，参加庭审的权利，申诉、控告、上诉的权利，等等。这些权利是被追诉人参加刑事诉讼所享有的，不直接涉及应当依法判处什么罪名或者判处什么刑罚的实体性权益，具有程序性的特点。此外，刑事程序法为了防止国家专门机关滥用国家公权力，对其采取强制措施等诉讼行为进行诸如须办理批准手续、有期限等程序上的规范，如规定对与案件无关的财物、文件不得查封、扣押，对已经被冻结的存款、汇款、债券、股票、基金份额等财产不得重复冻结。如果国家专门机关查封、扣押了与案件无关的财物、文件，重复冻结了已经被冻结的存款、汇款、债券、股票、基金份额等财产，辩护方有权要求解除查封、扣押、冻结。进行这样的辩护虽然维护的不是被追诉人的诉讼权利，但维护的是定罪量刑以外的其他程序性合法权益，且亦具有程序性的特点。例如在案例5－1中，辩护律师要求排除非法搜查所获取的物证是一项程序性辩护，通过这项辩护，不是为了查清搜查所获取的物证是不是从被告人陈某昊的住处搜查出来的或者被告人陈某昊是否实施了杀人行为这些实体事实，而是为了维护《宪法》所规定的“公民住宅不受侵犯”这项基本权利，该权利不是诉讼权利，而是定罪量刑以外的其他程序性合法权益。

但需要注意的是，虽然程序性辩护的目的具有程序性，但辩护人进行辩护时仍然要考虑被追诉人的想法和意见，因为被追诉人最感同身受的还是其实体性权利，希望在定罪和量刑上得到最大限度的“好处”，所以程序性辩护虽然具有独立的价值，但辩护律师不能单纯为了程序性辩护而辩护，要事先规划好程序性辩护的目的，在实现程序性目的之后是否还有利于实现实体性目的。比如在案例5－1中，虽然排除非法搜查所获取的物证的直接目的是维护《宪法》所规定的“公民住宅不受侵犯”的基本权利，但排除这些物证之后，原审法院所采信的证据就无法形成完整的证明体系，无法得出陈某昊杀害被害人张某某的唯一的、排他性的结论。这对于实现陈某昊获得无罪宣告这个实体性目的是具有巨大的价值的。本书收集了全国各地很多真实的程序性辩护成功的案例，有的案例是通过程序性辩护取得了无罪的结果，有的案例是通过程序性辩护获得了量刑上的从轻。总之，进行程序性辩护，辩护人要综合考虑各方面的因素，权衡利弊之后谨慎进行，不能不顾被追诉人利益为了辩护而辩护。

案例 5－2　甲受贿案申请非法证据排除[①]

甲涉嫌行贿、受贿和贪污罪，被移送法院提起公诉。兰州裴延君律师接受委托担任其一审辩护人，通过会见和阅卷，发现诉讼程序存在重大瑕疵并且存在非法及不真实的证据：一是甲是省、市两级人大代表，战区保卫机关未经省级人大批准，径行拘留逮捕，事发9个月以后才得到省级人大的书面许可。辩护律师认为违法侦查工作所收集的证据是非法的。二是甲的唯一一份有罪供述是被迫作出的，且侦查人员进行了诱供，故属于非法证据。三是乙送给甲的5万元系还款，不是受贿，乙关于系向甲行贿的证言是不属实的。

在庭审过程中，辩护律师申请非法证据排除，要求阅看审讯的同步录音录像资料并当庭播放、申请证人乙出庭作证。后法庭通知开庭，在观看当庭播放的视频时，细心的辩护律师发现屏幕中同时出现了两个倒计时的电子时钟，且时间不同步，差了几分钟。于是辩护律师提出一个视频出现两个显示的时钟且不同步不合理，有理由怀疑这是两台机器在工作，进而认为视频存在后期处理的可能，而并非原始录像，遂当庭申请对此录像资料进行司法鉴定，以确认是否经过二次剪辑。虽然合议庭最终没有直接决定排除这些非法证据，但合议庭成员内心对这些证据的采信受到了极大影响。

对于受贿罪的指控，被告人甲承认从乙处拿了5万元的事实，但乙系其亲戚，之前因做生意向甲借过5万元，涉案的5万元是乙归还的借款，但乙的证言证实系其向甲行贿。辩护律师申请乙出庭作证，乙当庭陈述与甲存在债权债务关系，送的5万元钱是还款。在谈及当时承认行贿的笔录时，乙称笔录系检察人员丙起草好交由其誊写的，并当庭从口袋里掏出当年誊写后撕碎但未被带走的检察人员丙书写的原稿，并说明系检察人员丙将原稿撕碎扔到垃圾桶后被其捡起并保存至今。由于当时书写文稿的检察人员丙也参与旁听，辩护人随即申请丙出庭接受询问。在辩护律师提出要对文稿进行笔迹鉴定时，丙当庭承认文稿是其书写后交由乙誊写的。后法院未认定该起受贿事实，仅以行贿罪和贪污罪判处甲有期徒刑2年2个月，并保留军籍，降职处分。

---

① 本案例由北京大成（兰州）律师事务所裴延君律师提供。

五、程序性辩护要把握分寸与尺度

虽然程序性辩护具有独立的价值，但辩护人进行程序性辩护时仍然要处理好自己与被追诉人之间的关系，掌握好程序性辩护的分寸与尺度。因为程序性辩护所维护的被追诉人的程序性利益有可能与其实体性利益产生冲突，所以需要被追诉人自己进行利益上的抉择，辩护人不能因为程序性辩护的独立性而完全不顾被追诉人的实体性利益而进行程序性辩护。例如，对于事实清楚、证据充分且被追诉人认罪的轻罪案件，在审判法院没有管辖权的情况下，是否提出审判管辖异议，就需要综合评估。一方面，提出管辖异议当然有其独立的价值，可以纠正错误的管辖，并消除程序不公对实体公正产生的消极影响，有利于维护被追诉人的程序性利益；另一方面，如果提出管辖异议，将案件移送到有管辖权的法院，则移送需要时间，且新受理的法院需要重新计算审理期限，这势必造成诉讼的拖延，导致对被追诉人被羁押的期限延长，甚至超过依法应判的刑期，可能损害到被追诉人的实体性利益。对此，在程序性利益与实体性利益产生冲突的情况下，应当让被追诉人全面了解进行程序性辩护可能产生的利与弊，充分尊重被追诉人的意愿，让被追诉人来决定是否提出管辖异议。因此，这里的分寸和尺度是很重要的。当然，即使被追诉人最终选择不提出管辖异议，辩护律师也不是就完全不为，而是仍然可以以管辖错误为由与审判机关进行交涉和沟通，通过协商为被追诉人争取量刑上的从轻。

六、程序性辩护需要勇气与智慧

相比于实体性辩护，程序性辩护更具有冲突和对抗性，尤其是抗辩型的程序性辩护，经常是控诉司法机关或者司法人员违法办案，直接危及司法机关或者司法人员的切身利益，严重的还可能使司法人员因构成刑讯逼供罪等而承担刑事责任，因此剑拔弩张或势不两立是家常。要进行程序性辩护，尤其是进行抗辩型程序性辩护，是需要勇气的，但也要做到有理有据有节，要在遵循法律和职业道德的前提下，在综合考虑所有因素并将风险控制在一定范围内进行有价值的对抗。

但对抗不是目的，说服才是终极目的。尤其是在重实体轻程序的司法环境中，怎么说服裁判者采纳程序性辩护意见是需要智慧的。这里的智慧不但源于对法律、事实、证据的熟知，源于对辩护技能和方法的熟练掌握，还源于对程序性辩护理论的研究，只有这样，才能提高说服的能力，达到最佳的辩护效果。

七、组合运用程序性辩护和实体性辩护

在司法实践中，程序性辩护与实体性辩护虽然是两种相互独立的辩护形态，却是相并列的辩护活动，两者相辅相成且密不可分，只有协同配合，才能达到最佳的辩护效果，使被追诉人的合法权益得到最大限度的维护。前面已经讲了程序性辩护是可以为实体性辩护服务的，实际上，实体性辩护也可以为程序性辩护服务。程序性辩护不仅是针对国家专门机关的程序违法行为提出异议，而且可以提出程序性请求并说服国家专门机关予以采纳。这不仅是一个抗辩的过程，还是一个交涉的过程。此外，案件的实体事实与程序事实有时是交织在一起的，实体性辩护所运用到的案件事实有时也可以运用到程序性辩护中：辩护方在进行实体性辩护的过程中，可以掌握和了解国家专门机关对被追诉人的犯罪情节、人身危险性、刑事责任大小以及指控犯罪的证据多寡等情况，然后将其运用于程序性辩护，例如，对于申请取保候审，国家专门机关虽然考察的是被追诉人是否具有社会危险性，但这主要是从犯罪情节、人身危险性、刑事责任大小以及指控犯罪的证据多寡等角度进行评判权衡的，辩护方要想达到取保候审的实际效果，不能仅仅从《刑事诉讼法》关于取保候审适用的程序条款入手，还要了解实体情形，掌握实体方面的问题，做好实体性辩护，才能有助于程序性辩护的推进。从这个视角而言，实体性辩护也可以为程序性辩护服务。

在案例3-8中，辩护律师向公安机关申请将对蔡某某的强制措施变更为取保候审，是从蔡某某犯罪情节轻微，且具有自首、认罪认罚、赔偿谅解等情节的角度提出对其取保候审不具有社会危险性的，但要提出其具有上述情节，需要辩护律师从实体的角度了解案件前因后果以及案件具体情况，而且这些原本就属于法定或者酌定从轻、减轻、免除刑事处罚的情节，提出这些辩护意见就是进行实体性辩护，但进行这些实体性辩护又是为了进一步指出将对蔡某某的强制措施变更为取保候审是没有社会危险性的，是为程序性辩护服务的。

由此可见，程序性辩护与实体性辩护在司法实践中是交织在一起、密不可

分的：程序性辩护既有它独立的价值，又可以为实体性辩护服务，帮助被追诉人在定罪和量刑上取得良好的辩护效果。与此同时，程序性辩护虽然依据的是程序性事实和刑事程序法，但要达到良好的辩护效果，也需要借助实体性辩护的相关内容和成果。因此，辩护律师在进行刑事案件辩护的过程中，不能只重视实体性辩护而忽略程序性辩护，应当根据案件具体的事实和证据，双管齐下，同时进行实体性辩护和程序性辩护才有可能达到最佳的辩护效果。在案例 5－3 中，辩护律师就是通过会见和阅卷，提出被追诉人的行为不构成指控罪名的辩护意见，这些实体性辩护对于辩护律师申请将逮捕变更为取保候审的程序性辩护起到了关键作用。在案例 5－4 中，辩护律师通过先从故意伤害罪改变定性为过失致人死亡罪，在批捕后继续申请羁押必要性审查将委托人先取保候审，再提出作出不起诉决定的辩护意见。由此可见，整个辩护过程中，实体性辩护和程序性辩护一直交织在一起，互相促进，相辅相成。

案例 5－3 甲涉嫌寻衅滋事罪被取保候审和变更罪名[①]

甲于 20××年 7 月因涉嫌寻衅滋事罪被刑事拘留。苏州王纯律师接受委托担任甲的辩护人。辩护律师会见甲后认为案件不构成寻衅滋事罪，甲的行为不符合寻衅滋事行为的“公开性”特征，且对甲采取取保候审不致产生社会危险性。辩护律师在向办案机关提交辩护意见的同时申请变更强制措施为取保候审，但检察机关最终还是以寻衅滋事罪对甲批准逮捕。后案件被移送检察机关审查起诉。辩护律师在阅卷后更坚定了本案不构成寻衅滋事罪的意见，且认为有关人员存在提供伪证的嫌疑。在此情形下，辩护律师多次与检察机关沟通，请求对甲变更强制措施。后检察机关采纳了辩护律师的意见，对甲变更强制措施为取保候审，并将罪名由寻衅滋事罪更改为破坏生产经营罪，提供伪证的有关人员也被公安机关以涉嫌伪证罪立案侦查。

---

① 本案例由北京大成（苏州）律师事务所王纯律师提供。

案例 5－4　庞某涉嫌过失致人死亡罪被不起诉[①]

20××年，犯罪嫌疑人庞某与王某、刘某在某市某区发生争吵和厮打，后被人拉开。张某、赵某、林某等人来到现场后双方又发生争执和厮打，其间，犯罪嫌疑人庞某持方木捅伤刘某后，被目击此事的被害人林某追赶。庞某和被害人林某互相撕扯倒地，后被人拉开。双方离开案发现场时，被害人林某倒入工地的基坑中，经抢救无效死亡。经鉴定，被害人林某符合因疼痛、情绪激动等因素诱发冠状动脉粥样硬化性心脏病发作致急性循环功能障碍死亡征象；体表损伤符合钝性物体作用所致，磕碰、摔跌可以形成。犯罪嫌疑人庞某因涉嫌故意伤害罪被该市公安局某分局刑事拘留。

洛阳张耀显律师接受委托担任庞某的辩护人，通过详细阅卷、多次会见嫌疑人、与办案机关沟通，并在侦查阶段和被害人家属多次协商，最终达成赔偿协议并取得被害人家属的谅解。在公安机关移送审查逮捕阶段，辩护人向检察机关提交法律意见，提出庞某的行为不构成故意伤害罪，最多属于过失致人死亡，应不予逮捕。检察机关采纳了辩护人定性的辩护观点，对庞某以过失致人死亡罪批准了逮捕。在庞某被逮捕后，辩护律师继续提交了《羁押必要性审查申请书》，指出庞某过失致人死亡系多因一果，对庞某没有羁押的必要性，后检察机关采纳律师意见，建议公安机关变更强制措施为取保候审。待案件到审查起诉阶段，辩护律师继续提交应对庞某作出不起诉决定的书面辩护意见，后意见被采纳，检察机关对庞某作出不起诉决定。

① 本案例由河南河洛律师事务所张耀显律师提供。

第二节 可以针对哪些方面进行程序性辩护

从程序性辩护的定义和分类可以看出，程序性辩护涉及的范围很广，可以进行程序性辩护的内容也很多，实践中辩护律师进行的很多辩护工作实际上就属于程序性辩护，但有些辩护律师并没有意识到。为此，本书根据实践经验和法律规定对可以进行程序性辩护的内容进行归纳和总结，以便辩护律师遇到相关问题时知道进行程序性辩护，以期对程序性辩护的实践工作起到指导作用。

一、针对人身强制措施的程序性辩护

在刑事诉讼中，国家专门机关为了惩罚和打击犯罪，有权力对被追诉人的人身采取强制措施，限制或剥夺被追诉人的人身自由。在我国，人身强制措施包括拘传、取保候审、监视居住、拘留、逮捕等。为了保障被追诉人的人身权利，辩护方可以针对人身强制措施的适用提出辩护意见。这是司法实践中非常常见的程序性辩护，只是很多辩护律师并没有意识到这是一种程序性辩护。对于已经采取强制措施的，辩护方可以申请或者要求变更强制措施或者解除强制措施。这里的变更强制措施，主要是指申请将强制性强的强制措施变更为强制性较弱的强制措施，如申请将拘留、逮捕、监视居住的强制措施变更为取保候审。解除强制措施，可以分为两种情况：一种情况是辩护方认为被追诉人的行为依法不构成犯罪，不应对其采取强制措施而申请解除强制措施；另一种情况是辩护方发现对被追诉人采取强制措施的期限已经届满，如取保候审已经届满12个月、监视居住已经届满6个月等，从而要求国家专门机关解除强制措施。此外，对于尚未采取或者即将采取强制措施的，辩护方也可以提出辩护意见，如在审查批准逮捕阶段，人民检察院尚未作出是否逮捕的决定，辩护方可以向人民检察院提出不应当对被追诉人适用逮捕的强制措施或者没有必要适用逮捕的强制措施。不管是哪一种情况，都属于程序性辩护。由于人身强制措施只是

为了保障刑事诉讼的顺利进行，防止被追诉人逃避侦查、起诉和审判，毁灭、伪造证据或继续犯罪等妨害刑事诉讼进行而采取的一种保全性措施，并不是惩戒性措施，不是对被追诉人进行定罪量刑的实体性处理，同时也不影响对被追诉人在实体上的定罪量刑，所以，不管是申请、要求变更强制措施或解除强制措施，还是提出不应当或没有必要逮捕的辩护意见，都是从程序上维护被追诉人的合法权利。鉴于该类程序性辩护在实践中比较常见，甚至有些委托人委托律师就是为了变更被追诉人的强制措施，所以本书针对申请变更、解除强制措施单列了一章进行详尽阐述。

针对人身强制措施，除可以进行申请变更强制措施的请求型程序性辩护和要求解除强制措施的纠正型程序性辩护外，还可以对违法采取人身强制措施进行制裁型程序性辩护，如针对违法采取人身强制措施所收集的证据要求予以排除或者不采纳。例如，我国《刑事诉讼法》规定了采取每一类强制措施应当履行的手续、对应的期限以及适用的条件，如果未经任何法律手续即采用限制人身自由的方法收集证据，或者超期羁押期间收集的证据，或者对不符合适用条件的人适用强制措施以收集证据，那么辩护律师都可以通过否认通过采取这些措施所收集到的证据的效力的方式对违法采取强制措施的行为进行制裁，作出对这些证据予以排除或者不采纳的制裁型程序性辩护。例如，指定居所的监视居住只能对无固定住处的被追诉人适用或者对涉嫌危害国家安全犯罪、恐怖活动犯罪且在住处执行可能有碍侦查并且经上一级公安机关批准的被追诉人适用，而且法律明确要求不得在羁押场所、专门的办案场所执行。如果司法机关违反这些程序要求对被追诉人适用指定居所监视居住，就属于违法采取强制措施。对在违法采取强制措施期间所收集的证据，辩护律师可以申请予以排除。这些也都属于针对人身强制措施的程序性辩护。

案例 5-5　乙在指定居所监视居住期间口供被排除①

犯罪嫌疑人乙因涉嫌非法拘禁罪、寻衅滋事罪被某县公安机关指定居所监视居住，后被拘留并被执行逮捕。乙在侦查阶段总共作出 15 份笔录，其中有 11

① 本案例由浙江靖霖（济南）律师事务所王之虎律师提供。

份笔录是在其被指定居所监视居住期间作出的。济南王之虎律师接受委托担任乙的辩护人，其通过阅卷发现侦查机关在办理本案过程中严重违反适用指定居所监视居住的相关规定：乙在当地有固定住所，所涉案件并非危害国家安全犯罪、恐怖活动犯罪，如果要对其适用监视居住，也应当在乙的住所执行，不应当适用指定居所监视居住。因此，辩护律师认为乙在指定居所监视居住期间所作出的11份讯问笔录属于通过非法拘禁等非法限制人身自由的方法收集的供述，属于非法证据，依法应当予以排除。为此，辩护律师向法院提交了非法证据排除申请书及相应的线索和材料、召开庭前会议申请书、通知侦查人员出庭申请书等。法院收到申请后召开了庭前会议，经过调查后合议庭采纳了辩护律师的辩护意见，认为侦查机关对乙采取指定居所监视居住强制措施没有法律依据，乙在指定居所监视居住期间所作的11份笔录属于在被限制人身自由的情况下作出，该11份讯问笔录属于非法证据，应依法予以排除。

二、针对财产强制措施的程序性辩护

在刑事诉讼中，国家专门机关除了有权对被追诉人的人身采取强制措施外，还有权对被追诉人的财产采取强制措施，如查封、扣押、冻结。所谓查封、扣押，是指依法强行封存、扣留和提存与案件有关的财物或文件。查封、扣押是为了获取和保全物证、书证，防止其被损毁和隐匿，以保障刑事诉讼的顺利进行。冻结，则是指为了挽回经济损失或证实犯罪，而冻结被追诉人的存款、汇款、股票、基金份额等财产。但不管是查封、扣押还是冻结，被采取强制措施的财产都应当是与案件有关的财物、文件或财产。对于与案件无关的，辩护方可以申请解除，经查明确实与案件无关的，办案机关应当在3日内予以解除。由于财产强制措施的适用并不直接影响案件定罪量刑这一实体问题，而是关系到被追诉人在刑事诉讼程序中的权利，所以这类辩护属于程序性辩护。相比于针对人身的强制措施，针对财产的强制措施对于被追诉人的紧迫性要低一些，但办案机关如果对财产不是依法适用强制措施，也会侵犯公民的财产权，所以辩护律师发现案件中存在违法适用财产强制措施时，也可以接受委托人的委托专门针对违法适用财产强制措施进行程序性辩护。

三、针对案件管辖问题的程序性辩护

世界各国刑事诉讼法对管辖作出规定，是为了使国家专门机关在法律预先设定的职权范围内按照法律预先规定的程序和分工行使职权。如果国家专门机关不按照既定的程序和分工行使职权，不该立案侦查的立案侦查，不该审判的进行审判，就可能破坏刑事诉讼活动的有序性。另外，有些国家专门机关虽然按照法律规定享有管辖权，但因为出现特殊事宜，继续行使管辖权可能导致对案件不公正的处理，所以各国刑事诉讼法还作出了变更管辖的规定。国家专门机关如果违反管辖规定，管辖了其没有管辖权的案件，或者没有按照法律规定将案件从不宜行使管辖权的机关处移送到其他国家专门机关，辩护方就可以针对管辖问题提出异议。

针对管辖提出异议，关系到诉讼活动能否按照法定的程序进行，关系到案件能否得到公正的处理，关系到证据收集的效力问题，此外，对实体性辩护也具有重大影响，虽然在实践中不一定常发，却是一项非常典型和重要的程序性辩护，有利于纠正错误管辖、保障人权和维护司法公正，所以本书也将单列一章（第七章）进行详尽阐述。

案例 5－6　甲职务侵占案违法立案被纠正①

甲、乙均为某公司的股东，因公司土地使用权转让款分配发生纠纷。20××年5月，乙将甲诉至H省高级人民法院，诉讼标的额为1.7亿元。在民事案件审理期间，乙又基于同一法律事实以甲涉嫌职务侵占罪向S市公安机关控告，同年9月初，S市公安机关经侦支队立案侦查，并刑事拘留了甲。30日后，S市J人民检察院对甲批准逮捕。

三亚邓振海律师接受委托担任甲的辩护人，认为乙控告的职务侵占罪与人民法院正在审理的民事案件基于同一法律事实，人民法院并未将案件移送公安机关，人民检察院也并未通知公安机关立案，公安机关对本案不应当进行立案侦查，而且本案本来就仅属于股东权益纠纷，甲的行为依法不构成犯罪。辩护

① 本案例由海南惠海律师事务所邓振海律师提供。

律师向办案机关提出了以上辩护意见，同时向S市人民检察院和H省人民检察院申请法律监督。S市人民检察院经审查后采纳了辩护律师关于程序方面的辩护意见，责令S市J人民检察院撤销对甲的逮捕决定，并要求其纠正公安机关的违法立案。S市J人民检察院按照上级院指示，撤销了自己的逮捕决定，并向公安机关发出纠正违法立案通知书，立即释放了甲。

四、针对办案人员回避的程序性辩护

申请回避是指申请与案件或者案件当事人存在某种利害关系或者可能影响案件公正处理的侦查人员、检察人员、审判人员等人员退出相关诉讼活动。进行这类程序性辩护，不但有利于提前消除不公正因素的影响，促使案件得到公正处理，避免冤假错案的发生，而且有利于保障当事人在诉讼过程中获得公平对待，消除当事人或者其他人员的思想顾虑，增强其对办案人员的信任感，维护司法的权威，实现程序上的公正。世界各国刑事诉讼法虽然对回避制度的具体规定有所差异，但普遍都把回避制度作为司法制度的重要组成部分。我国刑事诉讼法关于回避制度的规定虽然有一些调整变化，但都确认了被追诉人申请回避的权利。这项权利直接影响参与案件办理的人员及案件的进展，导致实践中辩护方经常进行申请回避这项程序性辩护。此外，我国刑事管辖异议制度尚未完善，实践中有些辩护律师试图通过申请整体回避实现改变管辖的目的，但辩护结果和处理结果各不相同，导致关于申请回避的程序性辩护也存在一定的争议。为了厘清这类辩护，本书也专设一章（第八章）进行详尽阐述。

五、针对阻碍辩护人依法行使诉讼权利的程序性辩护

会见权、阅卷权、调查取证权、发问权、质证权和辩论辩护权等是辩护人在刑事诉讼中享有的重要诉讼权利，涉及的会见、阅卷、调查取证、发问、质证、辩论辩护等工作也是辩护人常规的辩护工作。只有依法保障这些权利的行使，辩护权才能得到保障和实现，辩护工作才能完成。但在司法实践中，由于辩护与控诉具有对立性，有的办案机关为了实现控诉职能，防止辩护工作给侦查、审查起诉、公诉、审判等工作造成阻碍，容易作出利用职权阻碍辩护人行使诉讼权利的行为，如不允许辩护人会见被追诉人，或者辩护人会见时派人在

场监听，或者限制辩护人查阅案卷的时间和方式，或者不允许辩护人进行调查取证，或者在法庭上阻碍辩护人发问、质证或发表辩护意见，等等。对于这些阻碍辩护人行使诉讼权利的行为，辩护方可以向办案机关抗议，或者向有关国家机关申诉或者控告，要求恢复或者保障诉讼权利的行使。这类程序性辩护直接关系到辩护人的辩护工作能否顺利进行，对于保障和维护辩护权具有重大意义。

案例 5-7 刘某故意伤害案律师争取会见①

刘某因涉嫌参与 2011 年 5 月一起故意伤害致人死亡案件，于 2021 年 7 月 16 日投案自首，7 月 17 日被监视居住。8 月该案被 N 省公安厅异地指定 N 省 M 市公安局侦办。8 月 6 日刘某被刑事拘留，9 月 2 日被逮捕。郑州李红新律师接受委托担任刘某的辩护人，并于 2021 年 9 月 27 日前往 M 市看守所会见了刘某。但 2021 年 12 月 10 日，刘某被换押至 Z 市第三看守所。当辩护律师前往会见时，看守所会见系统显示“该人正在提讯中，无法会见”。辩护律师随即与看守所和办案机关沟通，被告知因案情复杂律师不能会见。后辩护律师了解到 N 省公安厅某专案组发布“通告”，征集刘某黑恶势力的犯罪线索。辩护律师随即向 N 省人民检察院及 Z 市人民检察院反映。由于该案属于督办案件，会见问题一直未能解决。但辩护律师并未放弃，继续多次向有关部门反映并提出要求，最终重新会见当事人，维护了当事人的合法权益和律师的会见权利。

案例 5-8 邓某参加黑社会性质组织、骗取贷款、洗钱案律师争取会见②

邓某因涉嫌参加黑社会性质组织罪、骗取贷款罪、洗钱罪被刑事拘留。杭州朱黎明律师、沈鑫瑶律师接受委托担任邓某的辩护人，当时省公安厅指挥侦办邓某丈夫涉嫌重大涉黑犯罪案件，因为案件的特殊性，家属除拘留通知书外没有任何案件信息。

---

① 本案例由北京大成（郑州）律师事务所李红新律师提供。

② 本案例由北京大成（杭州）律师事务所朱黎明律师提供。

辩护律师向侦查机关了解到邓某被采取指定居所监视居住，遂要求侦查机关安排会见并提供指定居所监视居住的法律依据，但侦查机关均以该案系专案组侦办的重大涉黑案件为由予以拒绝。为此，辩护律师陆续递交了要求纠正违法监视居住和确保辩护人辩护权的相关书面意见，随后侦查机关对邓某变更强制措施为逮捕，羁押至当地看守所，并口头告知辩护人相关情况，辩护人前往看守所会见却被告知查无此人。之后，辩护人再次与侦查机关交涉，最终侦查机关被迫承认邓某系代码羁押在看守所，但拒绝告知邓某的代码，导致会见受阻。

为能及时会见，辩护律师分别向区、市检察院和多级公安部门递交了要求侦查机关纠正违法办案行为的法律意见。市、区检察院对此十分重视，以书面方式通知公安分局予以纠正。辩护律师最终依法维护了犯罪嫌疑人的合法权益，也通过一系列的程序辩护，为之后的实体辩护做足了准备。

经会见，邓某虽因其丈夫涉黑而被抓，但本身并未参与案涉的黑社会性质组织，故不构成参加黑社会性质组织罪，据此辩护人多次向办案单位提交邓某不构成参加黑社会性质组织罪的法律意见，最终办案单位采纳辩护人意见，将邓某案件作分案处理。案件移送审查后，辩护律师多次与承办检察官就邓某是否构成骗取贷款罪等进行良性沟通，本案最终经二次补充侦查后仅以洗钱罪起诉并判处邓某 2 年有期徒刑。

六、针对未保障辩护人和被追诉人辩护权的程序性辩护

在司法实践中，辩护律师除了要对那些阻碍辩护人依法行使诉讼权利的行为积极进行抗辩外，也要对那些采取消极方式未保障辩护人和被追诉人辩护权的行为积极进行抗辩，例如，对符合指定法律援助律师进行辩护条件的被追诉人不指定法律援助律师为其辩护，使被追诉人丧失了获得法律帮助的权利的情形，可以提出程序性辩护。另外，我国刑事诉讼法还规定了可以听取、应当听取和必须听取辩护律师意见的情形，如果司法机关没有听取辩护律师意见，辩护律师也可以进行抗辩，并根据情形的不同会产生不同的法律后果。例如，《刑事诉讼法》第 88 条第 2 款规定，人民检察院审查批准逮捕，可以询问证人等诉讼参与人，听取辩护律师的意见；辩护律师提出要求的，应当听取辩护律师的

意见。可见，辩护律师是否提出要求，决定了人民检察院在审查批准逮捕阶段是否应当听取辩护律师意见，辩护律师只有掌握这些法条，在实践中进行程序性辩护时才能拥有主动权。另外，根据 2021 年 3 月 1 日起施行的最高人民法院《关于适用〈中华人民共和国刑事诉讼法〉的解释》第 295 条的规定，法院在审理案件时，认为指控的罪名和审理认定的罪名不一致的，应当依据法律和审理认定的事实作出有罪判决，但必须听取控辩双方意见，必要时重新开庭，保障被告人、辩护人行使辩护权。在这个条款中，使用的是“必须听取”，如果没有听取辩护律师意见作出裁定，该裁定就可能被推翻或者被否定，案例 5 -9 就比较典型。

案例 5 -9　法院变更罪名未听取律师意见被发回重审[①]

Z 公司承租某村土地后，其法定代表人周某某在没有核实土地中的“F 地块”土地性质（部分属于耕地）的情况下，将“F 地块”部分用于建设，并于 2005 年 6 月以公司名义违法将另外的 40 多亩土地（包括“F 地块”中原部分耕地）使用权出租给某机械厂。某机械厂法定代表人黄某某在没有核实公司承租土地性质的情况下用于建设厂房。经国土部门认定：其中涉及耕地的“F 地块”的区域中，原耕作层已全部水泥硬底化，种植条件被严重破坏。据此，X 市 Y 区人民检察院认为，A 公司及周某某以牟利为目的，违反土地管理法规，非法转让土地使用权，情节特别严重；违反土地管理法规，非法占用耕地，改变被占用土地用途，数量较大，造成耕地大量毁坏。故以 A 公司及周某某涉嫌非法转让土地使用权罪和非法占用农用地罪两个罪名将该案移送 Y 区人民法院提起公诉。

广州吴里新律师接受委托担任周某某的辩护人，根据案件事实和证据情况，提出周某某不构成这两个罪名的辩护意见。经过一审开庭审理，Y 区检察院撤回对周某某非法占用农用地罪的指控，然后 Y 区法院在没有听取辩护律师意见的情况下直接以一个新的罪名（非法倒卖土地使用权罪）判处周某某有期徒刑 5 年。周某某不服，上诉至某市中级人民法院。

---

① 本案由北京大成（广州）律师事务所吴里新律师提供。

在二审过程中，吴律师提出：Y区人民检察院指控周某某构成非法转让土地使用权罪，但一审法院却直接判决周某某犯非法倒卖土地使用权罪，没有就认定的非法倒卖土地使用权罪听取过被告人、辩护人的任何意见，被告人和辩护人的辩护权均未得到保障。因此，一审法院违法认定罪名，非法剥夺被告人、辩护人辩护权，程序严重违法。后二审法院采纳了辩护人意见，裁定撤销原审判决，发回重审。案件后经过发回重审一审、二审，最终判决周某某犯非法倒卖土地使用权罪，从有期徒刑5年改判为3年。

七、针对证据收集程序违法的程序性辩护

证据是刑事诉讼的核心，对被追诉人定罪量刑要求证据达到确实充分的程度，但收集证据的过程有可能限制或者剥夺被追诉人或者第三人的人身权利、财产权利或者其他权利。为了避免其合法权益遭受侵犯，我国《刑事诉讼法》第52条明确规定审判人员、检察人员、侦查人员必须依照法定程序，收集能够证实犯罪嫌疑人、被告人有罪或者无罪、犯罪情节轻重的各种证据。同时，我国《刑事诉讼法》还对讯问犯罪嫌疑人、询问证人、勘验、检查、搜查、查封，扣押物证、书证，鉴定、技术侦查措施等手段和程序作出了规定。此外，我国司法机关还以司法解释或者司法文件的方式对这些证据收集的程序进行了细化和完善，并规定了对各类证据审查的内容。如果司法机关未按法定程序收集证据，辩护律师对证据收集程序的合法性提出质疑或者抗辩，属于程序性辩护。下面介绍几类针对常见证据收集程序进行的程序性辩护。

（一）针对犯罪嫌疑人、被告人供述和辩解的收集

我国《刑事诉讼法》及其司法解释规定了讯问的程序和要求，比如讯问犯罪嫌疑人必须由人民检察院或者公安机关的侦查人员负责进行；讯问的时候，侦查人员不得少于2人；犯罪嫌疑人被送交看守所羁押以后，侦查人员对其进行讯问，应当在看守所内进行；对不需要逮捕、拘留的犯罪嫌疑人，可以传唤到犯罪嫌疑人所在市、县内的指定地点或者到他的住处进行讯问，但是应当出示人民检察院或者公安机关的证明文件；对在现场发现的犯罪嫌疑人，经出示工作证件，可以口头传唤，但应当在讯问笔录中注明；侦查人员在讯问犯罪嫌

疑人的时候，应当告知犯罪嫌疑人享有的诉讼权利，如实供述自己罪行可以从宽处理和认罪认罚的法律规定；讯问笔录应当交犯罪嫌疑人核对，对于没有阅读能力的，应当向他宣读；等等。因此，辩护律师在审查犯罪嫌疑人、被告人供述和辩解时，要审查是否符合讯问的程序和要求。如果具有以下情形之一，都不得作为定案依据：

（1）讯问笔录没有经犯罪嫌疑人、被告人核对确认的；

（2）讯问聋、哑人，应当提供通晓聋、哑手势的人员而未提供的；

（3）讯问不通晓当地通用语言、文字的犯罪嫌疑人、被告人，应当提供翻译人员而未提供的；

（4）讯问未成年人，其法定代理人或者合适成年人不在场的；

（5）对犯罪嫌疑人、被告人的供述和辩解没有如实记录，供述、辩解与讯问笔录记载内容不一致的。

案例 5－10 讯问白某未提供翻译人员被撤销案件①

202×年，白某被公安机关讯问时以推定明知为由，以掩饰隐藏犯罪所得、犯罪所得收益罪被立案侦查，公安机关为其办理了取保候审。后白某委托长春刘艳丽律师担任其辩护人，在办理委托手续时律师发现白某是朝鲜族人，并了解到其主要以朝鲜族语言为主，随后还获悉侦查人员在讯问白某时并未告知过她有配备本民族语言翻译的权利，当时讯问也未配备翻译人员。因此，刘律师提出了侦查人员讯问白某时没有为其配备本民族语言翻译人员，作出的讯问笔录不能作为定案根据的辩护意见。检察官认为白某汉语说得很流利，完全可以听得懂汉语讯问。刘律师向检察机关提供了白某从小学到中学以及高中均是在朝语学校学习，只有大学四年是在汉语环境中生活，且毕业后一直都在朝族学校教书，教学语言也都是朝族语言的证据，认为白某虽然可以用汉语交流，但都是日常生活中的语言，对法律法规及法言法语无法真正理解其含义，容易作出不真实的供述。检察机关最终采纳了律师意见，将案件退回侦查机关重新取证。白某在重新录口供时，因有翻译人员的帮助，充分理解了侦查机关讯问的

① 本案例由北京大成（长春）律师事务所刘艳丽律师提供。

问题，作出了真实的并不明知的供述，也洗清了自己的犯罪嫌疑。后侦查机关撤销了案件，也解除了对白某采取的强制措施。

案例 5－11 刘某开设赌场案讯问笔录未被认定[①]

“闲聊”App 是深圳 XSD 公司对标微信出品的一款即时通信软件，因其强大的群管理功能而吸引了不少网络棋牌游戏用户使用。2019 年 12 月，浙江 ZS 警方以帮助信息网络犯罪活动罪为由，到深圳对该公司 40 多名员工实行了抓捕。之后 PT 区人民检察院以开设赌场罪对其中 10 人提起公诉，指控涉案赌资 2200 余亿元。

深圳马成律师受托担任深圳 XSD 公司负责人刘某的辩护人，在会见刘某并核实证据时发现，刘某的供述与讯问笔录记载的内容不一致，有些关键地方存在实质性差异，甚至南辕北辙，直接影响对案件罪与非罪的定性。随即，辩护律师申请查阅、复制讯问同步录音录像。经过多次申请与沟通，法院才同意在上班时间到法院查看同步录音录像，但不允许复制。辩护律师多次前往法院查看录像、比对笔录，做成详细的对比表格；并在庭审中有针对性地指出讯问笔录中存在的严重未如实记录的情况，明确列举了讯问笔录与刘某实际供述之间的实质性差异，并要求法庭依法排除刘某的讯问笔录，不得作为定案依据。最终，法院采纳了刘某的辩护律师的意见，在判决书中载明：“讯问笔录确实存在与同步录音录像不一致的情形，上述讯问笔录不能作为定案依据，同步录音录像仍可作为证据使用。”

案例 5－12 马某强奸案讯问笔录被排除[②]

被告人马某涉嫌犯强奸罪一案，A 区人民检察院于 2017 年 10 月 11 日向 A 区人民法院提起公诉。起诉书指控：2017 年 7 月 18 日 23 时许，被告人马某在 X 社区等人时，发现独自行走的被害人王某（系成年人），遂产生强奸被害人的

① 本案例由北京大成（深圳）律师事务所马成律师提供。
② 本案例由山东载熙律师事务所万国磊律师提供。

恶念，后马某尾随被害人王某至X社区偏僻之处，趁王某不备将其强行拖至草丛中，采取捂嘴等暴力手段，对被害人进行猥亵，后将被害人带至X幢二楼，对被害人实施强奸。

德州万国磊律师接受委托后担任被告人马某的辩护人，经阅卷发现侦查过程有很多程序违法的地方，例如，依法应由刑警队办理的强奸案件，却由派出所的工作人员参与办理；辨认笔录中见证人系派出所聘用的辅警，且不存在同步录音录像；DNA鉴定所依据的检材不存在提取笔录，送检材料来源、保管不明；被告人的三次讯问笔录与其同步录音录像意思表示有多处不一致，存在讯问人员主观臆断情况，并非马某的真实意思表示，诸多重要细节未予记录。为此，辩护律师向法院提出召开庭前会议申请、申请侦查人员出庭，申请排除被告人马某在侦查阶段的全部讯问笔录、被害人王某的询问笔录、辨认笔录以及DNA鉴定意见等。

本案历经庭前会议和庭审，法院最终认定公诉机关提交的被告人在公安机关三次有罪供述和同步录音录像，存在诱导被告人供述、讯问笔录内容与录音内容不一致、同步录音录像不完整等问题，违反公安机关办理刑事案件程序规定，决定对被告人三次有罪供述予以排除；对送检的检材，公安机关虽未能提供提取笔录，但办案单位和提取人共同出具了提取情况说明，经当庭质证被告人无异议，可以作为证据使用。最后法院认定被告人马某犯强奸罪，判处有期徒刑4年。

案例5-13　嘉兴A公司合同诈骗案被撤销①

2022年年初，被告人沈某某借用王某、吕某身份，在嘉兴注册成立了嘉兴A公司。公司成立以后，王某、吕某并没有实际出资，也没有参与公司经营。沈某某负债累累，被多地法院确定为失信人员。在明知自己无实际履行能力的情况下，以直播供货为由多次骗取被害人张某四件套货物，共计价值115万余元。后以低于供货价的价格亏本销售给当地库存人员，卖得货款70余万元，用于个人挥霍，少数款项用于公司日常开支。南通某区人民法院一审判决嘉兴A

① 本案例由北京大成（南通）律师事务所梁志强和陆呈虹律师提供。

公司及沈某某犯合同诈骗罪，判处A公司缴纳罚金10万元并与沈某某一起承担115万余元的退赔责任。股东王某、吕某认为自己并未参与犯罪，却要承担连带退赔责任，于是A公司提起了上诉。

在二审过程中，南通梁志强和陆呈虹律师接受委托担任嘉兴A公司的辩护人，提出侦查机关和检察机关在侦查阶段和审查起诉阶段均未告知A公司法定代表人王某相关的权利义务，值班律师也未充分提示，王某在不了解法律后果的情况下通过网络方式签署了认罪认罚具结书，属于程序违法。辩护律师多次申请调取认罪认罚同步录音录像。此外，一审法院在沈某某聘请了律师的情况下，未要求A公司聘请律师或为A公司指定法律援助律师，也违背了刑事辩护全覆盖相关规定，A公司的合法权益无法得到保障。最终二审法院采纳了律师意见，将案件发回重审。之后，两位律师继续为A公司作无罪辩护，并申请原公诉人回避、申请证人出庭作证以及申请调取新证据，历经15个月，经过3次庭审，检察机关两次建议案件延期审理，最终于2024年3月出具变更起诉决定书，撤销了对A公司犯罪的指控。

（二）针对证人证言的收集

我国《刑事诉讼法》及其司法解释规定了询问的程序和要求，如询问证人应当个别进行，应当告知他应当如实地提供证据、证言和有意作伪证或者隐匿罪证要负的法律责任等，所以辩护律师在审查证人证言时要从程序上审查是否符合询问的程序和要求，如询问证人是否个别进行；询问笔录的制作、修改是否符合法律、有关规定，是否注明询问的起止时间和地点，首次询问时是否告知证人有关权利义务和法律责任，证人对询问笔录是否核对确认；询问未成年证人时，是否通知其法定代理人或者法定的合适成年人到场，有关人员是否到场；有无以暴力、威胁等非法方法收集证人证言。对于存在以下情形的，辩护律师都可以提出不得作为定案依据的辩护意见：（1）询问证人没有个别进行的；（2）书面证言没有经证人核对确认的；（3）询问聋、哑人，应当提供通晓聋、哑手势的人员而未提供的；（4）询问不通晓当地通用语言、文字的证人，应当提供翻译人员而未提供的。但对于证人证言的收集程序、方式有下列瑕疵的，辩护律师还要审查司法机关是否补正或者作出合理解释，如果司法机关没有补正或者没有作出合理解释，辩护律师仍可以提出不得作为定案依据的意见：（1）询问笔录没有填写询问人、记录人、法定代理人的姓名以及询问的起止时间、地点的；（2）询问地点不符合规定的；（3）询问笔录没有记录告知证人有关权利义务和法律责任的；（4）询问笔录反映出在同一时段，同一询问人员询问不同证人的；（5）询问未成年人，其法定代理人或者合适成年人不在场的。在案例 5－14 中，就出现询问笔录反映出在同一时段，同一询问人员询问不同证人的情形，而侦查机关无法作出合理解释。

案例 5－14 陈某某敲诈勒索案被终止审理[①]

陈某某因敲诈勒索 53 万元被检察机关以涉嫌敲诈勒索罪移送起诉。太原巩啸震律师接受委托担任陈某某的辩护人。辩护律师通过阅卷发现，在 2015 年 8 月 26 日的两次询问笔录中，民警胡某某和朱某某于 9：10—12：00 在某招待所对陈某某进行询问，该两名民警又于 10：02—11：27 在某派出所对证人左某某进行询问，存在在同一时间同样的办案人员在不同地点对不同的人进行询问的情形。在 2015 年 8 月 27 日的两次询问笔录中，民警胡某某和朱某某于9：25—12：00 在某县小区对证人李某进行询问，该两名民警又于13：50—16：30 在 T 市一家酒店对被害人武某某进行询问，中间时间相差只有 1 小时 50 分钟，侦查人员根本不可能在某县与 T 市之间往返并完成相应的询问准备工作。辩护律师提出侦查人员的取证工作违反法定程序，不应作为定案的依据。后侦查机关进行了补充说明，仍不能作出合理解释。法院最终采纳了辩护律师的意见，没有采纳上述笔录。因关键证据未被采纳，案件经过一审、二审、发回重审、二审、再次发回重审等程序，法院最终认定陈某某敲诈勒索金额为 3 万元且超过了追诉期限，故裁定终止审理。

以上对证人证言的收集程序和要求主要是针对境内的证人或者本国人而言的，对境外的证人或者外国人进行询问收集证人证言，还应当符合刑事司法协助条约等约定的特别程序和要求，否则辩护律师也可以对证据收集的程序和方

① 本案例由山西燃野律师事务所巩啸震律师提供。

式提出质疑，进行程序性辩护，如案例5－15。

案例5－15 通过远程视频收集外国人证词未被采纳①

陈某因涉嫌受贿被移送起诉，其中一项指控是陈某收受王某别墅一套和10万美元、15万英镑。石家庄刘丽云律师接受委托担任陈某的辩护人。在办理案件过程中，辩护律师发现王某在对陈某行贿时是中国公民，但在案发后侦查人员给王某做笔录时，王某已经不具有中国国籍，而是居住在塞浦路斯共和国的塞浦路斯人。辩护律师认真查阅并研究了《中华人民共和国和塞浦路斯共和国关于民事、商事和刑事司法协助的条约》，该条约中明确约定了两国在刑事方面调查取证的司法和法律协助途径与程序等，如果要调查取证，缔约双方应通过各自的中央机关就请求和提供司法协助事宜进行联系。辩护律师认为：在本案中，侦查人员并没有履行任何必要的法定程序，而是直接通过远程视频的方式向他国公民取证，违反了两国签署的司法协助条约，属于取证程序违法，不应作为定案的依据。辩护律师的意见得到了法院的高度重视，法院要求侦查机关重新取证，但因多次联系王某无果，侦查机关并未获得王某的证言。法院最终采纳了辩护律师所提出的侦查人员未遵照法定程序，通过远程视频收集的外国人王某的证词不合法的辩护意见；并在综合其他证据和辩护意见的基础上，认定检察机关指控陈某收受王某别墅一套和10万美元、15万英镑的事实不清、证据不足。

（三）针对物证、书证的收集

对物证、书证等实物证据的收集，司法机关都必须严格依照法定程序进行，如搜查、查封、扣押、冻结。辩护律师要重点审查：（1）物证、书证是否为原物、原件，是否经过辨认、鉴定；（2）物证的照片、录像、复制品或者书证的副本、复制件是否与原物、原件相符，是否由二人以上制作，有无制作人关于制作过程以及原物、原件存放于何处的文字说明和签名；（3）物证、书证的收集程序、方式是否符合法律和有关规定；（4）经勘验、检查、搜查提取、扣押

---

① 本案例由北京大成（石家庄）律师事务所刘丽云律师提供。

的物证、书证，是否附有相关笔录、清单，笔录、清单是否经调查人员或者侦查人员、物品持有人、见证人签名，没有签名的，是否注明原因；（5）物品的名称、特征、数量、质量等是否注明清楚；（6）物证、书证在收集、保管、鉴定过程中是否受损或者改变；等等。辩护律师如果发现物证、书证的收集不符合法定程序，还要审查是否可能严重影响司法公正，是否能够予以补正或者作出合理解释。如果严重影响司法公正且不能补正或者作出合理解释的，辩护律师应当进行申请非法证据排除的程序性辩护。如果没有达到可申请非法证据排除的程度，辩护律师也可以针对证据收集程序违法问题提出物证、书证不能作为定案依据或者应当予以补正或者作出合理解释的辩护意见。如物证的照片、录像、复制品不能反映原物的外形和特征；对书证的更改或者更改迹象不能作出合理解释，或者书证的副本、复制件不能反映原件及其内容；在勘验、检查、搜查过程中提取、扣押的物证、书证，未附笔录或者清单，不能证明物证、书证来源；等等。这都属于程序性辩护的范畴。

案例 5－16　韦某朵非法持有毒品案被撤诉[①]

韦某朵因涉嫌非法持有海洛因，被一审法院判决犯非法持有毒品罪，判处有期徒刑 7 年，并处罚金 2 万元。韦某朵不服，提起上诉。南宁熊潇敏和卢瑜律师接受委托担任韦某朵的二审辩护人。辩护律师介入案件后获知，在韦某朵老家二楼旧床垫底下的毒品系其父所藏，韦某朵系为帮父亲“顶罪”而主动认的罪，承认其在乡间路上“捡到”一包毒品后藏于老家二楼旧床垫下，还谎称吸食过两次。辩护律师通过阅卷发现，公安机关在韦某朵老家二楼旧床垫下所提取的毒品疑似物的包装袋上没有韦某朵及侦查人员、见证人的签字，包装毒品的外表也没有留下韦某朵的生物证据，且韦某朵仅承认其吸食过氯胺酮，其尿检结果也显示其吸食过氯胺酮，但毒品鉴定意见显示扣押毒品的成分为海洛因。辩护律师认为：在案证据表明，毒品来源、提取、扣押、称量、鉴定等方面均存在程序问题。辩护律师在一审案卷的基础上向二审法院提交疑点分析说明，据此要求二审法院调取侦查人员扣押、提取、

---

① 本案例由北京大成（南宁）律师事务所熊潇敏律师提供。

称量过程的同步视频以供核实。二审法院在针对疑点问题多次阅卷后始终无法排除合理怀疑，最后同意调取搜查、扣押全程的同步视频。辩护律师经查阅该视频发现：侦查人员当天指定的见证人系其单位的辅警，不具备担任见证人的资格。且侦查人员在韦某朵家中搜出毒品疑似物后，始终未按规定对毒品疑似物进行封装、标记，韦某朵、侦查人员、见证人均未在封装包装上签字确认，毒品疑似物直接被侦查人员装袋提回办案区。后续称量、鉴定程序中所使用的扣押物品无法与其他物品作明显、有效区分，辩护律师认为这进一步说明了口供与鉴定意见不符并不是巧合，极有可能提取物已经混淆或根本名不副实，遂进行了程序性辩护。

最终二审法院采信了辩护律师关于毒品提取、扣押的程序性辩护意见，裁定撤销一审判决，发回原审法院重新审理。最后检察机关从原审法院撤回起诉，对韦某朵予以释放。

（四）针对鉴定意见的收集

我国《刑事诉讼法》及其司法解释对鉴定的程序和要求作出了明确规定，辩护律师要注意审查：（1）鉴定机构和鉴定人是否具有法定资质。（2）鉴定人是否存在应当回避的情形。（3）检材的来源、取得、保管、送检是否符合法律、有关规定，与相关提取笔录、扣押清单等记载的内容是否相符，检材是否可靠。（4）鉴定意见的形式要件是否完备，是否注明申请鉴定的事由、鉴定委托人、鉴定机构、鉴定要求、鉴定过程、鉴定方法、鉴定日期等相关内容，是否由鉴定机构盖章并由鉴定人签名。（5）鉴定程序是否符合法律、有关规定。（6）鉴定的过程和方法是否符合相关专业的规范要求。（7）鉴定意见是否明确。（8）鉴定意见与案件事实有无关联。（9）鉴定意见与勘验、检查笔录及相关照片等其他证据是否矛盾；存在矛盾的，能否得到合理解释。（10）鉴定意见是否依法及时告知相关人员，当事人对鉴定意见有无异议。其中大部分都是从程序方面进行的审查。鉴定意见如果具有下列情形之一，都不得作为定案的依据：（1）鉴定机构不具备法定资质，或者鉴定事项超出该鉴定机构的业务范围、技术条件；（2）鉴定人不具备法定资质，不具有相关专业技术或者职称，或者违反了回避规定；（3）送检材料、样本来源不明，或者因污染不具备鉴定条件；（4）鉴定对象与送检材料、样本不一致；（5）鉴定程序违反法律、有关规定；（6）鉴定过程和方法不符合相关专业的规范要求；（7）鉴定文书缺少签名、盖章；（8）鉴定意见与案件事实没有关联；（9）违反有关规定的其他情形。

案例 5－17　谢某某涉嫌危险驾驶罪被判无罪①

谢某某在2018年5月22日驾车时发生交通事故，经呼气酒精检测结果为213mg/100ml，后被送至某镇卫生院抽取血样两支各5ml，经检测其血液酒精浓度为213.34mg/100ml。后检察机关以谢某某涉嫌危险驾驶罪提起公诉。

清远严帅律师接受委托担任谢某某的辩护人。其经阅卷后认定涉案血样送检和鉴定程序违法，现有证据不能证实谢某某的行为构成危险驾驶罪。程序违法行为包括：第一，谢某某在卫生院被抽取的血样为5ml，但送检血样为3ml，无法证实谢某某的血样与送检的血样具有同一性且未受到污染；第二，侦查人员未依法封装采血试管，试管上没有谢某某、办案民警和抽血医生的签名；第三，侦查人员未低温保存血样；第四，侦查人员未按照公安部《关于公安机关办理醉酒驾驶机动车犯罪案件的指导意见》第二部分“进一步规范办案期限”第5条关于“提取的血样要当场登记封装，并立即送县级以上公安机关检验鉴定机构或者经公安机关认可的其他具备资格的检验鉴定机构进行血液酒精含量检验。因特殊原因不能立即送检的，应当按照规范低温保存，经上级公安机关交通管理部门负责人批准，可以在3日内送检”的规定按时送检血样；第五，鉴定机构未按照公安部《关于公安机关办理醉酒驾驶机动车犯罪案件的指导意见》第二部分“进一步规范办案期限”第6条关于“检验鉴定机构应当在3日内出具检验报告”的规定按时作出鉴定意见。

法院审判委员会经讨论后认为，公安机关未按照最高人民法院、最高人民检察院、公安部《关于办理醉酒驾驶机动车刑事案件适用法律若干问题的意见》和公安部《关于公安机关办理醉酒驾驶机动车犯罪案件的指导意见》规定的办案流程和程序收集和固定证据，涉案的“血液中乙醇检测司法鉴定检验报告书”的作出程序也违反上述规定，导致无法准确如实反映被告人谢某某在案发时的

---

①　本案例由广东瑞骜律师事务所严帅律师提供。

血液酒精浓度，故对该项证据不予采纳，进而使本案其他在案证据无法认定被告人谢某某在案发时处于醉酒状态。辩护律师提出对被告人谢某某判处无罪的意见予以采纳。根据疑罪从无原则，判决被告人谢某某无罪。

案例5－18 宋某某涉嫌危险驾驶罪被撤销案件[①]

宋某某在2019年12月31日因涉嫌酒后驾驶机动车被执勤民警查获，后被送至某县医院抽取血样两支各2ml，经某鉴定所鉴定，宋某某血液酒精浓度为166.5mg/100ml，后公安机关以宋某某涉嫌危险驾驶罪移送检察机关审查起诉。

阿勒泰杜海燕律师接受委托担任宋某某的辩护人，经阅卷后认为涉案血样送检和鉴定程序违法，主要包括：宋某某在医院抽取血样为两支各2ml，送检血样却为4ml；采血时，两份盛装血样的生化管没有进行编码登记，鉴定血样有编码登记，无法判断鉴定意见中的检材来源于提取的血样；血样提取方法不当，导致血样受到污染；采用含乙醇的安尔碘消毒液对宋某某抽取血样，违反了《车辆驾驶人员血液、呼气酒精含量阈值与检验》第5.3.1条关于“不应采用醇类药品对皮肤进行消毒”的强制性规定。因此，现有证据不能证明宋某某的行为构成危险驾驶罪。辩护律师向检察机关提交意见后，检察机关将该案退回公安机关补充侦查，后公安机关作出撤销案件决定。

案例5－19 王某某销售有毒、有害食品案质疑鉴定程序[②]

被告人王某某于2020年至2021年从微商、淘宝、阿里巴巴三个渠道购入泰国能量咖啡，并通过网店销售获取利益。该能量咖啡内含西地那非成分被指对人体有毒、有害。后王某某被一审法院以销售有毒、有害食品罪判处有期徒刑5年，并处罚金25万元。被告人不服，提起上诉。

无锡周庭芳律师和潘佳律师接受委托担任王某某二审阶段的辩护人，以鉴定程序违法作为突破口，围绕程序问题提出以下辩护意见：一是公安机关的鉴

---

① 本案例由新疆新北律师事务所杜海燕律师提供。

② 本案例由北京大成（无锡）律师事务所周庭芳律师提供。

定委托书混乱无序且存在诸多瑕疵，办案人员未予补正。受委托人与实际作出鉴定意见的单位不一致、部分委托书编号未在市监局函件中体现、所有委托书均无样品编号和样品来源记载、委托鉴定样品数量和取样数量不一致。二是鉴定意见所涉样品检材来源不明，无取样笔录或取样数量与检材数量不匹配；检材抽样随意，抽样比例不明，部分检材未有编号，无法与市场监管局的认定函相对应。三是检材流转不清晰，无法确保同一性。从派出所到市局食药环支队再到市场监督管理局，现有材料未能完整反映检材流转过程，在具体检材交接过程中手续不完备。因此，涉案产品是否系有毒、有害食品证据不充分。然后辅助着其他实体辩护，二审法院最终以"事实不清、证据不足"为由，裁定撤销一审判决、发回重审。在发回重审期间，检察机关变更起诉，涉案金额由24万余元变更为3万余元。原审法院经重新审理，改判被告人有期徒刑1年5个月，并处罚金人民币8万元。

案例5-20　任某诈骗案质疑鉴定意见[①]

2017年，某国有建筑工程公司承接第X中学维修工程并将该工程以包工包料的方式整体转包给实际施工人任某，后任某垫付1000多万元工程款进行施工，待发包方支付工程款后，再由某国有建筑工程公司将工程款支付给任某。由于任某系个人，无法开具工程款发票，故只能找其他公司代开发票。经某国有建筑工程公司推荐，任某从一家劳务公司开具劳务费发票，又在一家装修装饰材料销售公司开具材料款发票，某国有建筑工程公司按照约定支付任某工程款。2021年，某市公安机关认为任某挂靠某国有建筑工程公司，利用其资质和名义与第X中学签订了《建设工程施工合同》，承包维修工程，为个人牟利，采用以次充好、虚构项目的手段，虚构事实、隐瞒真相，诈骗工程款850万元。

吉林孙华茵律师和赵宏微律师接受委托担任任某的辩护人，通过会见、阅卷、收集证据材料发现，公安机关将任某与某国有建筑工程公司之间的转包关系错误地认定为挂靠关系，因此将案涉工程的竣工结算及审核责任归于任某；

① 本案例由北京大成（吉林）律师事务所孙华茵律师提供。

公安机关认定任某诈骗工程款850万元所依托的ZJ造价公司出具的《工程造价鉴定意见书》存在重大错误，从鉴定程序、鉴定依据、鉴定内容、鉴定结论上均存在与事实严重不符的情况，鉴定人未能科学、客观地履行鉴定职责，完全按照委托方单方需求出具鉴定报告。针对上述问题，辩护律师向该市检察院两次提出补充侦查的要求，三次提交法律意见书，请求检察院责令公安机关针对其单方委托的ZJ造价公司出具的《工程造价鉴定意见书》中存在的大量问题予以答复，并重新组织三方进行现场勘查、勘验，令各方对自己施工的部分进行详细辨认。但是经过检察院两次退补，面对辩护人提出的质疑，公安机关始终未能予以解决或回复，最终，检察院在充分考虑辩护人提出的法律意见的基础上，认为本案犯罪事实不清、证据不足，不符合起诉条件，故对任某作出不起诉决定。

案例5－21　甲某侵犯公民个人信息案鉴定意见未被确认[①]

公诉机关指控某房产中介公司员工甲某利用爬虫程序登录竞争对手公司的业务系统，窃取含有公民个人信息的收房合同及租房合同交易信息，数量高达100万余条，涉嫌侵犯公民个人信息犯罪。

北京王珺律师接受委托担任甲某的辩护人，提出本案的勘验检查笔录及鉴定意见在真实性、合法性方面均存在重大问题，如公安机关仅对竞争对手公司提供的服务器日志进行了勘查，并未对该服务器日志的真实性、原始性进行核对；作为检材的数据不仅提取过程不合法，而且有被修改的痕迹，还存在没有进行排重、统计口径不一致等问题。基于上述情况，辩护人申请鉴定人和专家证人出庭，后法院准许鉴定人出庭。经过辩护人对鉴定人的发问，鉴定人承认检材并非原始数据。后法院判决对勘验检查笔录及鉴定意见的证据效力均不予确认。

（五）针对电子数据的收集

针对电子数据，辩护律师要根据其收集的程序和要求审查以下内容：（1）是

① 本案例由北京星来律师事务所王珺律师提供。

否移送原始存储介质；在原始存储介质无法封存、不便移动时，有无说明原因，并注明收集、提取过程及原始存储介质的存放地点或者电子数据的来源等情况。（2）是否具有数字签名、数字证书等特殊标识。（3）收集、提取的过程是否可以重现。（4）如有增加、删除、修改等情形，是否附有说明。（5）完整性是否可以保证。

对于收集、提取电子数据程序是否合法，辩护律师应当着重审查以下内容：（1）收集、提取电子数据是否由两名以上调查人员、侦查人员进行，取证方法是否符合相关技术标准。（2）收集、提取电子数据，是否附有笔录、清单，并经调查人员、侦查人员、电子数据持有人、提供人、见证人签名或者盖章；没有签名或者盖章的，是否注明原因；对电子数据的类别、文件格式等是否注明清楚。（3）是否依照有关规定由符合条件的人员担任见证人，是否对相关活动进行录像。（4）采用技术调查、侦查措施收集、提取电子数据的，是否依法经过严格的批准手续。（5）进行电子数据检查的，检查程序是否符合有关规定。

电子数据的收集、提取程序有下列瑕疵，经补正或者作出合理解释的，可以采用；不能补正或者作出合理解释的，不得作为定案的依据：（1）未以封存状态移送的；（2）笔录或者清单上没有调查人员或者侦查人员、电子数据持有人、提供人、见证人签名或者盖章的；（3）对电子数据的名称、类别、格式等注明不清的；（4）有其他瑕疵的。电子数据具有下列情形之一的，不得作为定案的依据：（1）系篡改、伪造或者无法确定真伪的；（2）有增加、删除、修改等情形，影响电子数据真实性的；（3）其他无法保证电子数据真实性的情形。

案例 5－22　赖某诈骗案电子证据未被采信[①]

2013 年至 2015 年，赖某在珠海市经营某药店期间，将非门诊病种药品篡改成门诊病种药品，通过医保渠道进行销售，以此方式骗取珠海市医疗保险统筹基金对门诊病种患者的专项补贴，共计人民币 38 万余元。公诉机关以赖某涉嫌诈骗罪提起公诉。

珠海乔沁洲律师接受委托担任赖某的辩护人。经阅卷，辩护律师发现，涉

① 本案例由北京大成（珠海）律师事务所乔沁洲律师提供。

案电子证据的提取不符合《刑事诉讼法》及相关司法解释中关于“收集、提取电子数据，应当由二名以上具备相关专业知识的侦查人员进行。取证设备和过程应当符合相关技术标准，并保证所收集、提取的电子数据的完整性、客观性”“对电子数据涉及的专门性问题难以确定的，由司法鉴定机构出具鉴定意见，或者由公安部指定的机构出具检验报告”等的程序规定，比如被告人赖某电脑中记账软件的财务数据是由钟某一人提取的，并且钟某系某软件公司的技术支持人员，既不是公安机关的侦查人员，也不是公安部指定的鉴定机构的鉴定人员；再如，被害单位系统内的数据，是由该单位工作人员提取并出示给侦查机关，其提取程序同样不符合法律和司法解释的规定。因此，辩护律师认为本案涉案电子数据均不能作为定案依据。法院最终采纳了辩护律师的意见，认为程序合法优先于实体合法，本案中电子数据的提取违反了程序法的规定，程序合法性无法保证，故依法不予采信该组证据。

案例 5 - 23　麦某介绍卖淫案质疑电子数据的取证程序[①]

从 20×× 年年底开始，被告人麦某组织六名被告人合作开发某交友软件，软件上线以来，吸引了一些以性交易为目的的人员注册，利用该软件议价并相约卖淫嫖娼。被告人麦某明知该情况，为获取利润，表面组织公司采取监管措施，实际仍放任卖淫女和嫖客继续利用该软件联系交易，导致用户利用该软件联系卖淫嫖娼的情况泛滥。被告人麦某等人通过运营该软件获利数千万元。截至案发，公安机关抓获利用涉案软件招嫖卖淫的女子 20 多人。经对后台数据分析鉴定发现，至案发，该软件注册用户数达 400 多万。从活跃用户中抽检的 1000 个男性用户，其聊天记录均存在与其他用户相约卖淫嫖娼的内容；从活跃用户中抽检的 1000 个女性用户中，983 个用户的聊天记录存在与其他用户相约卖淫嫖娼的内容。据此，公诉机关指控被告人麦某等人构成介绍卖淫罪。

东莞骆世明律师接受委托担任麦某的辩护人，在通过分析全案证据关注到本案公安机关是提取了被告人的手机电子数据并做出分析报告，委托鉴定机构出具鉴定意见，意图证明该软件的用户主要为卖淫女和嫖客，并且该软件的盈

① 本案例由广东闻彰律师事务所骆世明律师提供。

利点为付费招嫖人员支付的会员费这一关键点后，辩护律师着重审查了本案电子数据提取程序是否合法，形成的分析报告、鉴定意见是否具有证明力和证据能力等问题。经过审查，辩护律师在庭审质证环节提出以下辩护意见：本案电子数据的调取、扣押封存及完整性保护程序违反了《关于办理刑事案件收集提取和审查判断电子数据若干问题的规定》以及2019年《公安机关办理刑事案件电子数据取证规则》的相关规定，属于程序违法，以上电子数据不能作为定案依据；基于电子数据作出的鉴定意见委托程序和鉴材调取不合法、鉴定方式不科学；基于该数据所作出的分析报告证据形式上不属于《刑事诉讼法》规定的八大证据类别，不能作为证据使用，分析主体为不具有鉴定资质的公安部门，其分析内容不具有真实性。经过法庭综合评判，最终认定该电子数据不能作为证据使用，基于该数据作出的鉴定意见和分析报告法院均不予采信。

八、针对证据收集手段违法的程序性辩护

收集证据不但应当依照法定程序，还不得使用刑讯逼供、威胁、引诱、欺骗以及其他非法方法，对于使用刑讯逼供等非法方法收集的犯罪嫌疑人、被告人供述和采用暴力、威胁等非法方法收集的证人证言、被害人陈述，可以启动非法证据排除程序，排除这些非法证据。如果使用了违法的手段收集证据，比如使用欺骗的手段进行取证，但还没有达到非法证据排除的程度，虽然我国刑事诉讼法目前尚未将使用欺骗手段收集的证据列入非法证据的范围，但辩护律师仍然可以提出证据收集手段违法，要求不得作为定案的依据的辩护意见。这都属于程序性辩护的范畴。根据非法证据排除规则对非法证据提出抗议并要求予以排除的制裁，属于一种进攻型程序性辩护，具有典型性，故本书将专设一章（第六章）进行详尽阐述。

实践中，进行证据收集手段违法的程序性辩护与进行证据收集程序违法的程序性辩护有时是交织在一起的，本书是出于阐述方便的需要才进行了这样的区分。

案例5－24 陈甲涉嫌敲诈勒索罪被判无罪[①]

20××年，陈甲与某县国土局口头协商由陈甲进行该县“土地整理项目立项”，并承诺通过招商引资方式让陈甲实施项目。但项目立项成功后，某县国土局改变承诺，采用招标方式实施该项目。项目实际上由陈乙施工。陈甲在多次要求某县国土局支付立项费用无果的情况下，向纪检部门反映相关情况，要求督促解决费用支付问题。其后某县国土局协调陈乙向陈甲支付立项费用，但实际支付的立项费用比招标文件规定的费用多出100余万元。后陈甲在配合某县监察委调查某县国土局副局长等职务犯罪的过程中，对自己以向纪检部门反映相关情况要求督促解决涉嫌敲诈勒索作了有罪供述，某县监察委和该县人民检察院均以敲诈勒索罪向该县公安机关移送案件线索，该县公安机关以敲诈勒索罪对陈甲立案侦查，其后该县检察机关以陈甲涉嫌敲诈勒索罪提起公诉并建议量刑有期徒刑10年。

成都刘万律师接受委托担任陈甲的辩护人，获知陈甲在某县监察委的有罪供述是在监察机关没有出具手续限制其数日自由的情况下作出的，且陈甲还遭受了调查人员的刑讯逼供。辩护律师将陈甲的自述材料、接受某县监察委调查后向单位书写的“情况说明”、高铁乘车记录、支付酒店住宿费的发票以及被调查人员抓烂的衣服照片，作为申请非法证据排除的线索和材料，向法院申请召开庭前会议并申请启动非法证据排除。后法院经召开庭前会议进行调查，认定陈甲在接受某县监察委调查期间的供述系公安机关对陈甲涉嫌敲诈勒索立案前的材料，不属于证据材料。之后，辩护律师还进行了大量的调查取证，积极进行无罪辩护，陈甲最终被法院宣告无罪。

九、针对侦查措施（包括技术侦查措施）适用问题的程序性辩护

在刑事诉讼中，侦查机关为了收集证据，查明犯罪事实，查获犯罪嫌疑人，可以采取一系列侦查措施，如讯问犯罪嫌疑人，询问证人、被害人，勘验、检查、侦查实验、搜查、查封、扣押、查询、冻结、鉴定、辨认、技术侦查，等等。这些措施具有一定的强制性，可能会限制或剥夺犯罪嫌疑人的人身权和财

① 本案例由北京大成（成都）律师事务所刘万律师提供。

产权等基本权利。为了防止权力被滥用，各国刑事诉讼法都对侦查措施的采取规定了严格的程序，比如，技术侦查是运用技术手段或者技术设备收集证据或查获犯罪嫌疑人的一种特殊侦查措施，一旦被滥用，会严重侵犯他人隐私权等基本人权，所以必须经过严格的批准手续才能适用。对于违反法定程序采取的侦查措施，辩护方均可以向有关国家机关提出抗议并要求纠正或者制裁。这也属于程序性辩护。

案例 5－25　常某非法经营案技术侦查措施受质疑[①]

常某在毕业后创立了易联公司，于 2013 年 7 月 5 日被 Q 区公安局抓捕，11 月 11 日因突发脑出血被取保候审，并被监视居住。后检察机关以常某涉嫌非法经营罪移送起诉，Q 区人民法院于 2014 年 11 月判决常某构成销售假冒注册商标的商品罪，判处其有期徒刑 3 年 6 个月，并处罚金 330 万元。后 H 市中级人民法院撤销原判，发回重审。Q 区人民法院作出裁定，准许检察机关撤回对常某涉嫌非法经营罪的起诉。2015 年 12 月 31 日，常某收到公安机关的撤案通知，冻结的财产也被归还。

在这个案件的辩护过程中，辩护律师就对案件中的技术侦查措施提出了质疑：控方随卷移送的电子证据表明，本案的侦查活动远早于本案的接受报案，违反《刑事诉讼法》有关"技术侦查措施"的规定，属非法侦查，程序严重违法。涉案证据有可能是侦查人员以非法手段入侵易联公司相关服务器后取得的，案发前易联公司的数据库确实受到过攻击、入侵和污染的情况也印证了这种可能性。这种辩护就属于针对侦查措施适用问题的程序性辩护。

十、针对审判程序违法的程序性辩护

审判直接影响对被告人的定罪和量刑，是刑事诉讼中非常重要的一个环节。为了保障被告人获得公正、及时的审判，各国刑事诉讼法对审判活动都规定了严格的程序，包括审判组织、审判方式、开庭准备、正式庭审、上诉抗诉等。对于审判程序违法的事项，辩护律师可以进行抗辩型程序性辩护，以纠正违法

① 徐昕：《无罪辩护》，清华大学出版社 2019 年版，第 27—42 页。

程序，但如果违法程序并未得到纠正，并且依据违法程序作出判决的，辩护律师还可以在二审、再审、死刑复核等阶段继续进行抗辩，以达到撤销原判的目的和效果。

审判过程中抗辩型程序性辩护主要包括：人民法院审理上诉和抗诉案件，安排人民陪审员组成合议庭进行审判的，辩护方可以对审判组织的不合法提出抗议，要求改由审判员组成合议庭；对于人民法院在开庭前10日以内才将起诉书副本送达被告人及其辩护人的，辩护方可以要求延期审理；对于庭前会议中，尤其是被告人不在场的情况下，审判人员要求解决实体问题的，辩护方可以进行抗议；对于指控犯罪的证据，辩护方有权进行质证，法院不组织质证的，辩护方可以进行抗议；对于应当公开审理而未公开审理的，辩护方可以要求公开审理。进行抗辩型程序性辩护，有利于纠正庭审过程中的不合法行为。

（一）针对违反公开审理规定的程序性辩护

根据《刑事诉讼法》的规定，人民法院审判案件，除了该法另有规定的以外，一律公开进行。人民法院对于第一审案件，除了下列案件外，应当一律公开审理：（1）涉及国家秘密的案件。（2）涉及个人隐私的案件。（3）14周岁以上不满16周岁未成年人犯罪的案件；经人民法院决定不公开审理的16岁以上不满18岁未成年人犯罪的案件。（4）经当事人申请，人民法院决定不公开审理的涉及商业秘密的案件。（5）经当事人申请，人民法院决定不公开审理的离婚案件。（6）法律另有规定的其他不公开审理的案件。如果应当依法公开审理的案件没有公开审理的，辩护律师可以要求公开审理；如果违反公开审理制度作出判决的，辩护律师可以要求撤销该判决，发回重审。这都属于程序性辩护的范畴。

案例5－26　钱某某受贿案违反法定程序被发回重审[①]

钱某某系J省S市公安局干警，G市监察委员会以钱某某涉嫌受贿罪，将其移送G市人民检察院审查起诉，G市人民检察院以受贿罪起诉至G市人民法

① 本案例由北京大成律师事务所张志勇律师提供。

院，G市人民法院以涉及隐私为由，不公开审理此案，并判处钱某某有期徒刑13年。钱某某不服，上诉至C市中级人民法院。

北京张志勇律师接受委托担任钱某某的辩护人，提出一审程序违反了公开审判的规定，属于程序违法，且一审判决在认定事实、证据裁判、法律适用和量刑上均存在错误，建议二审法院发回重审或者直接改判。C市中级人民法院采纳了辩护律师的意见，认为原审判决违反法定程序，裁定撤销原审判决，发回重审。

发回重审后，G市人民法院重新组成合议庭审理此案。开庭前辩护律师与承办法官沟通，通过阅卷和调查相关证人，律师认为原监察委员会对被告人采取诱供、指供的方式获取有罪供述，被告人有三份供述违背其真实意思表示，而且没有同步录音录像予以印证，这三份供述属于非法证据，应该予以排除。同时指出，根据事实和相关证据，被告人不构成受贿罪，即使构成犯罪，充其量涉嫌利用影响力受贿罪，后一审法院将案件退回检察院补充侦查。

（二）针对违反公开宣判规定的程序性辩护

根据《刑事诉讼法》的规定，宣告判决，一律公开进行，即人民法院审理的所有案件不管是否公开审理，都应当一律公开宣告判决。如果违反该规定，属于程序违法，辩护律师也可以进行抗辩。如果案件在实体上存在问题，辩护律师也可以通过这种程序性辩护获得一次发回重审的机会，从而改变实体上的判决。

案例5－27　刘某强奸案未公开宣判被发回重审①

刘某是一家民营企业负责人，2022年年末在一次招待客户的晚宴中饮酒过量，餐后与一名本公司新入职的女性助理同处一临时休息室，该女助理入职不足1个月，年龄23岁，当晚亦饮酒过量。1小时后女助理哭喊着离开休息室，让其外地男友打“110”报警，称其被上司刘某性骚扰。刘某当晚不省人事，被同事拉回宾馆。第二天刘某接受公安机关讯问，否认犯罪事实，后以强奸罪

① 本案例由北京大成（上海）律师事务所翟建和熊晓芹律师提供。

（未遂）被逮捕。

上海翟建律师和熊晓芹律师接受委托担任刘某的辩护人。由于本案仅有被害人口供，刘某表示其当晚饮酒过度后“断片”，不知道自己做过什么，但对女孩指控的行为表示概括认可。后被害人获得赔偿并出具书面谅解。辩护人提出刘某属于犯罪中止，且被告人概括认可犯罪事实，可获得认罪认罚从宽处理。但一审法院未采纳认罪认罚及犯罪中止的辩护意见，认定刘某犯强奸罪未遂并判处有期徒刑1年9个月。

一审宣判前，法院发出的关于宣判的《出庭通知书》上有“不公开宣判”字样。由于一审判决结果未知，本案有上诉可能，遂依照法院文书要求，未有家属等旁听宣判。二审后，辩护人以一审程序违法为由请求二审法院发回重审。二审法院以“不公开宣判”违反了《刑事诉讼法》关于“宣告判决，一审公开进行”的规定，将本案发回重审。在重审期间，原审法院新组成的合议庭采纳了酒后“断片”的事实认定，并认可特殊情况下“概括认可犯罪事实”成立认罪认罚，将量刑改为1年3个月。

（三）针对质证方式不合法的程序性辩护

根据《刑事诉讼法》及其司法解释的规定，证据必须经过查证属实，才能作为定案的根据，证据未经当庭出示、辨认、质证等法庭调查程序查证属实的，不得作为定案的根据，除非法律和司法解释另有规定。如果违反这些规定，辩护律师可以要求履行这些程序，如果证据未经当庭出示、辨认、质证就作为定案根据并据此作出判决的，辩护律师可以继续进行抗辩，要求撤销原判决发回重审。

案例5-28 李某某组织卖淫案抗议质证方式①

李某某经营的一家足疗会所中被查出有人卖淫，李某某作为该会所的投资人被控组织卖淫罪被移送起诉。

昆明王珏律师接受委托担任李某某的辩护人，在一审庭审过程中，辩护人提出了该案事实不清、证据不足的辩护意见。庭审后，公诉机关为了弥补案件

① 本案例由北京大成（昆明）律师事务所王珏律师提供。

证据不足问题，补充了大量的书证和鉴定意见，一审主审法官在收到上述材料后，要求律师出具书面质证意见，不再开庭质证。辩护律师指出此种质证方式不当，要求开庭，但法院拒绝并径行判决，且在判决中采用了大量补充证据。该案上诉后，辩护律师第一时间向二审法院反映了一审判决中使用的证据未经质证的问题。最终二审法院以原审判决违反《刑事诉讼法》的规定，将该案发回重审。

案例 5－29　赵某过失毁损文物案抗议质证方式[①]

20××年，某市房地产开发公司的员工张某代表该公司收到了文物部门的《文物决算书》，决算书显示欲开发的地块下有文物遗址。但张某未发现决算书提示的这一情况，也未向公司相关领导汇报。该公司相关负责人梁某、王某、孙某、赵某等召开会议决定清理该地块的地基，为施工做准备。该公司在孙某的主持下清理地基时，文物主管部门到现场制止并出具相关报告，称清理地基的行为损坏了文物遗址。后检察机关以孙某、赵某涉嫌过失毁损文物罪向法院提起公诉，法院判处罪名成立，对二人判处免予刑事处罚。

洛阳王怡飞律师接受委托担任赵某的辩护人，在发回重审的一审阶段，辩护人经查阅卷宗发现赵某一直不认罪，该公司的王某、张某及同案犯孙某对赵某的指认前后不一且不具体，加之该案的《文物鉴定意见书》鉴定程序违法、内容不真实，遂在庭上作无罪辩护。在一审庭审结束后，检察机关又补充了证人王某、张某的证言，法院在判决书中引用了二人的证言作为定案的依据。但该两份证言未经质证程序，辩护人和被告人赵某均未对证言质证。因此，被告人赵某提出上诉，辩护人指出该案一审程序违法，未经质证的证人证言不得作为证据使用。二审法院再次将该案发回重审。

（四）针对退回补充侦查程序违法的程序性辩护

根据《刑事诉讼法》的规定，在法庭审判过程中，公诉人发现提起公诉的案件需要补充侦查，提出建议的，法院可以延期审理，但人民检察院应当在1

---

① 本案例由北京大成（洛阳）律师事务所王怡飞律师提供。

个月以内补充侦查完毕，并应当在补充侦查的期限内提请人民法院恢复法庭审理或者撤回起诉。公诉人在法庭审理过程中建议补充侦查的次数不得超过两次，每次不得超过1个月。如果违反这些规定，辩护律师可以抗辩，这个过程也是程序性辩护。

案例5－30 林某挪用资金案公诉机关退回补充侦查程序违法①

2020年7月，某集团公司董事局副主席林某被指控伙同集团公司董事局主席邱某（另案处理）利用职务上的便利挪用某集团公司资金共计5000余万元，获利达1000余万元，致使集团公司遭受巨大经济损失。

天津李常永律师和张圆圆律师接受委托担任林某的辩护人，在侦查和审查起诉阶段均从实体方面提出林某不构成犯罪的辩护意见，因为涉案资金全部用于生产经营，系为公司谋取利益而非为个人谋取利益，且涉案集团系自然人独资公司，邱某为该公司实际投资人和唯一股东，本案不存在股权受到侵犯的股东。但检察机关并未采纳辩护人意见，于2020年12月23日将案件移送至H区法院提起公诉，并在2021年4月16日第一次开庭审理。

2021年7月2日，H区检察院向H区法院提出退回补充侦查申请，但在法定的1个月补充侦查期限结束后，H区检察院迟迟未将补充侦查材料及时提交H区法院，无形中延长了对被告人林某的羁押期限。因此，辩护律师向H区法院提出及时恢复庭审以及H区检察院退回补充侦查程序违法问题。家属也通过信访向上一级人民检察院反映。上一级人民检察院责令H区检察院对涉案程序问题进行回应。2022年1月6日，H区法院第二次公开开庭审理此案。当时林某已经被羁押了近17个月，由于本案在当地影响较大，林某自始至终并未签署认罪认罚具结书，H区检察院态度非常强硬，建议对林某判处有期徒刑7年。辩护律师向法院提交了大量挪用资金罪无罪判例和裁判观点、林某不构成犯罪的相关证据，加之H区检察院客观上存在退回补充侦查程序违法问题，2022年1月25日，H区检察院最终从法院撤回对林某的起诉并作出存疑不起诉决定。

---

① 本案例由天津行通律师事务所李常永、张圆圆律师提供。

十一、审判阶段交涉型的程序性辩护

辩护律师根据案件具体情况，申请法院适用对被告人更有利的审判程序，如普通程序、简易程序或速裁程序，以保障被告人获得公正、及时的审判；辩护方对证人证言、鉴定意见有异议的，可以申请证人、鉴定人出庭作证，也可以申请人民警察就其执行职务时目击的犯罪情况作为证人出庭作证，还可以申请有专门知识的人出庭就鉴定人作出的鉴定意见提出意见，还可以申请调取同步录音录像与笔录进行对比，以便审查判断证据的真伪，保障被追诉人的质证权。此外，对于上诉的二审案件，除了被告人被判处死刑的上诉案件外，二审法院可以决定是否开庭审理，即具有一定的自由裁量权。为了让二审法院全面了解案件情况，更好地采纳辩护意见，辩护方可以通过对一审判决认定的事实和证据提出异议，认为可能影响定罪量刑，而申请二审法院组成合议庭开庭审理。

案例 5－31　李某某强奸案申请查阅同步录音录像①

2019 年某天夜间，在 KTV 包房内，王某某和李某某与闫某某发生了性关系。事后，李某某给了闫某某 100 元。当日中午，闫某某丈夫使用闫某某的手机拨打了“110”报警，称自己的妻子被人强奸。某县公安局以强奸罪对王某某、李某某立案侦查，后该县检察机关以强奸罪对王某某、李某某提起公诉，该县人民法院以强奸罪分别判处王某某和李某某有期徒刑 10 年。之后，二人均提起上诉。

邢台孙本召律师接受委托担任李某某二审阶段的辩护人，通过阅卷和会见，发现侦查机关对李某某所作的有罪供述笔录与律师会见李某某时其自己的供述存在差异。对此，辩护律师向二审法院提出查阅对李某某的全部讯问同步录音录像的申请。经比对，辩护人发现侦查机关对李某某的讯问同步录音录像与讯问笔录存在较大差异，且存在辅警参与讯问的情形，由此提出讯问笔录不能作为定案根据的辩护意见。与此同时，辩护律师还申请了侦查人员出庭，通过对

① 本案由河北晓萌律师事务所孙本召律师提供。

侦查人员的发问核实了讯问笔录与讯问同步录音录像不一致的问题。后二审法院作出裁定认为：讯问同步录音录像与李某某的讯问笔录存在部分不一致的地方，且存在公安机关讯问不规范的情况，故按照讯问同步录音录像认定李某某的供述内容，没有将李某某的讯问笔录作为定案根据。

案例5－32 甲某某故意伤害案申请证人出庭及当庭向证人核实[①]

2019年年初，被告人甲某某（某高铁站安检人员）与送站人员王某某的两个儿子因无票送站问题发生口角，冲突过程中，王某某突然倒地，送医院抢救无效死亡。经鉴定，被害人王某某符合在慢性肾炎及肾衰竭的基础上，因冠状动脉粥样硬化性心脏病急性发作致循环、呼吸衰竭死亡。后检察院指控被告人甲某某构成故意伤害罪（致人死亡）。

广州南芳律师和何泽君律师接受委托担任甲某某的辩护人，甲某某称自己没有殴打被害人王某某，辩护人在阅卷过程中也发现证人证言前后矛盾、证人证言之间互相矛盾，遂申请证人出庭，经沟通法院同意申请，有两个证人出庭，其中一位证人称之前记录的证言不符合事实，其本人并未向公安机关称看到被告人殴打被害人；另一位证人当庭称被告人被被害人及其儿子殴打。第一次开庭后辩护人申请其他证人出庭，法院向其中一个关键证人调查核实，该证人证实当时并没有看到被告人殴打被害人，之前在侦查阶段记录的证言不属实。

最终，法院采纳了辩护人关于甲某某不构成故意伤害罪的辩护意见，认定公诉机关的指控不能成立，判决被告人甲某某犯过失致人死亡罪，判处有期徒刑2年。

案例5－33 王某猥亵儿童案申请证人出庭[②]

王某因两起猥亵儿童案件被一审法院判处有期徒刑4年，惠州余安平律师接受委托担任王某的二审辩护人，发现其中一起发生在九年前，九年后被害人

---

① 本案例由广州金鹏律师事务所南芳律师提供。
② 本案例由广东卓凡（仲恺）律师事务所余安平律师提供。

翁某某及其母亲才报案，称王某带翁某某学完轮滑之后将其带回家中对其猥亵，且只有翁某某一个人的陈述，王某始终予以否认。为了查清事实，辩护人申请两名证人到庭，一名证人是王某的妻子，通过当庭询问当年王某的上班作息时间以及家里的布置来否认翁某某去过王某家中的陈述；另一名证人是翁某某的母亲，通过询问其为何翁某某告诉她后不立即报案，为何多次去王某工作的地方闹事，为何王某一报案其就立马逃跑，将本案的各大疑点进行逐一质问，否定了对王某不利的证言。后二审法院判决认为该起案件事实不清、证据不足，未予以认定；对第二起猥亵案件，认为情节轻微。遂将王某有期徒刑 4 年改判为免于刑事处罚。

案例 5－34　方某某诈骗案申请被害人出庭[①]

2020 年 8 月，安徽省某县人民检察院指控严某某、方某某、王某某、胡某某等系恶势力犯罪集团成员，指控方某某涉嫌寻衅滋事罪、诈骗罪、强迫交易罪等。

南昌许志强律师接受委托担任方某某的辩护人，经会见及阅卷，认为方某某不构成诈骗罪，遂申请被害人出庭作证，以查明案件事实。后经审查，法院同意了辩护人提出的申请。通过当庭发问，查某某之所以在 2016 年 8 月 31 日又签订一份 10 万元的借款合同并走了相应的银行流水，是因为其未按时归还之前的借款和利息，在其主动提出弥补时，双方协商一致由其再借款 10 万元用于偿还之前应付利息。查某某到庭作证时，十分明确地回答明知相关事实及其后果，方某某等人没有套路。方某某制作“虚假流水”并没有垒高债务，查某某对此是知悉的，并没有产生认识错误。最终，法院判决方某某不构成诈骗罪。

案例 5－35　贾某某强制猥亵案申请侦查人员出庭[②]

2023 年，被告人贾某某被指控强制猥亵罪。北京张旭华律师和西宁赵丽律

① 本案例由北京大成（南昌）律师事务所许志强律师提供。

② 本案例由北京尚权律师事务所张旭华律师提供。

师接受委托担任其辩护人，通过仔细查阅案卷材料发现诸多程序问题。首先，案卷中的生物物证提取笔录制作人、现场勘验笔录制作人、证人询问笔录制作人存在交叉重叠；其次，经辩护人比对笔录起止时间和制作地点，发现规定时间内同一侦查人员不能实现证人询问笔录制作地点与生物物证提取地点、现场勘验地点之间往来；最后，案卷中缺乏生物物证的提取、封装、保管、移送等物证流转证据，不能反映物证外观、提取过程、提取后的处置情况等。辩护人遂提出调取证据的申请。公安机关为证明其取证合法性，补充移送了提取照片、情况说明，在情况说明中详细阐明了物证提取、封装、移送鉴定及现场勘验的操作过程及参与人员，其中对参与人员的表述与此前的证据载明人员存在差异，规避和解释了同一侦查人员从事不同侦查事项的时间冲突问题。辩护人对新证据研究分析之后，认为取证过程依然存在重大问题，申请情况说明中所列的进行生物物证提取和现场勘验的三名侦查人员出庭，法庭审查后准许。

庭审中通过辩护人有针对性的发问，其中一名侦查人员因无法回应辩护人的问题而当庭承认其并未到达过生物物证提取和现场勘验地点，另一名侦查人员也因无法回应而当庭承认其到达现场后在取证尚未开始时便已离开，最后一名侦查人员所述情况与另两名人员所述完全矛盾。至此，公安机关关于合法性的情况说明不符合客观实际，拟证明的合法性问题无法成立。最终，该情况说明和现场勘验笔录均未被法院采纳作为定案依据。

案例5－36　旦某故意伤害案申请鉴定人出庭①

旦某与扎某于2015年6月18日因故意伤害致人死亡被刑事拘留，拉萨崔刚强律师接受委托担任旦某的辩护人。检察机关指控旦某系主犯，致死伤为旦某造成的，请求法院判处其15年有期徒刑。辩护律师通过会见和阅卷了解了案件详细情况，认为致死伤在被害人背部，案发时旦某只有左右挥刀动作，且当时被压在地上，客观上无法造成自上而下的贯通伤，遂申请作出鉴定意见的法医出庭接受询问。法官认为案件确实蹊跷，便同辩护律师一同前往某法医鉴定中心询问专家。经询问得知，旦某的体位、动作客观上确实无法造成自上而下的

① 本案例由西藏蜀藏铭律师事务所崔刚强律师提供。

贯通伤，故被害人的致死伤非旦某所致。辩护律师对鉴定人陈述制作了询问笔录，鉴定人与辩护律师均签字确认。最终法院认为旦某只有伤害故意，致死伤并非其所致，遂判决其犯故意伤害罪，判处有期徒刑2年，缓刑3年。

案例5-37　某甲职务侵占案申请鉴定人出庭①

某甲系A公司员工，担任出纳职务，一日A公司经理使用资金时，发现账户余额与账目不符，于是急忙询问某甲，未果后，立刻对公司账目进行了多维度的核查，最终认定某甲侵吞公司资金共计1100万元，遂向公安机关报案，后经检察机关批捕后以涉嫌职务侵占罪诉至法院。

北京王可律师接受委托担任某甲的辩护人，在审查起诉阶段就指出本案的鉴定意见存在问题，虽然被害单位对该报告另行聘请鉴定机构进行补强，但是两次鉴定皆违反会计准则和司法鉴定规则，所以辩护人在审判阶段要求鉴定人出庭接受询问及质证，合议庭同意了辩护人的申请。鉴定人在回答辩护人的提问时，存在或然性和不确定性，且对辩护人提出鉴定过程违反会计准则和法律规则的事项无法作出合理解释，所以辩护人认为两份鉴定报告皆无法作为定案根据，应提交第三方重新鉴定。在重新鉴定中，辩护人又对第三方的选定、鉴定材料及鉴定方法皆提出了法律意见，最后第三方鉴定机构书面告知法院，因鉴定材料存在难以克服的瑕疵，难以得出真实、准确的鉴定意见。至此，该案件经过申请鉴定人出庭质证及接受质询，最终推翻鉴定意见，将指控犯罪数额从1100万元降至100余万元（该笔转账事实清楚，被告人承认，无须鉴定），还从实体辩护的角度将罪名从职务侵占罪变更为挪用资金罪。

案例5-38　姚某走私普通货物、物品案申请鉴定人出庭②

被告人姚某等人在从巴西、乌拉圭等国进口水晶原石及水晶制品等货物的过程中，以低报货物真实成交价格等方式向海关申报进口。被告人姚某等明知

① 本案例由北京市康达律师事务所王可律师提供。
② 本案例由北京大成（南京）律师事务所钱鹏律师提供。

货物真实成交价格以及某某国际贸易有限公司以低报真实成交价格方式申报进口，仍与其共同逃避海关监管，偷逃应缴税款。其中被告人姚某偷逃税款共计人民币6642291.6元，属“数额特别巨大”。公诉机关以姚某等人涉嫌走私普通货物、物品罪移送起诉。在开庭之前，姚某已被羁押1年10个月，公诉机关未认定姚某自首、从犯等减轻处罚情节，姚某可能被判处10年以上有期徒刑。

南京钱鹏律师接受委托担任姚某的辩护人，通过阅卷和会见发现，本案的重要证据《偷逃税款海关核定证明书》存在重大瑕疵，在当时海关核定证明书是否属于鉴定意见存在争议的情形下，申请出具证明书的海关通关处人员出庭非常难。后辩护律师在几百条核定偷逃税款证明中，发现了多条记录存在“货物品名、规格、原产国相同，却适用不同关税率的情况”，例如，对于同样是乌拉圭原产的“紫水晶晶洞玉石（特级）”，有的归类税则号为710310000，关税率3%；有的归类税则号为7103999000，关税率8%。关税率的适用直接决定了偷逃税款额的认定，进而影响被告人量刑的基准刑。出现这样的矛盾属于重大“案件事实不清”。因此，辩护律师提出鉴定人出庭的申请，并与法院多轮沟通鉴定人出庭的必要性，最后终于使得鉴定人出庭接受质证。在庭审过程中，辩护人针对数据分析、商品知识辨析、计核税款甄别等专业问题进行了发问，此外，辩护律师还提出姚某系从犯等实体性辩护意见，取得了良好的庭审效果，庭审后被告人姚某被取保候审，解除羁押。最终一审法院判处姚某有期徒刑3年，缓刑5年。

案例5－39　黄某开设赌场案申请具有专门知识的人员出庭[①]

黄某等人涉嫌开设赌场罪一审法院宣判，在一审审理期间，黄某等多名被告人的辩护人曾向人民法院申请侦查人员、证人、鉴定人员、具有专门知识的人员出庭。但最终仅有鉴定人员出庭。

厦门汤智琦律师接受委托担任黄某的二审辩护人，第一时间向中级人民法院申请二审开庭审理，申请侦查人员、证人、鉴定人员、具有专门知识的人员

① 本案例由北京大成（厦门）律师事务所汤智琦律师提供。

出庭。2024 年 1 月 17—19 日庭前会议期间，二审法院终于同意侦查人员、鉴定人员、具有专门知识的人员出庭。通过发问，具有专门知识的人员对司法会计鉴定报告和七份电子数据鉴定意见及鉴定检材、提取笔录进行了分析，对这些证据的“三性”及证明力进行了说明，可以得出本案中电子数据这个重要的关系到定罪的证据存在诸多问题，比如提取不合法，是侦查机关提前备份的，有被修改过，且现有的数据库无法得出涉案游戏具有赌博功能等。由于游戏软件的电子数据具有很高的技术含量，具有专门知识的人员参加庭审能够帮助当事人向法庭说明和解释与案件有关的技术问题，在法庭审理过程中提供专业意见，帮助法庭查明事实。

十二、其他程序性辩护

根据程序性辩护的定义，其既包括对国家专门机关的程序违法行为提出异议，也包括提出对被追诉人有利的程序性请求，而且这一类辩护贯穿于刑事诉讼全过程，例如，申请变更强制措施，申请羁押必要性审查以及前面所述的在审判阶段的一系列申请。从数量上讲，这类辩护在程序性辩护中所占数量最多，要做好此类辩护，要求辩护人熟悉有关法律规定，不仅要不失时机地及时向办案机关提出申请，更要按照有关法律规定充分阐述相关理由。

在司法实践中，程序性辩护除以上列举的种类外还有很多，只要是根据案件程序事实和刑事程序法，提出对被追诉人有利的程序性请求或对国家专门机关的程序违法行为提出异议，要求国家专门机关予以采纳或纠正、制裁，以维护被追诉人的诉讼权利和定罪量刑以外的其他程序性合法权益的辩护都属于程序性辩护。但囿于篇幅，本书只列举了以上十一类进行说明，随后还选择了实践中最常发生的申请非法证据排除、提出刑事管辖异议、申请办案人员回避、申请变更或解除强制措施以及会见和阅卷这五类典型的程序性辩护，设立专章进行深入分析研究。在具体的辩护实践工作中，实体性辩护与程序性辩护交织在一起，不同种类的程序性辩护也是交织在一起的，辩护律师需要利用各种手段和方法提供全面立体的辩护，多管齐下，以实现当事人合法利益最大化。

案例5－40 罗某涉嫌三罪系列程序性辩护①

罗某因涉嫌诈骗罪、非法拘禁罪、敲诈勒索罪等被指定居所监视居住。西宁张青松律师和邢志律师接受委托担任罗某的辩护人。在提出会见申请遭到拒绝后，辩护律师向上级公安机关及有关部门反映控告。后侦查人员将罗某送进看守所，在检察机关批准逮捕后，辩护律师才被允许会见。辩护律师通过会见知悉罗某在被指定居所监视居住期间遭受到刑讯逼供后立即着手收集非法证据排除的线索与材料，同时在案件被移送Y市人民检察院审查起诉后向该院申请对罗某进行伤情鉴定并申请启动非法证据排除程序。但Y市人民检察院为了推进案件办理进度，在没有退回补充侦查的情况下就直接将案件移送到Y市中级人民法院提起公诉。辩护律师积极开展非法证据排除工作，在庭前会议上，控辩双方对非法证据排除等事项进行了激烈交锋，法院最终决定就证据收集的合法性问题展开庭前调查。在调查程序中，辩护律师针对检察机关就证据收集合法所作的说明进行了全面的质疑与反驳，并提交了证明被告人被刑讯逼供的具体时间、地点、方式、伤势等的线索与材料。最终，检察机关以“缺少同步录音录像，不作为证据使用”为由主动撤回涉案的没有同步录音录像的158份讯问笔录。虽然检察机关没有直接承认本案存在刑讯逼供，但辩护律师的辩护在实际上达到了排除掉非法证据的效果。

此外，辩护律师还对Y市中级人民法院提出了管辖异议：已有判决认定Y市中级人民法院的法官与被告人之间有行贿受贿关系，且案涉被害人是Y市中级人民法院的工程承包商，涉案的“套路贷”案件有的已经过Y市中级人民法院审判并执行，这些都表明Y市中级人民法院不宜审理本案，应当变更本案的审判管辖。后N省高级人民法院采纳了辩护律师的意见，将案件指定到H市中级人民法院审理。后案件被退回Y市人民检察院，再由H市人民检察院移送H市中级人民法院提起公诉。

① 本案例由北京尚权（西宁）律师事务所邢志律师提供。

06

第六章

申请非法证据排除

申请非法证据排除被认为是最典型的程序性辩护，很多冤案，如湖北佘某林故意杀人案，云南杜某武案，河南赵某海故意杀人案，杨某涛案，浙江张某平、张某叔侄强奸案中都存在刑讯逼供、屈打成招的情形，辩护律师通常都会提出有罪的供述系因遭受刑讯逼供而作出的不实供述的辩护意见。随着非法证据排除规则在2012年《刑事诉讼法》中的确立，律师进行申请非法证据排除的程序性辩护越来越多，本章以案例精析开始，重点阐述了辩护律师应当如何进行非法证据排除的程序性辩护。

第一节　案例精析：陈某琴故意杀人案

——两次被判死缓最终改判无罪

本节选取了笔者办理的一起故意杀人案件，在办理该案的过程中，申请非法证据排除的程序性辩护虽然是辩护重点，但申请召开庭前会议以及二审开庭等其他程序性辩护也为非法证据排除奠定了良好的基础；笔者通过走访案发现场提出行为人没有作案时间和空间的实体性辩护，也印证了被追诉人的有罪供述不具有真实性，增强了法官不采信有罪供述的信心。因此，本节不但呈现了申请非法证据排除的程序性辩护，还呈现了其他程序性辩护和实体性辩护，希冀向读者阐明：一个无罪案件的成功辩护是一项系统工程，各种辩护方法和手段相辅相成，不能割裂。在本案中，申请非法证据排除服务于要求改判无罪的实体性辩护，要求召开庭前会议以及二审开庭的程序性辩护与没有作案时间和空间的实体性辩护也服务于申请非法证据排除的程序性辩护。

◎ 案情简介

2009 年 9 月 2 日晚，甘肃省定西市 TW 县 Z 村村民毛某巧 12 岁的养女晓霖（化名）在放学到家后不久倒地身亡。经侦查机关认定，晓霖的死因是“毒鼠强”中毒。9 月 28 日，晓霖家的邻居陈某琴被警方带走。警方怀疑她因常年与毛家不和，特别是案发的前一晚，还因琐事和毛某巧发生争执，甚至厮打，故对晓霖投毒。

2009 年 9 月 30 日，陈某琴被刑事拘留。同年 11 月 6 日，陈某琴被批准逮捕。陈某琴曾经供述过：当天下午，其在家中看到放学回家的晓霖，想起头一天自己与其养母毛某巧之间的纠纷，十分气愤，故决定对晓霖投毒。于是，其将“毒鼠强”倒入做好的汤汤菜中，并将一枚鸡蛋捏碎放入其中，随后招呼晓霖进屋吃掉了掺有“毒鼠强”的上述食物和半个馒头。晓霖走后，其将包鼠药的纸和晓霖使用的一次性筷子放进灶火中烧毁并用沙土对晓霖使用过的碗进行搓擦，后将沙土倒在墙外。除了作过有罪供述，陈某琴还作过多次无罪辩解。

2010年8月，定西市人民检察院以故意杀人罪对陈某琴提起公诉。2010年10月，定西市中级人民法院开庭审理此案，陈某琴当庭翻供，否认投毒杀人事实，并指出其有罪供述系因遭受刑讯逼供而作出的。2010年11月9日，定西市中级人民法院认定被告人陈某琴犯故意杀人罪，判处死刑，缓期2年执行，陈某琴提起上诉；2012年3月，甘肃省高级人民法院以事实不清、证据不足为由，将案件发回定西市中级人民法院重审；2012年6月，定西市中级人民法院重审判决陈某琴犯故意杀人罪，判处死刑，缓期2年执行。陈某琴继续上诉至甘肃省高级人民法院。笔者接受陈某琴家属的委托担任其二审辩护人。

2014年9月30日，甘肃省高级人民法院撤销定西市中级人民法院作出的刑事判决书，改判陈某琴无罪。

◎ 程序辩护

一、申请非法证据排除

通过阅卷、会见陈某琴以及到案发现场进行调查了解，笔者认为推翻有罪判决的最大障碍就是陈某琴本人的有罪供述。一审的两次死缓判决主要是根据有罪供述作出的，不排除有罪供述，就无法消除法官对陈某琴杀人的内心确信。一审法院第二次判决陈某琴死缓最直接的理由是，陈某琴没有证据证明翻供的合理性。因此，想取得无罪判决的结果，必须排除陈某琴被刑讯逼供作出的口供。当时刚被修订的《刑事诉讼法》确立了较为完善的非法证据排除规则，为辩护律师申请非法证据排除提供了有利的法律依据。于是，笔者决定申请非法证据排除，并向法院提供了书面的申请书，不但明确了需要排除的对象，还提供了相关的线索和材料。

非法证据排除申请书

申请人：娄秋琴律师。

申请事项：要求对以非法方法收集的陈某琴的口供予以排除。

申请理由：

被告人陈某琴涉嫌故意杀人一案中，申请人作为被告人陈某琴委托的辩护人，认为陈某琴被羁押在LT县看守所作出的五份讯问笔录（包括：LT县看守所人员收集的2009年10月14日未写明讯问时间的讯问笔录，LT县公安局收集的2009年10月14日17：46—19：15的讯问笔录，TW县公安局收集的2009年10月15日14：50—18：10、2009年10月26日16：18—17：40以及2009年11月6日10：10—11：03的讯问笔录）系侦查人员采用刑讯逼供等非法方法收集的，依法应当予以排除。相关的线索、材料如下：

根据陈某琴的陈述，其在TW县公安局以及被羁押在LX县看守所期间，均受到公安局干警的严重殴打。羁押在LX县看守所期间，她是被公安人员提审到外面打的，打的部位有头部、背部和胳膊，主要集中在上半身，打完后则被送到LT县看守所。线索和材料据有：

1. 2009年10月13日LT县看守所健康检查笔录记载：陈某琴右大臂青紫肿胀面积大约$12\times20cm^2$，后背有$2\times2cm^2$红肿，右胸内侧有一斜形陈旧疤痕，小腹有一陈旧疤痕，前额有$7\times5cm^2$的青肿胀。该份证据与陈某琴自述的被打情况能够相互印证。TW县公安局于2010年11月13日出具了一份“办案说明”，申请人对此向陈某琴进行过核实，其表明“办案说明”中所描述的情况并不属实，其身上的伤就是被公安人员殴打所造成的。此外，“办案说明”所描述的情形也根本无法解释陈某琴背部所受的损伤，不应被采信。

2. 根据LX县看守所的提讯记录，TW县公安局人员于2009年10月7日、10月9日、10月13日提讯过陈某琴。但并未制作讯问笔录，不排除TW县公安机关对陈某琴进行刑讯逼供的可能性。

3. 陈某琴明确表示如果当时参加审讯的公安人员能够出庭，其能够辨认出对其进行殴打的人员。

根据《中华人民共和国刑事诉讼法》（2012年）第五十四条第二款、第五十六条第二款的规定，特申请对以上讯问笔录依法予以排除。

此致

甘肃省高级人民法院

申请人：娄秋琴

二、申请召开庭前会议

申请非法证据排除，辩护律师除要考虑向法院递交申请书外，更要考虑如何才能达到最佳的效果。鉴于2012年《刑事诉讼法》增加了召开庭前会议的规定，主要用于解决回避、管辖、非法证据排除等程序问题，笔者在向法院递交非法证据排除申请书的同时，还向法院申请召开庭前会议，为解决非法证据排除问题增加一条路径。因为被判处死刑缓期2年执行的上诉案件是否开庭审理并不确定，所以辩护律师不能完全寄希望在庭审过程中就非法证据排除问题进行调查和辩论；而且即使开庭调查，如果检察机关没有事先准备相关证据材料，则可能导致休庭，影响正常的庭审流程。

由于非法证据排除规则和庭前会议是2012年《刑事诉讼法》新增的内容，故各地法院在积极探索如何在庭前会议上审查非法证据排除问题。在多次沟通交流后，甘肃省高级人民法院最终同意在2014年3月31日召开庭前会议。检察机关在庭前会议上提交了2份讯问的同步录音录像和侦查机关出具的“办案说明”作为证明取证合法的证据。在庭前会议上，笔者不但对检察机关新提供的证据材料进行了质证，还对案卷中公安机关出具的“办案说明”进行了质证，并提出陈某琴的有罪供述是在侦查人员的刑讯逼供与同监室人员的威胁和诱导之下作出的，应当予以排除的辩护意见。具体意见如下：

（一）新提交的讯问同步录音录像和“办案说明”都不具备证据资格

检方提供的视听资料是复制件，不是原件，且录制效果极差，根本听不清楚具体的问话内容；并且根据电脑显示，创建时间是2010年，而非讯问当时的2009年。因此，该视听资料不具备证据资格。

侦查机关出具关于视频资料情况的“办案说明”的时间居然是2014年4月1日，是庭前会议召开后的一天。而且“办案说明”上只有侦查机关的公章，没有任何侦查人员的签名，根据最高人民法院《关于适用〈中华人民共和国刑事诉讼法〉的解释》，公诉人提交的证明取证过程合法的说明材料，应该经有关侦查人员签名，并加盖公章；未经侦查人员签名，不得作为证据使用。因此，该“办案说明”不得作为证明取证合法的证据。

（二）案卷里关于陈某琴撞桌的"办案说明"不但程序违法而且内容不属实

陈某琴被转至LT县看守所时的健康检查笔录记载的检查情况及结论，证明陈某琴被转至LT县看守所前受到过伤害。公安机关于2010年11月13日对陈某琴受伤的原因出具了一份"办案说明"："因陈某琴趁民警不注意，将头多次猛碰在桌边上，碰青前额，民警尹某某、张某某在极力拉劝过程中抓青了其大臂。"该"办案说明"在程序上违反法律规定，在内容上与其他证据相互矛盾，完全不应被采信。理由如下：

（1）"办案说明"在时隔1年后才作出；

（2）根据陈某琴的陈述，其根本没有去撞过桌边，其额头和大臂上的伤都是侦查人员殴打所致；

（3）"办案说明"没能解释陈某琴后背面积 $2\times20cm^2$ 的红肿是如何造成的；

（4）"办案说明"载明是在医院对陈某琴进行体检的，但健康检查笔录显示检查的地点是在LT县看守所的值班室，两者互相矛盾；

（5）"办案说明"显示陈某琴的自我伤害行为发生在当天中午11：30，而体检时间是在下午4：30，短短的5小时，不足以显现如此大面积的皮下淤血。

（三）陈某琴是在遭受刑讯逼供的情况下作出的有罪供述

陈某琴的伤情，以及陈某琴在2010年9月28日的笔录"我承认过，是到LT看守所后才承认的。把我打得太厉害了，我不敢面对公安局了。是看守所的（指LX）换押时说我只能活三天，我害怕得很，我就害怕公安局再打我，我就承认了。这个事我确实没有干"，足以证明陈某琴的有罪供述是在侦查人员的刑讯逼供下作出的，依法应当予以排除。

（四）陈某琴还曾受到同监室人员贾某某的诱导和威胁

陈某琴同监室人员文某某的证言可以证明，在陈某琴转至LT县看守所后，牟所长让文某某与贾某某24小时监控陈某琴，深挖陈某琴犯罪的事实与过程。文某某还能证实贾某某对陈某琴说过"所长、县长、法院的院长都是她的什么亲戚，你就承认下，就把你取保候审了，能回家了"。陈某琴也陈述过："贾某某威胁我，给我编了一套。公安问我穿的什么衣服，我不敢说没见过，就说是平常穿的烂红布鞋。是贾某某骗我编的说是老鼠药，还有鸡蛋，其他我再记不起。”这些都足以印证贾某某对陈某琴进行过诱导和威胁。

由于当时国家尚未出台《人民法院办理刑事案件庭前会议规程（试行）》《人民法院办理刑事案件排除非法证据规程（试行）》，甘肃省高级人民法院并未对有罪供述的合法性问题作出裁定，也没有作出是否将该证据排除在庭审外的决定。因此，对陈某琴的有罪供述是否能够予以排除，还需要笔者在正式庭审时继续努力抗辩。

三、申请二审开庭审理

虽然2012年《刑事诉讼法》增设的庭前会议可以用来解决非法证据排除等程序问题，但控辩双方在庭前会议就非法证据排除问题未能达成一致意见的，法院还是要放到正式庭审时进行调查。所以，要解决非法证据排除问题，不但要申请召开庭前会议，还要争取二审开庭审理。

根据2012年《刑事诉讼法》第223条第1款第2项和最高人民法院、最高人民检察院《关于死刑第二审案件开庭审理程序若干问题的规定（试行）》（现已失效）的规定，本案作为被判处死刑缓期2年执行的被告人上诉案件，不属于必须开庭审理的情形。何况甘肃省高级人民法院前一次作为二审法院审理本案采用的就是书面审理的方式。为了争取二审开庭审理，笔者一方面与承办法官进行积极的沟通，另一方面起草并递交了二审应当开庭审理的书面意见，主要内容（节选）如下：

（一）一审判决中，陈某琴的作案时间、晓霖的回家路线、“毒鼠强”的来源、晓霖是否吃过陈某琴给的食物、晓霖是否有自杀可能等事实认定不清、证据不足。根据最高人民法院、最高人民检察院《关于死刑第二审案件开庭审理程序若干问题的规定（试行）》及《刑事诉讼法》的规定，对于一审事实不清、证据不足的案件二审法院应开庭审理。

法律依据：最高人民法院、最高人民检察院《关于死刑第二审案件开庭审理程序若干问题的规定（试行）》第二条第一款　第二审人民法院审理第一审判处死刑缓期二年执行的被告人上诉的案件，有下列情形之一的，应当开庭审理：……（二）具有刑事诉讼法第一百八十七条规定的开庭审理情形的。

《刑事诉讼法》(2012 年) 第二百二十三条　第二审人民法院对于下列案件，应当组成合议庭，开庭审理：(一) 被告人、自诉人及其法定代理人对第一审认定的事实、证据提出异议，可能影响定罪量刑的上诉案件；(二) 被告人被判处死刑的上诉案件……

(二) 根据《国家人权行动计划 (2012—2015 年)》第二条第 (三) 项的规定，本案应当开庭审理。

《国家人权行动计划 (2012—2015 年)》第二条第 (三) 项规定："……进一步严格死刑审判和复核程序。完善死刑案件审理的程序，实行死刑二审案件全部开庭审理……"本案一审法院作出的是死刑缓期两年执行的判决，死刑缓期两年执行系死刑的一种，依规定应开庭审理。

(三) 本案已于 2012 年 3 月 28 日由二审法院作出刑事裁定书，认为原审判决认定被告人陈某琴犯故意杀人罪的事实不清，证据不足，撤销了原审判决，发回一审法院重新审理。但一审法院在没有补充任何新证据的情况下，又作出了陈某琴犯故意杀人罪，判处死刑缓期两年执行的判决。基于这样的背景，辩护人认为二审法院应当依法开庭审理，直接查明案件事实，防止案件久拖不决，以维护当事人陈某琴正当合法的权益。

最终，甘肃省高级人民法院采纳了笔者的意见，决定对本案开庭审理。在开庭审理过程中，合议庭就非法证据排除问题继续进行法庭调查，控辩双方就非法证据排除问题进行了辩论。与庭前会议时不同的是，正式庭审有陈某琴到场参与，其向法庭陈述了在遭受刑讯逼供和诱导、威胁之下作出有罪供述的过程，也就相关证据进行了质证和反驳，让合议庭了解了案件全貌。这对于法院最终作出公正裁判具有重大意义。

◎ 走访现场

申请非法证据排除，虽然辩护焦点在取证合法性上，但要想真正排除非法证据，辩护律师还要在非法证据的内容和真实性上下功夫。既然陈某琴否认实施了投毒行为，那她到底有没有投毒的时间和空间呢？虽然案卷里有现场勘验图，但直观感不强。所以笔者决定走访案发现场。笔者从北京乘坐飞机到兰州，然后从兰州机场驱车 4 个多小时赶到了近 300 公里外的定西市 TW 县 Z 村后，才发现口供里所陈述的“到地里铲菜”需要从陈某琴家里下到山坳里，铲完菜后还需要从山坳里像爬山一样走回家，需要耗费很长的时间。笔者根据证人证言证实的陈某琴在地里干活的时间、陈某琴从地里干完活后回家需要的时间、被害人到家的时间，推断出陈某琴与晓霖之间根本没有交集，陈某琴没有作案的时间和空间，所以陈某琴承认投毒的口供是不属实的。

此外，笔者还对证言里出现的几个关键地点进行了勘验、丈量和实验，发现林某霞和林某强超过晓霖的地方，王某成家、陈某琴家与晓霖家之间的距离都很短，都是几分钟的时间距离，这与王某成证言里所叙述的情况是吻合的，证实被害人晓霖根本没有时间进入陈某琴家并吃完一碗拌有鸡蛋的汤汤菜和馒头。另外，通过在陈某琴家的院子里进行观察，笔者发现陈某琴的家与土路之间隔着王某成家，陈某琴在院子里根本无法见到走在土路上的晓霖。这也说明陈某琴的认罪口供关于其招呼走在土路上的晓霖到她家里、给她吃饭菜的供述是不真实的。通过走访案发现场，笔者更加确信了陈某琴认罪口供的内容是不真实的，坚定了申请非法证据排除和对该案进行无罪辩护的决心。

◎ 辩护意见

在本案中，申请非法证据排除的终极目的不是排除陈某琴的认罪口供，而是要通过排除陈某琴认罪的口供来提出陈某琴无罪的辩护意见。因此，不管是在庭前的沟通还是在庭审的辩护中，笔者始终是将程序性辩护与实体性辩护同步进行的：不但提交了各类程序方面的申请书，还在庭前和庭后分别提交了详尽的辩护词，从各个维度论证本案陈某琴是无罪的。辩护意见的部分内容如下：

第一，陈某琴的认罪供述系通过非法方法取得的，应当予以排除。本案指控陈某琴实施杀人行为的唯一直接证据就是陈某琴的认罪供述，但该认罪供述是在被侦查人员刑讯逼供以及被看守所通过贾某某威胁、诱导作出的，属于非法证据，应该予以排除。辩护律师根据《刑事诉讼法》（2012 年）申请非法证据排除，并对检察机关提供的证据进行了质证和反驳，检察机关提供的证据根本无法证明取证行为的合法性，无法排除陈某琴的认罪供述系使用非法手段取得的可能性，依法应当排除陈某琴因遭受刑讯逼供、威胁和诱导所作出的有罪供述。一旦排除了陈某琴认罪的供述，在案证据根本无法证明陈某琴实施了故意杀人行为。

第二，即使根据陈某琴的认罪供述，就本案的关键事实也没有形成封闭的证据链。

在本案中，即使不排除陈某琴的认罪供述，关于其他关键事实的证据仍然严重缺失，不能据此认定陈某琴有罪。比如，本案未查清毒物的来源，一审判决认定陈某琴使用老鼠药毒死了被害人晓霖，但除了陈某琴本人的认罪供述外，没有其他任何证据予以支持。侦查人员在陈某琴家既未搜出任何老鼠药，也未在搜出的检材中鉴定出任何“毒鼠强”成分。

陈某琴在认罪供述中关于藏放老鼠药的地方既不合情也不合理，不具有真实性。大量的证据却证明被害人晓霖家里存在“乐果”农药和抹虱子的药，且下落不明。又如，本案未查清被害人真正的死因。本案鉴定机构未对死者的血液进行“毒鼠强”含量的鉴定，仅根据胃内容物中检出“毒鼠强”成分便得出是“毒鼠强”中毒死亡的鉴定意见，不能排除其他毒物导致中毒死亡的可能性。而且根据出现场的医生林某生的证言，其当时看晓霖的瞳孔缩小着，也存在晓霖有机磷类中毒死亡的可能性。再如，本案未查清晓霖是否进入过陈某琴家。陈某琴无罪辩解在案发当天从未见过晓霖，现场勘验也未在陈某琴家中勘验出晓霖的任何痕迹，包括足迹、毛发等。

第三，陈某琴的认罪供述不真实，且与其他证据之间无法相互印证。

这主要体现在以下几方面：(1) 根据陈某琴的认罪供述，“将老鼠药放在我吃剩下的汤汤菜里，并将那个我准备要吃的剥了皮的鸡蛋用手捏碎放在碗里……我还给了半个馒头，晓霖也吃上了”，晓霖当晚不但喝了汤汤菜，还吃了鸡蛋和半个馒头，但根据鉴定文书，在对被害人晓霖进行解剖检验时发现晓霖“胃内只有少量未消化食物，可见少量菜叶状物”，既然可见菜叶状物，说明中毒到身亡的时间不长，那么更难以消化的蛋白质鸡蛋应当更能够在胃内容物中见到，但检验却未见。可见，陈某琴的认罪供述与法医学尸体检验鉴定书中对晓霖的解剖检验结果相互矛盾。(2) 根据现场实验，按照陈某琴供述的老鼠药的量和包装，根本不可能塞进其所供述的桌缝里，何况陈某琴供述老鼠药藏放的房间里放有陈某琴家自己吃的粮食，家里又散养着猫，不具有合理性。(3) 根据陈某琴的有罪供述，其是听到狗叫，然后走到院子里看到晓霖后再把晓霖骗到家中的，但辩护律师通过案发现场走访，在陈某琴家的院子里，由于隔着王某成家，根本无法见到走在土路上的晓霖，因此该供述也与实际不符。

第四，陈某琴不具有作案的时间和空间。

现有证据证明，走在晓霖前面的林某霞与林某强到陈某琴家门口时，陈某琴就已经离开家去铲菜了。多名证人证实晓霖到家时间应为19时左右，那时陈某琴还应在地里干活或是在从地里回家的路上。陈某某、李某霞的证言可以证明陈某琴回家时应该至少在19时30分。晓霖回家虽然会经过陈某琴家门口，但根本没有实际进入陈某琴家中。所以现场勘验也未在陈某琴家中勘验出晓霖的任何痕迹，包括足迹、毛发等。因此，陈某琴和晓霖在案发当天，不论是在时间上还是在空间上，都不存在交集，陈某琴根本不具备作案的时间和空间。

◎ 裁判要旨及结果

2014年9月30日，甘肃省高级人民法院对本案进行宣告：认为原审判决认定陈某琴犯故意杀人罪的事实不清、证据不足，不能认定陈某琴有罪，故作出认定陈某琴无罪的判决。

在判决书中，甘肃省高级人民法院根据法庭审理查明的事实、证据，结合法庭依法核实的证据情况，针对检辩双方争议的焦点作出了详尽的评判，每一项内容都多多少少对非法证据排除问题作出了回应：

（一）关于是否存在刑讯逼供的问题

LT县看守所健康检查笔录证明，2009年10月13日陈某琴在LT县看守所入所前体检的伤情记载，陈某琴右大臂有$12\times20cm^2$，额部有$7\times5cm^2$的青紫肿胀，后背部有$2\times2cm^2$的红肿，右胸内侧和小腹各有一陈旧疤痕，陈某琴称是受到公安人员殴打所致，对此，公安机关于一年后（2010年11月13日）出具办案说明，称系2009年10月13日中午将陈某琴从LX县看守所转所前，将陈某琴提出看守所谈话，其间陈某琴多次头撞自伤，民警在拉劝时造成了大臂的伤。但公安机关对于陈某琴后背部的伤是如何形成的未做说明，且公安人员在一审、二审庭审时均未到庭质证。经二审补查，与陈某琴、贾某某同号室女犯文某某、王某某证言证明，陈某琴刚入所时与贾某某关系好，后听陈某琴说是贾某某哄着她承认了投毒杀人的事，贾某某说自己在司法机关都有亲戚。文某某还证明陈某琴入所时给大家说被公安人员在脸上打，压着头杵，其看她身上青一块紫一块，眼睛青肿，就是打下的软伤。因此，本案是否存在刑讯逼供的情节无法得到合理的解释、排除。

（二）关于被告人供述的问题

陈某琴在侦查阶段共作了10次供述，第1次和第2次均作无罪供述，第3次在TW县刑警队先是供述了3种不同的作案方式后又翻供，第4次和第5次在LX县看守所均作无罪供述，从2009年10月14日在LT县看守所的第6次供述开始到第10次供述均作有罪供述，随后从审查起诉阶段开始一直作无罪供述。陈某琴供述前后矛盾，综合全案证据其有罪供述没有其他证据证实，本案是否存在刑讯逼供的情节无法得到合理的解释、排除，故被告人供述不能作为定案证据。

（三）关于证人贾某某、牟某证言的问题

证人贾某某和牟某的证言虽然在一定程度上印证了陈某琴的有罪供述，但二人关于陈某琴作案细节的证言与陈某琴的有罪供述相互矛盾，二人的证言属传来证据，且来源于陈某琴，没有其他证据的支持，证明力不强，另外，在被告人的有罪供述是否因刑讯逼供所致无法得到合理排除的情况下，传来证据不足采信。

（四）关于被害人如何中毒的问题

经鉴定晓霖系“毒鼠强”中毒死亡，死者胃内有少量未消化食物，可见少量菜叶状物。但因公安机关未对胃内容物做定性鉴定，胃内容物鉴定后未留存，导致晓霖因进食何种食物中毒无法与陈某琴有罪供述称给晓霖吃了汤汤菜、鸡蛋和馒头的情节印证。

（五）关于毒物来源的问题

陈某琴指认了取放毒物的地点、作案后将擦碗的沙土倒掉的地点，但公安机关对提取倒掉沙土地点的遗存物及取放毒物地点的擦拭物鉴定，均未检出“毒鼠强”成分。陈某琴供鼠药系在集市购买的情节，卷内亦无证据证实。其丈夫亦不能证明家中存放鼠药的情节。故本案毒物来源不清。

（六）关于晓霖是否进入陈某琴家的问题

检方证人王某成、毛某巧、林某霞、林某强证言相互印证证明：（1）晓霖放学要经过陈某琴家。(2）林某霞和林某强超过晓霖时，晓霖还没经过陈某琴家。(3）经实地勘查，从王某成提到的阳山道口到遇见晓霖处距离为250米左右，晓霖从被林某霞、林某强超过的地方到遇见王某成的地方为620米左右，王某成从听见到遇见晓霖是一个连续行进的过程，根据王某成和晓霖的相对位置及相遇所用的时间，晓霖没有足够的时间到陈某琴家完成说话吃饭等一系列活动。故除陈某琴的有罪供述外没有其他证据证明晓霖进入陈某琴家。

（七）关于陈某琴在案发前的活动情况

根据辩方证人陈某某和李某霞的证言结合实地勘查的情况证明：晓霖还没有走到陈某琴家，陈某琴就已经出门去地里干活，回来至少在19时30分以后。

关于上诉人陈某琴及其辩护人所提的上诉理由和辩护意见，经查，原审判决据以定案的上诉人陈某琴的有罪供述缺乏其他证据，特别是客观性证据的印证，从供证关系来看也没有先供后证的证据证实，本案毒物来源不清，经现场勘查在被告人供述和指认的地点没有提取到毒物和作案后的残留物，晓霖胃内虽检出菜叶状物，但因公安机关未对胃内容物做定性鉴定，导致晓霖因进食何种食物中毒无法认定，晓霖进入陈某琴家的证据不足，陈某琴的供述前后矛盾，证据链未达到闭合的要求，证明陈某琴有罪的证据达不到确实、充分的证明标准。而证人王某成、陈某某、李某霞、林某霞、林某强的证言相互印证，从时间和空间两个方面证明陈某琴缺失作案条件，上诉人陈某琴在换押LT县看守所入所体检时身上有多处青紫肿胀伤，对此公安机关于一年后（2010年11月13日）出具办案说明称系陈某琴自伤时干警拉劝所致，但对于后背部的伤是如何形成的未做说明，且公安人员未到庭质证，因此，本案是否存在刑讯逼供的情节无法得到合理的解释、排除。综合全案，证据与证据之间、证据与案件事实之间均存在矛盾，且无法排除合理怀疑。故上诉人的上诉理由和辩护人的辩护意见成立，予以采纳。

第二节　非法证据排除规则的确立与理论基础

一、非法证据排除规则在我国的确立

非法证据排除规则是指国家专门机关及其工作人员使用非法手段取得的证据在刑事诉讼中被排除的规则。它是当代法治国家刑事诉讼法中一项非常重要的证据规则。我国在1996年《刑事诉讼法》及相关司法解释中虽然对非法言词证据设置了初步的排除规则，但由于缺乏具体的操作程序，在实践中贯彻落实得不够。2010年，最高人民法院、最高人民检察院、公安部、国家安全部、司法部联合发布的《关于办理死刑案件审查判断证据若干问题的规定》和《关于办理刑事案件排除非法证据若干问题的规定》（以下简称《两个证据规定》），针对非法证据排除的审查认定程序制定了较为详尽的规则，具有可操作性，从而增强了法条的适用性。2012年《刑事诉讼法》修订时以立法的方式正式确立了非法证据排除规则，明确了应当排除的非法证据的范围、举证责任和证明标准以及排除的程序。最高人民法院《关于适用〈中华人民共和国刑事诉讼法〉的解释》和最高人民检察院《人民检察院刑事诉讼规则》都对非法证据排除规则进行了细化和解释。2013年，党的十八届三中全会提出：健全错案防止、纠正、责任追究机制，严禁刑讯逼供、体罚虐待，严格实行非法证据排除规则。2014年，党的十八届四中全会通过的《中共中央关于全面推进依法治国若干重大问题的决定》进一步要求，健全落实罪刑法定、疑罪从无、非法证据排除等法律原则和法律制度。2017年，最高人民法院、最高人民检察院、公安部、国家安全部、司法部又联合发布了《关于办理刑事案件严格排除非法证据若干问题的规定》（以下简称《严格排非规定》），进一步细化、补充和完善了应当排除的非法证据的范围、认定标准和操作规则，不但是对《两个证据规定》的一次修订，更为实践中严格落实和执行非法证据排除规则提供了系统的规范性依

据。至此，非法证据排除规则在我国得到了全面的确立。

二、非法证据排除规则的理论基础

证据是证明案件事实的材料，是刑事诉讼的核心。当非法获取的证据，尤其是那些非法获取的真实的证据，与案件事实具有关联性时，为什么还要排除呢？这是非法证据排除理论所要解决的问题。非法证据排除规则包括非法言词证据排除规则和非法实物证据排除规则。这两种排除规则的源起和确定不尽相同，且都经历了一个发展演变的过程。为了把握申请非法证据排除与程序性辩护之间的关联，有必要对非法证据排除规则的理论基础进行分析。

（一）虚伪排除理论

虚伪排除理论主要是针对非法言词证据排除规则而言的。该理论认为：通过非法的方法（如暴力、威胁、引诱）所获取的非法言词证据，或者通过非法的程序（如非法拘留、逮捕）所获取的非法言词证据，存在虚伪的极大风险；根据这样的证据，无法发现案件的实体真实，与审判目的相背离，故应当予以排除。为什么采用非法的手段获取的言词证据会存在虚伪的重大风险呢？对此可以从心理学上进行分析。任何人都存在趋利避害的自我保护心理，不管是被追诉人、被害人还是证人，在暴力、威胁、引诱等状态下，为了摆脱眼前的压力、困境或者获得利益交换，就有可能为迎合办案人员的要求不自愿地作出虚假的供述、辩解、陈述或证言。尤其是被追诉人，其自白证据一直被称为“证据之王”，备受裁判者的重视和依赖。古今中外，很多冤假错案与刑讯逼供都具有一定的关系，如我国近年来被宣告无罪的河北聂某斌故意杀人案，内蒙古呼格某图强奸案，河南赵某海故意杀人案，湖北佘某林故意杀人案，浙江张某平、张某叔侄强奸案，福建念某投放危险物质案，甘肃陈某琴故意杀人案中，被告人都曾被刑讯逼供，作出过有罪的供述。贝卡里亚曾言：“痛苦的影响可以增加到这种地步：它占据了人的整个感觉，给受折磨者留下的唯一自由只是选择眼前摆脱惩罚最短的捷径，这时候，犯人的这种回答是必然的，就像在火与水的考验中所出现的情况一样。有感性的无辜者以为认了罪就可以不再受折磨，因而称自己为罪犯。”可见，不管是从心理学上进行分析，还是从已经证明的实践状况来看，采用非法的手段获取的言词证据存在虚伪的重大危险，不真实的证据一旦被采纳，必将导致案件事实认定错误，最终产生冤假错案，造成不可弥补的错误。虽然聂某斌故意杀人案和内蒙古呼格某图强奸案最终被平反，但聂某斌和呼格某图已经被执行死刑，生命无法挽回。这样的代价是惨重的。因此，为了追求实体真实，避免虚伪证据对案件事实认定的干扰，应当排除这些非法证据。这就是虚伪排除理论。从辩护的角度来看，申请非法证据排除是对国家专门机关的非法取证行为提出异议，要求国家专门机关排除非法获取的证据并对相关人员给予制裁，故应是一种程序性辩护。但根据虚伪排除理论，非法证据排除规则的目的是排除虚伪不真实的证据，避免这些证据影响对案件定罪事实和量刑事实的认定；解决的是实体问题，维护的是被追诉人的实体性权益。这证明了程序性辩护维护实体正义的价值。虚伪排除理论虽然没有直接体现出程序性辩护对于维护程序正义的独立价值，但却彰显了程序性辩护对于维护实体正义的工具价值。

需要注意的是，虽然很多冤假错案都与刑讯逼供有关，但冤假错案的发生相比于所有刑事案件而言，毕竟还是小概率事件。从长期的司法实践来看，在很多案件中，侦查人员通过刑讯逼供等非法手段也能获取真实的自白或其他言词证据，并不完全都是虚伪的，并且通过这些证据了解了案件的真实情况，侦破了案件。这显然有利于追究和惩罚犯罪。那么，对于非法获取的真实的证据，为什么还要排除呢？虚伪排除理论显然无法给出答案。可见，虚伪排除理论只能解释非法证据排除规则的一部分内容，将其作为非法证据排除规则的理论基础并不全面，还需要其他理论的补充、支持。

（二）人权保障理论

人权保障理论认为：采取非法的手段收集证据，不管是收集言词证据还是收集实物证据，都可能侵犯被追诉人的基本人权及诉讼权利。要保障这些权利不受侵犯，就必须排除使用非法手段收集的证据，使国家专门机关无法从侵权行为中获利。该理论可以弥补虚伪排除理论的不足，并被很多国家确立为非法证据排除规则的理论基础：一方面，虚伪排除理论只是针对非法言词证据排除规则而言，无法解释非法实物证据排除规则，因为实物证据具有客观性，不会因为取证手段非法而丧失其真实性。而人权保障理论不但适用于排除非法言词证据，也适用于排除非法实物证据，比如排除非法搜查、扣押获得的实物证据，因为非法搜查、扣押的行为侵犯了公民的隐私权或者住宅不可侵犯的权利。这充分体现了对人权的保障。另一方面，虚伪排除理论的出发点是非法取证手段会导致证据的不真实，为了查清案件事实，维护实体正义，所以要排除这些非法证据，但该理论无法解释为什么要排除使用非法手段获取的真实的证据，毕竟实践中也客观存在通过刑讯逼供获取真实自白的情况，即自白是被追诉人在不自愿的情况下作出的，但内容却是真实的；但人权保障理论对此可以进行很好的解释：因为使用非法手段本身就已经侵犯了被追诉人的基本人权或者诉讼权利，所以通过非法手段收集的证据不论是虚伪的还是真实的，都应当予以排除。如果不被排除，则国家专门机关可以从侵权行为中获利，从而可能致使侵权行为继续发生。由此可见，人权保障理论不仅能够更好地解释非法证据排除规则，也能弥补虚伪排除理论的不足之处。

（三）抑制违法理论

抑制违法理论也被称为违法控制理论。该理论认为：排除非法证据不是为了排除虚伪言词证据，也不是为了保障当事人的人权，而是为了保障在证据收集过程中贯彻正当的法律程序。这样就可以抑制国家专门机关采用非法的手段收集证据。相比于按照法定程序收集证据，非法取证行为更加方便快捷且不受限制。如果非法取得的证据与按照法定程序收集的证据同样能进入裁判程序，成为定案的依据，那么无疑会鼓励国家专门机关采用非法的手段收集证据。这显然损害了法律的尊严。只有将采取非法手段取得的证据排除在裁判程序之外，使其不具有可采性，使国家专门机关无法从非法取证行为中获利，才能抑制这种非法取证行为，从而维护司法公正。此外，国家专门机关收集证据是追究和惩罚犯罪的重要手段，需要使用国家强制力进行，如果这种强制力不受限制或制约，就有可能扩张，进而侵犯公民的个人权利。因此，需要通过设置法律程序或者规则，让国家专门机关在法律程序或规则的约束下按照一定的方式行使权力，如规定国家专门机关进行侦查取证的种类、方式、期限、程序等，并对超越法律界限的取证行为给予一定的实体性或者程序性制裁。将非法收集的证据予以排除，使其不具有可采性，就属于一种程序性制裁。

进入现代社会以来，人们越来越意识到对国家权力进行必要限制的重要性。抑制违法理论通过否定非法证据的证明能力来抑制非法取证行为，从而限制国家专门机关收集证据的权力，所以将其作为非法证据排除规则的理论基础，符合现代法治社会的要求，具有一定的合理性。但抑制违法理论没有解决“度”的问题：原则上来说，所有的非法取证行为都应当被抑制，那么为了抑制非法取证行为而将所有非法收集的证据都予以排除，这可行吗？答案显然是否定的。虽然非法取证都是违法的，但违法有轻重之分。轻微的违法虽然也是违法行为，但侵犯公民个人权利的程度较轻，且收集的证据可能有利于查明案件事实，有利于正确处理案件，如果按照抑制违法理论而一律加以排除，则既有可能放纵犯罪，也有可能冤枉无辜，反而不利于案件的正确处理，也不利于维护司法公正。因此，很多国家在设置非法证据排除规则的同时，也会根据本国国情有选择地设置一些例外规则或者将裁量权交给裁判者。笔者认为，大多数的程序性辩护就是对国家专门机关的违法行为提出异议，使违法行为受到审查，甚至受到程序性制裁，从而达到限制和制约国家权力，抑制违法的目的。这与申请非法证据排除具有共同的理论基础。

案例 6－1　周某某对非国家工作人员行贿案非法证据排除二审改判无罪[①]

JDH 公司、周某某和梁某某被 DZ 市人民检察院以涉嫌对非国家工作人员行贿罪移送到 DZ 市人民法院审理。被告单位 JDH 公司为谋取不正当利益，给予公司工作人员黄某某 150 万港元和 350 万元人民币、孔某某 100 万港元和 347 万元人民币，共计 697 万元人民币、250 万港元，数额巨大。被告人周某某系 JDH 公司华南分部总裁，分管 HN 分公司，是直接负责的主管人员；被告人梁某某系 JDH 公司 HN 分公司的负责人，是直接责任人。但被告人周某某一直辩解，其在侦查阶段供述其知情并且同意梁某某给予公司工作人员财物是不属实的，是因遭受了刑讯逼供。但一审法院认定梁某某到案后制作的 13 份笔录中，除有 2 份笔录应予排除之外，其他有关笔录的制作虽然存在瑕疵，但结合本案

① 本案例由北京大成律师事务所娄秋琴律师提供。

被告人周某某、梁某某的所有口供笔录进行审查，现有的证据不足以认定存在刑讯逼供行为，并不影响对被告人周某某、梁某某犯罪构成的认定，不应当作为非法证据予以排除。故判处被告人周某某犯对国家工作人员行贿罪，判处有期徒刑4年6个月，并处罚金50万元。

宣判后，周某某提出上诉。与此同时，检察机关还提出抗诉，认为一审非法证据排除的启动程序违法，在庭前会议中控辩双方未达成一致意见便作出排除非法证据决定的程序违法、法院核查笔录直接作出排除非法证据佐证材料程序违法，以及在被告人周某某无认罪、悔罪，无法定和酌定从轻处罚的条件下从轻判处，属于量刑明显不当。

笔者接受委托在二审中继续为上诉人周某某辩护，并继续申请非法证据排除，要求排除一审未排除的周某某和梁某某其他的供述，详尽罗列了要求排除的证据范围以及排除的事实和理由，最终，二审法院以侦查人员使用非法限制人身自由的方法收集周某某、梁某某的供述，侦查人员未在规定的讯问场所进行讯问，不能作出合理解释，同步录音录像制作不规范，不能证明讯问过程的合法性，讯问笔录记载的讯问人员、讯问地点、关键内容有误或存在矛盾，没有给予合理解释，周某某、梁某某均提出其在侦查过程中遭到侦查人员多次吊打，二人陈述的遭受刑讯逼供的时间、地点、人员、方式均具体、明确等理由排除了辩护律师申请排除的所有非法证据，最终改判周某某无罪。

在这个案例中，辩护律师通过非法证据排除最终成功排除周某某和梁某某因遭受刑讯逼供而作出的虚假供述，保障了人权，二审法院作出排除非法证据的决定，改判无罪，无疑是对非法取证行为的一种制裁，有利于抑制非法取证行为。

第三节 申请非法证据排除的特征

非法证据排除是一项证据规则，是判断采取非法手段获取的证据是否具有可采性的一项规则。各国根据各自的法律传统和诉讼模式确立了体现本国特点的非法证据排除规则。不管是英美法系国家还是大陆法系国家，一般都赋予被追诉人申请启动非法证据排除程序的权利，因为整个刑事诉讼活动就是围绕解决被追诉人的刑事责任问题展开的，其是整个刑事诉讼活动的参与者，非法证据是否排除不但直接影响对被追诉人的定罪和量刑，而且还关系到其在刑事诉讼中的基本权利和合法权益是否得到保障。但由于被追诉人通常处于被羁押状态，难以充分行使这项权利，所以在一些辩护制度完备的国家，辩护人被赋予作为被追诉人的协助者代被追诉人申请非法证据排除的权利。为了维护和保障被追诉人的诉讼权利和合法权益，被追诉人及其辩护人运用非法证据排除规则，要求排除国家专门机关采取非法手段获取的证据，将这些证据排除在裁判程序之外，使其不具有可采性。这个过程就是一种程序性辩护。

一、申请非法证据排除是一种抗辩型程序性辩护

根据辩护方式的不同，程序性辩护可以分为交涉型和抗辩型两种。通过与国家专门机关进行交涉和协商，说服其采纳辩护方的意见的辩护，是交涉型程序性辩护；对于国家专门机关违反义务性法律规范的行为，辩护方通过申诉、控告、提出异议，要求予以纠正或者制裁，否定这些行为产生的诉讼结果，则属于抗辩型程序性辩护。

对于取证行为，很多国家以命令性规范规定了严格的法律程序，同时对采取侵犯公民基本人权或者诉讼权利的方式收集证据的做法作出了禁止性规定。例如，我国《刑事诉讼法》第52条规定：司法工作人员必须依照法定程序收集各种证据，严禁以刑讯逼供等非法方法收集证据，不得强迫任何人证实自己有

罪。该条文使用了“必须”“严禁”“不得”的字眼，属于命令性规范和禁止性规范。如司法工作人员违反这些规范，被追诉人及其辩护人就可以进行申诉、控告、提出异议，要求予以纠正或者制裁，排除这些非法收集的证据，否定非法取证行为产生的结果。这种抗辩是以各国确立的非法证据排除规则作为支撑的。《刑事诉讼法》第 56 条第 1 款就明确规定了三类应当依法予以排除的非法证据：一是采用刑讯逼供等非法方法收集的被追诉人供述，二是采用暴力、威胁等非法方法收集的证人证言、被害人陈述，三是不符合法定程序收集的可能严重影响司法公正且不能补正或者作出合理解释的物证、书证。对这三类证据，从法条的规定来看，都“应当”予以排除，不能通过交涉和协商，由裁判者根据任意性规范进行自由裁量。可见，申请非法证据排除是一种抗辩型程序性辩护。

在案例 6 - 1 中，侦查人员使用刑讯逼供和非法拘禁等非法限制人身自由的方法向周某某和梁某某收集口供，这些都是我国《刑事诉讼法》明令禁止的，收集的口供当然属于非法证据，辩护律师向审判机关提出控告和异议，要求排除这些非法证据，具有抗辩特征，是一种抗辩型程序性辩护。

二、申请非法证据排除是一种制裁型程序性辩护

根据辩护产生的效果，程序性辩护可以分为请求型、纠正型和制裁型三种。非法取证行为是国家专门机关违反法定程序收集证据的行为，当然属于一种程序性违法行为。辩护方申请非法证据排除，就是对非法取证行为提出的抗辩和异议；其要求对取得的非法证据予以排除，就是要求对非法取证行为作出否定性评价，不但要否定非法取证行为本身，而且还要否定通过非法取证行为获取的证据，以剥夺违法者通过违法行为所得的利益，使其不产生预期的法律效果。这是对非法取证行为的一种程序性制裁。例如，在案例 6 - 1 中，所有以非法方法收集的证据均被排除，且最终获得宣告无罪的结果，无疑是对非法取证行为的否定和制裁。可见，申请非法证据排除不但是一种制裁型程序性辩护，而且是一种最能发挥辩护效果的程序性辩护，因为不是每一种程序性辩护都能产生程序性制裁的结果。比如，对于限制和剥夺律师会见权的程序违法行为，辩护方即使提出抗辩和异议，最多也只能争取到会见，但由于法律对限制和剥夺律

师会见权的行为并未规定程序性制裁，故实践中这类辩护的效果并不明显。

三、申请非法证据排除可以发生在刑事诉讼所有阶段

程序性辩护可以发生在侦查、审查起诉等审前阶段，也可以发生在一审、二审、再审等审判阶段。申请非法证据排除作为程序性辩护的一种，同样可以在刑事诉讼的所有阶段进行。我国《刑事诉讼法》第 56 条第 2 款规定："在侦查、审查起诉、审判时发现有应当排除的证据的，应当依法予以排除，不得作为起诉意见、起诉决定和判决的依据。"但这里的非法证据排除，既可以由被追诉人及其辩护人依据诉权启动，也可以由国家专门机关依据职权启动。如果侦查机关发现收集的证据非法，主动不采用或者不移送检察机关，就不需要启动程序性辩护来排除非法证据。同样，如果检察机关在审查证据的过程中发现侦查机关收集的证据非法，主动不使用或者不移送审判机关，则也不存在启动程序性辩护排除非法证据的问题。但由于侦控机关与犯罪嫌疑人是存在一定利益冲突的，故希冀侦控机关主动不采用对其有利的非法证据，现实可行性不强，加上审前阶段相对封闭且不公开，权力行使缺乏有效的监督和制约，容易导致权力的扩张和膨胀。因此，犯罪嫌疑人及其辩护人在审前阶段申请排除非法证据，有利于监督权力的运行，有利于及时保护犯罪嫌疑人的人身权、隐私权、住宅不受侵犯权、辩护权等基本权利免受侵害，具有很大的意义和很高的价值。但在司法实践中，审前阶段的申请排除非法证据，由于缺乏中立裁判者，是由侦控机关予以裁决，实际上很难达到预期的效果。而在审判阶段，由于刑事诉讼法规定了相对完善的排除程序，确定了举证责任和证明标准，而且由法院居中裁判，故被告人及其辩护人利用非法证据排除规则进行程序性辩护更有利于达到预期的辩护效果。

案例 6－2　杨某组织、领导黑社会性质组织案非法证据排除①

杨某因涉嫌组织、领导黑社会性质组织罪被移送审查起诉，杨某被认定为黑社会性质组织的组织者、领导者。北京贾朝阳律师接受委托担任杨某的辩护

① 本案例由北京东卫律师事务所贾朝阳律师提供。

人。通过阅卷，辩护律师发现：侦查人员在没有正式传唤手续的情况下，长时间限制杨某的人身自由，在非羁押场所于凌晨时分对杨某进行了长达至少4小时的讯问，形成了第一份认罪的供述笔录，而第二份有罪供述则是在正式拘留杨某之后，将其从看守所提出，于深夜讯问形成的；且两份认罪笔录与杨某人身自由未受限制时的笔录大相径庭，内容的措辞和表述也不符合常理；涉案的其他笔录也有明显的复制、粘贴痕迹。辩护律师在会见杨某时获悉：有罪供述是公安人员在刑警队宿舍里对杨某刑讯逼供得来的，是在其痛苦不堪，根本不敢也没有仔细核对笔录的情况下签字、捺手印形成的。之后，辩护律师申请非法证据排除及调取相关笔录的同步录音录像。辩护意见虽未被采纳，但在案件被提起公诉时杨某涉嫌犯罪性质从“黑社会性质组织”降格为“恶势力集团”。

到了审判阶段，辩护律师又向法院提交了非法证据排除申请书，并要求调取对杨某讯问的同步录音录像，以核实其有罪供述的合法性与真实性，但公诉机关仅出示了公安机关和看守所出具的情况说明，以“公安机关办案中心处于维修建设状态，无法正常使用，故没有对杨某的讯问过程进行同步录音录像”和“看守所监控录像资料只保存三日，之前监控资料已被覆盖”为由，没有提供对杨某讯问的同步录音录像。但辩护律师通过调取、核查看守所不同值班民警轮流签字形成的“出入所记录台账”，找到了杨某被提出看守所的记录。

经过辩护律师积极辩护，这些非法证据在量刑时得到了充分的考虑。虽然法院最终以“公诉机关最终以涉嫌恶势力犯罪集团案件提起公诉，故本案不属于涉黑案件，没有制作同步录音录像资料不是排除非法证据的理由”为由，没有直接排除非法证据，但将杨某作为恶势力集团首要分子，仅以非法拘禁罪和寻衅滋事罪判处其有期徒刑4年6个月。

第四节 实战运用：非法证据排除六步法

第一步：审查是否属于应予排除的非法证据

要启动非法证据排除程序，达到防止非法证据成为起诉意见、起诉决定和判决依据的辩护效果，首先要了解非法证据排除规则中“非法证据”的范围有哪些，这是前提。如果不了解哪些证据属于非法证据排除规则中的非法证据，而不当扩大或者缩小应当排除的非法证据的范围，都可能无法达到良好的辩护效果。

我国 1996 年《刑事诉讼法》及相关司法解释中初步确立了非法言词证据排除规则。2010 年，最高人民法院、最高人民检察院、公安部、国家安全部、司法部联合发布的《两个证据规定》，针对排除非法证据的审查认定程序制定了较为详尽的规则。2012 年修订的《刑事诉讼法》以立法的方式正式确立了非法证据排除规则。随后，最高人民法院《关于适用〈中华人民共和国刑事诉讼法〉的解释》和最高人民检察院《人民检察院刑事诉讼规则》都对非法证据的范围进行了解释。2017 年，最高人民法院、最高人民检察院、公安部、国家安全部、司法部又联合发布了《严格排非规定》，进一步细化了非法证据的范围和认定标准。综合而言，非法证据排除规则中的非法证据主要包括以下几种。

（一）采用刑讯逼供等非法方法收集的被追诉人供述和采用暴力等非法方法收集的证人证言、被害人陈述

这类证据属于我国《刑事诉讼法》明确规定应当予以排除的非法证据，但实践中对“刑讯逼供等非法方法”存在不同的理解。相关司法解释指出：“刑讯逼供”是指使用肉刑或者变相使用肉刑，使被追诉人在肉体或者精神上遭受剧烈疼痛或者痛苦，以逼取其供述的行为；“等非法方法”是指违法程度和对被追诉人的强迫程度与刑讯逼供或者暴力相当，而迫使其违背意愿作出供述的方法。

此外，《严格排非规定》将违法使用戒具纳入“等非法方法”之中，并重申了通过变相肉刑收集的证据在非法证据的范围内。对于变相肉刑，2013 年最高人民法院颁布的《关于建立健全防范刑事冤假错案工作机制的意见》曾经作出规定，即采用冻、饿、晒、烤、疲劳审讯等非法方法。使用这些方法使被追诉人遭受难以忍受的痛苦而违背意愿作出的供述，也应当予以排除。总体而言，本项下的非法方法主要体现为直接侵犯人身权利的暴力方法。

案例 6－3 余某受贿案因疲劳审讯的非法证据排除①

2010 年至 2013 年，余某担任慈溪市某国有公司总经理期间，利用职务便利，在某建设工程中，收受他人贿赂四笔共计 158 万元。后案件被移送检察院审查起诉。

宁波龚永茂律师接受委托担任余某的辩护人，向公诉机关提交一组证据，认为现有证据证明其中 38 万元和 40 万元的受贿数额不能成立，后检察院采纳辩护人部分意见，否定其中 38 万元，以 120 万元向法院提起公诉。在该案审理期间，辩护律师申请启动非法证据排除程序并调取全部同步录音录像。同步录音录像显示，余某到案后至少在长达 37 小时内没有睡觉，处于极度疲惫的状态，在精神和肉体遭受痛苦的情形下，侦查人员还在逼取其供述。辩护律师认为本案属于典型的“疲劳审讯”以致被告人精神和肉体产生痛苦的情形。

2014 年 4 月 21 日，慈溪市人民法院作出判决：辩护人提出的长时间提审时间已明显超过正常、合理的作息时间，公诉机关未提供在此期间让被告人余某得到合理休息的证据。根据刑事法律规定，对在上述时间段内取得的被告人余某的供述，视为非法证据予以排除。一审法院认定受贿数额为 80 余万元，判处余某有期徒刑 10 年 6 个月。

（二）采用威胁等非法方法收集的被追诉人供述、证人证言、被害人陈述

我国《刑事诉讼法》规定严禁使用威胁的方法收集证据，并且明确将使用

① 本案例由北京大成（宁波）律师事务所龚永茂律师提供。

威胁方法收集的证据作为非法证据予以排除。所谓威胁，就是威逼胁迫，使他人服从。实践中威胁的方法很多，如以暴力相威胁，以从重或者加重处罚相威胁，以泄露隐私相威胁，以追究法律责任相威胁。这些不利的后果可能发生在被问询人本人身上，也可能发生在其近亲属、朋友、情人等特定关系人身上。但实践中不是所有的威胁行为都会导致被问询人违背意愿作出供述或陈述，倘若一律予以排除，反而不利于查清案件事实，不利于维护实体公正。由于《刑事诉讼法》笼统的规定缺乏实操性，实践中以威胁方法收集的证据被排除的非常少。为此，《严格排非规定》第3条进一步对通过“威胁”方法获取的非法证据作了一个限定，即以暴力或者严重损害本人及其近亲属的合法权益等进行威胁的方法，使被追诉人遭受难以忍受的痛苦而违背意愿作出的供述，应当予以排除。从这个规定可以看出，排除以威胁的方法获取的被追诉人供述，要同时符合以下条件：第一，必须是严重损害，轻微损害的不在排除范围内；第二，必须是针对本人及其近亲属，严重损害朋友、特定关系人的合法权益不在排除范围内；第三，严重损害的必须是合法权益，损害非法权益的不在排除的范围内；第四，必须使被追诉人遭受难以忍受的痛苦而违背意愿作出供述。对于以威胁等非法方法收集的证人证言、被害人陈述，原则上也应当予以排除。至于排除标准，可以参考《严格排非规定》中关于排除以威胁等非法方法收集的被追诉人供述的具体标准。

案例6－4　张某参加黑社会性质组织案以其女儿为威胁的非法证据排除①

张某涉嫌参加黑社会性质组织案，是当地重大、复杂、社会影响力大的涉黑案件，涉案人员中有张某的多位家族成员。南京王春兰律师接受委托担任张某的辩护律师，通过会见了解到，侦查人员对张某进行了数十次讯问并采取各种办法要求其交代作为涉黑组织骨干成员的犯罪行为，可能存在非法取证的情形。随后，辩护律师通过阅卷发现：侦查人员在讯问时对张某采取了威胁、恐吓和疲劳审讯等非法手段；并称张某如果不如实交代犯罪行为，将对其研究生

① 本案例由北京大成（南京）律师事务所王春兰律师提供。

毕业刚回国的女儿立案调查并采取强制措施，迫使张某按照要求进行供述。这些威胁和恐吓的讯问甚至被记录在第四份和第六份讯问笔录中。因为家族里已经有多名成员被羁押，张某担心牵连孩子，在恐惧和焦虑中只能按照侦查人员的要求进行了供述。通过多次反复与张某核实笔录情况和讯问具体细节，辩护律师向法院提交了非法证据排除申请书，详细列举了讯问笔录中非法取证的部分和相关事实与理由，并在庭前会议中对涉及非法取证的部分进行了充分阐述和举证。最终法院采纳了辩护律师的意见，以“因办案人员取证违法，不能作为定案证据”为由，依法排除了对张某的第四份和第六份讯问笔录。

（三）采用非法拘禁等非法限制人身自由的方法收集的被追诉人供述、证人证言、被害人陈述

人身自由不受侵犯是我国《宪法》赋予公民的基本权利，其第37条明确规定：“……任何公民，非经人民检察院批准或者决定或者人民法院决定，并由公安机关执行，不受逮捕。禁止非法拘禁和以其他方法非法剥夺或者限制公民的人身自由……”采用非法拘禁等非法限制人身自由的方法收集证据，严重侵犯了公民的基本权利。为了保障公民的基本人权，《严格排非规定》明确了这类证据属于非法证据。这里的“采用非法拘禁等非法限制人身自由的方法收集证据”应当包括以下几种情况：

（1）未经任何法律手续即采用限制人身自由的方法收集言词证据。非法拘禁严重侵犯了公民的人身自由权，是法律所明文禁止的。只要是采用非法拘禁等非法限制人身自由的方法收集的言词证据，就应当予以排除，取证的侦查人员还可能涉嫌非法拘禁罪。

（2）超期羁押状态下收集的口供。侦查人员办理了法律手续，如持有拘留证或者逮捕证，执行拘留或逮捕后，在拘留期限或逮捕期限届满后不变更强制措施而仍然继续进行非法羁押的，即为超期羁押。司法机关通常认为这不属于非法拘禁，对由此收集的口供也不应当排除。事实上，超过法定期限的羁押违反了法律的强制性规定，也超越了法律手续批准的范围，应当被视为没有法律手续，本质上就属于非法拘禁，故依法应当排除由此所收集的证据。

（3）以违法使用戒具等暴力方法收集的口供。这也是《严格排非规定》明

确规定的非法证据，但要求排除的是被追诉人遭受难以忍受的痛苦而违背意愿作出的供述。戒具是司法工作人员执行公务时依法使用的警戒防备专用器具，包括手铐、脚镣、警绳、警棍等。为了防止戒具被滥用而侵犯他人的人身权利，我国法律及相关法规对戒具的使用条件、方式都作出了严格的限制性规定。一般情况下，传唤和拘传都不得使用戒具；对抗拘传者，才可以使用戒具。因此，即使传唤和拘传是经过批准的，司法工作人员也不得对被传唤或被拘传的人员使用戒具，否则就属于违法使用戒具。司法工作人员违法使用戒具，使被追诉人遭受难以忍受的痛苦而违背意愿作出的供述，就应当予以排除。在实践中，有些侦查人员为了争取更多的讯问时间，即使已经办理了拘留证，也先以传唤的名义使用戒具将犯罪嫌疑人带走，制作询问笔录，然后再出示拘留证，执行拘留，制作讯问笔录。在这种情况下，虽然侦查人员已经办理了拘留手续，但以传唤名义使用戒具仍然属于违法使用戒具，由此所收集的口供符合法定排除条件的，应当予以排除。

在案例 6－1 中，二审法院认定，根据周某某、梁某某的当庭供述，侦查机关出具的到案经过说明及侦查人员出庭接受询问的情况，周某某、梁某某均系被侦查人员在未出示传唤证的情况下，派员从异地强制带至 DZ 市公安局接受询问，周某某、梁某某的第一份在卷笔录均系询问笔录；侦查机关还向周某某出示了证人权利义务告知书，但侦查人员却在宣布拘留前的长时间询问过程中对二人违法使用戒具，并派员看守，变相拘禁在公安局询问室，该行为属于违反法律规定和法定程序非法拘禁周某某、梁某某，实际系以非法限制人身自由的方法收集口供，其间还存在从异地押解到案后即展开疲劳审讯的侦查行为，未能给予周某某、梁某某必要的休息时间，故根据《严格排非规定》第 4 条关于“采用非法拘禁等非法限制人身自由的方法收集的犯罪嫌疑人、被告人供述，应当予以排除”的规定，对该两份笔录均予以排除。

此外，根据我国《刑事诉讼法》第 75 条、第 76 条的规定，指定居所监视居住是监视居住的一种，需要在指定的居所执行，但不得在羁押场所、专门的办案场所执行。指定居所监视居住的期限也是应当折抵刑期的：被判处管制的，监视居住 1 日折抵刑期 1 日；被判处拘役、有期徒刑的，监视居住 2 日折抵刑期 1 日。由此可见，其与拘留和逮捕的强制性是有所区别的。故不能使用非法限制人身自由的方法对被指定居所监视居住的被追诉人收集口供，否则对该口供应当予以排除。

案例6－5　邓某某敲诈勒索案指定居所监视居住期间的非法证据排除[①]

2020年7月7日，邓某某因涉嫌敲诈勒索罪被刑事拘留，同年8月12日被逮捕，10月9日被指定居所监视居住，10月30日被刑事拘留，11月5日被逮捕。2021年7月15日，检察院对邓某某等人以敲诈勒索罪提起公诉。乌鲁木齐肖翠平律师接受委托担任邓某某的辩护人。辩护律师通过会见了解到，邓某某在指定居所监视居住期间被关押在某地下室，办案人员让其长时间站立，不让其吃饭，长时间不让其睡觉。辩护律师核实了对邓某某的讯问笔录，发现多份笔录中无讯问地点；经进一步调查了解到，邓某某被指定居所监视居住的地点为某驾校地下室，实际是公安机关的临时办案地点。辩护律师遂向法院提交非法证据排除申请书，申请排除对邓某某在被指定居所监视居住期间以非法限制人身自由和变相肉刑方法收集的供述，并向法院申请调取讯问邓某某等人的同步录音录像。2021年9月30日，公安机关仅向检察院提供了邓某某被指定居所监视居住期间3天的讯问同步录音录像，同时公安机关出具了情况说明，称“视频提审系统出现问题，且根据保密工作的要求，没有办法提供其余同步录音录像”。经查看讯问邓某某的同步录音录像，辩护律师发现，邓某某被监视居住的房间为羁押室，其本人始终被约束在椅子上接受讯问。后法院召开了三次庭前会议，经调查确认，邓某某在监视居住期间被限制人身自由，吃住均在询问室内，询问室的门有人把守，未经公安机关允许，邓某某无法离开询问室。辩护律师以邓某某在监视居住期间被非法限制人自由为由，要求对邓某某等人被指定居所监视居住期间所作的供述予以排除。合议庭经过合议后采纳了辩护律师的意见，作出排除邓某某在指定居所监视居住期间所作供述的决定。

---

① 本案例由新疆鼎卓律师事务所肖翠平律师提供。

（四）采用刑讯逼供的方法使被追诉人作出供述，之后被追诉人受该刑讯逼供行为影响而作出的与该供述相同的重复性供述

这类证据被称为重复性自白，是否应当排除，在理论界和实务界一直存在很大争议。《严格排非规定》首次明确将其作为应当予以排除的非法证据，但为了避免不当扩大排除的范围，也规定了限制性条件：一是非法取证的行为只限于刑讯逼供行为，而不能是威胁等其他非法方法；二是重复性供述必须是受之前刑讯逼供行为影响而作出的，即必须与刑讯逼供行为具有直接的因果关系，如果前面遭受了刑讯逼供，但后面是在受到威胁、利诱的情况下作出了重复性供述，就不能予以排除；三是被排除的重复性供述必须与之前的供述相同，如果供述内容不同，也不能称为重复性供述。

但是，实践中重复性供述的情况是非常复杂的。即使进行了这样的限制，如果对重复性供述一律予以排除，可能不利于打击和惩罚犯罪，也不符合非法证据排除规则的立法本意。所以《严格排非规定》还确立了两条例外规则：一是侦查主体变更的例外，即在侦查期间，根据控告、举报或者自己发现等，侦查机关确认或者不能排除侦查人员以非法方法收集证据而更换其他侦查人员，其他侦查人员在再次讯问时告知诉讼权利和认罪的法律后果，犯罪嫌疑人自愿供述的；二是诉讼阶段变更的例外，即在审查批准逮捕、审查起诉和审判期间，检察人员、审判人员讯问时告知诉讼权利和认罪的法律后果，被追诉人自愿供述的。重复性供述如果具备以上情形，也可以不予排除。

在案例 6 - 1 中，周某某、梁某某均提出其在侦查过程中遭到侦查人员多次吊打，二人陈述的遭受刑讯逼供的时间、地点、人员、方式均具体、明确。对于梁某某，在接受审讯过程中还出现突然被送至医院治疗、二次被提押出所接受讯问及将讯问地点虚假记载为看守所的异常情况，梁某某甚至称其在被提押出所期间又在刑警队审讯室遭到吊打；对于周某某，出庭的侦查人员也确认了周某某到案初期并不认罪，而是在侦查人员对其进行 4 个多小时的思想教育后才作出有罪供述的事实。当周某某和梁某某被送至看守所后，一直辩解其后续相关供述还受到侦查人员胁迫其不能改变原供述的影响，且二人各自前后供述的内容均存在大篇幅雷同的现象，从这些笔录来看，本案侦查主体没有发生变

更，二审法院最终也排除了这些重复性供述内容。

（五）不符合法定程序，可能严重影响司法公正，且不能补正或者作出合理解释的物证、书证

这是我国非法实物证据排除规则的内容。要排除这类实物证据，需符合以下条件：

一是限于物证和书证这两类证据。视听资料、电子数据虽然也属于实物证据，但目前没有被刑事诉讼法规定在排除规则的适用对象中。

二是收集物证和书证违反了法定程序。这里的“法”是指宪法、法律，还是包括一切法律类规范性文件，目前没有明确的规定。但违反了宪法和法律规定的程序肯定属于违反法定程序，比如违反《宪法》关于“禁止非法搜查公民的身体”“禁止非法搜查或者非法侵入公民的住宅”“除因国家安全或者追查刑事犯罪的需要，由公安机关或者检察机关依照法律规定的程序对通信进行检查外，任何组织或者个人不得以任何理由侵犯公民的通信自由和通信秘密”等的规定，以及违反《刑事诉讼法》关于搜查、查封、扣押、冻结的程序，都属于违反法定程序。

三是收集物证、书证不符合法定程序的行为明显违法或者情节严重，可能对司法机关办理案件的公正性造成严重损害，严重影响司法公正。这里的“公正”不应当只是实体公正，还应当包括程序公正。而且物证、书证对司法公正的影响必须达到严重损害的程度，否则只是瑕疵证据，而非“依法应当排除的非法证据”。

四是必须是不能补正或者不能作出合理解释的物证、书证。所谓补正就是对取证程序的非实质性瑕疵进行补救。这里限定的是非实质性瑕疵。所谓合理解释就是对取证程序的瑕疵作出符合常理及逻辑的解释。这里的瑕疵虽然没有被限定为非实质性瑕疵，但要求解释必须符合常理和逻辑。侦查机关对物证、书证进行补正和作出合理解释都是允许的，只有在既不能补正也不能作出合理解释的情况下，才予以排除。需要注意的是，可以补正的对象的“非实质性瑕疵”，是指违反了我国《刑事诉讼法》和相关司法解释基于发现真实目的而设置的一些技术性规则，如搜查程序要求见证人必须在场、见证人应当签名、侦查

人员应当签名或盖章等规则。“实质性瑕疵”则是指违反了《宪法》和《刑事诉讼法》基于保障人权目的而设置的规则。例如，《刑事诉讼法》规定：搜查应当有搜查证，勘验、检查应当持有公安机关、人民检察院的证明文件，技术侦查应当经过严格的审批手续，等等。[①] 如果警察在并非执行逮捕、拘留的场合，在没有搜查证的情况下实施了搜查行为并查获了物证、书证，就属于实质性瑕疵，是不能通过补发搜查证的方式进行补正的，也不能通过重新补发搜查证将已经获得的物证、书证放回原处，再进行搜查的方式进行补正。又如，警察明知应当有搜查证才能搜查，却在没有搜查证的情况下仍然实施了搜查行为并查获了实物证据，这就是故意违法搜查，是无法再作出其他合理解释的。这些存在“实质性瑕疵”的物证、书证，根本不存在进行“补正或者作出合理解释”的空间，应当直接予以排除。

以上这五类证据，是目前我国法律和司法解释明确规定应当予以排除的非法证据。可见，除刑讯逼供获取的口供之外，还可以对很多非法证据申请启动排除程序予以排除。辩护律师如果在诉讼过程中遇到以上证据，可以考虑申请启动非法证据排除程序。

需要注意的是，在司法实践中以上情形可能是交织在一起的，辩护律师要善于识别，以便有效地进行申请非法证据排除的程序性辩护。

案例6-6　王某某组织、领导黑社会性质组织案系列非法证据排除

在王某某涉嫌组织、领导黑社会性质组织罪一案中，公诉机关指控王某某系黑社会性质组织的组织者、领导者。在代理案件过程中，王某某的辩护律师通过会见了解到侦查人员使用非法手段对王某某进行讯问：一是采用了疲劳审讯的方法进行讯问。据王某某反映，2019年5月之后，侦查人员将王某某从某县看守所羁押到某市刑侦大队审讯室，进行了六天六夜的连续审讯，不允许王某某睡觉，严格限制大小便，手脚全部被锁死，保持一个姿势。二是使用威胁的方法进行讯问。据王某某反映，侦查人员曾警告王某某：如果不如实交代，

---

① 易延友：《非法证据排除规则的立法表述与意义空间——〈刑事诉讼法〉第54条第1款的法教义学分析》，载《当代法学》2017年第1期。

就把其老婆、儿子、儿媳全部抓起来关到看守所，把其不到1岁的孙子送到孤儿院。侦查人员还将手机视频给王某某看，说已经将其儿子抓了，就关在隔壁的审讯室。三是在讯问中有辱骂、殴打和其他侮辱行为。据王某某反映，在审讯过程中，侦查人员多次对其进行辱骂和殴打。四是侦查人员存在对王某某更改姓名进行羁押的行为。据王某某反映，在某县看守所，侦查人员将其化名为“陈某某”进行羁押。同时，侦查人员让王某某对部分笔录倒签日期。

辩护律师在会见过程中针对王某某提出的疲劳审讯、辱骂、殴打、化名羁押等行为做了详细的会见笔录，并提交给了法院。通过阅卷进行证据分析，辩护律师发现王某某在2019年5月之前作了十次无罪供述，而在2019年5月之后作了两次有罪供述，对涉案的非法采矿罪的核心事实说法前后不一。辩护律师以此作为线索，向法院提出了系列申请：一是申请法院召开庭前会议；二是申请排除非法收集的对王某某的讯问笔录，尤其是2019年5月之后的两次有罪供述；三是申请2019年5月之后两次参与讯问的侦查人员李某某和丁某某出庭说明情况；四是申请调取、复制对王某某进行讯问的同步录音录像。针对以上申请，辩护律师均提交了详细的书面申请书。

公安机关随后出具了“情况说明”，载明：(1)因办案需要，侦查人员确实将王某某从某县看守所提出，羁押到某市看守所；(2)在某市看守所羁押期间，侦查人员没有讯问，故没有同步录音录像；(3)侦查人员没有对王某某刑讯逼供、威胁、引诱；(4)因办案需要，在某县看守所关押期间，侦查人员确有将王某某化名为“陈某某”进行羁押的情况。辩护律师针对公安机关出具的“情况说明”的合法性进行了详细的质证，特别指出随意将犯罪嫌疑人提出看守所以及化名羁押的做法严重违反了《刑事诉讼法》的规定。相关质证意见得到合议庭和公诉人的认可。公诉人在庭前表示，王某某于2019年5月之后作的两次有罪供述不作为证据在法庭上出示。这从实质上达到了非法证据排除的目的。经过辩护律师的积极辩护，王某某没有被认定为黑社会性质组织的组织者、领导者，最终仅被认定为积极参加者，被判处有期徒刑8年。

第二步：确定非法证据排除程序所要排除的目标

辩护方在掌握了哪些证据属于非法证据排除规则中的非法证据之后，就要确定需要排除的目标。为了有效地说服裁判者受理非法证据排除的申请，尽快启动非法证据排除程序，以更好地维护被追诉人的合法权益，辩护方最好提交书面的非法证据排除申请，并在申请书中明确列举需要排除的哪一份或者哪几份非法证据。在侦查阶段，由于辩护人无法获悉证据材料，所以只能根据被追诉人、证人、被害人或者相关人员提供的线索进行申请；到了审查起诉阶段和审判阶段，辩护人可以查阅、摘抄、复制案卷材料，所以在提交书面申请时，应当明确列举需要排除哪一份或者哪一些非法证据。在同一个人存在多份笔录的情况下，要具体明确到排除在哪个时间段收集的证据；在案卷材料达到几十本甚至几百本的情况下，最好能标注出非法证据在卷宗中的位置。申请书中除了要明确列举需要排除的非法证据外，还应当列明事实和理由，即为什么要申请排除这些证据，使裁判者相信可能存在非法取证行为。要达到这个目标，辩护方还需要提供相关的线索或材料。

案例6－7　张某贪污案系列非法证据排除①

张某因涉嫌贪污罪被检察机关移送WX市中级人民法院提起公诉，北京许昔龙律师接受委托担任张某的辩护人，在会见张某的过程中，张某提出办案人员非法取证的问题，并详细描述了非法取证的方式、非法取证的人员、非法取证的地点。于是，辩护律师要求召开庭前会议并提出了非法证据排除的申请，得到了合议庭的同意，辩护人在查看了讯问过程的同步录音录像后，合议庭组织控辩双方就非法证据排除问题展开了辩论，经合议庭审议后，部分非法证据被成功排除。

该案被排除的非法证据有以下几类：第一，在讯问时有“以损害本人及其近亲属合法权益的方式”进行威胁的言语，存在对被告人内心造成痛苦，迫使其违背意愿作出有罪供述的可能的讯问笔录以及被告人在此期间的亲笔供述；

① 本案例由北京大成律师事务所许昔龙律师提供。

第二，因办案机关不能提供可以读取的同步录音录像光碟，无法证实取证过程合法的讯问笔录；第三，同步录音录像显示讯问中办案人员的言语及态度存在不文明、不规范情形，同步录音录像与笔录记载内容存在较大出入的讯问笔录；第四，在正式立案前的初查期间，办案机关不能提供相关手续及调查过程的同步录音录像，而对被告人所作的调查笔录。

第三步：提交非法证据排除的线索或材料

申请启动非法证据排除程序，辩护方还应当提供涉嫌非法取证的相关线索或者材料。相关“线索”是指涉嫌非法取证的人员、时间、地点、方式等线索，相关“材料”是指能够反映非法取证的伤情照片、体检记录、医院病历、讯问笔录、讯问录音录像或者同监室人员的证言等材料。这是启动非法证据排除程序的前提条件。对非法证据排除程序的启动设置这样的门槛，是为了防止辩护方滥用诉权而拖延诉讼，限制启动的任意性，从而提高诉讼效率，使非法证据排除程序围绕争议点进一步展开和推进，保障诉讼活动的顺利进行。但由于辩护方在刑事诉讼过程中处于弱势地位，收集证据的手段有限、能力不足，无法承担证明存在非法取证行为的举证责任，所以法律规定辩护方只需提供相关的线索或材料，而不承担对证据收集非法性的证明责任。

对于辩护方而言，虽然不需要对证据收集的非法性承担证明责任，但为了更有效地说服裁判者受理非法证据排除的申请，尽快启动非法证据排除程序，最好尽量多地收集与非法取证相关的线索或材料。

（一）关于线索

这里的相关“线索”，是指内容具体、指向明确的涉嫌非法取证的人员、时间、地点、方式等。[①] 辩护人可以向被追诉人、证人、被害人调查了解相关线索，问询非法取证的人员、时间、地点、方式、内容等，但内容应当具体，指向也要明确，比如实施刑讯逼供的侦查人员的姓名、体貌特征，实施刑讯逼供的具体时间、手段和方式，然后制作成调查笔录。

---

① 参见最高人民法院《人民法院办理刑事案件排除非法证据规程（试行）》第5条。

（二）关于材料

这里的相关“材料”，是指能够反映非法取证的伤情照片、体检记录、医院病历、讯问笔录、讯问录音录像或者同监室人员的证言等。[①]

（1）伤情照片、体检记录、医院病历：这些材料可以反映被追诉人是否受伤以及健康状况。辩护人在有条件时可以向被追诉人所在的看守所或者其就医的医院调取。

（2）讯问笔录：辩护人可以在卷宗里查阅讯问笔录，通过审查笔录中记载的讯问人员、时间、地点、方式、内容，发现被追诉人受到非法取证的线索或情况，如被追诉人讯问持续的时间超长，可能存在疲劳审讯；讯问地点是看守所之外的审讯点，可能存在违法提审；讯问笔录记载进行了同步录音录像，却没有录音录像，存在未按规定进行同步录音录像；等等。

（3）讯问录音录像：辩护人可以在卷宗里查阅到，也可以申请调取到。通过审查讯问录音录像，辩护人可以发现是否存在暴力、威胁等非法取证行为。

（4）同监室人员的证言：指与被追诉人关押在同一监室的人员对被追诉人是否受到非法取证或者就所见伤情作出的陈述。这类材料可以通过三种途径获得：一是辩护人对已经出看守所的同监室人员进行调查取证；二是委托同监室人员的辩护律师在会见时制作相关内容的会见笔录；三是申请人民检察院或人民法院向同监室人员进行调查取证。

应该说，辩护方提供的线索或材料越翔实，启动非法证据排除程序的可能性就越大。

在案例6-1中，一审法院排除了两份讯问笔录，到了二审，笔者作为辩护人继续申请非法证据排除，要求排除一审法院没有排除的另外十三份笔录，七份梁某某的供述和六份周某某的供述，为了达到这个排除的目标，笔者详尽罗列了要求排除的笔录以及对应的排除的理由和相关的线索和材料，具体如下：

第一份：排除2015年6月24日21:23—23:56梁某某的供述（强制到案之后刑事拘留之前的笔录，讯问人：钟某某、羊某某，地点：DZ市公安局刑警支

---

① 参见最高人民法院《人民法院办理刑事案件排除非法证据规程（试行）》第5条。

队询问室），排除理由：

1. 2015年6月24日7时许，DZ市公安局侦查人员在HK市梁某某住处小区抓获梁某某，在无出示传唤证的情况下于12时许将梁某某跨市带至DZ市公安局刑警支队办案区进行询问，属于异地传唤，根据《刑事诉讼法》（2012年）和《公安机关办理刑事案件程序规定》（2012年）的规定，不适用口头传唤。

2. 根据《公安机关办理刑事案件程序规定》（2012年）第194条的规定，传唤犯罪嫌疑人时，应当出示传唤证和侦查人员的工作证件，并责令其在传唤证上签名、捺指印。可见，传唤证应当是现场出示并当场让被传唤人签名和捺指印，不能事后进行补办或者补签。

3. 根据侦查人员出庭接受询问，侦查人员将梁某某从HK带至DZ，一路上使用了手铐戒具，在DZ市公安局刑警支队办案点接受询问的过程中梁某某也一直被使用了手铐，属于强制到案，不符合传唤的形式和实质要求，是一种变相的非法拘禁行为。因此，在2015年6月24日12时被带至DZ市刑警支队办案点到6月25日19时被采取刑事拘留措施这一段时间，侦查机关对梁某某采取的是无法律根据的羁押行为，在梁某某被严重非法限制人身自由期间取得的供述是非法证据。

4. 根据梁某某的陈述，他是在2015年6月24日12时许就被带到了DZ市公安局刑警支队办案点，到6月25日19时才被宣告刑事拘留，既超过了法定时限12小时，也超过了经批准后的最长时限24小时。何况侦查人员当庭提交的“呈请延长对梁某某传唤报告书”是侦查人员在一审审判阶段事后补办的手续，且批准时间倒签到了2015年6月24日，属于明显的伪证，而且批准的仅是DZ市公安局刑警支队领导，非DZ市公安局负责人，不能作为证明合法性的证据。

5. 根据梁某某稳定的供述，其被带到DZ市公安局刑警支队询问室后，就遭到了刑讯逼供，因此还被送往医院进行抢救治疗，迫使其违背自己真实意愿作出供述。对于刑讯逼供的人员、方式和手法，梁某某和周某某的供述能够相互印证。经一审法院调查核实的与梁某某同监室的刘某朝、陈某登、韦某振等人的证言，也能印证梁某某在一审庭前会议及正式庭审中的供述，可以证明梁某某刚进入看守所时的身体和精神状态，印证梁某某确实存在被刑讯逼供的极大可能性。在这种情况下，侦查机关却不能提供证明讯问过程合法性的同步录音录像，且对无法出示同步录音录像无法作出合理解释。通过对出庭侦查人员的发问，他们对没有进行同步录音录像的原因说法自相矛盾。根据《公安机关执法办案场所设置规范》第 14 条、《公安机关执法办案场所办案区使用管理规定》第 19 条和《公安机关讯问犯罪嫌疑人录音录像工作规定》第 4—6 条的规定，公安机关在讯问场所应当安装同步录音录像设备和实施讯问同步录音录像工作，这些规定是公安部的强制性规定，DZ 市公安局应该提供同步录音录像资料来证实其讯问过程的合法性和没有采取刑讯逼供手段。DZ 市公安局侦查人员一会儿解释为这类案件不需要进行同步录音录像，一会儿又解释为询问室没有录音录像的设备，互相矛盾，不属于合理解释。

第二份：排除 2015 年 6 月 25 日 18：37—19：05 梁某某的供述（宣告刑事拘留的笔录，讯问人：符某某、羊某某，地点：DZ 市公安局刑警支队询问室），排除理由：

1. 根据梁某某的病历和检查材料，制作这份笔录真实的地点是 DZ 市第一人民医院，但侦查人员却将地址写成了“DZ 市公安局刑警支队询问室”，不符合客观事实，侦查人员关于作出笔误原因的说明不能视为合理解释。因为在一审判决已经排除的 2015 年 7 月 15 日 11：10—12：00 和 2015 年 8 月 12 日 9：20—16：40 的笔录中，记录人均为羊某某，却将实际的讯问地点 DZ 市公安局刑警支队询问室故意写成了“DZ 市第一看守所审讯室”，而羊某某作为 2015 年 6 月 25 日 18：37—19：05 和 2015 年 6 月 25 日 21：10—22：45 两份笔录的记录人，却又将实际讯问地点第一人民医院写成了“DZ 市公安局刑警支队询问室”，这显然是不合理的。因为讯问笔录中的讯问地点是笔录的重要记载事项和重要因素，侦查人员对重要记载事项两次错误记载，不可能都是笔误，唯一的合理解释就是为了故意掩盖逼供的行为。根据最高人民法院《关于适用〈中华人民共和国刑事诉讼法〉的解释》（2012 年）第 82 条规定，讯问笔录填写的讯问时间、讯问人、记录人、法定代理人等有误或者存在矛盾的，不能补正或者作出合理解释的，不得作为定案的根据。

2. 在两次庭审过程中，梁某某陈述 2015 年 6 月 25 日在刑警支队办案点是因为被多次吊打受不了，用头撞栏杆而被送往 DZ 市第一人民医院急诊科治疗并住院，侦查人员辩称是因为梁某某吸毒，毒瘾发作送往医院治疗是不能成立的。病历及检查材料并无记载身体哪个部分受到外伤也并不代表梁某某当时就没有外伤，且诊断为窦性心动过速，也极有可能是吊打所引发的。

3. 由于侦查人员在DZ市公安局刑警支队办案点对梁某某采取刑讯逼供而致使其（被）送往医院进行抢救，所以梁某某基于恐惧心理在医院才认可了前一次在DZ市公安局刑警支队办案点即2015年6月24日21:23—23:56的笔录是真实的。

第三份：排除2015年6月25日21:10—22:45梁某某的供述（刑事拘留后送往看守所之前的笔录，讯问人：钟某某、羊某某，地点：DZ市公安局刑警支队询问室），排除理由：

该份笔录也是在DZ市第一人民医院作出的，但笔录里的地址却写成了“DZ市公安局刑警支队询问室”，侦查人员不能作出合理解释，根据最高人民法院《关于适用〈中华人民共和国刑事诉讼法〉的解释》（2012年）的规定，也不得作为定案的根据。

第四份：排除2015年6月27日10:50—12:15梁某某的供述（送往看守所之后的笔录，讯问人：王某某、羊某某，讯问地点：DZ市第一看守所审讯室），排除理由：

1. 梁某某是在被宣布刑事拘留后24小时，即2015年6月26日19时才被送至看守所，而该份笔录是在送进看守所的次日上午作出的，虽然讯问地点在看守所内的审讯室，但主讯问人员羊某某还是在DZ市公安局刑警支队询问室对梁某某进行刑讯逼供的侦查人员，梁某某害怕羊某某继续采取刑讯逼供手段的恐惧心理根本没有消除，不敢作出真实的供述。因此，该份笔录属于受刑讯逼供行为影响而作出的与之前供述相同的重复性供述，根据《关于办理刑事案件严格排除非法证据若干问题的规定》（以下简称《严格排非规定》）第5条的规定，应当一并予以排除。

2. 公诉机关虽然提供了该份笔录的录音录像，但录音录像显示的讯问时间是11:34—11:53，而非笔录记载的10:50—12:15，且根据提讯提押证，提讯时间为10:10，可见录音录像并不同步，违反了法律的规定和要求，同时根据梁某某的陈述，在同步录音录像之前，侦查人员明确要求梁某某不能改变原来的供述，如果不一样，还要重新录制。

第五份：排除2015年7月20日15:10—18:25梁某某的供述（看守所内所做的笔录，讯问人：温某某、羊某某，地点：DZ市第一看守所审讯室），排除理由：

该份笔录虽然是在DZ市第一看守所内制作的，但梁某某陈述，其是因为被打得实在受不了后头撞铁栏杆后才被送往医院进行抢救治疗，侦查人员在医院里迫使其违背自己的真实意愿作出供述。2015年6月26日晚梁某某被送进看守所后，还曾先后两次被提押到DZ市公安局刑警支队询问室，其中第一次即2015年7月15日9时许，侦查机关以指认现场的名义将梁某某从看守所提押出所，直接带到DZ市公安局刑警支队询问室吊起殴打，直到23时30分左右才被送回看守所。因此，7月20日进行的讯问距离刑讯逼供的时间短，且在此期间梁某某又被侦查机关提押出所、被吊起殴打，其恐惧心理并未消除。因此，该份笔录属于受刑讯逼供行为影响而作出的与之前供述相同的重复性供述，根据《严格排非规定》第5条的规定，应当一并予以排除。

第六份：排除2015年8月13日16:40—17:41梁某某的供述（看守所内所做的笔录，讯问人：王某某、梁甲，地点：DZ市第一看守所），排除理由：

1. 该份笔录虽然系侦查人员在看守所内制作，但系梁某某被侦查人员以指认物证为名提出看守所送至DZ市公安局刑警支队办案点进行刑讯逼供之后的第二天制作的，所作笔录的内容与一审阶段已经依法排除的2015年8月12日的笔录内容基本是一模一样的（讯问人员均有王某某），属于受刑讯逼供行为影响而作出的与之前供述相同的重复性供述，根据《严格排非规定》第5条的规定，应当一并予以排除。

2. 该份笔录虽有同步录音录像，但根据同步录音录像反映的情况，对于送孔某某500万元，梁某某并未谈及“周某某说安排财务让梁某某去财务拿”的内容，但侦查人员却在笔录里自己杜撰了这个核心内容。

3. 根据提讯提解证的反映，王某某和梁甲在2015年8月13日对梁某某提讯了两次，一次是从9:08到12:15，另一次是从16:30到18:05，但侦查人员对第一次讯问未做同步录音录像，甚至都没有做讯问笔录，而是对第二次讯问做了同步录音录像和讯问笔录，根据梁某某反映的情况，系侦查人员对其进行威胁和利诱才作了此次笔录。

第七份：排除2015年8月25日15:20—17:31梁某某的供述（看守所内所做的笔录，讯问人：梁甲、羊某某，地点：DZ市第一看守所，根据提讯提押证，提讯人为：梁甲、王某某，但讯问笔录中的讯问人为梁甲、羊某某），排除理由：

1. 根据2018年8月13日的录音录像，对于送孔某某的500万元，梁某某自始至终讲的是周某某并不知情，未提及梁某某给周某某打电话说"'周总，我协调HD公司的人拿到二号岛的项目。我承诺过别人事成后要送500万元。'后来周某某说'那我安排财务，你去财务拿吧'"这样的内容，该份笔录却照抄8月12日和8月13日的笔录，笔录内容与录音录像内容不一致，不是梁某某真实意思的反映，应当排除。

2. 根据提讯提押证，提讯人为：梁甲、王某某，但讯问笔录中的讯问人为梁甲、羊某某，明显作假。

第八份：排除2015年6月26日8:30—11:30周某某的供述（强制到案之后刑事拘留之前的笔录，讯问人：符某某、洪某某，地点：DZ市公安局刑警支队询问室），排除理由：

1. 根据侦查机关出具的"到案经过"，周某某系被侦查人员在未出示任何传唤证的情况下于2015年6月25日18时在SZ抓获并跨省带至DZ的，到DZ市公安局刑警支队办案点的时间是2015年6月26日凌晨4点左右。侦查人员对周某某进行口头传唤，严重违反了《刑事诉讼法》（2012年）和《公安机关办理刑事案件程序规定》（2012年）的相关规定，属于违法传唤。

2. 根据侦查人员出庭接受询问，侦查人员将周某某从SZ带至DZ，一路上对其直接使用了手铐等戒具，在DZ市公安局刑警支队办案点接受询问的过程中也一直使用了手铐，属于强制到案，不符合传唤的形式和实质要求，是一种变相的非法拘禁行为。在2015年6月26日凌晨4时带至DZ市刑警支队办案点到6月26日23时采取刑事拘留措施这一段时间，侦查机关对周某某采取的是无法律根据的羁押行为，周某某被严重非法限制人身自由期间所取得的供述是非法证据。

3. 根据周某某的陈述，其是2015年6月26日凌晨4时被带至DZ市公安局刑警支队询问室，到23时才被宣告刑事拘留，已经超过了法定最长时限12小时，侦查人员未对此作出任何合理解释。

4. 根据本辩护人对出庭的侦查人员羊某某、符某某的发问，周某某是2015年6月26日凌晨4时被带至DZ市公安局刑警支队询问室的，到案后周某某作的是无罪的辩解，但侦查人员并未同步制作笔录。在侦查人员提及的分批对周某某进行思想教育工作（实际上是对周某某进行刑讯逼供）后，到2015年6月26日早上8时30分在逼迫周某某认罪后，才开始制作笔录。因此，本份笔录不是同步制作的，是相隔4小时后才制作的，且未按照规定如实记录周某某的无罪辩解，违反了《公安机关办理刑事案件程序规定》（2012年）第200条的规定。该份讯问笔录未如实记录讯问过程，未如实记录周某某的无罪辩解和进行同步录音录像工作，侦查人员亦不能作出合理解释，应当依法予以排除。

5. 根据本辩护人对出庭的侦查人员羊某某、符某某的发问，他们清楚《公安机关讯问犯罪嫌疑人录音录像工作规定》第6条规定的犯罪嫌疑人作无罪辩解和辩护人可能作无罪辩护的案件，应当对讯问过程进行录音录像。而周某某到案后作的就是无罪辩解，侦查人员也明知这个案件可能作无罪辩护，但却未对讯问过程进行录音录像，侦查机关也未对本次讯问笔录提供同步录音录像。通过对出庭侦查人员的发问，他们对未进行同步录音录像的解释自相矛盾，不能自圆其说。

6. 根据周某某稳定的供述，其被带到DZ市公安局刑警支队询问室进行无罪辩解后，就遭到了侦查人员的刑讯逼供，并以梁某某的口供作为引诱，使其作出违背自己真实意思的供述。对于刑讯逼供的人员、方式和手法，周某某和梁某某的供述能够相互印证。而且根据本辩护人对出庭的侦查人员羊某某、符某某的发问，侦查人员一开始说周某某到案后就让他一觉睡到天亮8时多才开始提审，而当辩护人问及是什么原因导致周某某从一开始的无罪辩解到第一份笔录却作出有罪供述这么大的变化，侦查人员说是分批对周某某进行思想教育工作，从凌晨4时一直做到了早上8时多，前后陈述相互矛盾，无法作出合理解释，事实上，侦查人员所说的“思想教育工作”就是对周某某进行刑讯逼供，迫使其违背自己的真实意愿作出有罪的供述，这也间接印证了周某某遭受到刑讯逼供的可能性。

7. 根据案卷情况，周某某是在2015年6月25日18时在SZ被抓，后被带到HK，再被带至DZ，抵达DZ市公安局办案点已经是2015年6月26日凌晨4时，根据对侦查人员的发问，周某某被带至办案点后，就由侦查人员分批分组对周某某进行思想教育（实际上就是对其进行刑讯逼供），未给其提供必要的休息时间，直到2015年6月26日早上8时多逼迫周某某开始认罪而做了此次笔录，违反了《刑事诉讼法》（2012年）第117条关于“传唤、拘传犯罪嫌疑人，应当保证犯罪嫌疑人的饮食和必要的休息时间”的规定。

第九份：排除2015年6月26日23:20—2015年6月27日0:08周某某的供述（宣布刑事拘留的笔录，讯问人：符某某、洪某某，地点：DZ市公安局刑警支队询问室），排除理由：

由于该份笔录的侦查人员是对周某某进行刑讯逼供的同一批侦查人员，周某某是基于恐惧心理才认可了前一次即2015年6月26日8:30—11:30的供述是属实的。

第十份：排除2015年6月27日8:30—10:20的供述（刑事拘留之后到送至看守所之前的笔录，讯问人：钟某某、羊某某，地点：DZ市公安局刑警支队询问室），排除理由：

1. 本次笔录同样是周某某在遭受刑讯逼供的情况下作出的，侦查机关也未按照规定对其进行同步录音录像。理由同上。

2. 对周某某宣告刑事拘留后未及时送至看守所羁押却仍在刑警支队询问室作出本次笔录。根据《刑事诉讼法》（2012年）第83条的规定，拘留后，原则上就应当立即将被拘留人送看守所羁押，虽然有“至迟不得超过二十四小时”的例外规定，但这个例外规定是针对有特殊情况的。在本案中，侦查人员从SZ抓获周某某到对周某某宣告刑事拘留，持续近29小时，并在DZ市公安局刑警支队询问室非法拘禁周某某且取得有罪供述，其在对周某某宣告刑事拘留后，其实就应当将其立即送进看守所羁押，而侦查人员却没有，反而整整用尽了最长的24小时，在这24小时内，侦查人员继续对周某某进行刑讯逼供，取得笔录，应当依法予以排除。

第十一份：排除2015年6月27日15:05—17:10周某某的供述（刑事拘留之后到送至看守所之前的笔录，讯问人：钟某某、羊某某，地点：DZ市公安局刑警支队询问室)，排除理由：

本次笔录同样是周某某在遭受刑讯逼供的情况下作出的，侦查机关也未按照规定对其进行同步录音录像，且是在对周某某宣告刑事拘留后未送至看守所羁押却仍在刑警支队询问室作出的本次笔录，依法应当予以排除，具体理由如上。

第十二份：排除2015年6月28日15:31—16:15周某某的供述（送至看守所之后的笔录，讯问人：符某某、羊某某，地点：DZ市第二看守所审讯室，根据提讯提押证，提讯人为：羊某某、王某某，根据同步录音录像，只有羊某某一人出示了警官证)，排除理由：

1. 周某某是在被宣布刑事拘留后24小时，即2015年6月27日23时才被送至看守所，而该份笔录是在送进看守所的次日下午作出的，虽然讯问地点在看守所内的审讯室，但讯问人员符某某、羊某某还是在DZ市公安局刑警支队询问室对周某某进行刑讯逼供的侦查人员，周某某的恐惧心理根本没有消除。因此，该份笔录属于受刑讯逼供行为影响而作出的与之前供述相同的重复性供述，根据《严格排非规定》第5条的规定，应当一并予以排除。

2. 公安机关虽然提供了该份笔录的同步录音录像资料，但该份资料不符合《公安机关讯问犯罪嫌疑人录音录像工作规定》第5、9、10、11条规定，既不符合证据形式的合法性，也不能完整再现讯问过程，不排除侦查机关对其进行威胁恐吓的可能性，不能作为证明取证合法性的证据。

3. 根据提讯提押证，提讯人为：羊某某、王某某，但讯问笔录中体现的讯问人却是：符某某、羊某某，明显作假。根据提讯提押证，讯问的开始时间为15:10，但讯问笔录的开始时间为15:31，录音录像并未同步，且在这21分钟内，侦查机关要求周某某按照之前的笔录说。

第十三份：排除2015年7月21日17:00—17:45周某某的供述（看守所内的笔录，讯问人：唐某某、羊某某，地点：DZ市第二看守所审讯室)，排除理由：

1. 周某某于2015年6月26日被DZ市公安局刑事拘留，于2015年7月31日被DZ市公安局取保候审。该份笔录是周某某在被DZ市公安局取保候审之前10天作出的，主讯问人员还是羊某某。根据周某某的陈述，当时侦查人员让其不能改变原有供述，否则无法进行取保候审。因此，该份笔录是在受语言威胁和诱供等非法方法的影响下作出的，依法也应当予以排除。

2. 虽然该份笔录的讯问地点是在看守所内的审讯室，但讯问人员羊某某还是在 DZ 市公安局刑警支队办案点对周某某进行刑讯逼供的侦查人员，周某某的恐惧心理根本没有消除。因此，该份笔录属于受刑讯逼供行为影响而作出的与之前供述相同的重复性供述，根据《严格排非规定》第 5 条的规定，应当一并予以排除。何况侦查机关也未能根据《公安机关讯问犯罪嫌疑人录音录像工作规定》进行同步录音录像，未能提供同步录音录像证明取证过程的合法性。

第四步：抓准申请非法证据排除的有利时机

虽然根据我国《刑事诉讼法》的规定，辩护方在侦查阶段、审查起诉阶段和审判阶段都可以申请排除非法证据，但在不同阶段关于非法证据排除的启动、审查、救济程序设置是不同的。因此，辩护方不但要了解和掌握法律上规定的应当或可以提出非法证据排除申请的不同时机，更要注意分析并掌握在什么时机提出非法证据排除申请对己方更加有利。能否抓准申请排除非法证据的有利时机，直接关系到申请非法证据排除能否达到良好的辩护效果。

（一）在侦查阶段申请非法证据排除

在侦查阶段，包括审查批准逮捕阶段，侦查机关调查、收集的证据材料并不公开，辩护人无法获悉证据材料收集的情况，只能通过会见犯罪嫌疑人或者其他相关人员（如在现场的亲属，被调查的证人，被搜查、扣押的人员）进行了解，然后根据相关的线索确定需要排除的非法证据的范围。在侦查阶段申请非法证据排除，按照《严格排非规定》，是向检察机关申请，而不是向侦查机关申请。这样可以避免侦查机关既做“运动员”又做“裁判员”。在这个阶段申请非法证据排除，辩护方应当向检察机关提供相关线索或者材料，然后由检察机关对这些线索和材料进行调查核实并作出调查结论，并将该调查结论书面告知犯罪嫌疑人及其辩护人。如果犯罪嫌疑人或其辩护人没有收到检察机关书面的调查结论，有权利要求其出具。

由于法律并未规定侦查机关对取证合法性的举证责任和证明标准，没有要求侦查机关对证据收集的合法性承担举证责任，更谈不上要求举证必须达到排除合理怀疑的程度，加上检察机关的审查只是一种封闭式的内部审查，没有听证程序，也不存在举证、质证、辩论，所以只能完全寄希望于检察机关的秉公执法。虽然检察机关是法律监督机关，理论上应当客观中立，但其同时也是公诉机关，与侦查机关一样承担着部分控诉职能，必然与侦查机关之间具有天然的亲近性，所以实践中在侦查阶段申请非法证据排除的辩护效果并不理想。

此外，即使辩护方在侦查阶段提出非法证据排除申请，侦查活动也还在继续。侦查机关完全可以通过继续侦查，重新依法收集证据来替换原来的“非法证据”，或者通过补正或作出合理解释，将原来的“非法证据”转为合法证据。这样一来，很可能拖延了诉讼，延长了对犯罪嫌疑人的羁押期限，最终对诉讼结果没有产生任何积极影响。由此可见，从影响诉讼结果的角度而言，侦查阶段并不是提出非法证据排除申请的有利时机。除非提出该申请是为了阻止侦查人员继续侵犯犯罪嫌疑人的人身权利或其他基本权利，给犯罪嫌疑人提供一个合法的抗辩渠道，以限制和制约侦查人员的非法取证行为。但当辩护人知道犯罪嫌疑人的人身权利或其他基本权利受到侵犯时，非法取证一般都已经完成，即使申请非法证据排除，也已经无法避免这样的非法取证。

（二）在审查起诉阶段申请非法证据排除

在审查起诉阶段，辩护人有权查阅、摘抄、复制案卷材料，可以获悉侦查机关调查、收集的证据情况，还可以会见犯罪嫌疑人并向其核实有关证据。相比于在侦查阶段，在审查起诉阶段，辩护方能够更加全面地了解案件情况，并发现需要排除的非法证据的线索，确定需要排除的非法证据的范围。

在审查起诉阶段申请非法证据排除，也是向检察机关提出，但犯罪嫌疑人及其辩护人应当提供相关的线索或材料，由检察机关调查核实并作出调查结论。犯罪嫌疑人及其辩护人可以从检察机关获取书面的调查结论。与在侦查阶段一样，在审查起诉阶段，检察机关的审查也仍然是一种封闭性审查。法律没有规定侦查机关负有对取证合法性加以证明的举证责任，辩护方也无法通过质证和辩论等程序发表辩护意见，加上检察机关承担着控诉职能，非法证据排除可能不利于完成控诉任务，因此，实践中申请非法证据排除的辩护效果也并不理想。何况即使辩护方在这个阶段提出非法证据排除申请，检察机关还可以将案件退回侦查机关补充侦查，重新依法收集证据替换原来的“非法证据”，或者通过补正或作出合理解释，将原来的“非法证据”转为合法证据。与在侦查阶段一样，此举无非拖延了诉讼，延长了对犯罪嫌疑人的羁押期限，但对诉讼结果不会产生任何积极影响。除非申请排除的非法证据是直接影响案件定罪的核心证据，且无法重新收集，或者无法补正或者作出合理解释，依法排除后可能导致案件证据不足，不符合起诉条件，辩护方通过申请非法证据排除，可以争取达到不起诉的效果，否则在审查起诉阶段提出非法证据排除申请也应当慎重。

（三）在审判阶段申请非法证据排除

我国《刑事诉讼法》对审判阶段的非法证据排除规则作了非常详尽的规定：不但明确了由控方承担证据收集合法性的证明责任，还明确了证明的标准是排除存在以非法方法收集证据可能性的合理怀疑，而且针对启动、受理、调查、救济等程序，既规定了庭前会议中的非法证据排除程序，也规定了开庭审理时的非法证据排除程序。此外，2018 年 1 月 1 日在全国开始施行的由最高人民法院印发的关于人民法院办理刑事案件的“三项规程”中，有一项就是专门针对人民法院办理刑事案件非法证据排除的规程，进一步规范了审判阶段的非法证据排除程序。按照目前的法律规定，辩护方在审判阶段的非法证据排除程序中处于相对有利的诉讼地位。辩护方如果能熟练掌握非法证据排除规则并有效运用，在审判阶段具有很大的辩护空间。而且到了审判阶段，侦查活动已经终结，侦查机关没有机会再通过继续侦查或补充侦查，重新收集证据替换原来的非法证据。可见，审判阶段是提出非法证据排除申请的最佳时机，辩护方一定要把握好。

但在审判阶段，非法证据排除申请的提出是有时间上的要求的，错过法律规定的时间，也有可能错失申请非法证据排除的机会。辩护方要尽量在开庭审理之前提出申请，因为根据《刑事诉讼法》的规定，被告人及其辩护人要申请非法证据排除，原则上应当在开庭审理前提出。开庭审理之后再提出的，法院不再受理，除非是在庭审期间才发现相关线索或者材料。如果被告人或其辩护人是在开庭审理之前提出申请的，法院一般应当召开庭前会议，通过听取控辩双方的意见，审查非法证据排除的申请。如果控辩双方对证据收集是否合法能达成一致意见，法院可以直接作出是否排除的处理决定，并在开庭审理时进行宣布。如果控辩双方对证据收集是否合法未能达成一致意见，法院经审查对证据收集的合法性有疑问的，可以决定放到正式庭审时再进行调查。法院如果经审查对证据收集的合法性没有疑问，且没有新的线索或者材料表明可能存在非法取证的，可以决定不再进行调查。

如果被告人或其辩护人是在庭审过程中提出申请的，则法院需要审查被告人或者其辩护人提出的相关线索或材料是不是在开庭审理期间才发现的：如果是在开庭审理期间才发现的，经审查相关线索或材料对证据收集的合法性有疑问的，法院应当受理并进行调查；如果提出的相关线索或材料是在开庭审理之前就存在的，被告人及其辩护人在开庭审理前未申请非法证据排除，而在庭审过程中提出申请的，应当说明理由。法院经审查，对证据收集的合法性有疑问的，应当进行调查；没有疑问的，应当驳回申请。在法院驳回非法证据排除的申请后，被告人及其辩护人没有新的线索或者材料，以相同理由再次提出申请的，法院不再审查。还有一种除非有正当理由法院一般不再审查的情形，那就是控辩双方在庭前会议中对证据收集是否合法达成一致意见后，被告人或其辩护人又在庭审中提出异议。从这些操作来看，法院审查非法证据排除的申请，主要就是审查辩护方提供的相关线索或材料，符合法律规定的申请条件的，法院才对非法证据排除的申请予以受理。法院只有受理了申请，才能正式启动非法证据排除程序，对证据收集的合法性进行调查。所以到了审判阶段，辩护方的首要任务是通过提供相关线索或材料，使法院受理非法证据排除的申请。下面通过表6－1和表6－2来阐述开庭审理之前和之后提出申请可能产生的法律后果，以提示辩护方抓准申请的时间，避免因贻误而错失机会。

表 6-1　开庭审理前提出申请

提出申请时间	法院做法	庭前会议或法院审查情况	法院处理结果
开庭审理前提出	法院受理，并召开庭前会议	控辩双方达成一致意见	法院可以直接作出是否排除的处理决定
		控辩双方未能达成一致意见	法院可以决定放到正式庭审时再进行调查
		法院经审查对证据收集的合法性没有疑问，且没有新的线索或者材料表明可能存在非法取证的	法院可以决定不再进行调查

表 6-2　开庭审理后提出申请

提出申请时间	审查情况		法院处理结果
开庭审理后提出	原则上		法院不受理
	在庭审期间才发现相关线索或者材料，对合法性有疑问的		法院受理并调查
	提出的相关线索或材料是在开庭审理之前就存在的，应当说明理由	对合法性有疑问的	法院受理并调查
		对合法性没有疑问的	法院应当驳回

在案例 6-1 中，笔者是在法院已经确定了开庭时间后才接受委托人委托介入本案的。周某某一直辩解自己对指控事实并不知情，要求辩护律师进行无罪辩护。在通过查阅案卷、会见了解案件情况后，笔者认为要对周某某进行无罪辩护，必须申请非法证据排除，排除其和梁某某关于知悉指控事实的认罪口供。但当时周某某因病被取保候审，担心申请非法证据排除会得罪公安、司法机关被收监而不敢申请非法证据排除，故建议笔者到开庭的时候再委婉地提出。笔者认为，从本案的证据来看，侦查人员在侦查阶段对周某某和梁某某收集的有罪供述在程序上存在大量问题，如果不申请非法证据排除，将会错失良机，也很难获得无罪的结果。根据《刑事诉讼法》的规定，既然在庭前已经发现了非法取证的线索和材料，就应当在庭前提出，避免在庭审过程中处于被动地位。在笔者与周某某进行充分的沟通和交流，告知利与弊后，其同意在庭前申请非法证据排除。于是，笔者立刻着手撰写非法证据排除申请书，并递交承办法官。

承办法官收到申请书后，同意启动非法证据排除程序，决定依法召开庭前会议。

2016 年 5 月 10 日，庭前会议在 DZ 市人民法院法庭内召开，合议庭三名审判人员、公诉人、被告单位诉讼代表人、两名被告人，以及所有的辩护律师全部到庭。辩护律师首先指出了申请排除的非法证据的范围及对应的理由、线索和材料，然后检察机关提交了被告人的到案经过、情况说明、拘留证、看守所新入监人员入所笔录、医院入院记录和出院记录等证据材料，用以证明取证行为的合法性。辩护律师对这些证据的合法性、真实性和关联性一一进行了质证，认为公诉人提供的证据材料不能证明取证行为的合法性。随后控辩双方进行了辩论，最终并未就取证行为的合法性达成一致意见，法院也未当庭作出是否排除的决定。

庭前会议之后，合议庭根据辩方提供的线索及证人，并通知控方人员到场，向与梁某某羁押在同一监室的苏某明、刘某明、刘某朝、陈某登、韦某振等人进行核查。刘某朝、陈某登、韦某振等三人陈述，梁某某刚送进看守所时精神状态不太好，他的两只手不灵活、有黑痕，每天均有一个同监室的人帮他涂药，过了几天才好起来。梁某某在庭前会议上及开庭审理时均作了较为稳定的供述：当时其受伤是因为在公安局刑警支队询问室被吊打，审讯时其所作的供述完全是刑讯逼供的结果，并非其真实意思表示。

2016 年 7 月 25 日，合议庭依法组织开庭审理，并当庭宣布非法证据排除的调查结论，即依法排除侦查机关制作的 5 份对梁某某的讯问笔录，并明确表示这 5 份笔录不得在法庭上作为证据进行出示。虽然合议庭在开庭时宣布排除 5 份对梁某某的讯问笔录，但仍不足以动摇对周某某有罪的指控。所以在正式庭审中，笔者继续对未被排除的对周某某和梁某某的其他讯问笔录申请予以排除，不但对检察机关提供的证据进行了质证，还申请侦查人员到庭接受询问。笔者通过向出庭的侦查人员发问，使侦查人员确认了周某某到案初期并不认罪，而是在侦查人员对其进行了 4 个多小时的“思想教育”后才作出有罪供述的事实，进而为排除其他非法证据奠定了基础。

第五步：利用辩方的有利诉讼地位积极参与法庭调查

前面提及，申请排除非法证据的最佳时机是审判阶段。根据我国《刑事诉讼法》的规定，辩护方申请排除非法证据，不需要承担证明存在非法取证行为的责任，而是由检察机关对证据收集的合法性承担证明责任，而且必须排除存在非法取证的合理怀疑。在这种证明责任分配机制和证据标准下，辩护方在审判阶段显然处于相对有利的诉讼地位，辩护方应当善于利用这种有利的地位积极参与非法证据排除程序。

（一）辩护方应善于利用证明责任分配机制

由于证据收集是一种侦查活动，通常是在秘密状态下进行的，故犯罪嫌疑人不可能参与取证活动，不可能获取有关取证具体细节的证据。对于非法口供的获取，犯罪嫌疑人虽然在场，但通常属于被羁押、被刑讯或者被威胁的对象，处在非常弱势的地位，也不可能获知侦查机关非法收集的证据，故让犯罪嫌疑人证明非法取证不具有现实可能性。辩护人在侦查阶段收集证据的手段有限，且不在现场，也无法承担证明非法取证的责任。但侦查机关是取证行为的实施者，对如何进行取证、是否依照法律规定进行取证、是否采取了非法的手段最清楚，也有能力将取证过程通过同步录音录像、见证人、体检报告、法律文书等方式固定下来，以证明取证的合法性。因此，目前各国通行的做法是，由控诉方承担证明证据收集合法性的责任。这种分配机制的确立被公认为非法证据排除规则立法的重大突破和重要成果，可以促进和保障非法证据排除规则的贯彻实施。

目前我国刑事诉讼法也采用了这种通行的做法，即要求检察机关对证据收集的合法性承担证明责任。在司法实践中，当辩护方提出非法证据排除申请时，有的法院会以辩护方未能提供证明存在非法取证的证据为由，不予受理或者驳回申请。此时，辩护方应当利用证明责任分配机制说服法院，强调非法证据调查程序实际上是对所涉控方证据收集合法性的调查，而不是对是否存在非法证据进行调查。这个举证责任在检察机关，如果检察机关不能证明证据收集的合法性，就应当排除辩护方申请排除的证据。

（二）辩护方应善于利用证明标准

所谓证明标准，是指法律规定的，负有证明责任的诉讼一方主体运用证据证明诉争事实，论证其主张，并最终说服法官支持其观点所需达到的程度要求。[①] 在非法证据排除程序中，虽然确定了由检察机关承担证明证据收集合法性的责任，但还应当明确检察机关举出的证据需要达到什么程度，才能说服裁判者认定证据收集是合法的。如果没有达到法定的标准，就不能证明证据收集是合法的，则裁判者应当排除相关的非法证据；如果达到了法定的标准，就可以证明证据收集是合法的，则裁判者应当驳回非法证据排除的申请。由此可见，证明标准的确立也将直接影响申请非法证据排除的辩护效果。

《刑事诉讼法》规定：对于经过法庭审理，确认或者不能排除存在第56条规定的以非法方法收集证据情况的，对有关证据应当予以排除。从这个规定可以看出，检察机关举证证明证据收集合法性的标准是排除存在以非法方法取证的可能性的合理怀疑，无法排除存在以非法方法取证的可能性的合理怀疑，将承担举证不利的后果，即有关证据将被排除。由此可见，检察机关不但负有举证责任，而且还必须达到较高的证明标准。这样的证明标准有利于排除有关的非法证据，使辩护方处于有利的诉讼地位。因此，辩护方在进行非法证据排除辩护时要善于利用证明标准，可以对检察机关提供的证据从合法性、关联性、真实性等多角度进行质证，削弱控方证据的证明力，只要做到让法官内心确信不能排除存在非法取证可能性的合理怀疑，就可以达到排除非法证据的目的。

在案例6－1中，对于辩护律师要求排除周某某和梁某某遭受刑讯逼供制作的讯问笔录，二审法院的判决书遵循的就是这个证据分配原则和证明标准，二审判决书认定，对于梁某某，在接受审讯过程中还出现突然被送至医院治疗，二次被提押出所接受讯问及将讯问地点虚假记载为看守所的异常情况，梁某某甚至称其在被提押出所期间又在刑警队审讯室遭到吊打；对于周某某，出庭的侦查人员也确认了周某某到案初期并不认罪，而是在侦查人员对其进行4个多

---

① 张智辉：《刑事非法证据排除规则研究》，北京大学出版社2006年版，第189页。

小时的思想教育后才作出有罪供述的事实。且周某某、梁某某多次在庭审中要求侦查人员提供羁押前刑警队审讯室的监控录像以证实其确曾遭到刑讯逼供，但侦查机关及检察机关一直未予提供。故而综合一审、二审的法庭调查情况，足以对周某某、梁某某提出其在侦查阶段遭到刑讯逼供的非法取证行为形成合理怀疑，但检察官提供的健康检查表、出入看守所的记录等证据材料并不能对上述侦查过程中出现的违法行为及异常情况作出合理解释，不能证实对该二人侦查阶段相关供述收集的合法性，亦不能排除本案侦查过程中存在以刑讯逼供等非法方法收集证据的情形。

（三）辩护方应积极参与庭前会议

根据现有的法律规定，被告人及其辩护人申请非法证据排除，原则上应当在开庭审理前提出；对于被告人及其辩护人申请非法证据排除，并提供相关线索或者材料的，人民法院应当召开庭前会议。可见，审判阶段申请非法证据排除，一般都要经过庭前会议进行审查，除非在庭审期间才发现相关线索或者材料。因此，被告人及其辩护人应当做好在庭前会议申请非法证据排除的准备。在庭前会议中，首先由被告人及其辩护人提出非法证据排除的申请及提供相关线索或者材料，因为申请是由辩护方提出的，当然首先应当由辩护方提供相关线索或者材料；其次由检察机关提供证据材料证明证据收集的合法性，因为法律规定由检察机关承担证明证据收集合法性的举证责任，所以检察机关要进行举证，辩护方可以对检察机关的证据进行质证；最后由控辩双方对证据收集的合法性发表意见或者进行辩论。如果控辩双方在庭前会议中对证据收集是否合法达成一致意见，比如对同意或者不同意非法证据排除达成一致意见，那么正式庭审对非法证据排除申请就不再进行审查。由于控辩双方立场不同，在庭前会议中对证据收集的合法性一般很难达成一致意见。这时审判人员就应当归纳控辩双方的争议焦点，及时作出处理：如果对证据收集的合法性存有疑问，则在庭审中继续进行调查；如果对证据收集的合法性没有疑问，且没有新的线索或材料表明可能存在非法取证，则不再进行调查。由此可见，庭前会议虽然不是正式庭审，但可以决定对证据收集合法性是否继续进行调查，对辩护方提出申请排除的非法证据是否排除。所以辩护方要重视庭前会议，辩护时要善于利用证明责任和证明标准的规定，至少要使人民法院对证据收集合法性存疑，争取庭审继续调查。

在案例6-1中，笔者虽然已经收到了开庭通知，但为了给申请非法证据排除争取更多的机会，通过沟通，将正式庭审改为庭前会议，然后通过积极参加庭前会议，对非法证据问题进行审查。

（四）辩护方应积极参与法庭调查

人民法院决定对证据收集的合法性进行法庭调查时，辩护方要充分利用有利的诉讼地位参与。在法庭调查时，检察机关一般会出示讯问笔录以证明被追诉人在笔录中确认没有非法取证，出示体检记录以证明被追诉人没有伤情，出示提讯登记、采取强制措施或者侦查措施的法律文书和侦查终结前对讯问合法性的核查材料以证明取证符合法律程序；也会有针对性地播放讯问同步录音录像以证明讯问的合法性，或者让侦查人员或者其他人员出庭以证明取证的情况。针对检察机关的举证，辩护方可以进行质证，比如：可以对物证、书证、视听资料、证言笔录等提出异议，质疑其证明力或者证据能力；可以申请证人、鉴定人、侦查人员出庭，并通过当庭发问进行反驳或提出质疑；可以对法庭组织的庭外调查核实的证据发表意见，对其中不利于被告人的证据，要继续作出反驳性的质疑，对有利于被告人的证据，则要尽量将其证据内容全面展示出来，使其发挥非法证据排除的积极影响；还可以根据己方提出的线索和材料，论证不能排除非法取证的可能性。通过质证和辩论，辩护方只要能反驳检察机关的证明体系，使其无法达到证明标准，不能排除非法取证的可能性，就可以达到排除非法证据的目的。

（五）辩护方应对控方的举证进行应对

一般而言，公诉人为了证明证据收集的合法性，要进行举证，最常见的包括出示讯问笔录、播放讯问同步录音录像、出示体检记录、通知侦查人员出庭作证等。下面针对这四种常见的情形介绍辩护方进行辩护时的应对之策。

1. 关于讯问笔录

对于检察机关在非法证据排除程序中出示、宣读的讯问笔录，辩护方应当始终围绕证据收集合法性这一焦点进行质证，常见的质证方式有以下几种：

（1）根据讯问笔录中所反映的讯问时间过长来证明存在疲劳审讯的现象。对于在同一天里在同一个地点出现多份讯问笔录的，辩护方还可以综合起来一起进行质证，质疑侦查机关是否保证了被追诉人的饮食和必要的休息时间。

（2）根据讯问笔录记载的讯问时间和讯问地点与其他证据相矛盾的情况来证明存在非法取证的现象。例如，侦查人员将被追诉人提出看守所进行刑讯逼供以获取讯问笔录，为了掩盖非法取证，侦查人员在讯问笔录中将讯问地点记载为看守所。又如，侦查人员将在非法拘禁被追诉人状况下做的讯问笔录的时间记载为在后补法律手续的期间内的时间。

在案例6－1中，就出现了实际讯问地点与笔录记载的讯问地点不一致的情况。梁某某在接受讯问过程中曾于2015年6月25日4时51分被侦查人员送入DZ市第一人民医院住院治疗，至6月26日10时出院，其间，侦查人员先后于6月25日18时37分至19时5分、21时10分至22时45分在医院病房对梁某某进行二次讯问，但该两份笔录记载的讯问地点均填写为“刑警支队询问室”，侦查人员对此仅说明系笔误，但梁某某当庭提出其系遭到侦查人员殴打后被送入医院，侦查人员却不能对梁某某突然被送入医院治疗及将讯问地点记载为刑警队审讯室的原因作出自然合理稳定的解释，因此，二审法院判决排除了梁某某的这两份讯问笔录。

（3）根据讯问笔录记载的讯问人员未反映出当时的实际情况来证明存在非法取证的现象。例如，刑讯逼供的人员与讯问笔录记载的讯问人员并不一致，这时还需要结合提讯登记一起进行质证。但需要注意一点的是，进行非法证据排除的辩护不需要对讯问笔录的真实性进行质证，因为讯问笔录所记载的内容和供述是否真实属于实体性问题，不是非法证据排除程序所要解决的问题。只要审查认定讯问笔录系通过非法手段获取的，不管其内容是否真实，都应当予以排除。所以，法律有规定，在对证据收集合法性的法庭调查程序结束前，不得对有关证据宣读、质证。

在案例6－1中，就出现了讯问笔录记载的侦查人员与提讯证记载的侦查人员不一致的情况。其中梁某某2015年8月25日的讯问笔录记载的侦查人员是梁某甲、羊某某，而提讯证记载的侦查人员是梁某甲、王某某，周某某2015年6

月 28 日讯问笔录记载的侦查人员是符某某、羊某某，而对应提讯证记载的侦查人员却是羊某某、王某某，对此，侦查机关和检察机关均未给予合理解释。最终，二审判决书根据最高人民法院《关于适用〈中华人民共和国刑事诉讼法〉的解释》（2012 年）第 82 条第 1 项“讯问笔录有下列瑕疵，经补正或者作出合理解释的，可以采用；不能补正或者作出合理解释的，不得作为定案的根据：（一）讯问笔录填写的讯问时间、讯问人、记录人、法定代理人等有误或者存在矛盾的……”的规定，认定这两份笔录不能作为定案依据。

2. 关于讯问过程的同步录音录像

记载侦查讯问过程的同步、全程录音录像，对于证明证据收集的合法性而言是最直接、直观和有效的证据材料，具有其他证据无可替代的“权威”地位。在庭审过程中有针对性地播放讯问同步录音录像，是检察机关举证的方式之一。检察机关提供录音录像的目的是向法庭展示侦查人员讯问被追诉人的全部过程，以证实讯问中不存在刑讯逼供等非法取证行为。[①] 但在有些案件中，检察机关或者以案件没有讯问同步录音录像为由不提供录音录像，或者即使有录音录像但以法律未规定必须提供为由而拒绝提供录音录像，或者有选择地提供部分录音录像或者被剪辑之后的录音录像。辩护方首先要争取让检察机关提供讯问同步录音录像。在向人民法院申请调取时，要尽量说明讯问同步录音录像与证据收集的合法性之间的相关性，争取让人民法院同意去调取。此外，对检察机关不播放讯问同步录音录像的，被追诉人及其辩护人也可以申请法庭播放特定讯问时段的讯问录音录像。实践中还有一些案件，检察机关以案件不属于可能判处无期徒刑、死刑的案件或者其他重大犯罪案件，不是必须进行录音录像的案件为由而不提供讯问同步录音录像。面对这种情况，辩护方要审查案件是否存在以下情形：

（1）被追诉人是盲、聋、哑人，未成年人或者尚未完全丧失辨认或控制自己行为能力的精神病人，以及不通晓当地通用的语言、文字；

（2）被追诉人反侦查能力较强或者供述不稳定，翻供可能性较大；

（3）被追诉人作无罪辩解和辩护人可能作无罪辩护；

---

① 高咏：《非法证据排除程序研究》，中国法制出版社 2014 年版，第 157 页。

（4）被追诉人、被害人、证人对案件事实、证据存在较大分歧；

（5）共同犯罪中难以区分被追诉人的相关责任；

（6）引发信访、舆论炒作风险较大；

（7）社会影响重大、舆论关注度高；

（8）其他重大、疑难、复杂情形。

如果存在以上情形，且案件是由公安机关进行侦查的，辩护方可以根据公安部《公安机关讯问犯罪嫌疑人录音录像工作规定》中关于对具备以上情形的案件必须对讯问过程进行录音录像的规定，要求检察机关向公安机关调取讯问同步录音录像。

解决了调取或者播放讯问同步录音录像的问题后，辩护方还要对讯问同步录音录像进行深入审查，提出质证意见，要么说明检察机关出具的讯问同步录音录像不能证明证据收集的合法性，要么说明调取或者播放的讯问同步录音录像能证明证据收集的不合法。对讯问同步录音录像进行质证，一般可以从以下几个角度入手：

（1）审查讯问录音录像是否完整。讯问录音录像只有是完整的，才能全面真实反映当时的讯问情况。如果录音录像不是全程录制、不间断地录制，而是有选择地录制，或者存在剪接、删改等情形，则这样的讯问录音录像是不能证明讯问合法性的，辩护方应当在审查后提出质证意见。

在案例 6－1 中，周某某 2015 年 6 月 28 日接受讯问制作的录音录像视频中记载讯问开始的时间是 15 时 34 分，未反映结束时间，但据提讯证记载，侦查人员于该日 15 时 10 分已开始提讯周某某，故而该份录音录像的制作并未全程同步进行，不能完整反映讯问过程。因此，二审判决书认定，在周某某提出侦查人员于事前要求其不能改变原供述，及该份笔录的主要内容与周某某之前的供述基本雷同的情况下，该份录音录像视频不能证明本次讯问过程的合法性，因此排除了对应的讯问笔录。

（2）审查讯问录音录像是否同步。根据法律规定，讯问录音录像必须是同步的，才能完整、真实地反映讯问过程，即录音录像均应当自讯问开始时开始，至被追诉人核对讯问笔录、签字捺指印后结束，两者的起止时间应当是一致的。如果时间不一致，说明录音录像与讯问活动并不同步，存在选择性录音录像的情况，则讯问录音录像无法证实取证的合法性。但由于讯问笔录记载的起止时间是由侦查人员填写的，存在造假的可能，所以有时还需要结合提讯登记进行审查（提讯登记的时间通常由看守所进行记录，相对客观）。此外，实践中存在侦查人员提讯后，先通过威胁、引诱等非法方法对被追诉人进行“思想教育”，再开始录音录像的情形。如果提讯时间与录音录像的开始时间相差很大，就不能排除被追诉人遭受非法取证的可能。

在案例 6－1 中，梁某某 2015 年 6 月 27 日接受讯问制作的录音录像视频中记载的讯问起止时间是 11 时 34 分至 11 时 53 分，该份讯问笔录记载的起止时间是 10 时 50 分至 12 时 15 分，但据提讯证记载，侦查人员于 27 日 10 时 10 分已开始提讯梁某某，故而该份录音录像的制作并未全程同步进行。最终，二审判决书认定，在梁某某提出侦查人员于事前要求其不能改变原供述的情况下，该份录音录像视频不能全面反映讯问过程，不能证明该次讯问过程的合法性，因此排除了对应的讯问笔录。

（3）审查讯问录音录像与讯问笔录的内容是否存在差异。虽然侦查人员在制作讯问笔录时可以对被追诉人的供述进行概括，但对于犯罪的时间、地点，作案手段、作案工具、被害人情况、主观心态等案件关键事实，讯问笔录记载的内容应当与讯问录音录像资料记录的被追诉人供述一致。如果存在差异，则辩护人可以讯问录音录像来否定讯问笔录的合法性。

在案例 6－1 中，辩护律师在审查梁某某 2015 年 8 月 13 日接受讯问制作的录音录像视频时发现，梁某某并未供述关于“打电话向周某某报告说要用 500 万元业务费，周某某答复说‘等我安排财务，你去财务拿吧’”的对话内容，但梁某某该份讯问笔录却记载有上述供述内容，故存在讯问笔录内容与录音录像视频在关键情节上不一致的问题。同时发现，侦查人员在讯问过程中使用了诱导发问的方式，并对梁某某所回答内容的记录表述不能与视频内容相对应。此外，梁某某 2015 年 8 月 13 日的该份笔录还与一审已排除的 2015 年 8 月 12 日的笔录内容基本雷同，且在 13 日笔录中留有复制、粘贴的痕迹。而梁某某之后 8 月 25 日的讯问笔录也同样出现了上述其并未在录音录像视频中供述的内容。经核对梁某某提讯证，侦查人员其实已于 2015 年 8 月 13 日上午 9 时至 12 时提讯梁某某，但在卷并无对应笔录反映该次讯问内容，接着又于当日 16 时 30 分再次提讯梁某某制作了本次录音录像视频，故而该份录音录像视频并不能全面反映当日完整的讯问过程，不能证明2015年8月13日全部讯问过程的合法性。对此，二审法院依法排除了对梁某某2015年8月13日16时40分至17时41分及8月25日所作两份讯问笔录。

（4）审查讯问录音录像是否存在非法取证行为。这项辩护工作可能需要耗费大量的时间，因为只有将录音录像从头到尾认真审查一遍，才能发现讯问过程中是否存在非法取证的行为如暴力、威胁、引诱等，从而提出质证意见。如果录音录像直接记载了侦查人员存在刑讯逼供、威胁等非法手段，则辩护方不但能主张讯问录音录像不能证明证据收集的合法性，而且还能直接将其作为证明存在非法取证的证据，达到排除非法证据的目标。

（5）审查讯问录音录像的介质情况。讯问录音录像需要通过介质体现出来，所以辩护方质证时要审查介质情况，审查存储讯问录音录像资料的是光盘还是磁盘。如果是刻录光盘存储的，辩护方要审查光盘标签或者封套上是否标明了制作单位、制作人、制作时间、被讯问人、案件名称及案件编号；如果是利用磁盘存储的，辩护方要审查是否上传到了专门的存储设备并制作了数据备份，审查数据来源是否合法。由于法律对讯问录音录像资料的存储有严格的规定，所以检察机关如果以未保存录音录像或者录音录像已被覆盖等为由不提供讯问录音录像，则应当承担举证不能的不利后果。

（6）审查录像里的画面是否能真实反映讯问现场的原貌。只有真实反映讯问现场原貌的录像，才能证明取证的合法性。所以辩护方要审查录像的图像是否显示被追诉人正面中景，审查讯问过程中出示证据和被追诉人辨认证据、核对笔录、签字捺指印的过程是否在录像画面中予以反映，审查录像图像是否清晰稳定、话音是否清楚可辨，审查录像是否同步显示日期和24小时制时间信息，审查录像是否全面摄录侦查人员、被追诉人、其他在场人员、讯问场景等。如果录像不能全面全程记录讯问过程，则其不能证明讯问的合法性或者证明讯问合法性的证明力大大降低。由此可见，对于检察机关提供讯问录音录像用以证明证据收集合法的，辩护方可以从多个维度进行质证，质疑讯问录音录像的证明力。

案例6－8　宋某某抢劫案质疑同步录音录像非法证据排除[①]

2022年8月宋某某因涉嫌抢劫罪被拘留，证据显示宋某某在Y市H区某河边，持尖刀威胁并捅刺被害人王某某胸腹部致其死亡，抢走王某某随身携带的手机一部后逃逸，平头刀、菜刀被宋某某遗落在王某某出租车中，作案所用尖刀被丢在河中。后案件被移送检察院审查起诉。

天津张圆圆律师接受委托担任宋某某的辩护人，通过阅卷和会见发现，能够证实宋某某构成犯罪的直接证据是遗落在被害人车内的两把刀具，以及宋某某在被批捕以前所作的9份有罪供述。通过查看宋某某的同步录音录像，辩护人发现宋某某对出租车上留有两把刀具并不明知，其对案发关键事实的供述前后不一致、不稳定。因此辩护人将宋某某所做9份有罪供述的同步录音录像作为审查重点，通过逐一分析，辩护人发现同步录音录像存在诸多严重的程序瑕疵，足以影响对案件关键事实的认定。因此，有罪供述不能作为定案根据，遂向检察院提出非法证据排除申请。

同步录音录像在形式上存在以下重大瑕疵：第一，同录无时间显示。无法查实讯问笔录起止时间与同录时间是否一致。第二，录像画面不完整。无法辨别现场讯问民警与笔录中签字民警是否一致。第三，部分讯问笔录没有同录。第四，同录形式不合法。办案人员将同一天的录像截成一段一段的视频，违反了同录的完整性规定。第五，视频内容与笔录内容不吻合。宋某某使用大量猜测性话语，侦查人员并未完全按照其实际供述如实记录。此外，办案民警利用同录设备关机充电时，将案件细节对宋某某进行变相提示，致使宋某某能回答出案发大概时间、地点、被害人性别、年龄、驾驶车辆颜色和性质等细节。另外，办案民警利用宋某某担心家人涉案心理对其进行威胁以及存在疲劳审讯的情况。

因此，辩护人提出同步录音录像存在诸多严重问题，影响其供述的真实性、一致性、稳定性，对应的有罪供述不能作为定案根据。最终，公诉机关采纳了辩护人的观点，对宋某某作出不起诉决定。

---

① 本案例由天津行通律师事务所张圆圆律师提供。

3. 关于出入看守所的健康检查记录

出入看守所的健康检查记录也是证明证据收集合法性的重要证据之一。通常而言，从检察机关出示到法庭上的健康检查记录，很少能看到伤情的记录。辩护方进行质证时要从两个视角入手：一是结合被追诉人提供的线索，对于采取变相肉刑，如冻、饿、晒、烤、疲劳审讯等非法方法进行取证的，因一般不会留下外伤，可主张即使出入看守所的健康检查记录没有反映伤情，也不能以此证实证据收集就是合法的；二是由于被追诉人经常在入看守所之前就已经受到刑讯逼供、威胁等，所以即使在没有体现伤情的检查记录上有被追诉人的签字确认，也不能反映其真实的意思表示，不能以此证明证据收集的合法性。当然，如果检察机关没有提供出入看守所的健康检查记录，根据被追诉人提供的线索，健康检查记录能够反映伤情状况的，则辩护方可以向看守所调取或者申请法院向看守所调取健康检查记录，以证明存在非法取证行为。

4. 关于侦查人员出庭作证

2010 年最高人民法院、最高人民检察院、公安部、国家安全部、司法部《关于办理刑事案件排除非法证据若干问题的规定》首次明确了讯问人员出庭作证问题。2012 年《刑事诉讼法》规定了侦查人员出庭作证问题。为了证明证据收集的合法性，检察机关可以提请人民法院通知有关侦查人员到庭就讯问过程说明情况。在司法实践中，检察机关可能申请通知侦查人员出庭，也可能不申请通知侦查人员出庭。不管是哪一种情况，辩护方都应当做好应对准备。对于有侦查人员出庭的，由于采取刑讯逼供或者威胁等非法方法收集证据会受到法律追究或者纪律惩戒，故辩护方不应当期待侦查人员会在众目睽睽之下承认自己实施非法取证行为。他们会在庭审过程中极力否认辩护方主张而力陈侦查合法，这就要求辩护方熟练掌握案件中所有的程序性事实，尤其是细节问题，提前设计好发问提纲，通过丰富的庭审经验和娴熟的发问技巧，揭露侦查人员的谎言，如暴露出其回答前后矛盾，不能自圆其说。在司法实践中，侦查人员不出庭是常态，因为法律并未规定侦查人员不出庭会产生的法律后果和制裁措施，除非其经法院通知而拒不出庭。有些法院认为已经有侦查人员签名的对取证过程合法的说明材料，侦查人员出庭没有必要，加上出庭会增加侦查机关的负担以及可能给侦查人员带来职业风险，故侦查人员出庭率非常低。最高人民法院《人民法院办理刑事案件排除非法证据规程（试行）》明确禁止以侦查人员签名并加盖公章的说明材料替代侦查人员出庭之后，侦查人员不出庭的情况虽然有所缓解，但仍然常见。对此，辩护方应当积极应对，在对侦查人员出庭更有利于排除非法证据作出评估后，应当积极阐述侦查人员出庭的必要性，如可以从帮助法官查明事实真相、有助于检察机关履行证明责任、可以保障辩护方充分行使辩护权等方面入手，说服检察机关或人民法院通知侦查人员出庭。这也是程序性辩护的一部分内容。

案例6－9　李某故意杀人案排除有罪供述①

被告人李某被公诉机关指控涉嫌故意杀人罪及盗窃罪，上饶毛巧云律师和姜雅琴律师接受法律援助中心的指定担任李某一审阶段的辩护人。辩护律师在阅卷后发现李某关于故意杀人的供述出现由无罪到有罪，再到无罪的反复过程。在取得李某的信任后，李某告知辩护律师其在讯问过程中遭受到了刑讯逼供，其关于故意杀人的有罪供述是不真实的。随后，辩护律师展开了申请非法证据排除的工作。

首先，辩护律师确认要申请排除的非法证据的范围。在侦查阶段，侦查人员对李某共做了7份讯问笔录，承认有故意杀人事实的有罪供述仅为第三份和第四份讯问笔录，故辩护律师将这两份笔录作为申请排除的对象。其次，辩护律师从这两份笔录对应的同步录音录像入手，提出同步录音录像不完整、李某神态变化时间节点诡异、侦查人员有诱供嫌疑、同步录音录像内容与讯问笔录内容细节不符等问题，然后在会见李某时让其指认对其实施刑讯逼供的侦查人员，并表述完整的取证过程，以此作为提出排除非法证据申请的线索。最后，辩护律师向法院提交了非法证据排除申请书和召开庭前会议申请书，并在两次庭前会议中进行积极应对。

李某在第一次庭前会议中对有刑讯逼供行为的侦查人员进行了指认，并详细阐述了被刑讯逼供的过程。公诉机关在第二次庭前会议中为证明取证的合法性，向法庭提交了李某的入所体检表、近期对李某的X射线检查报告、看守所

① 本案例由江西盛义律师事务所毛巧云律师提供。

监管人员与李某的谈话笔录及对该监管人员的询问笔录等，试图证明李某被送入看守所时身体正常。对此，辩护律师进行质证，提出：入所体检表检查栏内虽填写为“正常”，但该栏无任何检查医师签名；从2016年6月李某被刑讯逼供到2018年5月开庭，时隔近两年之久，伤口可能早已愈合，近期对李某的X射线检查报告不能证明其未遭受过刑讯逼供。因此，检察机关提供的证据无法排除侦查人员非法取证的可能性。法院在召开两次庭前会议后，决定排除对李某的第三份讯问笔录。最后，辩护律师结合本案其他证据，认为检察机关对李某故意杀人罪的指控仅有一份被告人供述与辩解予以印证，属于事实不清、证据不足。

法院最终采纳了辩护律师的意见，认定被告人李某故意杀人罪不成立，仅认定其构成盗窃罪，判处有期徒刑2年2个月，并处罚金人民币1000元。

案例6－10 王某贩卖毒品案质疑毒品称量程序[①]

2016年，李某联系被告人王某购买毒品，王某联系罗某某予以协助，两人乘车到绵阳市某某小区附近，王某出资1100元，罗某某从微信名为“晓梦”的人处购得毒品，王某将所购毒品分出少量给罗某某供其吸食。随后，王某与罗某某乘车到某酒店外，王某以2000元的价格将毒品卖给李某。民警当场抓获王某、罗某某、李某，并从李某处搜出“黄鹤楼”烟盒一个，烟盒内装有甲基苯丙胺（冰毒）三包，共计净重10.2克，从罗某某处搜出用一元人民币包裹的净重为0.38克的甲基苯丙胺一包。一审法院认定，被告人王某犯贩卖毒品罪，判处有期徒刑7年，并处罚金3000元。

一审宣判后，绵阳杨春律师接受委托担任王某的二审辩护人，通过认真审查全部在案证据材料后提出，侦查机关在取证过程中对涉案毒品的扣押、称量、送检程序不合法，涉案毒品应作为非法证据予以排除，遂申请侦查人员出庭接受质询并得到准许。通过对侦查人员的庭审发问，查明毒品称量过程存在以下问题：第一，被告人王某、罗某某不在称量现场；第二，在称量现场进行确认的李某系公安机关指派的“线人”；第三，侦查人员对称量过程制作的同步录音

① 本案例由四川真道律师事务所杨春律师提供。

录像不能准确反映衡器称量前是否归零。

据此，二审法院认为本案称量过程存在程序瑕疵，导致对涉案毒品甲基苯丙胺10.2克的结论不能排除合理怀疑。根据存疑有利被告人的原则，遂认定涉案毒品的数量为10克以下，并改判王某犯贩卖毒品罪，判处有期徒刑2年9个月，并处罚金3000元。

第六步：不懈寻求对不利决定的救济机会

被追诉人及其辩护人有权申请非法证据排除，但这只属于一种申请性权利，能否最终达到排除非法证据的效果，还需要由裁判者作出决定，而申请可能得到支持，也可能被驳回。为了防止裁判者的决定出现错误，法律还根据不同情形提供了适当的救济途径。因此，当裁判者作出对被追诉人不利的决定时，辩护方应当不懈地积极寻求救济机会。

（一）关于对驳回非法证据排除申请的救济

根据我国现有的法律规定，被追诉人及其辩护人原则上应当在开庭审理前申请非法证据排除，以便法院在开庭审理前召开庭前会议审查非法证据排除的申请；辩护方如果在开庭审理前未申请非法证据排除，而是在法庭审理过程中提出，则需要说明不在开庭审理前提出申请的理由。但不管是在开庭审理前还是在法庭审理过程中提出申请，都是由人民法院进行审查后，来判断对证据收集的合法性是否存有疑问。如果经审查法院对证据收集的合法性没有疑问，可以直接驳回非法证据排除的申请，非法证据排除的申请就无法进入实质审查的阶段。这样的程序设计是从诉讼效率的角度出发的，赋予了法院较大的自由裁量权。虽然法律没有针对这种驳回申请的决定为辩护方在第一审程序中提供救济途径，但这并不意味着辩护方不能寻求任何救济。如果第一审人民法院作出驳回申请的决定后，将辩护方申请排除的非法证据作为定案依据，被追诉人是可以通过提起上诉寻求救济的，由第二审人民法院进行审查。在二审过程中，辩护方可以针对驳回申请的结论提出异议，继续申请非法证据排除，第二审人民法院在审查后可以依法排除相关证据。这属于辩护方对第一审人民法院驳回非法证据排除申请的一种救济。

（二）关于对不服一审非法证据排除决定的救济

第一审人民法院受理非法证据排除申请后，就需要对证据收集的合法性进行调查。这种调查一般会先在庭前会议进行，控辩双方在庭前会议中并未达成一致意见的，第一审人民法院在开庭审理中继续进行调查。如果辩护方是在庭审期间才发现相关线索或者材料，在开庭审理过程中申请非法证据排除的，第一审人民法院对证据收集合法性的调查也可以直接在开庭审理过程中进行。第一审人民法院在对证据收集合法性进行调查后，就应当作出是否排除有关证据的决定。被追诉人对第一审人民法院作出的决定不服的，可以通过提起上诉寻求救济。在二审过程中，辩护方针对第一审人民法院作出的调查结论提出异议的，由第二审人民法院进行审查。经审查，第二审人民法院认为第一审人民法院对依法应当排除的非法证据未予排除的，可以依法排除。因此，在第一审人民法院对申请排除的非法证据作出不予排除的决定后，辩护方不应气馁，而应积极寻求救济机会，争取在二审程序中纠正第一审人民法院作出的不利决定。

案例6－11　李某某贪污案非法证据排除终获无罪①

李某某系湖北省住房与城乡建设厅预算外资金管理办公室的出纳，某区检察院反贪局传唤李某某在别的案件中以证人身份接受调查，但其在接受调查过程中，却被以犯罪嫌疑人身份讯问、搜身，轮番讯问长达36小时。后李某某被检察机关以挪用公款罪移送法院提起公诉。

武汉李文律师接受委托担任李某某的辩护人，获知李某某的有罪供述和书写的交代材料，均是在某区检察院反贪局侦查人员变相刑讯逼供、诱供、指供的情势下取得，便以此为线索，坚持调取全部同步录音录像并详细与笔录进行逐句对比，向法院申请启动非法证据排除程序。同时，辩护律师通过梳理全案证据，进行大量的调查取证后，从侦查机关取证程序不合法，主要证据均不能直接指向李某某贪污公款，积极进行无罪辩护。但一审法院判决李某某构成贪污罪，判处有期徒刑11年8个月，上诉后二审法院以证据不足裁定撤销原判、

① 本案例由湖北中和信律师事务所李文律师提供。

发回重审。一审法院重审后再次判决李某某构成贪污罪，判处有期徒刑10年6个月。李某某再次上诉，武汉市中级人民法院经审理，以不能排除合理怀疑、有罪供述取证方法存在瑕疵、综合全案证据不能得出确定唯一的结论为由，判决宣告李某某无罪。

（三）关于在二审程序中首次申请非法证据排除的救济

前面我们提到，为了更好地达到非法证据排除的目的，被追诉人及其辩护在一审程序中就应当把握时机，尽早在开庭审理之前提出申请，以获得更多的抗辩机会。越往后，机会越少，辩护效果越弱。如果被追诉人及其辩护人在一审程序中未提出非法证据排除的申请，而是到了二审程序才提出，就有可能面临第二审人民法院不予审查的风险，从而丧失非法证据排除的机会。除非辩护方能够证明具有以下两种情形：一是第一审人民法院没有依法告知被追诉人申请非法证据排除的权利；二是被追诉人及其辩护人在一审庭审后才发现涉嫌非法取证的相关线索或者材料。如果具备这两种情形，那么依法律规定第二审人民法院对非法证据排除的申请就应当进行审查。对于第一审人民法院没有依法告知被追诉人申请非法证据排除的权利的，辩护方也可以第一审程序违法为由要求第二审人民法院直接发回重审。具体采用什么策略，应当由辩护方根据案件具体情况定夺。即使不具有法律规定的这两种情形，辩护方也应当尽量说明在一审程序中未提出申请的正当理由，如一审的辩护人未能尽职尽责或者能力有限。

对于辩护方在二审程序中首次提出非法证据排除申请的，第二审人民法院可以根据一审的非法证据排除规则和证明机制，审查证据收集的合法性，要求检察机关承担证明责任。如果检察机关能够提供确实充分的证据证明证据收集的合法性并排除其他合理怀疑，则法院应驳回辩护方的申请；如果检察机关不能举证或者举证不力，则法院应作出非法证据排除的决定。然后，根据证据是否排除，第二审人民法院视情况作出裁判——可以维持原判，可以改判，也可以撤销原判发回重新审判，而不是一律以第一审程序违法为由发回重审。第一审人民法院未裁判非法证据排除问题的原因在于辩护方没有及时行使权利，而非第一审人民法院的过错，一律发回重审，既有失公平，也浪费司法资源。但如果案件未被发回重审，第二审人民法院直接作出终审裁决，那么对于第二审人民法院关于非法证据排除问题作出的决定，辩护方就可能丧失了一次救济机会。这是辩护方未及时行使权利所要承担的不利后果。

案例6－12 衣某贪污案非法证据排除被变更罪名①

2017年12月10日，一审法院判决衣某犯贪污罪，判处有期徒刑10年。郑州陈宁律师接受委托担任衣某的二审辩护人。辩护律师通过会见和阅卷发现：衣某可能存在被非法取证的情况，但是在侦查终结前，驻所检察人员并未按照《严格排非规定》第14条第3项进行侦查取证合法性核查；一审法院向衣某送达起诉书副本时，亦未按照《严格排非规定》第23条的要求，告知衣某有权申请非法证据排除，导致衣某在一审过程中未能充分行使诉讼权利。在辩护律师向二审法院提出上述程序违法问题后，二审法院经书面审查，以“程序不当”为由裁定发回原审法院重新审判。在重审期间，辩护律师详细询问了衣某第一份讯问笔录的形成时间，发现第一份笔录注明的开始时间是早上7时3分，但实际上讯问是从前一天开始的，第一份讯问笔录中两次出现“昨天我已经说过了”的表述足以印证。辩护律师遂向法院申请调取同步录音录像，发现衣某在接受讯问期间明显处于疲劳状态，频繁打瞌睡，且同步录音录像与讯问笔录内容存在实质性差异。综合以上线索，辩护律师认为侦查人员对衣某的讯问构成疲劳审讯，除了第一份讯问笔录，后期的笔录属于重复性供述，内容不真实，依法应当一并排除，遂向一审法院提出了非法证据排除的申请。经过两次庭前会议，一审法院确认了对衣某的大部分讯问笔录为非法证据。结合其他证据，一审法院将衣某的罪名由贪污罪改判为职务侵占罪，将其刑期从10年有期徒刑变更为6年有期徒刑。

① 本案例由河南韬涵律师事务所陈宁律师提供。

第五节 申请非法证据排除的难点与痛点

申请非法证据排除是指对非法取证行为提出异议，要求国家专门机关否定非法取证行为的法律效力，并排除非法取证所获取的证据的一种程序性辩护。非法证据排除规则不但设置了程序性制裁机制，而且还设置了一套有利于辩护方的证明机制，充分体现了程序不正当则结果不受认可的程序法治精神。相比于其他程序性辩护在制度上的设置，我国刑事诉讼法对非法证据排除规则的规定已经相对完善，在理论上最有条件达到良好的辩护效果。但目前在司法实践中，我国的非法证据排除仍然普遍存在“启动难”“认定难”“排除难”等问题，主要集中在毒品犯罪、职务犯罪、黑社会犯罪以及敏感性案件等严重犯罪案件，发生在审查起诉阶段和审判阶段，对象主要为非法取得的犯罪嫌疑人、被告人供述；对非法取得的证人证言、被害人陈述以及实物证据的排除极少。从总体情况来看，申请非法证据排除成功的案例并不多，辩护效果也仍然不尽如人意。所以这一节重点阐述当前申请非法证据排除的一些难题，期待帮助更多的辩护律师更好地进行这类程序性辩护。

一、“非法证据”是否等同于“依法应当排除的非法证据”

非法证据是一个非常广义的概念。从字面意思来看，只要是违反法律规定收集到的证据，都可以被称为“非法证据”。可见，其范围是非常广泛的。然而，法律不可能把所有的非法证据都规定为非法证据排除规则中依法应当排除的非法证据。因此，进行申请非法证据排除的辩护，首要的就是找准申请排除的具体对象。一般来说，广义的非法证据分为非法的瑕疵证据和依法应当排除的非法证据。前者不属于非法证据排除规则中的非法证据，后者才属于。非法的瑕疵证据是指不符合法定程序所收集的但仍具备证据资格的证据。其可以分为两种：一种是经过补正和作出合理解释可以采用的瑕疵证据，另一种是不能作为定案依据的瑕疵证据。例如，在讯问笔录上没有讯问人的签名，如果同步录音录像显示讯问笔录经过询问人核对确认，只是讯问人忘了签名，那么通过补正或者作出合理解释后，该份笔录可以被采用。但如果该份没有讯问人签名的笔录没有经过讯问人核对确认，这种实质性的瑕疵是无法补正或者作出合理解释的，则该份笔录不能作为定案的依据。又如，询问笔录反映出在同一时段，同一询问人员询问不同证人的，如果只是因为记录人笔误，那么经过合理解释后可以采用。但如果询问没有个别进行，确实存在同一询问人员在同一时段询问不同证人的情况，则这种瑕疵不能补正或者作出合理解释，该份询问笔录不得作为定案的依据。再如，收集的物证、书证虽然不符合法定程序，但尚未达到严重影响司法公正的程度，则属于瑕疵证据，如物证的照片、录像、复制品，书证的副本、复制件未注明“与原件核对无异”，或者无复制时间，或者无被收集、调取人的签名、盖章，经补正或者作出合理解释后可以采用。但对物证、书证的来源、收集程序有疑问，不能进行补正或者作出合理解释的，则该物证、书证不得作为定案的依据。以上这些证据，不管是否能够经过补正或者作出合理解释，都属于违反了法律规定而收集的证据，但尚未严重侵犯公民的基本权利，尚未严重影响司法公正，仍具有一定的证据资格，所以将其称为非法的瑕疵证据。而非法证据排除规则中的“依法应当排除的非法证据”是不具有证明能力、不具备证据资格的证据，不能作为起诉意见、起诉决定和判决的依据，因此法律只将那些通过严重侵犯公民个人权利、严重影响司法公正的非法收集的证据归入其中。如何界定这个范围，由各个国家根据本国的实际情况，在惩罚犯罪和保障人权之间进行权衡后作出规定。

通过以上分析可以发现，不是所有的非法证据都要依法排除，即不是所有的非法证据都属于非法证据排除规则中的“依法应当排除的非法证据”。进行申请非法证据排除的辩护，首先应当弄清楚“依法应当排除的非法证据”的范围，这样才能知道在什么情况下可以申请非法证据排除。如果在理解上错误地扩大或者缩小“依法应当排除的非法证据”的范围，都无法达到良好的程序性辩护效果。比如，误将非法证据中的瑕疵证据作为“依法应当排除的非法证据”而申请排除，扩大了依法应当排除的非法证据的范围，则这种辩护意见可能因无法得到裁判者的认可而不能启动非法证据排除程序，或者即使启动了非法证据排除程序，也无法达到排除的效果。再如，误认为只有采取刑讯逼供获取的口供才属于“依法应当排除的非法证据”，则又缩小了依法应当排除的非法证据的范围，使采取威胁、非法拘禁等其他非法手段收集的应当依法排除的非法证据丧失了申请排除的机会，无法有效地保护被追诉人的合法权益。

二、如何正确把握“重复性供述”的两种例外情形

对于重复性供述是否应当予以排除，理论界和实务界一直存在很大争议。《严格排非规定》首次明确将其作为应当予以排除的非法证据，但限定为“采用刑讯逼供方法使犯罪嫌疑人、被告人作出供述，之后犯罪嫌疑人、被告人受该刑讯逼供行为影响而作出的与该供述相同的重复性供述”，并且还确立了两条例外规则。这意味着重复性供述即使符合以上限制条件，但如果具备以下情形，也可以不予排除。如果不当扩大例外情形，则有可能导致一些应当排除的重复性供述无法得到排除。因此，有必要对以下两项例外情形从严把握。

（一）侦查主体变更的例外

在侦查期间，如果他人控告、举报侦查人员有非法取证行为，或者侦查机关发现侦查人员有非法取证行为，在确认或者不能排除存在以非法方法收集证据的情况下更换了侦查人员，其他侦查人员再次讯问并且告知了诉讼权利和认罪的法律后果，犯罪嫌疑人自愿作出的重复性供述，就可以不予排除。设置这个例外，主要是考虑到更换了侦查人员，犯罪嫌疑人已经不受之前的侦查人员刑讯逼供行为的影响，且是在被告知了诉讼权利和认罪的法律后果之后作出重复性供述的，保障了犯罪嫌疑人供述的自愿性。但不能简单地认为只要更换了侦查人员，就可以不排除重复性供述。因为有一些案件是由专案组承办的，虽然讯问笔录反映的是两个侦查人员，但专案组的其他侦查人员可能同时在办理该案并与犯罪嫌疑人有过接触，甚至有可能一起采用了刑讯逼供手段，所以虽然笔录里体现更换了侦查人员，但犯罪嫌疑人受到刑讯逼供的影响并未消除，即使其作出了重复性供述，也并非出于自愿，仍然应当一并予以排除。

（二）诉讼阶段变更的例外

在审查批准逮捕、审查起诉和审判期间，检察人员、审判人员讯问时告知

诉讼权利和认罪的法律后果，被追诉人自愿作出的重复性供述，可以不予排除。设置这个例外，是因为在审查批准逮捕、审查起诉和审判期间案件的承办人已经从侦查人员更换为检察人员、审判人员，被追诉人面对他们的讯问作出重复性供述，已经不受之前的侦查人员刑讯逼供行为的影响，且被追诉人知晓诉讼权利和认罪的法律后果，保障了被追诉人供述的自愿性。

需要注意的是，在审查批准逮捕、审查起诉和审判期间，虽然是由检察人员和审判人员提审，但如果侦查人员在刑讯逼供后威胁被追诉人，要求其在检察人员和审判人员提审时也必须按照之前的笔录内容供述，否则还将继续对其进行刑讯，则因为这种威胁与提审之间时间间隔不长，尤其是在审查批准逮捕期间，侦查人员还可以随时提审被追诉人，被追诉人的重复性供述显然受到之前刑讯逼供行为的影响，所以应当一并予以排除，而不能适用例外规则。

三、对“依法应当排除的非法证据”是否一定都要申请排除

在办理具体案件过程中，进行申请非法证据排除的辩护首先一定要“找准具体对象”，不但要看拟提出的对象是否属于“依法应当排除的非法证据”的范围，还要进一步评估有无申请排除的必要性。申请非法证据排除是最典型的一种程序性辩护，在理论上完全可以独立于实体性辩护而单独进行。虽然在排除侦查机关使用刑讯逼供手段取得的口供后，案件其他证据仍然能够相互印证，证明被追诉人实施了犯罪，不会影响案件实体上的定罪量刑，但辩护人仍可以独立地申请非法证据排除，针对侦查人员的刑讯逼供行为进行申诉、控告，维护被追诉人的人身权利。但在具体的案件承办过程中，辩护人应当做好充分的评估工作，对于“依法应当排除的非法证据”，要分别评估排除与不排除对被追诉人的利与弊，然后确定一个最有利于被追诉人的辩护方案。如果排除的利大于弊，则应当申请排除；如果排除的弊大于利，则应当放弃申请。尤其要注意被追诉人认可且对案件定罪量刑并无实质影响的证据。

前面提到过，使用非法方法收集的证据未必都是不真实的，如使用暴力、威胁、非法限制人身自由等方法收集的言词证据有可能是真实的，违反法定程序收集的不能补正或者作出合理解释的物证、书证也有可能是客观的。如果使用非法方法收集的这些证据是真实客观的，被追诉人对证据也不持异议，且有

其他证据能够证明相关事实，则虽然申请非法证据排除可以指出侦查人员的非法取证行为，但启动非法证据排除程序，需要召开庭前会议和进行法庭调查，因而耗费大量的时间和精力，即使最终排除该证据，也不会对案件最终的处理结果产生积极的影响，反而有可能因耽误了审判进程而产生消极的影响。在这种状况下，弊大于利，辩护人则应当考虑是否放弃申请非法证据排除的辩护，避免无效辩护。此外，还有一些通过非法方法收集的证据，可能不真实、不客观，但属于对案件的定罪量刑没有任何实质影响的证据。如在受贿案件中，对行贿的个人所在单位的股东出资材料的收集不符合法定程序，且存在错误，因这种证据对受贿罪的定罪和量刑没有任何实质影响，如果辩护人花费大量的时间和精力申请非法证据排除，将耽误审判进程，不利于被追诉人，辩护人也要考虑是否放弃申请非法证据排除的辩护。

由此可见，在具体的案件中，当存在法律规定的“依法应当排除的非法证据”时，辩护人应当权衡其对被追诉人的利弊来决定是否申请排除，不能一发现“依法应当排除的非法证据”就一味地申请排除。找准申请排除的具体对象，是申请非法证据排除的关键所在。

四、申请非法证据排除是否需要承担初步证明责任

提出存在非法证据的相关线索或材料，是辩护方提出非法证据排除申请以及司法机关启动非法证据排除程序的法定条件。如果辩护方不提供相关的线索或者材料，司法机关对非法证据排除申请可以不予受理。据此，理论界有人认为辩护方对非法取证行为仍然需要承担初步的证明责任。所谓证明责任，是指法律规定的提出证据证明己方观点、反驳对方观点的责任。在非法证据排除程序中，由谁来承担证明证据收集合法的责任是一个非常核心的问题，直接关系到申请非法证据排除能否达到预期的效果。证明责任的分配不仅是个技术问题，也是个政策问题，应当考虑诉讼特点，当事人在诉讼中的地位、取证能力等现实状况，以及所需证明的事实内容。由于证据收集是一种侦查活动，大多数是在秘密状态下进行的，故被追诉人不可能参与取证活动，更不可能获取有关取证行为具体细节的证据。因此，目前各国通行的做法是由控方承担证明证据收集合法的责任。这既符合现代法治原则和程序公正的要求，也最具有现实可

能性。

《刑事诉讼法》要求辩护方提供相关线索或材料，能否被理解为一种初步的证明责任呢？笔者认为不能。首先，法律并没有要求辩护方必须提供相关证据，而只是要求提供相关线索或材料，这说明辩护方并无证明己方观点的责任。对于检察机关而言，法律规定“人民检察院应当对证据收集的合法性加以证明”，直接用的是“证明”一词，且“现有证据材料不能证明证据收集的合法性，人民检察院可以……”用的是“证据材料”。可见，相比于法律对检察机关证明责任的规定，辩护方承担的并不是一种证明责任。其次，法律规定辩护方应当提供相关线索或材料，并没有要求提供的线索或材料需要达到什么标准。对于检察机关而言，如果其举证不能排除存在以非法方法收集证据的可能性的合理怀疑，就可能面临辩护方申请排除的有关证据被排除掉的风险，因此检察机关要承担证明证据收集合法的责任。综上，法律对辩护方提供的相关线索或材料需要达到什么标准并未作出规定，亦未使用“证明”这样的字眼，所以不应将辩护方应当提供相关线索或材料理解为是一种“初步的证明责任”。法律对非法证据排除程序的启动之所以要设置这样的门槛，只是为了防止辩护方滥用诉权而拖延诉讼，限制启动的任意性，从而提高诉讼效率，使非法证据排除程序围绕争议点进一步展开和推进，保障诉讼活动的顺利进行。

五、使用变相肉刑方法收集的口供如何排除

采取刑讯逼供的方法收集的口供应当予以排除，是世界各国刑事诉讼法以及联合国公约的共识。但对于刑讯逼供的内涵，各国规定各有不同。我国《刑事诉讼法》及相关司法解释对刑讯逼供进行了界定和解释，实务中对暴力、殴打、肉刑等方法在认定上没有争议，但对变相肉刑，如冻、饿、晒、烤、疲劳审讯等非法方法的认定，尤其是对疲劳审讯的认定，缺乏可操作性规范。相比于直接暴力，变相肉刑的手段一般不容易留下伤痕，现实中使用的频率更高。但因为对变相肉刑缺乏可操作的认定规范，故使用变相肉刑的手段收集到的口供在实践中往往非常难以被排除，严重影响了程序性辩护的实际效果。我国法律目前对疲劳审讯的认定标准只有一个：使被追诉人遭受难以忍受的痛苦而违背意愿作出供述。这是一个主观性的判断标准，有人认为达到了难以忍受的痛

苦，有人认为还没有达到难以忍受的痛苦，而且是以当事人本人耐受程度为标准还是以普通人耐受程度为标准，都是不明确的，从而导致实践中难以对变相肉刑进行认定。在实践中，辩护人可以根据被追诉人的身体状况，从被持续讯问的时间和有无保障休息时间等角度切入，争取将采用疲劳审讯的手段取得的非法证据通过辩护予以排除。

六、未依法及时送看守所羁押期间收集的口供是否应当排除

我国《刑事诉讼法》第 85 条规定：拘留后应当立即将被拘留人送看守所羁押，至迟不得超过 24 小时。这项规定给予最长 24 小时的法定空档期，是为了应对一些紧急情况，比如拘留后要去辨认现场或者有其他特殊原因无法立即送至看守所等；但这个规定的存在，使很多侦查人员在宣布刑事拘留之后没有任何紧急或特殊情况也可以将犯罪嫌疑人放置在没有第三方监督的办案场所进行讯问，最长可达 24 小时。这为侦查人员的逼供行为提供了时间和空间。实践中很多逼供行为正是出现在这 24 小时内。虽然 2013 年最高人民法院《关于建立健全防范刑事冤假错案工作机制的意见》规定："除情况紧急必须现场讯问以外，在规定的办案场所外讯问取得的供述，未依法对讯问进行全程录音录像取得的供述，以及不能排除以非法方法取得的供述，应当排除。"但这个规定主要是针对在规定的办案场所外讯问取得的供述，不是针对在规定的办案场所讯问取得的供述。目前，侦查人员的逼供行为大多发生在侦查人员所在的办案场所，所以上述规定所能排除的非法证据的范围是非常有限的。

由于我国《刑事诉讼法》及相关司法解释尚未将在未依法及时送看守所羁押期间收集的口供规定为非法证据，所以辩护人在遇到这类情形时，还是要从被追诉人是否受到刑讯逼供、是否在规定的办案场所外接受讯问、讯问时是否进行了全程录音录像等角度，审查其是否属于依法应当予以排除的非法证据。

07

第七章

提出刑事管辖异议

在实践中，对于辩护律师提出的刑事管辖异议，司法机关通常口头予以驳回，因此成功获得变更管辖或者否认证据效力的案例很少，导致辩护律师进行管辖异议辩护的信心严重不足。本章通过理论和实践分析阐述了如何进行刑事管辖异议辩护。

第一节 案例精析：阚某某贪污、挪用公款案

——三年六次开庭终获一审宣告无罪

本节选取了笔者办理的一起经历六年最终获得一审宣告无罪的案例。在这起案例的办理过程中，笔者既进行了实体性辩护，又进行了程序性辩护。在程序性辩护中，有申请变更强制措施、提出回避申请、申请非法证据排除以及提出管辖异议。在多种辩护策略和方法的共同作用下，在前后历经六次开庭后，本案最终取得了一审宣告无罪的结果。

将本案放在本节进行介绍，是因为笔者在办理本案过程中提出的管辖异议辩护具有较强的典型性，因为仅提出管辖异议就历经了两级法院的审理。笔者不但起草了管辖异议申请书，而且针对检察机关的抗辩进行了回应，还根据一审法院的裁定内容提起了上诉并起草了上诉状。虽然二审法院最终没有裁定将本案移送其他法院审判，也没有确认一审法院具有管辖权，但是最终高级人民法院指定由一审法院进行管辖，从而变相承认了一审法院原来的管辖是有瑕疵的，也动摇了侦查机关收集的证据的效力。管辖异议虽然只是整个辩护策略中的一小部分内容，但笔者先后起草了 4 份正式的法律文书，还在庭前庭后与承办法官多次沟通交流，并且在法庭上据理力争，付出了大量的时间和精力。笔者认为，辩护律师要想做好刑事管辖异议的辩护工作并取得良好的辩护效果，需要认真准备并进行积极应对，不能简单一说了之。本节对管辖异议辩护过程的展现和对辩护律师起草的法律文书的呈现，就是希望以案说法，阐述进行管辖异议辩护应当如何制定辩护策略以及采取具体的辩护方式和方法，以供辩护律师在提出管辖异议时参考。

程序性辩护虽然具有独立的程序性价值，但能服务于实体性辩护的程序性辩护在实践中更受被追诉人和辩护人的青睐。为了让读者了解管辖异议辩护为

实体性辩护服务的价值以及案件为什么最终能获得无罪判决的结果，也为了让读者全面了解案件办理的过程，了解管辖异议辩护在整个辩护过程中的地位和价值，本节还介绍了其他程序性辩护及实体性辩护。

◎ 案情简介

某集团公司是专业研发和生产焊接材料的大型企业，侯某某系该集团公司创始人，阚某某系该集团副总经理，该集团公司与当地DQ集团长期处于竞争关系，并存在系列民事纠纷。由于侯某某和阚某某在20世纪80年代曾在某中外合资企业分别担任董事长和财务人员，经DQ集团相关利益方举报，某检察院反贪局于2013年3月13日对侯某某和阚某某进行立案侦查，指控侯某某和阚某某共同贪污4830万余元，挪用公款1214万元。后案件于2015年7月9日被移送法院提起公诉，起诉书中关于贪污罪的金额认定从原来起诉意见书的4830万余元降到了2987万余元，挪用公款1214万元不变。在案件审理过程中，侯某某因病死亡，法院裁定对侯某某终止审理。

笔者接受委托担任阚某某的辩护人，从侦查阶段到审判阶段，一直坚持为阚某某进行无罪辩护并持续为阚某某申请取保候审。后取保候审的申请被法院采纳，阚某某于2015年12月24日被法院决定取保候审，于2016年12月24日因取保候审期限届满被决定解除取保候审。

在审判阶段，该案一共进行过六次开庭，持续时间三年之久。2018年12月7日，一审法院最终对阚某某作出无罪判决，并解除冻结案内冻结款4830万余元。

◎ 管辖异议

笔者作为阚某某的辩护律师，从侦查阶段介入时起就主张进行无罪辩护，认为：全案均不应被认定为犯罪，而且也没有证据证明阚某某与侯某某成立共同犯罪，本案系侦查机关使用刑事手段干预两家民营企业的民事纠纷引发，XQ区根本没有管辖权。而且XQ区人民检察院在本案控告方DQ集团派驻了“挂点检察官”，并曾参与侯某某和阚某某所在公司与DQ集团之间的民事纠纷的调解谈判，故不宜管辖本案。鉴于此案在当地影响较大，各方面均已关注此案，且XQ区人民法院也已经介入案件较深，笔者知道很难将此案变更为由其他法院审理，而且通过与承办法官庭前的沟通交流，笔者发现 XQ 区人民法院并不存在偏见，与控告方也没有直接的利益关联，况且如果变更为由其他法院审理，又要重新进行沟通交流。但即使如此，笔者还是决定向 XQ 区人民法院递交管辖异议申请书，目的有两个：一是指出本案存在的错误管辖。这具有独立的程序性价值。二是动摇法院对本案证据的采信，告诉法院本案所有的证据都是违反管辖规定收集来的。管辖异议辩护过程如下：

一、提交管辖异议申请书

虽然我国《刑事诉讼法》没有规定提出管辖异议必须递交书面申请，但为了慎重起见，辩护律师起草了书面的申请书，并在开庭之前递交给了 XQ 区人民法院。

管辖异议申请书

申请人：娄秋琴律师。

申请事项：XQ 区人民法院对本案没有管辖权，提请交由有管辖权的人民法院审理。

事实与理由：

《中华人民共和国刑事诉讼法》（2012 年）第二十四条规定：刑事案件由犯罪地的人民法院管辖。如果由被告人居住地的人民法院审判更为适宜的，可以由被告人居住地的人民法院管辖。本案中，XQ 区既不是犯罪地，也不是被告人居住地，XQ 区人民法院没有管辖权。

一、XQ 区不是本案的“犯罪地”，XQ 区人民法院对本案不具有管辖权

根据最高人民法院《关于适用〈中华人民共和国刑事诉讼法〉的解释》（2012 年）第二条规定，“犯罪地包括犯罪行为发生地和犯罪结果发生地”，而本案所指控的犯罪行为发生地和犯罪结果发生地均不在 XQ 区。

第一，本案所指控的侯某某和阚某某涉嫌挪用 JY 公司资金与侵吞 JY 公司资金的行为均发生在 JY 公司，根据工商档案的登记，这些行为发生时 JY 公司的住所地均为经济技术开发区而非 XQ 区。因此，本案的“犯罪行为发生地”并非 XQ 区。

第二，对于所指控的挪用公款罪和贪污罪，侵犯的对象是JY公司资金的使用权和财产的所有权，如果罪名成立，犯罪的结果都发生在JY公司，而根据工商档案的登记，如果存在犯罪结果，也是发生在经济技术开发区。因此，本案的“犯罪结果发生地”也不是XQ区。

二、XQ区也不是本案被告人的居住地，XQ区人民法院对本案不具有管辖权

根据最高人民法院《关于适用〈中华人民共和国刑事诉讼法〉的解释》(2012年）第三条规定，“被告人的户籍地为其居住地。经常居住地与户籍地不一致的，经常居住地为其居住地。经常居住地为被告人被追诉前已连续居住一年以上的地方，但住院就医的除外”。而本案所指控的两名被告人的居住地均不在XQ区。

综上，XQ区既不是本案的犯罪地，也不是本案两名被告人的居住地。因此，XQ区人民法院对本案没有管辖权，恳请将本案交由有管辖权的人民法院进行审理，以维护当事人正当的合法权益。

申请人：娄秋琴

二、对检察机关的抗辩进行回应

在庭审过程中，针对辩护律师提出的管辖异议，XQ区人民检察院进行了抗辩，认为XQ区具有管辖权，理由是：JY公司的股东之一DHT厂在改制后迁到了XQ区，根据最高人民检察院《人民检察院刑事诉讼规则（试行)》第15条的规定，“国家工作人员职务犯罪案件，由犯罪嫌疑人工作单位所在地的人民检察院管辖；如果由其他人民检察院管辖更为适宜的，可以由其他人民检察院管辖”，所以XQ区人民法院具有管辖权。

针对XQ区人民检察院认为XQ区人民法院具有管辖权的抗辩，辩护律师在一审中有针对性地进行了回应：

第一，辩护律师申请的是审判管辖异议，应当适用《中华人民共和国刑事诉讼法》(2012年）及最高人民法院《关于适用〈中华人民共和国刑事诉讼法〉的解释》(2012年）的规定，而不是《人民检察院刑事诉讼规则（试行)》，因

为该规则在第一条中明确了其制定的目的是保证人民检察院在刑事诉讼中严格依照法定程序办案，正确履行职权，实现惩罚犯罪与保障人权的统一，不适用于审判管辖。

第二，即使按照《人民检察院刑事诉讼规则（试行）》第十五条的规定，XQ 区人民法院也不具有管辖权。因为不管是侯某某还是阚某某，案发时他们的工作单位均是 JY 公司，该公司所在地是经济技术开发区，不是 XQ 区。

第三，公诉人以 JY 公司股东 DHT 厂改制后迁到 XQ 区为由认为具有管辖权，没有事实和法律根据。既然 XQ 区人民检察院指控的贪污罪和挪用公款罪均是针对 JY 公司的，那么根据最基本的法律常识可以确定两名被告人的工作单位应当是 JY 公司，而公诉人却无视客观事实和法律规定将本案的管辖与 DHT 厂扯上关系。

第四，XQ 区人民检察院与本案控告方 DQ 集团有“挂点检察官”为该集团随时提供服务的特殊关系，而且在本案查办过程中该检察院检察长与反贪局侦查科科长曾多次参与民事纠纷调解谈判，与控告方存在利害关系。

三、一审法院下达刑事裁定书赋予上诉权

在民事诉讼中，法律规定：人民法院对当事人提出的异议应当审查。异议成立的，裁定将案件移送有管辖权的人民法院；异议不成立的，裁定驳回。当事人不服裁定的，还可以提起上诉。但在刑事诉讼中没有类似的规定，很多法院通常都是口头驳回。但在这个案件中，辩护律师在提出管辖异议后也与法院进行了沟通，认为：XQ 区人民法院确实没有管辖权，即使无法将案件移送到其他法院审理，至少也应当让上级法院了解情况，其他地方法院也存在出具裁定书并赋予上诉权的情况。XQ 区人民法院于 2015 年 12 月 22 日出具了刑事裁定书，认为犯罪结果发生地为 XQ 区，XQ 区人民法院具有管辖权，遂驳回被告人及其辩护人对本案管辖权的异议。但同时还载明：如不服本裁定，可在接到本裁定书的第 2 日起 5 日内，通过本院或者直接向第一中级人民法院提起上诉。书面上诉的，应提交上诉状正本 1 份、副本 2 份。

四、针对驳回的裁定进行上诉

虽然管辖异议被裁定驳回，但 XQ 区人民法院不但出具了书面的裁定书，

而且还赋予了当事人上诉的权利。所以在收到裁定书后，笔者满怀欣喜，立即着手起草上诉状；在就管辖问题启动二审程序后，还以辩护人身份向二审法院递交了书面辩护词。上诉状和辩护词主要针对裁定书关于犯罪结果发生地为 XQ 区的认定进行反驳，具体理由为：

第一，根据最高人民法院《关于适用〈中华人民共和国刑事诉讼法〉的解释》（2012 年）第二条的规定，“犯罪地包括犯罪行为发生地和犯罪结果发生地”。该解释对犯罪结果地没有作出更进一步的解释。但 2013 年 1 月 1 日开始实施的《公安机关办理刑事案件程序规定》第十五条有明确的规定，明确了犯罪结果地包括犯罪对象被侵害地，犯罪所得的实际取得地、藏匿地、转移地、使用地、销售地，可以参照执行。

第二，对于本案所指控的犯罪，无论是犯罪对象被侵害地还是犯罪所得的实际取得地、藏匿地、转移地、使用地、销售地，没有一个地方在 XQ 区。

不管是指控的挪用公款罪，还是贪污罪，犯罪对象始终都是 JY 公司，不是 DHT 厂。本案的管辖问题与 DHT 厂所在地没有任何直接关系，XQ 区人民法院以指控的行为损害了 DHT 厂的利益为由认定犯罪发生地是错误的。根据工商档案的登记，本案所指控的行为发生时 JY 公司的住所地、实际经营地均在经济技术开发区，故犯罪对象被侵害地不在 XQ 区。至于犯罪结果地所包含的“犯罪所得的实际取得地、藏匿地、转移地、使用地、销售地”，如果存在，也均只是发生在 JY 公司或者 JQ 公司，而这两个公司的住所地和实际经营地也不在 XQ 区，与 DHT 厂也没有任何关系。由此可见，本案的犯罪结果地也不在 XQ 区。

第三，侯某某虽然曾经是 DHT 厂的职工，但在组建 JY 公司时已经到了退休年龄，并且已经向 DHT 厂申请退休，虽然没有办理退休手续，但 DHT 厂也一直没有再给侯某某发过任何工资，没有让其享受过任何福利待遇。DHT 厂一直未给侯某某办理退休手续是其单方违规操作。

第四，侯某某在 JY 公司担任董事长是全体董事直接选举聘用的，且其从 1992 年开始就向董事会进行承包，根据税后利润多少决定分配方案。绝非 DHT 厂委派其到 JY 公司从事公务。

第五，XQ 区人民检察院与本案控告方 DQ 集团之间具有千丝万缕的特殊关系，在处理本案的过程中存在诸多违反法律规定的行为，而且 XQ 区人民法院在法律上受其监督，在工作上难免受到掣肘，故将本案放在 XQ 区人民法院进行审理也是不适宜的。

五、二审法院下达刑事裁定书撤销原驳回的裁定书

辩护律师在向二审法院提交辩护词后，二审法院于 2016 年 3 月 3 日下达了撤销原审裁定的刑事裁定书，裁定书载明：

本院受理后，依法组成合议庭审理了本案。现已审理终结。本院认为，原审法院就本案管辖权异议作出的裁定没有法律依据，依法应予撤销。依照《中华人民共和国刑事诉讼法》（2012 年）第二百二十九条之规定，裁定撤销 XQ 区人民法院作出的原审裁定。本裁定为终审裁定。

由此可见，XQ 区人民法院作出的驳回管辖异议的裁定书被二审法院撤销了，但却是以 XQ 区人民法院就管辖异议作出裁定没有法律依据为由而撤销的。二审法院并未对 XQ 区人民法院是否具有管辖权下任何结论，而驳回管辖异议的裁定书被撤销了，这意味着 XQ 区人民法院是否具有管辖权仍然是一个不确定状态。

六、等来了高级人民法院的指定管辖决定书

时隔 6 个月后，2016 年 9 月 14 日省高级人民法院对 XQ 区人民法院下达了指定管辖决定书，载明："关于被告人侯某某、阚某某贪污、挪用公款一案，根据《中华人民共和国刑事诉讼法》第二十六条的规定，指定 XQ 区人民法院审判。"这对于笔者来说是一个还不错的结果。一方面，XQ 区人民法院获得管辖权是基于高级人民法院的指定，本身就能说明之前 XQ 区人民检察院反贪污贿赂局对本案的侦查是无管辖权的，否则就不需要由省高级人民法院指定管辖了，达到了辩护律师提出管辖异议的目的，可以此为由动摇本案证据收集的合法性；另一方面，辩护律师通过沟通发现 XQ 区人民法院对本案没有明显偏见，也没有与本案具有利害关系，在案件进入审判阶段后采纳辩护律师的意见对被告人阚某某变更强制措施为取保候审。案件由省高级人民法院指定 XQ 区人民法院管辖，无须移送其他法院，在笔者看来，是管辖异议辩护取得的一个比较完美

的结果。

◎ 其他程序辩护

除了提出刑事管辖异议外，笔者还进行了多项程序性辩护，以形成程序性辩护的组合拳，配合并服务于实体性辩护。

一、申请变更强制措施为取保候审

阚某某因涉嫌挪用公款罪于 2013 年 10 月 16 日被 XQ 区人民检察院决定刑事拘留，同年 11 月 1 日被上一级人民检察院决定逮捕。笔者介入案件后，一方面与检察机关从实体方面积极沟通，主张阚某某的行为不构成挪用公款罪；另一方面则是从程序方面向检察机关申请变更强制措施。笔者向检察机关一次次地递交变更强制措施申请书，但均被检察机关以“涉案数额特别巨大，不适用取保候审的强制措施”为由驳回。

变更强制措施申请书

申请人：娄秋琴律师。

申请事项：对犯罪嫌疑人阚某某变更强制措施为取保候审。

申请理由：

犯罪嫌疑人阚某某因涉嫌犯挪用公款罪，被 XQ 区人民检察院采取逮捕强制措施。申请人作为其辩护律师，现依法申请对其变更强制措施，具体理由如下：

第一，根据《中华人民共和国刑事诉讼法》（2012 年）第六十五条的规定，即使可能判处有期徒刑以上刑罚，但采取取保候审不致发生社会危险性的，也可以取保候审。可见，是否采取取保候审的措施，主要考察的是对犯罪嫌疑人采取取保候审后是否会产生社会危险性，而不是考察涉案数额的多少。

第二，犯罪嫌疑人阚某某涉嫌的罪名是挪用公款罪，属于非暴力犯罪案件，其本人之前从未有过前科劣迹，一贯表现良好，家庭主要成员均在本市内，可以提供足额的保证金或者符合条件的保证人以保证其随传随到，因此，对其采取取保候审措施不会发生任何社会危险性。

> 第三，犯罪嫌疑人阚某某本人患有糖尿病；其唯一的儿子也正处在高三这个人生重要的阶段，需要父母的陪伴和教育；阚某某的母亲患有疾病，正在接受化疗，岳父瘫痪十年，家里的四个老人都已经接近八十岁，需要阚某某的悉心照顾。从阚某某实际的家庭状况来看，对其采取取保候审的措施也不致发生任何社会危险性。
>
> 综上所述，申请人认为犯罪嫌疑人阚某某符合取保候审的法定条件，根据《中华人民共和国刑事诉讼法》(2012年）第九十三条、第九十五条的规定，特申请对阚某某变更强制措施为取保候审。
>
> 此致
>
> XQ区人民检察院
>
> 申请人：娄秋琴

在侦查和审查起诉阶段，辩护律师关于变更强制措施的申请均被驳回，检察机关于2015年7月9日向法院提起公诉，法院于2015年7月16日立案。笔者随即向法院递交了委托手续，并与承办法官进行庭前沟通交流：本案是一起因民事纠纷而引发的冤案，阚某某是无罪的，希望法院在查清案件事实的基础上作出公正的判决。由于案件是发生在约20年前，案卷繁多，案情复杂，法院查清案情需要时间，故尊重法院的庭审安排，但希望法院能对阚某某变更强制措施，因为阚某某完全符合取保候审的条件：一是我国《刑事诉讼法》规定的取保候审的适用条件包括可能被判处有期徒刑以上刑罚的被告人；二是从涉案的罪名和起诉书认定阚某某只是从犯，以及阚某某个人身体情况、一贯表现及家庭情况来看，对其适用取保候审不会发生社会危害性；三是如果案情未来经查清后认定阚某某确实无罪，还可以减少因羁押而增加的国家赔偿数额。在多次沟通交流后，法院于2015年12月24日决定对阚某某取保候审，并于2016年12月24日因取保候审期限届满，决定解除对阚某某的取保候审强制措施。

二、申请办案人员回避

经了解，本案存在两个情况：一是本案的公诉机关和与本案具有直接利害关系的控告方DQ集团系共建单位，派驻“挂点检察官”为该集团随时提供服务；二是本案公诉机关的检察长曾参与 DQ 集团与 JQ 公司之间的民事纠纷调解。这两个情况有检察机关网站的公证书以及录音资料为证。笔者认为 XQ 区人民检察院与本案当事人具有利害关系，会影响案件的公正处理。我国《刑事诉讼法》没有规定对此情况可以提出管辖异议，鉴于本案公诉人是受该检察院检察长的指派，所以笔者申请本案公诉人予以回避。笔者希望通过这样的程序性辩护使法院关注到公诉机关与本案存在利害关系，实质上也是为无罪辩护做铺垫。

三、申请非法证据排除

经会见，笔者了解到侦查人员安某某在讯问阚某某的过程中存在诱供行为。经认真审查案卷，笔者发现，虽然阚某某自始至终作的都是无罪辩解，但对个别事实的陈述确实存在不符合实际的情况，进行无罪辩护存在一定的障碍。于是笔者将有安某某参与讯问阚某某的讯问笔录进行了列表分析，并向法院申请非法证据排除，要求检察机关向法院移送讯问的同步录音录像。在多次交涉之下，检察机关才向法院移送了同步录音录像，但只允许当庭播放，不允许辩护律师复制。经整理发现，安某某参与讯问阚某某共计十五次，如果在法庭中将这十五次讯问的同步录音录像全部播放完，要花上几天几夜。笔者向法庭表明：如果公诉人坚持只能在法庭中进行播放，大家就一一听完，然后进行质证；如果法庭允许辩护人复制光盘，辩护人可以提前查阅，找出存在诱供的相关时段，然后提请法庭进行有针对性的播放，控辩双方仅对有关异议或者事实进行质证。最后法庭同意了笔者的意见，将复制光盘交由笔者供查看。为了避免庭审拖延，笔者在被告人的协助下找到了存在诱供的相关时段，惊讶地发现阚某某在讯问笔录中出现的有些供述内容实际上却是侦查人员安某某自己所说的。笔者对这些情况作了详尽的记录，并标明了相关时段的起始时间和结束时间，然后在第二天的庭审中提请法庭有针对性地播放。在播放完相关同步录音录像后，公诉人当庭撤回了对阚某某的讯问笔录，不作为证据提交；主张以阚某某的当庭供述为准。那一刻，笔者深深地松了一口气。

◎ 结合实体辩护

要想取得无罪判决的结果，除程序性辩护以外，实体性辩护也是必不可少的。在实体方面，起诉意见书指控阚某某挪用公款 1214 万元，贪污 4830 万余元。对此，笔者进行了无罪辩护，提交了详细的法律意见书。但检察机关在起诉书中仍然保留了对阚某某挪用公款 1214 万元的指控，只是将贪污金额从 4830 万余元降到了 2987 万余元。对此，笔者在一审阶段继续进行无罪辩护，从实体方面论述了阚某某的行为不构成犯罪。简要摘取如下几个要点进行呈现：

（一）阚某某系 JY 公司招聘的合同工，侯某某系 JY 公司选举聘用的董事长，不属于国有企业 DHT 厂委派到 JY 公司从事公务的人员，二人均不具有国家工作人员身份，不符合挪用公款罪和贪污罪的主体要件。

（二）本案没有证据证明侯某某具有挪用公款和贪污的故意，更没有证据证明阚某某与侯某某之间具有共同犯罪的故意，缺失主观方面的要件。

（三）对于挪用 1214 万元的指控部分，调用 1214 万元用于职工入股增资是基于 JY 公司的利益和为了 JY 公司的发展，没有违反 JY 公司董事会决议的精神，不存在谋取个人利益，而且客观上也并未实际占用 JY 公司资金。指控的事实完全不符合挪用公款罪的构成要件。

（四）对于侵吞 2511 万余元科研基金的指控部分，关于科研基金的设立、使用以及确认归侯某某个人所有的历届董事会决议都经超过三分之二的董事同意，是有效的。阚某某及其他财务人员根据董事会决议和财务制度对科研基金进行计提与审核，不存在任何犯罪行为，不构成贪污罪。

（五）对于侵吞 475 万余元的指控部分，涉案事实发生当时，阚某某的劳动和人事关系已经不在 JY 公司，不具有利用 JY 公司职务的便利，该事实与阚某某无关。

◎ 裁判要旨及结果

针对被告人阚某某及其辩护人提出的辩解理由和辩护意见，根据本案的事实和证据，法院在（2015）青刑初字第 0355 号刑事判决书中作出如下评判意见：

1. 关于被告人阚某某的辩解及其辩护人提出的阚某某不具有国家工作人员身份及与侯某某之间没有挪用公款的共同犯意的辩护意见。

经查，根据我国法律规定，贪污罪、挪用公款罪的犯罪主体是国家工作人员或受国家机关、国有公司、企业、事业单位、人民团体委托管理、经营国有财产的人员。根据证人侯某某1证言、被告人阚某某的供述、职工登记表等证据证明，阚某某系JY公司招聘的合同工，故阚某某不能单独作为贪污罪、挪用公款罪的主体，其只有在与国家工作人员共同实施前述犯罪的情况下，作为共犯方能构成此罪。本案中，被告人侯某某明确供述，企业增资大事，由其考虑安排并负责，阚某某依据其要求在董事会决议授权范围内履行职责，阚某某只是执行者，侯某某的供述与阚某某供述能够相互印证。现有证据不能证明阚某某参与公司决策或侯某某为个人私利与阚某某打招呼。阚某某作为JY公司财务负责人，根据董事会决议，按照董事长侯某某的安排对公司资金划转，属于正常履职，现有证据不能推定阚某某知晓侯某某动用公款的主观意图。公诉机关指控阚某某犯罪所列举的证据既不能证明阚某某与侯某某具有犯意联络，也不能证明阚某某从其职务行为中获取了非法利益从而推定其明知他人意图。故对阚某某及其辩护人的上述意见本院予以采纳。

2. 关于起诉书指控的相关事实不构成犯罪的辩解理由和辩护意见。

经查，在案的董事会决议、证人侯某某1、侯某某2、张某某等人的证言及被告人侯某某的供述证明，JY公司、JQ公司、JQHC公司、YQ公司等企业是一个整体，企业之间能够相互拆借资金，企业资金具有关联性；被告人阚某某作为几个企业的财务总负责人，也能证明企业之间财务上具有关联性，阚某某按照JY公司董事会决议及董事长侯某某的安排，实施的为企业增资、按比例划拨款项至侯某某基金、在发放奖金产生的职工个人所得税票上签字审核等行为均属正常履职，阚某某本人既不具有国家工作人员身份，也无证据证明阚某某与侯某某共谋挪用JY公司资金或者贪污JY公司公款，故其行为不构成挪用公款罪和贪污罪。对于阚某某及其辩护人所提上述意见，本院予以采纳。

3. 关于被告人阚某某在主观上不存在谋取个人利益，在客观上也没有得到任何个人利益的辩解理由和辩护意见。

经查，公诉机关提供的证据不能证明被告人阚某某在执行JY公司董事长侯某某的指令过程中获取了个人利益，也不能证明阚某某在主观上有谋取个人利益的故意，现有证据只能证明阚某某根据JY公司董事会决议，按照董事长的安排，实施了使用JY公司公款以职工代垫款的名义为JQ公司增资、按比例提取

JY公司利润转至侯某某基金账户和在发放奖金产生的职工个人所得税票上签字审核等行为，其未因这些行为额外的获取了利益。故对于阚某某及其辩护人所提前述意见，本院予以采纳。

本院认为，公诉机关提供的在案证据不能证明被告人阚某某具有犯贪污罪和挪用公款罪的主体身份，也不能证明其与侯某某具有共谋贪污公款或者挪用公款的犯意联络。故公诉机关指控阚某某犯贪污罪、挪用公款罪事实不清、证据不足，本院不予支持。依照《中华人民共和国刑事诉讼法》第二百条第（三）项、《最高人民法院关于适用〈中华人民共和国刑事诉讼法〉若干问题的解释》第二百四十一条第一款第（四）项、《中华人民共和国刑法》第六十四条之规定，判决如下：

一、被告人阚某某无罪。

二、案内冻结款4830.511801万元，予以解除冻结。

本案宣判后，被告人没有上诉，检察机关也没有提起抗诉，此判决为终审判决。

本案前后历经6年，最终能取得一审宣告无罪的结果，得益于各种辩护方法和辩护策略的运用，以及实体性辩护与程序性辩护的双管齐下。笔者的辩护工作也得到了当事人的充分认可，当事人送来了感谢信和锦旗。

第二节 刑事管辖异议制度概述

一、提出刑事管辖异议的情形

提出刑事管辖异议是一种典型的程序性辩护，但很多辩护律师在司法实践中并不知道在什么情形下可以提出刑事管辖异议，要么错过了提出刑事管辖异议的时机，要么滥用刑事管辖异议权，这两种情况都很难达到该项程序性辩护好的效果。要做好这类辩护，首先应该搞清楚什么是刑事管辖异议以及在什么情形下可以提出刑事管辖异议。

（一）审判管辖异议与职能管辖异议

所谓刑事管辖，是指国家专门机关受理刑事案件的职权与分工，包括公安机关、人民检察院和人民法院之间立案受理刑事案件，以及人民法院系统内受理第一审刑事案件的职权与分工，前者称为职能管辖，后者称为审判管辖。在国外，法院的称谓虽然不尽相同，但性质相同，即都是国家行使审判权的专门机关，专门负责对刑事案件的审理和裁判，只承担审判职能，不承担其他职能。因此，国外刑事诉讼法的管辖主要指审判管辖，很少涉及职能管辖。在中国，刑事案件的立案和侦查虽然原则上是由公安机关进行，但法律还规定，人民检察院和人民法院对特定案件也可以进行侦查或者立案。比如，人民检察院在对诉讼活动实行法律监督中发现的司法工作人员利用职权实施的非法拘禁、刑讯逼供、非法搜查等侵犯公民权利、损害司法公正的犯罪，可以由人民检察院立案侦查。至于自诉案件，则由人民法院直接受理。可见，人民检察院和人民法院除可以对审判管辖提出异议外，也可以对职能管辖提出异议。前者被称为审判管辖异议，如对应当由中级人民法院审理的一审案件，可以对管辖的基层人民法院提出管辖异议；后者被称为职能管辖异议，如对应当由人民法院直接受理的自诉案件，可以对受理自诉案件的公安机关或人民检察院提出管辖异议。

需要注意的是，在职能管辖中，除了公安机关、人民检察院和人民法院可以受理刑事案件外，还有一些专门机关也可以受理刑事案件，比如，国家安全机关负责危害国家安全的刑事案件的侦查工作，中国人民解放军内部设立的保卫部门负责军队内部发生的刑事案件的侦查工作；国家在各级海关设立的走私犯罪侦查部门负责对走私犯罪案件的侦查工作。如果国家专门机关违反了职权分工，辩护律师也可以提出管辖异议。

案例 7－1　L 某某贩卖毒品案提出职能管辖异议①

被告人 L 某某违反国家对毒品的管理制度，明知是毒品海洛因而予以贩卖，并且违反国家对枪支管理规定，非法持有二支以气体为发射动力的非军用枪支，故被指控构成贩卖毒品罪、非法持有枪支罪，并被一审法院判处死刑，立即执行，其不服提起上诉。

南宁龚振中律师接受委托担任 L 某某的辩护人，不但从实体上提出 L 某某与他人合谋出资贩卖毒品事实不清，证据不足，且贩卖毒品的上家和下家都未抓获，毒品、毒资的来源没有查清，本案存在公安特情人员介入的可能，而且还从程序上提出，L 某某在侦查阶段是以涉嫌走私毒品罪被刑事拘留的，但提请批准逮捕和移送审查起诉时罪名变更为贩卖毒品罪，海关缉私局对贩卖毒品罪是没有管辖权的，海关缉私局部门侦查所收集的证据，从来源和形式上都不具有合法性，违反法定程序，依法不能作为定案的依据。二审法院部分采纳了龚律师提出的辩护意见，认为上诉人 L 某某贩卖毒品数量大、社会危害性极大，论罪应当判处死刑，但鉴于本案的具体情况，对其判处死刑，可不立即执行，故改判 L 某某死刑，缓期二年执行。

（二）管辖错误异议与管辖不宜异议

我国《刑事诉讼法》对管辖作出规定，是为了使国家专门机关在法律预先设定的职权范围内按照法律预先规定的程序和分工行使职权。如果国家专门机关不按照法律预先规定的程序和分工范围行使职权，对不该立案侦查的立案侦

---

① 本案例由广西望之辩律师事务所龚振中律师提供。

查，不该审判的进行审判，就可能破坏刑事诉讼活动的有序性。另外，我国《刑事诉讼法》还作出了变更管辖的规定，使刑事诉讼活动不但有序进行，而且是在保障公正的前提下有序进行。如果国家专门机关违反管辖规定，管辖了没有管辖权的案件，法律允许当事人在法定期限内向有关机关提出抗议以纠正错误的管辖；如果国家专门机关没有按照法律规定将案件从不宜行使管辖权的机关移送到其他国家专门机关进行管辖，法律也允许当事人在法定期限内向有关机关请求移送管辖，避免不宜管辖产生的不公正。这两种情况都属于广义的管辖异议。前者被称为管辖错误异议，后者被称为管辖不宜异议。

二、提出刑事管辖异议的价值

了解了什么是刑事管辖异议以及可以提出刑事管辖异议的情形后，还要了解提出刑事管辖异议的价值，这样才能向被追诉人和辩护人指明管辖异议辩护的方向，增强刑事管辖异议的说服力并达到良好的辩护效果。这不仅具有理论价值，更具有实践意义。

（一）有利于纠正错误管辖

纠正国家专门机关错误行使管辖权的行为是管辖异议最重要的内容，也是管辖异议发挥的最直接的作用。从本质来讲，刑事诉讼是国家和个人之间的利益冲突活动，国家通过管辖的设置要求国家专门机关在法律预先设定的程序和分工范围内行使职权，禁止国家专门机关超越管辖范围行使职权，以防止国家权力的滥用。但在司法实践中，仍然会出现国家专门机关错误行使管辖权的情形：（1）有的是故意错误行使管辖权，如公安机关明知是自诉案件却在自诉人没有提起自诉时立案侦查；（2）有的是因为理解偏差而错误管辖，如基层人民法院将可能判处无期徒刑应由中级人民法院管辖的案件误认为只能判处有期徒刑而予以管辖；（3）有的是因为数人犯数罪出现交叉管辖而管辖错误，如人民检察院在侦查司法工作人员利用职权实施的刑讯逼供案件过程中，发现被追诉人还曾经实施过故意伤害致人重伤的行为，没有移送公安机关，对故意伤害案件与刑讯逼供案件一并予以侦查。这些行为都违反了管辖的规定，破坏了刑事诉讼的有序性。赋予当事人提出管辖异议的权利并设置审查管辖异议的程序以及规定相应的法律后果，可以促使将案件移送到有管辖权的机关进行管辖，纠正这类管辖错误，恢复正常的刑事诉讼程序。

明确了这个价值，同时也为被追诉人和辩护人提出错误管辖异议指明了辩护方向。

（二）有利于保障司法公正和人权

如果说管辖错误异议是为了纠正错误的管辖，规范和限制国家权力，那么管辖不宜异议就是为了保障被追诉人获得公正处理的权利，进一步保障人权。众所周知，获得公正审判的权利被公认为公民的一项基本人权，有的国家把它上升为一项宪法权利，很多国际公约也对此进行了确认。《公民权利和政治权利国际公约》作为国际人权保护领域非常重要的公约，就在第 14 条明确规定了人人都有资格由一个依法设立的合格的、独立的和无偏倚的法庭进行公正的和公开的审讯。从描述来看，独立和无偏倚是对法庭的要求，也是法庭进行公正审判的前提。如果审判法院因受到外部因素的干扰而对被追诉人产生偏见，无法做到不偏不倚，那么该法院即使按照法律规定享有管辖权也不宜进行审判。这时赋予被追诉人提出管辖异议的权利，允许被追诉人请求将案件移送到更适宜进行审判的法院进行管辖，才能充分保障被追诉人获得公正审判的权利。此外，任何权利要想得到实现，都必须同时被赋予救济方法，所谓“无救济即无权利”。因为如果权利被侵犯而得不到救济，那么所有的权利都犹如空中楼阁。从本质上讲，管辖异议权就是一项救济性的诉讼权利：国家专门机关违反管辖规定进行错误的管辖或者进行不宜的管辖的，必然侵犯到被追诉人的合法权益，被追诉人通过提出管辖异议将案件移送到有管辖权的机关或者更适宜管辖的机关进行管辖，可以使被侵犯的权利得到恢复或者实现，使人权得到保障。

明确了这个价值，当实践中不存在错误管辖但存在不宜管辖的情况时，可以增强管辖异议的说服力，说服司法机关站在保障司法公正和人权的视角考虑管辖异议的价值。

（三）有利于提高诉讼效率

提出刑事管辖异议可能会导致变更管辖机关，重新进行侦查、起诉或者审判，所以有人认为管辖异议制度的设立会降低诉讼效率；有的司法工作人员甚至认为辩护律师提出管辖异议就是浪费时间，是对当事人不负责任，所以辩护律师提出管辖异议可能受到排斥。但事实上，从长远来看，刑事管辖异议制度的设立不但不会降低诉讼效率，反而有利于提高诉讼效率。这是因为如果无管辖权的机关对案件进行立案侦查并收集证据，无管辖权的法院对案件进行审判，被追诉人提出管辖异议后，立案侦查的行为和审判的行为可能被认定为无效，立案侦查收集到的证据也可能被认定为不具有证据资格，法院作出的裁判可能被认定为无效而被撤销，需要由有管辖权的机关重新立案侦查收集证据或者重新开庭审理。即使有管辖权，但不适宜进行管辖的机关（如存有偏见的机关）管辖案件后，不管案件实体结果是否公正，被追诉人都会因为程序上的不公正而对实体结果产生怀疑。不管是哪一种情况，都不但侵犯了被追诉人的合法权益，而且浪费了大量的国家资源，有损诉讼效率。如果被追诉人对错误的管辖或不宜的管辖无权提出异议，无法要求变更管辖机关，那么由于程序不公被追诉人产生对实体结果的不满，就会通过上诉、申诉，甚至通过上访进行救济，这样就必然会增加诉讼的环节，加大诉讼成本，最终损害诉讼效率。因此，赋予被追诉人管辖异议权，通过管辖异议尽早将案件移送到有管辖权的机关或者更适宜管辖的机关，可以避免司法资源的浪费，节约诉讼成本，提高诉讼效率。

被追诉人及辩护人如果能从这个视角与司法机关进行交涉，也许有助于增强辩护的说服力，达到更好的辩护效果。

三、提出刑事管辖异议的理论基础

我国构建刑事管辖异议制度，在维护司法公正，保障被追诉人的辩护权、获得公正审判的权利，提高诉讼效率等方面，具有很大的价值和意义。但在刑事诉讼中为什么要赋予被追诉人提出管辖异议的权利而建立管辖异议制度呢？如何在理论上解释刑事管辖异议制度的出发点？这是我们在探讨进行刑事管辖异议辩护如何获得最佳效果时不可回避的问题。理解和认识一项制度，还要深刻剖析它的理论基础。刑事辩护是一项实践性极强的工作，辩护律师需要通过辩护实践掌握辩护的技能和方法，但如果能够掌握一定的理论知识，更有利于增强辩护的说服力。

（一）程序法定原则

在司法实践中，管辖异议通常由辩护方提出，属于程序性辩护的一项重要内容，所以其理论基础与程序性辩护在程序法定原则上有相通之处：它是程序性辩护的制度前提，因为程序性辩护是以立法机关制定的刑事程序法为依据，提出有利于自己的程序性主张或者针对程序违法行为提出异议。管辖异议也一样，是以立法机关创制的管辖规定为法律根据的，司法机关的行为背离这些规定是提出管辖异议的事由。如果不贯彻程序法定原则，不存在对程序规则的立法，程序性辩护和管辖异议都无从谈起。从程序法定原则中“以权力制约权力”的内涵来看，国家立法对各国家专门机关设置立案侦查的职能管辖以及对各类法院设置审判管辖，就是为了让国家专门机关依据立法限定的职权分工和程序规则进行刑事诉讼活动，通过立法权限制司法权，比如对于立法确定由公安机关立案侦查的案件，检察机关不应当立案侦查；对于立法确定由犯罪地法院审理的案件，犯罪地以外的其他地方的法院不得审理；对于立法确定由中级人民法院审理的案件，基层人民法院不得审理。从程序法定原则中“以权利制约权力”的内涵来看，要真正实现国家专门机关在法定的管辖权限内行使职权，就必须同时赋予被追诉人提出管辖异议的权利，被追诉人可要求将案件移送到有管辖权的机关或者适宜管辖的机关，从而使诉讼活动恢复到法定的程序。

赋予被追诉人管辖异议的权利有利于程序法定原则的贯彻落实，也是程序法定原则产生的必然结果。

（二）程序参与原则

程序参与原则作为贯穿于现代刑事诉讼始终的基本原则，在诉讼中发挥着非常重要的作用。它是指刑事诉讼程序涉及其利益的人不但有权利参与整个诉讼，而且对参与诉讼所涉及的事项具有知情权、发表意见权以及救济权，使其能顺利且实质性地进行参与，而不是走形式或走过场。这一方面要求利益相关人有权利参与。根据这一要求，利益相关人在国家专门机关作出与其利益相关的程序或者决定时，不仅有权利参与诉讼活动本身，而且有权利参与进行诉讼活动的筹备环节。这样，利益相关人的参与才是完整的。比如，在审判活动中，被告人作为当事人当然有权利参与法院审理的全部过程，但是对于审理的法院是否适格，审理的法官是否适格，审理适用的是简易程序还是普通程序（虽然不是审理本身，但属于审理的筹备阶段，会直接影响审理的过程），被告人也应当有权利参与并发表意见。另一方面要求利益相关人有权利实质性地参与。根据这一要求，刑事诉讼程序不仅应当形式上允许利益相关人参与，而且还应当在实质上保证利益相关人能够积极顺畅地参与相关诉讼活动及筹备活动。要做到这一点，就要保障利益相关人在各个阶段和环节都享有充分陈述自己的观点、主张和意见的权利，保障利益相关人在认为裁判者不适格时可以提出抗辩，从而切实维护其实质参与的权利。

管辖，尤其是审判管辖，直接决定了案件由哪一个法院审理，影响被告人能否获得公正审判的权利。所以，被告人不但有权利参加整个庭审活动，而且有权利决定参加由哪个法院审判的准备活动。如果被告人认为审理法院存在不宜审判的事由时，即使该法院符合管辖的规定，被告人也有权对审判管辖提出异议，要求变更管辖的法院，要求将案件移送至更适宜管辖的法院进行审判。这是程序参与原则的重要表现。如果被追诉人对管辖不能提出任何异议，不能发表任何意见，只能由国家专门机关进行裁决，必将使刑事管辖制度呈现过强的行政色彩和职权色彩，背离程序参与原则，不利于监督与约束国家权力，不利于保护当事人的合法权益。

（三）控辩平等原则

控诉和辩论是现代刑事诉讼的两大基本职能，两者既对立又统一，与中立的审判一起，共同构成了刑事诉讼法治活动比较理想的“等腰三角形”结构。在控诉和辩护对立的关系中，两者的平等是立论前提；如果不平等，力量倾斜于一方，就不存在对立了，“等腰三角形”结构也必然不复存在了。为了实现控辩平等，一方面，需要赋予控辩双方平等的诉讼权利和攻防手段，但客观上控辩双方力量对比悬殊，诉讼地位先天失衡，因此为了实现二者的均衡，需要增加被追诉人的权利，减少其义务，同时加大控诉方的义务，限制其一定权力使双方实现平等。职能管辖是侦查机关、检察机关和法院之间立案受理刑事案件的分工，这种职能上的分工使不同种类案件的控诉权分别在不同机关手中。如果有的机关对其他机关应当管辖的案件进行立案受理，被追诉人提出职能管辖异议，是对控诉权的一种制约，有利于实现控辩的平衡。另一方面，控辩平等原则还要求设立一个合格的、独立的和无偏倚的法庭进行公正的审判，并设置有利于控辩双方公平参加诉讼的规则。如果裁判者对控辩双方无法做到平等保护，对被追诉人产生偏见而影响公正审理，被告人应当有权要求更换法庭进行审理，即提出管辖异议，通过抗辩来实现控辩平等的保护。可见，控辩平等原则是审判管辖异议的理论根据，审判管辖异议权的行使也有利于促进裁判者对控辩双方进行平等保护。

在发生管辖争议时，尤其是侦控机关管辖错误或者管辖不宜时，被追诉人如果不能发表意见，不能提出任何异议，只能完全听任国家专门机关依照职权进行安排，就不可能与强大的控方进行平等对抗，导致控辩双方主体地位极度不对等，违背了控辩平等原则最基本的要求。管辖涉及国家专门机关的职权分工，直接涉及现有的管辖机关是否有控诉的权力以及控诉的行为是否有效，只有允许被追诉人提出刑事管辖异议，才能维护和强化被追诉人的诉讼主体地位，才能使被追诉人享有与控方相制衡的力量，才能使刑事诉讼活动在国家利益与个人利益之间维持最基本的平衡。

第三节 实战运用：提出刑事管辖异议的路径

一、提出刑事管辖异议的主体

作为程序性辩护的一项内容，提出管辖异议的主体与程序性辩护一样，包括被追诉人和辩护人两类。由于程序性辩护依据的是程序性法律和程序性事实，相比于实体性法律和实体性事实，前者更具专业性和抽象性，被追诉人更需要依靠辩护律师的专业知识和技能进行程序性辩护，所以实践中，程序性辩护的主体多为辩护人。提出管辖异议也是一样：很多被追诉人甚至不清楚管辖异议的意义和价值，需要辩护人进行解说和引导。比如在案例 7－17 中，被告人李某某根本不知道乙地没有管辖权，是在辩护律师的解释下才了解到这个情况。需要注意的是，辩护人虽然享有独立的辩护权，但其辩护权并不能完全独立于被追诉人的辩护权，因为辩护人的辩护权是由被追诉人的辩护权衍生而来，在辩护人对提出管辖异议的利弊进行全面解释和分析之后，如果被追诉人基于自身利益考虑，认为将案件移送管辖可能更不利于自己而不同意提出管辖异议，辩护人即使发现错误管辖或者不宜管辖也不应不顾被追诉人的意见而独立提出管辖异议。对于辩护人而言，如果经评估后认为提出管辖异议更有利于被追诉人，则应当积极与被追诉人进行详细的沟通交流，对追诉人阐释法律规定，明确法律后果，尽量说服被追诉人同意辩护方案。如果被追诉人坚持不提出管辖异议，则辩护人应当尊重被追诉人的意见，做好会见笔录。在案例 7－16 和案例 7－17 中，辩护人与被告人，甚至被告人的家属进行了积极的沟通，既告诉了案件存在可以提出管辖异议的情况，也告诉了提出管辖异议后对被告人可能产生的不利影响，在与被告人进行充分沟通协商后，决定不提出管辖异议，最终获得了更有利于被告人的结果。

二、提出刑事管辖异议的情形

（一）错误管辖

国家专门机关违反管辖规定，管辖了其没有管辖权的案件，产生错误管辖，系辩护方提出管辖异议进行程序性辩护的最重要的事由。在司法实践中，错误管辖的情形很多，主要分为以下几类。

1. 故意抢案管辖

明知自己没有管辖权或者知道自己可能没有管辖权而故意对案件进行立案侦查或者进行审判的，属于“抢立案”“强立案”。产生这种错误管辖，国家专门机关主观上是故意的，其基于利益关系或者其他因素，要么积极追求错误管辖，要么放任错误管辖的发生。

2. 基于理解上的偏差而错误管辖

包括基于事实认定上的理解偏差和基于法律适用上的理解偏差两种。法律适用是以事实认定为前提的，如果事实认定存在偏差，就可能导致法律适用错误。如将侵占的事实错误认定为诈骗的事实，公安机关误认为有管辖权而进行立案侦查；如将虐待的事实错误认定为非法拘禁的事实，人民检察院误认为有管辖权而进行立案侦查。事实认定清楚，但适用法律错误的，也可能导致错误的管辖，如重婚的事实或遗弃的事实清楚，但人民法院误认为这两类系告诉才处理的案件而受理；如公安机关或人民检察院对于事实清楚的案件适用了错误的罪名进行定罪，从而产生了错误管辖。

3. 因交叉而错误管辖

交叉包括立案侦查存在的交叉和审判存在的交叉。前者是指公安机关或者人民检察院在立案侦查有管辖权的案件时发现被追诉人存在应由其他机关管辖的案件但未移送管辖而产生的管辖错误。比如，人民检察院在侦查司法工作人员利用职权实施的刑讯逼供案件过程中，发现被追诉人还曾经实施过故意伤害致人重伤的行为，但没有移送公安机关，对故意伤害案件与刑讯逼供案件一并予以侦查。后者是指人民法院在审判有管辖权的案件时发现部分指控事实应由其他机关管辖但未移送而产生的管辖错误。比如，人民检察院向人民法院移送被告人涉嫌盗窃罪、诈骗罪和侵占罪的案件，人民法院不但受理了盗窃案和诈骗案，还受理了属于自诉案件的侵占案，并对侵占罪进行了定罪处罚。在案例7-2中，公安机关就是在办理非国家工作人员行贿罪时发现了犯罪嫌疑人还涉嫌虚开增值税专用发票罪，却对没有管辖权的虚开增值税专用发票案一并进行了立案侦查。

案例7-2 丁某某虚开增值税专用发票案提出地域管辖异议①

A公司（住所地为常州市新北区）与乙公司（住所地为台州市椒江区）自2009年下半年开始以合作经营五五分成的方式开展业务合作。A公司法定代表人丁某某为扩大业务量，与乙公司的总经理陶某某和业务经理王某某约定将A公司所得利润部分的20%作为回扣送给两人作为好处费。在两公司合作期间，A公司在丁某某的授意和安排下先后通过银行转账的方式向陶某某和王某某指定的银行账户中共汇款133万余元。此外，2013年1月至2014年2月，A公司与C公司（住所地为张家港市）在没有货物交易的情况下，虚开增值税专用发票294份，价税合计3.11亿余元，税额总计4521万余元，且相关专票均已申报抵扣。台州市椒江区公安分局在对陶某某、王某某涉嫌非国家工作人员受贿罪立案侦查过程中发现丁某某涉嫌对非国家工作人员行贿罪，并于2014年7月13日立案侦查。后丁某某被常州市公安局新北分局抓获归案，并于2014年8月5日被台州市椒江区公安分局带至台州市看守所羁押；台州市椒江区公安分局在侦查丁某某涉嫌对非国家工作人员行贿罪一案过程中发现丁某某还涉嫌虚开增值税专用发票罪，并于2014年9月6日对虚开增值税专用发票一案立案侦查。侦查终结后，台州市椒江区公安分局以丁某某涉嫌对非国家工作人员行贿罪和虚开增值税专用发票罪两个罪名向台州市椒江区人民检察院移送审查起诉。

常州邢辉律师接受委托担任丁某某的辩护人。在代理案件过程中，辩护律师对案件管辖提出异议：就虚开增值税专用发票罪而言，A公司和C公司住所地以及丁某某的居住地均不在台州市椒江区，台州市椒江区对虚开增值税专用发票一案依法不具有管辖权；就对非国家工作人员行贿罪而言，根据公安部经侦局公经【2001】248号通知及最高人民检察院研究室于2001年4月10日提出

---

① 本案例由江苏圣典（常州）律师事务所邢辉律师提供。

的关于“鉴于职务犯罪案件的特殊性，对于非国家工作人员涉嫌职务犯罪案件的侦查管辖问题，原则上以犯罪嫌疑人工作单位所在地的公安机关管辖为宜，如果由犯罪行为实施地或者犯罪嫌疑人居住地的公安机关管辖更为适宜的，也可以由犯罪行为实施地或者犯罪嫌疑人居住地的公安机关管辖”的意见，对非国家工作人员行贿一案也应由 A 公司所在地常州市新北区的公安机关管辖更为适合。

后辩护律师通过面谈、电话、提交书面意见等多种方式与检察机关进行了深入交流，其相关辩护意见引起了台州市和椒江区两级检察机关的高度重视。经依法审查和慎重讨论后，检察机关最终采纳了辩护律师的管辖异议辩护意见，并在“补充侦查提纲”中明确建议本案的侦查机关台州市椒江区公安分局将丁某某涉嫌虚开增值税专用发票罪一案移送，由犯罪地即常州市公安局新北分局依法处理，仅将对非国家工作人员行贿一案移送起诉。后在辩护律师的积极辩护下，丁某某最终获得缓刑的判决结果。

（二）不宜管辖

国家专门机关根据刑事管辖规定具有管辖权，但同时具有不宜管辖的情形时，辩护方也可以提出管辖异议进行程序性辩护，要求将案件移送到更适宜管辖的机关进行管辖。

不宜管辖情形通常分为以下几类。

1. 因办案机关主要领导需要回避等而不宜管辖

根据我国目前的体制设置，公安机关负责人、人民检察院检察长或人民法院院长负责本单位全面工作，管理本单位行政事务，是所在单位的最高行政负责人。如果他们是案件的当事人或者当事人的近亲属，或者他们本人或者其近亲属和案件有利害关系，或者担任过案件的证人、鉴定人、辩护人、诉讼代理人，或者与案件当事人有其他可能影响公正处理案件的关系，即使其依法进行了回避，退出案件的办理，但基于他们作为最高行政负责人对本单位的影响力，案件有可能得不到公正的处理，所以即使该机关依法具有管辖权，也不宜再进行管辖。除了公安机关负责人、人民检察院检察长和人民法院院长，如果办案机关的其他主要领导对所在单位能起到巨大影响时，所在办案机关也不宜再行使管辖权。

案例7－3 范家三人聚众斗殴案变更审判管辖[①]

2016年2月10日14时许，范小某乘坐电动三轮车回家，因吴某的轿车挡道问题与吴某父子三人发生口角。范小某坐在三轮车上指挥三轮车从轿车旁边强行通过，遭到了吴甲的拉拽。范小某到家门口后喊道："爸，有人打我！"听到喊声后范某及范某弟弟（范小某的叔叔）出来到街头与对方理论，双方（范家三人，吴家四人）遂发生互相打斗行为，打斗过程持续约10分钟，后被围观村民拉开。次日，吴家到派出所报案，并做了伤情鉴定，四人均被鉴定为轻微伤。派出所将该事件作为治安案件进行了处理。3个月后，范家三人被A县公安机关以涉嫌聚众斗殴罪刑事拘留，后案件被公诉到A县人民法院。

郑州梁超律师接受委托担任范小某的辩护人。其介入案件后了解到，受害人吴某是A县安监局局长、吴甲是A县人民法院法警队临时工。在案件被起诉到A县人民法院后，辩护律师向法院提交了变更管辖申请书，认为：本案受害人吴某是A县安监局局长，吴甲是A县人民法院法警队临时工，本案本系一起治安案件，案发3个月后却被定性为刑事案件，案件的办理过程中存在明显的行政干预迹象，如由A县人民法院审理不能排除行政干预的可能，要求将案件移送到没有利害关系的法院审理。承办法院取消了原定的开庭时间，将辩护律师的变更管辖申请提交至上一级人民法院，后上一级人民法院指令本案由乙县人民法院审理。A县人民检察院将案件移送乙县人民检察院后，乙县人民检察院经审查后认为指控聚众斗殴罪的证据不足，不符合起诉条件，遂建议侦查机关将案件撤回。

2. 因办案机关与案件或者当事人存在利害关系而不宜管辖

任何案件都要靠办案人员办理，而办案人员在办理案件的过程中，不可能不顾及所在单位的利益。如果办案机关本身与所承办案件存在利害关系，如办案机关本身就是合同诈骗案件的被害单位，或者办案机关系涉案其他事实的裁判者，那么这个办案机关当然就不适宜再行使管辖权。

---

① 本案例由北京市京师（郑州）律师事务所梁超律师提供。

案例 7-4　申某某诈骗案变更审判管辖[1]

申某某系某自治区 A 市 B 县民营企业家，在当地创办了多家企业，从 2012 年至 2019 年间，赵某某、陶某某和吕某某因企业资金周转需要，分别向申某某多次借款，在借款期满后，申某某屡次催要本息无果，遂陆续将三人诉至法院，要求三人承担违约责任。2019 年，赵某某、陶某某和吕某某向 B 县公安局报案称被申某某“套路贷”诈骗 1000 余万元，并具有非法拘禁行为，同年申某某被拘留、逮捕。2020 年 3 月，B 县公安局将申某某以诈骗罪和非法拘禁罪移送 B 县人民检察院审查起诉。

北京毛洪涛律师接受委托担任申某某的辩护人，综合全案证据认为本案系民事纠纷，申某某不构成诈骗罪、非法拘禁罪。辩护人依法向承办机关提交了法律意见书、羁押必要性审查申请书、取保候审申请书等多份法律文件。2020 年 8 月，B 县检察院在向 B 县人民法院提起公诉时，部分采纳了辩护人的辩护意见，只指控了沈某某诈骗赵某某这一事实。

在审判过程中，辩护人认为涉案事实中存在由 B 县人民法院民事审判庭作出的生效判决，本案不宜再由 B 县人民法院审理，故向法院提出管辖异议。2020 年 11 月，A 市中级人民法院将本案指定管辖至 A 市 C 县人民法院审理，后辩护人继续向 C 县检察院、法院提出无罪辩护意见。2021 年 1 月，C 县检察院认可了辩护人的法律意见，最终撤回起诉，作出存疑不起诉决定。

3. 因办案机关受社会舆论、地方保护等外部因素影响而不宜管辖

社会舆论容易干扰法官的思维和判断，扰乱案件正常的审理秩序，所以当社会舆论导致案件办理地区对被追诉人产生了强烈偏见，使被追诉人无法获得公正处理时，该办案机关就不宜再进行管辖。此外，地方保护等外部因素也可能影响案件的公正处理，在这种情况下，有管辖权的办案机关不适宜进行管辖，辩护方可以提出管辖异议，要求移送到更适宜管辖的机关进行管辖。

---

① 本案例由北京市东卫律师事务所毛洪涛律师提供。

案例7-5 E公司故意毁坏财物案变更审判管辖[①]

作为500强企业之一的E公司系国内知名房地产开发商，2018年，E公司获取F市挂牌出让的一宗国有土地使用权，约定现状交付，签约后E公司按约定付清土地款。该土地此前曾被F市出让给F市城投处于闲置状态，其间，F市城投下属公交公司在该地块布设了新能源充电桩。E公司获取该土地后，政府承诺会尽快搬走充电站，E公司也将充电站所在地规划为停车场及燃气管线通道，后因政府人事变动，充电站搬迁事项随之搁置，E公司因此事多次协调未果，面对交房压力，E公司项目管理人员组织施工人员对充电站封门堵路，毁坏充电站厕所一间及损坏箱式变压器一台。案发两个月后，公安机关以故意毁坏财物罪立案侦查并刑事拘留E公司相关人员七人。

西安赵叶红律师接受委托担任E公司的辩护人，案件移送审查起诉后，辩护人提出E公司合法获取国有土地使用权，根据“房随地走”的相关规定，涉案建筑的所有权已经归E公司所有且案发后与公交公司已达成谅解协议等辩护观点均不被采纳，该案承办人明确提出该案由F市委政法委督办，市政府高度关注，检察机关只能起诉且不会变更强制措施，亦不会建议适用缓刑。案件起诉至法院后，辩护人以F市政府作为利害关系方，以高度关注即属于不当干预为由，向F市上级法院G市中级人民法院申请指定管辖，并向省工商联提出维权申请，后G市中级人民法院将案件指定H县管辖，H县检察机关经审查，对E公司相关人员取保候审，并发放检察建议要求E公司加强管理和人员法制教育，最终对E公司相关人员作出不起诉决定。

4. 出现了更适宜管辖的国家专门机关

无论是职能管辖还是审判管辖，刑事案件一般都是由犯罪地的国家专门机关进行管辖。犯罪地包括犯罪行为发生地和犯罪结果发生地。犯罪行为发生地，包括犯罪行为的实施地以及预备地、开始地、途经地、结束地等与犯罪行为有关的地点；犯罪行为有连续、持续或者继续状态的，犯罪行为连续、持续或者继续实施的地方都属于犯罪行为发生地。犯罪结果发生地，包括犯罪对象被侵

① 本案例由北京大成（西安）律师事务所赵叶红律师提供。

害地，犯罪所得的实际取得地、藏匿地、转移地、使用地、销售地。这些地方的国家专门机关都有管辖权。如果辩护方认为被追诉人居住地的国家专门机关更适宜管辖，也可以提出管辖异议，请求将案件移送到被追诉人居住地的国家专门机关。这里的居住地包括户籍所在地和公民离开户籍所在地最后连续居住 1 年以上的经常居住地。如果由被追诉人的居住地的国家专门机关管辖具有更适宜收集证据或者更便于证人出庭作证等情形，可以申请由被追诉人居住地的国家专门机关进行管辖。

三、提出刑事管辖异议的方式

从各国刑事诉讼法的规定来看，关于变更管辖的规定，有的是任意性规范，由国家专门机关根据情况进行裁量决定，条文中多以“可以”“有权”来表达；而有的则是义务性规范，要求国家专门机关严格按照规范执行，条文中多以“应当”“必须”来表达。针对不同的情形，辩护律师提出异议的方式应当有所区别。对于不宜管辖的情形，国家专门机关拥有一定的自由裁量权，可以移送到其他机关管辖，也可以不移送，辩护方想要达到将案件移送到更适宜管辖的机关进行管辖的效果，应当根据实际情况提出国家专门机关可能接受的理由，与国家专门机关进行交涉和协商，说服国家专门机关采纳辩护方的意见移送管辖。这种管辖异议属于交涉型程序性辩护。对于管辖错误的情形，国家专门机关违法行使职权，不该立案侦查的立案侦查，不该审判的进行审判，破坏了刑事诉讼活动的既定程序和分工范围，错误管辖的机关就应当移送其他机关管辖，没有自由裁量的权力。如果有关机关不移送，辩护方可以提出控告和异议，要求予以纠正或者制裁，如要求国家专门机关纠正错误的管辖（如将案件移送到有管辖权的机关进行管辖）或者要求否定违反管辖规定的诉讼行为的效力（如要求没有管辖权的侦查机关撤销立案）。这属于一种抗辩型程序性辩护。可见，提出管辖异议既可以是交涉型程序性辩护，也可以是抗辩型程序性辩护；既可以是请求型程序性辩护，也可以是纠正型程序性辩护或制裁型程序性辩护。具体采用哪种方式，要根据管辖的规定和案件具体的实际情况而定。

（一）申诉控告，积极抗辩

故意抢案件管辖权的，属于“明知不可为而为之”，管辖的国家专门机关不是对事实认定和法律适用存在认识上的偏差，而是基于利益驱动或者权势压力，对明知没有管辖权的案件进行管辖。在这类案件中，被追诉人和辩护人虽然可以向错误管辖的机关提出管辖异议，指出管辖错误，但实践中一般很难达到纠正管辖错误的效果。因此，针对这类案件提出管辖异议，进行程序性辩护，除可以向错误行使管辖权的国家专门机关提出异议外，被追诉人和辩护人还可以尝试采取其他辩护策略，比如，向法律监督机关人民检察院进行申诉控告。因为故意抢案件管辖权属于明显的违法行为，人民检察院作为法律监督机关，依法对刑事诉讼实施法律监督，针对国家专门机关的违法行为，有权提出抗诉、纠正意见或者检察意见，因此，被追诉人和辩护人对于国家专门机关故意管辖不具有管辖权的案件的，可以向同一级人民检察院或者上一级人民检察院进行申诉控告，要求人民检察院进行立案监督或审判监督，提出纠正意见或者检察意见。如果发现故意抢案件管辖权的原因和线索，也可以一并提供，必要时还可以要求媒体进行监督。这是通过积极抗辩，纠正管辖错误。

案例 7－6　林某涉毒案因刑事审判庭领导干预变更管辖[1]

被告人林某因涉嫌毒品犯罪被 NY 市 WL 区人民检察院移送 NY 市 WL 区人民法院提起公诉。

北京张雪峰和冯志远律师接受委托担任林某辩护人，经阅卷发现，WL 区人民检察院在 2021 年 8 月 25 日制作了案号相同的两份《起诉书》，认定事实一致，检察官一致，但一份适用的是非法持有毒品罪，另一份适用的却是贩卖毒品罪。

2022 年 7 月 5 日，WL 区人民法院第一次公开开庭审理，辩护人提出案件存在两份生效的《起诉书》，程序存在重大违法，要求公诉机关予以说明并作出书面的《变更起诉决定书》或者撤销其中一份《起诉书》。合议庭采纳辩护人意见，并要求检察院庭后予以变更。

2022 年 7 月 13 日，WL 区人民法院第二次公开开庭审理，但合议庭却违背了第一次庭审中要求检察院作出书面变更决定的共识，完全置案件存在两份生

① 本案例由北京泽亨律师事务所张雪峰和冯志远律师提供。

效《起诉书》的事实于不顾，强行推进庭审。辩护人提出异议并表示抗议。旁听席中，一位穿着短袖的黑衣男子，公然从旁听席跃起，用手指着辩护席连续大声要求合议庭对辩护律师进行训诫，而合议庭成员未予以制止，甚至在辩护人强烈提出异议、要求查明该男子身份并进行训诫或责令退出法庭、记入笔录的情况下，合议庭仍然不为所动，没有作出任何回应，任由该旁听的不明身份人员咆哮法庭。同时，该名不明身份的人员在庭审过程中，并未调整手机模式，致使手机响铃，违法随意多次进出法庭。经庭后核实，该男子系 WL 区人民法院刑事审判庭负责人冯某某。辩护人在之后的庭审中就该院刑事审判庭负责人违法指挥审判、公然干预司法使庭审丧失客观性、公正性、严肃性的问题提出管辖、回避等意见。

2022 年 7 月 18 日，WL 区人民法院以非法持有毒品罪判处被告人林某有期徒刑 15 年并处罚金 12 万元。林某提出上诉。

2022 年 10 月 26 日，NY 市中级人民法院经过书面审理，以部分事实不清、证据不足、程序违法为由，裁定撤销原判，发回重审。其中，程序违法的情形之一在于原一审判决中部分定案证据未在庭审中出示并经举证、质证。

在重审一审程序中，辩护律师以案件存在刑事审判庭庭长不当干预为由对管辖提出异议，但 WL 区人民法院未采纳。后于 2023 年 3 月 31 日 WL 区人民法院以贩卖毒品罪判处被告人林某有期徒刑 15 年并处罚金 10 万元。林某再次提出上诉。

2023 年 6 月 30 日，NY 市中级人民法院公开开庭审理林某上诉一案，后于 2023 年 7 月 7 日以程序违法为由，再次撤销原判，发回重审。重审一审程序违法的情形之一也包含部分定案证据未在庭审中出示并经举证、质证。

案件在第二次发回 WL 区人民法院重审后，辩护律师经核实，案件承办人就是原一审庭审中公然干预案件的刑事审判庭庭长冯某某。随即，辩护律师向该院第三次提出管辖异议，并提交了《关于林某涉嫌贩卖毒品罪一案要求报请指定异地管辖申请书》，详细陈述了本案应当异地管辖的缘由，强烈要求 WL 区人民法院就本案报请 NY 市中级人民法院指定异地管辖。之后，WL 区人民法院将该案报请指定管辖。

2023 年 9 月 27 日，NY 市中级人民法院作出（2023）豫 13 刑辖 105 号《指定管辖决定书》，载明：“因林某辩护人以该院刑庭领导非法干预案件审理为由申请回避，为维护司法公信力，提高诉讼效率，决定将该案指定FY县人民法院审理”。

（二）说理说法，消除偏差

因理解偏差而发生的管辖错误不是因为明知没有管辖权而故意行使管辖权，而是因为对事实、法律、证据等方面产生认识和理解上的偏差，误对没有管辖权的案件进行管辖。因此，在对这类案件提出管辖异议，进行程序性辩护时，辩护方应主要从专业入手，综合运用证据，厘清事实，与管辖的国家专门机关及其工作人员积极交流法律意见，消除管辖机关及其工作人员在认识和理解上的偏差，回归到法律的正确适用上来，以便纠正管辖错误，从而实现管辖异议程序性辩护的效果。一方面，要熟练运用程序法，清楚地知道我国《刑事诉讼法》及相关司法解释关于管辖的相关规定，才能知道在什么情况下提出异议。此外，还要掌握其他方面的程序性规定，如控告的程序，公安机关或人民检察院不予追究被告人刑事责任的程序和文书表现。了解这些情况才能评判被害人有无提出控告，公安机关或人民检察院有无追究被告人刑事责任，才能运用这些规定去说服国家专门机关纠正管辖错误。另一方面，要熟练运用实体法。管辖错误所据以产生的理解偏差，大多都是在实体方面的偏差，如误认为遗弃和重婚罪是自诉案件，未能正确认定国家工作人员的身份而将职务侵占罪误认为贪污罪或将挪用资金罪误认为挪用公款罪等，对量刑标准不熟悉而将3年有期徒刑以上刑罚的案件误认为3年有期徒刑以下刑罚的案件，因此，综合运用定罪和量刑方面的实体性法律，正确认定自诉案件的范围、此罪与彼罪的界限以及量刑的标准，回归正确的法律适用，有利于说服相关机关纠正管辖错误。

案例7-7 陈某某非法经营案提出管辖异议[①]

2017年6月，傅某某、刘某某在明知东山水电（位于重庆市开州区）的定增股票未经证券监管部门批准，不能公开发行、不能公开宣传的情况下，借用

① 本案例由北京大成（重庆）律师事务所赵侃律师提供。

不具有从业资质的太康资产管理（上海）有限公司名义接受东山水电委托，为其承销东山水电定增项目股票，傅某某等人又发展了本案被告人陈某某以及其他数名人员作为下级代理商寻找投资人认购东山水电股票。2017年6月至12月，被告人陈某某在上海通过熟人介绍、网络宣传、随机拨打电话等方式，发展数名投资者认购东山水电股票，获取佣金30余万元。后北京的投资者以东山水电涉嫌诈骗罪和非法吸收公众存款罪，向重庆市开州区公安机关（行政级别为区县局）报案，该局以擅自发行股票罪立案侦查，并移送开州区人民检察院（其上级检察院为重庆市二分院）审查起诉。由于重庆市证券犯罪案件由重庆市人民检察院第一分院（以下简称一分院）及对应的重庆市第一中级人民法院（以下简称一中院）集中管辖，开州区人民检察院遂将该案移送一分院审查起诉，一分院又以被告人陈某某涉嫌非法经营罪向一中院提起公诉。

重庆赵侃律师和张建山律师接受委托担任陈某某的辩护人，提出本案管辖存在重大问题：第一，从地域管辖上看，重庆市一分院和一中院的管辖权源于重庆市人民检察院及重庆市高级人民法院的授权，即重庆市范围内的证券期货犯罪案件不再考虑犯罪地因素，由一分院和一中院集中管辖。其授权依据为《关于办理证券期货违法犯罪案件工作若干问题的意见》（以下简称《证券期货意见》）中“证券期货犯罪的第一审案件由中级人民法院集中管辖，同级人民检察院负责提起公诉，地（市）级以上公安机关负责立案侦查”的规定。但重庆市一分院移送起诉的罪名为非法经营罪，该罪名不在《证券期货意见》授权的范围内，一分院是否具有管辖权，应当考虑其是否符合《刑事诉讼法》中关于地域管辖的规定。经审查，本案犯罪地和被告人户籍地均与一分院无任何关联，重庆市人民检察院也并未指定一分院对本案进行管辖，因此，从地域管辖的角度而言，一分院并无管辖权，其将本案起诉至一中院的行为违反了《刑事诉讼法》关于管辖的规定。第二，从级别管辖上看，根据《证券期货意见》的规定，证券期货类犯罪的侦查机关应当是地（市）级以上公安机关，就重庆市而言，具有管辖权的侦查机关应当为重庆市公安局，结合司法实践经验，重庆地区的证券期货类犯罪案件均应由重庆市公安局经侦总队第五支队立案侦查。在本案中，开州区公安局作为区县局，其初查后对本案以擅自发行股票罪立案侦查，违反了前述关于管辖的规定，其在无管辖权的情形下，收集的证据合法性问题存在重大疑问。

据此，辩护人以本案在地域管辖和级别管辖方面均存在问题为由，向一中院及一分院提出管辖异议，一中院经审查后认可辩护人提出的地域管辖问题，建议一分院撤回起诉，一分院采纳辩护人及审判机关意见，将本案撤回起诉并移送开州区人民检察院审查起诉，开州区人民检察院向开州区人民法院提起公诉，在庭审过程中，辩护人再次提及开州区公安局作为区县局，对擅自发行股票罪无管辖权，其立案行为违法的问题，并对其收集证据的合法性提出异议，审判机关虽然最终未采纳辩护人的该辩护意见，但对陈某某给予从轻处罚。

（三）沟通协商，说服移送

在因交叉而产生错误管辖以及出现不宜管辖的情形，国家专门机关对是否移送管辖具有一定的自由裁量空间，被追诉人和辩护人提出管辖异议，进行程序性辩护时，应当积极与国家专门机关进行沟通协商，力争说服将案件移送到有管辖权的机关或者更适宜管辖的机关。比如，被追诉人犯数罪的案件，按照法律规定，应当由对涉嫌主罪有管辖权的机关管辖。如果涉嫌主罪属于公安机关管辖的，应以公安机关为主侦查，人民检察院予以配合；如果涉嫌主罪属于人民检察院管辖的，以人民检察院为主侦查，公安机关予以配合。这在理论上被称为“次罪随主罪管辖原则”。这里所说的“主罪”，一般情形下，指行为人触犯的数罪名中法定最高刑最重之罪；如果法定最高刑相同，则可能被判处最重刑罚之罪。但由于法律没有明确对“主罪”和“次罪”进行区分，国家专门机关只能从各罪的性质、情节轻重、危害大小和法定刑的轻重以及可能判处刑罚的轻重等方面予以综合考虑。[①] 这就给了国家专门机关自由裁量的空间。同样，对于出现不宜管辖的情形，我国法律并没有作出明确的规定，对于是否需要移送到更适宜管辖的机关，国家专门机关具有非常大的自由裁量的空间。在这些情况下，被追诉人和辩护人可以通过收集类似案例或者类似处理方案，与管辖机关积极地进行沟通协商，努力说服将案件移送到对自己更有利的管辖机关。

---

① 王俊民、潘建安：《刑事案件职能管辖冲突及其解决》，载《法学》2007年第2期。

案例 7－8　姚某非法买卖枪支案提出地域管辖异议①

姚某因涉嫌非法买卖枪支罪被 LS 公安局抓获，并被移送 LS 检察院审查起诉。镇江顾姝律师接受委托担任姚某的辩护人，发现姚某的户籍地是在常州，居住在镇江，均不在 LS。姚某在网上购买枪支，广东卖家通过快递将枪支邮寄给姚某，购买枪支和出售枪支的犯罪行为也均与 LS 无关。因此，不管是按照户籍地、经常居住地来看，还是按照犯罪行为发生地、结果地来看，LS 均无管辖权。因此，辩护人依法向 LS 检察院提出管辖权异议申请，要求将该案移送至姚某经常居住地镇江市 JK 公安局侦查，并移送同级人民检察院审查起诉。经多次沟通，该案于 2019 年 3 月移送镇江 JK 检察院审查起诉，镇江 JK 法院判决姚某犯买卖枪支罪，免予刑事处罚。

四、提出刑事管辖异议的阶段

我国《刑事诉讼法》既规定了职能管辖，也规定了审判管辖。职能管辖是指公安机关、人民检察院和人民法院之间立案受理刑事案件的职权与分工，除了人民法院受理自诉案件，主要的内容就是侦查管辖。如果发生错误管辖或者不宜管辖的情形，提出管辖异议主要在审前阶段，尤其是在侦查阶段。审判管辖是指人民法院系统内受理第一审刑事案件的职权与分工，如果发生错误管辖或者不宜管辖的情形，提出管辖异议只能在审判阶段。由此可见，提出管辖异议的程序性辩护既可以发生在审前阶段，也可以发生在审判阶段，在审前阶段主要是针对侦查管辖提出异议，而在审判阶段主要是针对审判管辖提出异议，包括地域管辖异议、级别管辖异议和专门管辖异议。

（一）审前阶段

审前阶段的管辖异议主要是针对侦查管辖提出的异议，审查侦查机关立案侦查的案件是否符合管辖的法律规定以及有关机关是否适宜进行管辖。因此，这类管辖辩护主要发生在侦查阶段。如果在侦查阶段没有达到辩护效果，案件被移送审查起诉的，犯罪嫌疑人和辩护人在审查起诉阶段还可以继续针对侦查

① 本案例由北京大成（镇江）律师事务所顾姝律师提供。

管辖提出异议，要求人民检察院予以纠正。但侦查阶段是刑事诉讼的开始阶段，也是必经阶段，承担着收集案件证据，查明案件事实，查获以及确定犯罪嫌疑人的任务，而审查起诉和审判阶段都是以侦查阶段收集的证据以及确定的犯罪嫌疑人为审查对象的，侦查阶段如果出现错误管辖或者不宜管辖情形，将导致所有的侦查活动是不适宜，甚至是不合法的，将影响所收集的证据的效力以及强制措施适用的效力，直接关乎犯罪嫌疑人切身的合法权益，因此，辩护方应当将管辖辩护的重点放在侦查阶段。但为了保障侦查活动的顺利进行，侦查阶段是相对封闭的，相关侦查手段、侦查对象、证据情况以及侦查进展等内容均是对外保密的，且一直处于动态的过程中，直到侦查终结时才相对固定。虽然律师能够作为辩护人参与，但参与的程度非常有限，辩护活动不能影响侦查的正常进行。辩护方如果要提出管辖异议，一般只能伴随侦查活动的进程一并提出。

从提出的时间来看，辩护方只要发现具有错误管辖或者不宜管辖的事由，在侦查阶段可以随时提出管辖异议。从提出的对象来看，辩护方通常只能向存在错误管辖或不宜管辖的侦查机关提出，且通常由该机关受理并作出裁决。只有那些管辖不明确或者有争议的刑事案件，才是由共同的上级机关指定管辖。从审查的方式来看，目前司法实践中采用的是内部不公开的行政方式：辩护方提出管辖异议，审查机关直接作出裁决。从救济的方式的来看，目前法律并未明确赋予辩护方救济权，如果不服驳回管辖异议的决定，犯罪嫌疑人和辩护人可以向人民检察院申诉控告，寻求救济。

案例 7－9　梁某某重婚案提出无侦查管辖权未被批捕①

梁某某与吴某系发小，后因故产生矛盾，吴某向青岛 N 区公安分局实名举报梁某某与王某某（女）重婚并生有一子，该公安局受理此案并以重婚罪对梁某某采取拘留措施，后移送 N 区检察机关提请逮捕。

青岛牟岩律师接受委托担任梁某某的辩护人，经调查了解到，梁某某的户籍及居住地均为青岛市内 A 区，王某某及其儿子居住地及学校均在青岛市内 B 区，而青岛市 N 区是吴某的居住地。假设梁某某的行为构成重婚罪，犯罪行为

① 本案例由山东准诚律师事务所牟岩律师提供。

发生地为 B 区，应由 B 区公安机关管辖；若认为梁某某的居住地管辖更为适宜，也可以移送至 A 区公安机关侦查。但不管怎样，报案人居住地 N 区的公安机关都不具有管辖权。因此，辩护人向 N 区检察机关提出法律意见：如果梁某某构成犯罪，N 区既不是犯罪行为地，也不是犯罪嫌疑人居住地，亦无上级公安机关指定管辖。因此，N 区公安机关对此案没有管辖权，建议不予批捕。该意见被 N 区检察机关采纳，梁某某未被批准逮捕。后该案亦未移交任何公安机关处理。

除在侦查阶段外，犯罪嫌疑人和辩护人在审查起诉阶段也可以提出管辖异议。在这个阶段，审查的机关是人民检察院，审查的内容包括侦查活动是否合法。侦查管辖是否合法或者是否适宜，直接影响侦查活动是否合法。由于侦查已经终结，人民检察院虽不可能直接移送管辖，但可以对错误侦查管辖情形下收集的证据的效力进行评判。因此，犯罪嫌疑人和辩护人进行管辖辩护，由审查起诉的人民检察院直接受理即可，人民检察院经审查后，如果认为侦查管辖错误，可以决定将案件退回侦查机关或者对案件作出不起诉决定；如果认为管辖异议不成立，可以驳回管辖异议。犯罪嫌疑人和辩护人对于驳回管辖异议不服的，也可以向上一级人民检察院申诉控告。

（二）审判阶段

审判阶段与审前阶段不同，相比于审前阶段，审判阶段更加公开透明，控辩双方可以通过公开的庭审进行举证、质证和辩论，然后由法院居中裁判。很多国家都只规定在审判阶段提出管辖异议，因为它们认为审判活动才是实质意义上的诉讼，而审判之前的侦查和起诉活动都只是诉讼的准备环节，不属于实质意义上的诉讼。相较于审前阶段，审判阶段的管辖辩护的辩护内容更广，不但要审查职能管辖有无问题，还要审查级别管辖、地域管辖和专门管辖有无问题。

1. 庭前会议中的管辖异议

为了确保法庭集中持续审理，提高庭审的质量和效率，对于适用普通程序审理的刑事案件，具有证据材料较多、案情疑难复杂、社会影响重大或者控辩双方对事实证据存在较大争议等情形的，人民法院可以决定在开庭审理前召开庭前会议。控辩双方也可以申请人民法院召开庭前会议。我国《刑事诉讼法》增设庭前会议，就是为了解决可能导致庭审中断的程序性事项，对于人民法院决定召开庭前会议的案件，被告人和辩护人需要提出管辖异议的，应当在庭前会议中提出。

按照目前最高人民法院《人民法院办理刑事案件庭前会议规程（试行）》的规定，被告人及其辩护人对案件提出管辖异议，应当说明理由。这样可以防止管辖异议权被滥用。然后由人民法院进行审查，如果认为辩护方提出的管辖异议成立，由人民法院将案件退回人民检察院或者移送有管辖权的人民法院；如果认为本院不宜行使管辖权，可以请求上一级人民法院处理。这明确了错误管辖和不宜管辖的处理方式。人民法院如果经审查认为异议不成立，则可以驳回异议。不管作出的是哪一种处理决定，人民法院都应当在开庭审理前告知控辩双方处理决定，并说明理由。控辩双方没有新的理由，再次提出有关申请或者异议的，法庭可以直接予以驳回。

可见，该规程对人民法院应当如何处理管辖异议作出了明确的规定，具有一定的可操作性。辩护律师应当熟练掌握这些规定，按照要求和程序及时提出管辖异议。

2. 开庭审理时的管辖异议

对于不召开庭前会议的案件，被告人和辩护人要提出管辖异议的，应当在被告人收到起诉书副本之后人民法院开庭之前提出。由于人民法院决定开庭审判后，应当将起诉书副本至迟在开庭 10 日以前送达被告人及其辩护人，所以被告人及其辩护人提出管辖异议至少有 10 天的准备时间。人民法院在送达起诉书副本时，应当同时告知被告人及其辩护人对案件管辖有异议的，应当在开庭前提出。这样既保证了被告人和辩护人有充分的时间行使管辖异议权，又能防止被告人和辩护人怠于行使权利，产生不必要的人力、物力和时间上的浪费。人民法院对于被告人和辩护人在法定期限内提出的管辖异议，应当在庭审过程中进行审查。审查的程序、处理方式和救济途径与处理庭前会议中的管辖异议相同，在此不再赘述。

在刑事诉讼中，改变管辖属于重大程序性事项，应当严肃认真对待，所以不管是在审前阶段提出还是在审判阶段提出，都应当使用书面形式进行，这样既能保证被追诉人意思表达的确定性和准确性，也有利于与民事诉讼和行政诉讼中以书面形式提出管辖异议的规定保持一致。

五、提出刑事管辖异议的目标

针对不同的辩护事由，管辖辩护的目标自然是不同的。对于错误管辖的，辩护的目标是使错误管辖得到纠正，使不具有管辖权的机关退出案件的管辖，如果退出管辖已经客观不能，则要否定错误管辖行为产生的法律后果。而对于不宜管辖的，因为现已管辖的机关依法具有管辖权，所以辩护的目标是将案件移送到更适宜管辖的机关。不管是变更管辖的机关还是否定管辖的效力，都是提出管辖异议最直接的辩护目标，但实践中管辖异议的辩护效果并不理想，而且一旦变更了管辖的机关或者否定了管辖的效力，有可能产生继续侦查等诉讼行为，从而虽然在程序上取得了胜利，但在实体上未必更有利，所以辩护律师在进行管辖辩护时，也要善于运用程序性辩护在实体上为当事人争取一定的权益。

总体来说，管辖辩护的目标可以包括以下几种。

（一）变更管辖的机关

不管是对错误管辖提出异议还是对不宜管辖提出异议，辩护方最终的目标都是变更管辖的机关，将案件移送到有管辖权的机关或者更适宜管辖的机关，以纠正管辖错误或者避免不宜管辖，保证案件得到公正的处理。但从辩护的角度来讲，辩护方要么指出办案机关违反了管辖的规定，不具有管辖权而违法办案，应当予以纠正；要么指出办案机关不适宜行使管辖权的情形，继续管辖可能产生的不利的法律后果。国家专门机关在听取辩护方的意见后，通过指定管辖或者移送管辖的方式，将案件移送到有管辖权的机关或者更适宜管辖的机关，实现辩护方关于变更管辖机关的目标。

需要注意的是，辩护方在进行管辖辩护时，不但要努力实现变更管辖机关的目标，而且还应当努力尽早实现这个目标。因为无管辖权的机关或者不宜管辖的机关对案件进行管辖后，就可以对被追诉人的人身或财产采取强制措施，可以对被追诉人进行审判，而改变管辖后，期限需要重新计算，如侦查期限重新计算，开过庭的还要重新开庭，可能使被追诉人的合法权益遭受进一步的损害。因此，应当尽可能早地变更管辖的机关，将错误管辖或不宜管辖所造成的不利后果降到最低。

案例7－10 A某诈骗案被成功变更管辖机关①

2014年，犯罪嫌疑人A某经人介绍认识了某公司老板刘某，刘某向A某借款160万元，打了借条，并约定利息，后刘某陆续向A某账户支付本息，尚有110万元未还清。2015年，A某担心借条有虚假以及刘某可能起诉返还高额利息，安排乙某向刘某出借110万元并让刘某将款项转给C某，但刘某向乙某也出具了借条并约定利息，之后刘某仍旧将每月利息支付到A某账户上。至此，名义上系乙某和刘某形成了民间借贷关系，但是事实上还是A某和刘某之间的民间借贷。

后因刘某拒绝偿还借款本息，A某安排乙某于2017年到L县人民法院起诉，诉讼过程中，A某等人否认了C某收到的110万元与其有关。该案法院支持刘某偿付乙某借款本息140万元左右，最终该案通过调解执行结案，调解时乙某收到刘某104万元。后刘某以不当得利为由起诉C某，刘某胜诉，A某个人支付95万元至乙某账户用于归还不当得利一案的还款。事后，刘某向P市某分局控告A某诈骗，该分局立案并将A某抓获归案。

萍乡李强律师接受委托担任A某的辩护人，其提出A某主观上不具有非法占有他人钱财的目的，客观上也未取得刘某财产，不构成诈骗罪，即使构成也是虚假诉讼罪，但意见并未被采纳。后辩护人结合犯罪行为地、结果发生地等均不在该公安分局辖区的事实，在检察院审查批捕阶段提出管辖异议。最终意见被采纳，检察院裁定将案件移送L县管辖，同时将涉案罪名变更为虚假诉讼罪，实现了管辖和罪名的双变更。移送后，A某被立即取保候审。

（二）否定管辖的效力

提出管辖异议进行程序性辩护，力求变更管辖的机关，这当然是管辖辩护最主要的目标，但变更管辖需要一个过程，需要一定的时间，在管辖变更之前仍然存在错误管辖或不宜管辖的情形。因此，被追诉人和辩护人在进行管辖辩护时，除应当关注变更管辖的目标外，还应当关注错误管辖活动或不宜管辖活动所产生的诉讼成果，对于不利于被追诉人的，要积极否定其效力。被追诉人

① 该案由北京雍文（萍乡）律师事务所主任李强律师提供。

和辩护人可以提出以下几种方案。

1. 要求撤销原判，发回重审

辩护人在代理二审阶段的案件时，如果发现一审程序违反了管辖规定，属于程序违法，提出管辖异议时，应当要求撤销违反管辖规定作出的一审判决，发回重审，从而否定管辖的效力。

2. 要求作出撤销案件、不起诉决定或作出无罪判决

对于只能由人民法院受理的告诉才处理的自诉案件，公安机关或者人民检察院进行立案侦查并移送审查起诉或者移送起诉的，被追诉人或者辩护人可以自诉人并未告诉为由，根据《刑事诉讼法》第 16 条的明文规定，要求办案机关作出撤销案件、不起诉决定或者宣告无罪。这种处理方式是由告诉才处理自诉案件的特殊性决定的。对于其他案件，承办机关在辩护律师提出管辖异议的程序性辩护时，如果认为确实没有管辖权，一般会移送给有管辖权的机关。这种操作可能在客观上会延长办案期限，对于那些犯罪情节较轻的案件当事人反而有可能不利，所以辩护律师在提出管辖异议的基础上还要考虑实体问题，将两种辩护方式结合起来，以实现当事人合法利益的最大化。

案例 7－11　李某掩饰、隐瞒犯罪所得案提出地域管辖异议①

李某因购买他人通过行贿手段获取的医院对医生用药信息的统计数据，被 A 市下辖县级市乙市公安机关以涉嫌掩饰、隐瞒犯罪所得罪立案侦查并移送乙市人民检察院审查起诉。无锡付申律师接受委托担任李某的辩护人，经会见和阅卷后提出乙市公安机关对案件没有管辖权，因为本案的犯罪行为发生地和犯罪结果发生地均在 A 市 C 区，犯罪嫌疑人李某的户籍所在地和居住地也在 A 市 C 区，根据公安部《公安机关办理刑事案件程序规定》第 24 条关于“县级公安机关负责侦查发生在本辖区内的刑事案件”的规定，乙市公安机关对本案没有管辖权。

后案件被乙市人民检察院退回补充侦查，乙市公安机关补充了指定管辖的材料。但辩护律师认为：即使乙市公安机关补充了指定管辖的材料，也只解决了侦查的管辖权问题，在乙市公安机关移送审查起诉后，检察机关仍然需要审

---

① 本案例由江苏法德东恒（无锡）律师事务所付申律师提供。

查有无法定管辖权。认为应当由上级人民检察院或者同级其他人民检察院起诉的，应当将案件移送有管辖权的人民检察院；认为需要依照《刑事诉讼法》的规定指定审判管辖的，应当与同级人民法院协商办理指定管辖有关事宜。由此可见，乙市人民检察院如果要承办此案，也应当由上级人民检察院指定其管辖。至于最高人民法院、最高人民检察院、公安部《关于办理电信网络诈骗等刑事案件适用法律若干问题的意见》第五部分第7条关于“公安机关立案、并案侦查，或因有争议，由共同上级公安机关指定立案侦查的案件，需要提请批准逮捕、移送审查起诉、提起公诉的，由该公安机关所在地的人民检察院、人民法院受理”的规定，是针对公安机关具有法定管辖权而言的，而本案乙市公安机关本身没有管辖权，是被指定管辖的，所以不能适用该条的规定，乙市人民检察院不能因此获得管辖权。除进行了管辖辩护外，辩护律师还从实体角度进行了辩护：犯罪情节轻微，且犯罪嫌疑人也已经认罪认罚，根据刑法规定不需要判处刑罚。检察机关最终采纳了辩护律师的意见，对犯罪嫌疑人李某作出了不起诉决定。

3. 要求认定违反管辖规定收集的证据无效

公安机关或者人民检察院立案侦查了没有管辖权的案件，对于其通过侦查收集的证据，辩护律师可以提出管辖异议进行程序性辩护，否定违反管辖规定进行侦查所获取的证据的效力，要求认定证据不具有证明能力，从而排除掉有关证据。

案例7－12 张某童诈骗和合同诈骗案因违反管辖收集的证据未被采纳[①]

辽宁省Y市乙市（县级市）公安分局以涉嫌诈骗罪和合同诈骗罪对犯罪嫌疑人张某童立案侦查。因案情重大，该案后被乙市公安局上级机关Y市公安局指定Y市刑警支队管辖。Y市人民检察院指定L市（县级市）人民检察院管辖，后张某童被L市人民检察院以诈骗罪和合同诈骗罪批准逮捕。张某童被批准逮捕后，因被害人报案，乙市公安局对张某童涉嫌诬告陷害罪和强制猥亵罪立案侦查。后L市人民检察院以张某童涉嫌诈骗罪、职务侵占罪、诬告陷害罪

① 本案例由辽宁卓政律师事务所车勇律师提供。

和强制猥亵罪移送起诉，并提出 15 年有期徒刑的量刑建议。

沈阳车勇律师接受委托担任张某童的辩护人，其阅卷后发现，在已指定管辖的情况下，案件仍由乙市公安局的侦查人员进行侦查，关于诈骗罪和职务侵占罪的讯问笔录、询问笔录、书证、物证、辨认笔录等证据均有乙市公安局民警签字，系乙市公安局违规侦查收集。在庭审过程中，辩护律师提出公诉机关指控张某童构成诈骗罪和职务侵占罪的证据均系没有管辖权的侦查机关所收集的非法证据，不具有证明能力。合议庭当庭与公诉人核实后宣布休庭，恢复开庭后合议庭告知公诉人不得出示诈骗罪和职务侵占罪的相关证据，但公诉人仍然出示，合议庭未采纳以上证据，并判决张某童的行为不构成诈骗罪和职务侵占罪。后 L 市人民检察院提出抗诉，Y 市中级人民法院驳回抗诉，维持了一审判决。

（三）其他间接目标

变更管辖机关和否定管辖效力是提出管辖异议进行程序性辩护最直接的目标，实现了这些目标后，有的在实体上进一步影响当事人的实体权利，比如否定违反管辖规定所收集的证据的效力后导致案件定罪或者重罪的证据不足，从而获得无罪或者罪轻的结果，但有的则不一定有利于实体上的结果，比如变更管辖机关后重新侦查、起诉、审判，延长了办案期限和羁押期限，可能反而更不利于当事人。所以辩护律师在提出管辖异议，进行程序性辩护时，要尽量避免产生这种更不利的结果，不能单纯为了辩护而辩护。当然，提出管辖异议，进行程序性辩护的效果有时并不理想，但辩护律师不能因此放弃辩护，如果辩护有理有据，即使在诉讼文书中没有直接体现采纳辩护律师关于管辖异议的意见，也可能动摇和影响司法工作人员对证据的效力等问题的认定，在实体处理上给予让步妥协，使当事人获得更轻更有利的处理结果。

案例 7－13　张某诈骗案提出级别管辖异议①

2011 年，原先登记在 A 公司名下的国有土地使用权被政府回收（尚未办理权属变更）。2013 年，张某将 A 公司收购。张某的朋友李某某发现 A 公司名下

① 本案例由北京大成（南京）律师事务所王素军律师提供。

的国有土地使用权未办理变更手续，遂向张某提议：可以谎称国有土地使用权归张某所有，要求政府给予补偿。张某应允，后与政府签订了补偿款协议，拿到了补偿款2000余万元。2020年案发，张某和李某某因涉嫌共同诈骗被抓，李某某还涉嫌受贿罪。后李某某被移送中级人民法院起诉，而张某则被移送基层人民法院起诉，二人被分案处理。

南京王素军律师接受委托担任张某的辩护人，提出了管辖异议，认为：根据最高人民法院《关于适用〈中华人民共和国刑事诉讼法〉的解释》第15条关于“一人犯数罪、共同犯罪或者其他需要并案审理的案件，其中一人或者一罪属于上级人民法院管辖的，全案由上级人民法院管辖”的规定，张某应当由中级人民法院审理。如果张某由基层人民法院继续审理，其上诉到中级人民法院，意味着张某二审的审理法院是同案犯李某某的一审法院，这显然损害了张某的上诉权。在多次交涉下，基层人民法院还是继续审理了该案，但在量刑时作了从轻处理：未采纳检察机关提出的8年6个月有期徒刑的量刑建议，最终判处张某有期徒刑5年。张某没有上诉。

案例7－14　郭某奇非法占用农用地案质疑指定管辖①

2017年10月，被告人付某芹找被告人郭某奇、郭某学购买郭某学承包WC市内某林班的草炭土用于制作水稻基质原料，支付费用8.2万元，付某芹销售利润89.2万元。后经鉴定，郭某奇非法掘挖损害、改变林地65亩。经H市公安局指定管辖，NG区公安分局对郭某奇以涉嫌非法占用农用地罪立案侦查，侦查终结后，NG区公安分局将该案移送NG区检察院审查起诉，NG区检察院于2020年10月17日将该案移送NG区法院起诉，量刑建议为1年6个月。

哈尔滨唐学文律师接受委托担任郭某奇的辩护人，经阅卷，辩护律师发现本案没有指定管辖文书，于是向法院提出管辖权异议，同时还将管辖权异议书快递给H市中级人民法院相关负责人，指出案件的犯罪行为地和犯罪结果地都在WC市，被告人居住地也在WC市，均非NG区。NG区公安分局虽有指定管辖的文书，但NG区检察院和法院均无指定管辖的文书，NG区法院对此案没有

① 本案例由北京大成（哈尔滨）律师事务所唐学文律师提供。

管辖权。

由于本案恰逢疫情严重期间，法院考虑到移送案件及换押被告人会带来很大困难，故采取事后补充指定管辖裁定并与辩护律师交流从轻量刑的方式来妥善处理此案。鉴于非法占用农用地事实存在，辩护律师在跟被告人协商后同意尽快开庭以获取从轻量刑，最终，法院低于检察院的量刑建议判决郭某奇有期徒刑1年4个月。

此外，对于那些无法充分保障辩护律师准备时间的情形，辩护律师也可以运用提出管辖异议的程序性辩护以赢得准备时间，比如辩护律师在审判阶段才介入，但案件疑难复杂，案卷众多，而法院急于开庭，如果辩护律师发现法院的管辖权存在问题，可以提出管辖异议，一方面纠正错误的管辖，另一方面为辩护工作赢得准备时间。

案例7－15　肖某某敲诈勒索案策略性提出管辖异议①

肖某某系A公司某分公司法定代表人，作为债权代持人提起系列民事诉讼。乙市人民法院民事审判庭在审理过程中因肖某某涉嫌虚假诉讼，将虚假诉讼犯罪线索移送公安机关立案侦查，后公安机关以涉嫌诈骗罪移送检察机关审查起诉，检察机关最终以涉嫌敲诈勒索罪向乙市人民法院移送起诉，由该法院刑事审判庭审理。

深圳胡海律师接受委托担任肖某某的辩护人。案件移送乙市人民法院不久，辩护律师就接到乙市人民法院通知：案件将在短时间内开庭审理，由于本案系疑难复杂案件，关于罪与非罪存在较大争议，涉及事实、证据和专业领域较多，还需要调查收集对被告人有利的证据。出于一系列辩护策略的考虑，辩护律师认为乙市人民法院审理自己移送的案件，有可能影响对案件的公正处理，因此向乙市人民法院提出管辖异议和提级管辖申请，提出应将案件移送上一级人民法院管辖或由上一级人民法院指定同级其他人民法院管辖。此外，辩护律师通过电话多次向承办法官就上述情况沟通交涉，引起了乙市人民法院的重视，乙

① 本案例由北京德和衡（深圳）律师事务所胡海律师提供。

市人民法院将辩护律师提出的管辖异议问题上报给了上一级人民法院。虽然上一级人民法院最终仍然决定由乙市人民法院审理，但提出管辖异议的过程为该案辩护工作的充分准备赢得了宝贵的时间。经过充分有效的辩护后，检察机关从乙市人民法院撤回起诉，并对肖某某作出了不起诉决定。

六、提出刑事管辖异议须避的坑

程序性辩护是辩护的一种形态，与实体性辩护一样，都只能针对不利的内容进行反驳和论辩，提出更有利的观点，说明对方指出的错误是不存在的或者没有对方说的那么严重，而不能提出更不利的意见，甚至站在对方一边指出更多的错误，否则就不能称为辩护。提出管辖异议作为程序性辩护的一种，自然应当遵循这样的辩护原则：提出的抗辩或者主张必须更有利于被追诉人，而不应当更不利于被追诉人。

根据司法实践总结的经验，提出管辖异议要尽量避免出现以下情形。

（一）使被追诉人面临更重处罚的风险

虽然使被追诉人获得更轻的量刑是实体性辩护的内容，但程序性辩护有时就是为实体性辩护服务的，程序性辩护得当有利于达到实体性辩护的目标。相反，如果程序性辩护不得当，则可能使被追诉人面临更重的处罚。提出管辖异议就应当避免这样的风险。如在提出级别管辖异议的过程中要求提高审级，可以使被追诉人获得由更高级别的法院及更高专业素质的法官审判的机会；还可以使案件摆脱地方干预，使二审法院可以是高级人民法院，可以向最高人民法院申诉。这无疑是有利于被追诉人的。但并不是所有的案件中都适合提出提高审级的要求，如果案件事实比较清楚，证据也比较充分，可能被判处无期徒刑或者死刑，依法应当由中级人民法院审理，但公诉机关将案件移送到基层人民法院的，就不宜提出提高审级，避免被追诉人面临更重处罚的风险，因为基层人民法院最高只能判处有期徒刑，而中级人民法院有可能判处无期徒刑或者死刑。

案例 7－16　陈某某合同诈骗案没有提出管辖异议

陈某某因涉嫌合同诈骗3000余万元被立案侦查，其中有1000万元源于与某领导的亲戚之间的合同纠纷。为了将该案的影响控制在该市的范围内，该案最终被移送该市某区人民法院起诉。被告人陈某某及其家属认为该案不应当由区人民法院审理，应当移送市中级人民法院审理，因为如果案件判得不公，可以上诉到省高级人民法院，如果由区人民法院审理，日后只能上诉到市中级人民法院，不可能被改判，所以聘请了律师，要求其提出管辖异议。

辩护律师经过查阅案卷和会见陈某某后，认为：其中的1000万元源于合同纠纷，不应当构成犯罪，但另外2000余万元合同诈骗的事实比较清楚，证据也比较充分，陈某某对这2000余万元也是认罪的。按照当地的标准，如果移送市中级人民法院审理，合同诈骗2000余万元也有可能被判处无期徒刑，但如果由基层人民法院审理则不会被判处无期徒刑。所以如果提出管辖异议有可能更不利于被告人陈某某。被告人陈某某及其家属听取了辩护律师的意见，没有坚持提出管辖异议。

后来辩护律师在庭审过程中针对涉及1000万元的合同诈骗进行了无罪辩护，最终辩护意见被采纳。法院针对涉及2000余万元的合同诈骗事实，判处被告人陈某某12年有期徒刑。

在案例7－16中，辩护律师的做法是非常值得倡导的。辩护律师没有唯法律规定论，没有唯当事人的意志论，也没有为了程序性辩护而辩护，而是在阅卷和会见的基础上，对案件进行了全面的分析，认为提出管辖异议、将案件由基层人民法院审判改为由中级人民法院管辖可能更不利于被告人陈某某，说服被告人陈某某及其家属没有提出管辖异议，且在庭审过程中据理力争，最终说服法院没有认定原本就源于合同纠纷的1000万元为合同诈骗，消除了没有提出管辖异议可能产生的不利影响。

（二）使被追诉人面临更长时间羁押的风险或者使案件面临久拖不决的风险

在司法实践中客观存在错误管辖的情形：公安机关管辖了人民检察院的案

件，甲地的人民法院管辖了乙地的人民法院的案件，基层人民法院管辖了中级人民法院的案件。将案件依法移送到有管辖权的机关是提出管辖异议的目标。但对于有些事实清楚，证据充分，被追诉人认罪认罚且依法应当判处较轻刑罚的案件，如果由现有错误管辖的机关继续办理，可能很快审结，但如果移送到有管辖权的机关，因需要重新侦查，重新收集证据，所有的诉讼程序需要重新走一遍，必然拖延诉讼进程，延长被追诉人的羁押时间，还有可能导致案件久拖不决。在这种状况下，在与被追诉人达成一致意见的情况下，就不宜提出管辖异议。

案例 7－17　李某某故意伤害案没有提出管辖异议

甲地居民李某某在甲地与程某某发生口角后对程某某进行殴打，致程某某轻伤后逃往乙地，后被乙地的公安机关立案侦查。因事实清楚，证据充分，李某某认罪认罚，乙地检察机关提出判处 1 年有期徒刑的量刑建议，移送乙地的基层人民法院起诉。李某某的辩护律师在审判阶段介入后发现行为发生地和行为结果地都不在乙地，被告人李某某的居住地也不在乙地，乙地的司法机关对该案根本没有管辖权。其将该情况与被告人李某某进行了沟通，告诉李某某其可以提出管辖异议，要求将案件移送到具有管辖权的甲地的司法机关进行管辖，但重新走一遍程序可能需要一段时间，案件未必能得到快速的处理。经与被告人李某某协商后，没有提出管辖异议，最终乙地的基层人民法院对李某某判处 1 年有期徒刑。

在这个案件中，辩护律师的做法是正确的，其发现审判的法院既不在犯罪行为地，也不在被告人居住地，没有管辖权，便应当将这个问题告诉被告人，同时也要与被告人进行充分的分析，告诉被告人其享有提出管辖异议的权利，但提出管辖异议后可能面临更不利的结果，从而在充分协商的基础上制定对被告人更有利的辩护策略。

（三）使案件无法摆脱地域影响

对于有些已移送中级人民法院的案件，辩护方如果认为对被追诉人不应当判处无期徒刑或者死刑，案件不应由中级人民法院管辖，则可以提出降低审级的管辖异议。如果争取将案件移送到基层人民法院，则对被追诉人最高只能判处有期徒刑，自然更有利于被追诉人。但如果这些案件涉及地方利益，将案件由基层人民法院审判，二审法院就只能是中级人民法院，仍无法摆脱地域影响，则是否提出管辖异议应当综合各方面因素进行权衡。在案例 7 - 16 中，如果全案 3000 余万元都源于合同纠纷，只是因人为因素的影响而被追诉合同诈骗罪，那么为了摆脱地方干预，辩护方就应当提出管辖异议，将案件移送到中级人民法院，如果得不到理想的审判结果，还可以上诉到省高级人民法院。但因为案例 7 - 16 中只有涉及 1000 万元的行为不构成合同诈骗罪，涉及 2000 余万元的行为是可以被认定为合同诈骗罪的，如果提出管辖异议，将案件移送到中级人民法院，虽然有可能摆脱地方干预，但被告人有可能被判处无期徒刑，而这对被告人更不利，所以在综合各方面因素后辩护方并未提出管辖异议。

第四节 如何有效地进行刑事管辖异议辩护

一、审前阶段的管辖辩护

审前阶段的管辖辩护，是指在审前阶段（包括侦查阶段和审查起诉阶段）提出管辖异议的程序性辩护，主要是针对公安机关和人民检察院就刑事案件的侦查管辖提出抗辩或者主张，包括错误管辖和不宜管辖两大类。明确侦查管辖，有利于侦查活动在规定的程序里有序推进，有利于公民对刑事案件的立案侦查有所预期，既可以保障公民不被随意立案侦查，也可以保障公民在被犯罪行为侵犯后的申诉和控告。在司法实践中，侦查管辖出现的冲突比较多，情况也比较复杂，相应的管辖辩护具体包括以下几种。

（一）针对错误管辖非刑事案件的辩护

侦查管辖，是指公安机关和人民检察院之间立案受理刑事案件的职权与分工，但不管公安机关和人民检察院之间如何分工，都是针对刑事案件的立案侦查而言，对于非刑事案件，公安机关和人民检察院均没有侦查管辖权。所谓刑事案件，是指行为人的行为触犯了刑法，侵犯了刑法所保护的社会关系，国家为了追究行为人的刑事责任而进行侦查、起诉和审判并给予刑事制裁的案件。由于刑事制裁是最严厉的一种法律制裁，所以要求行为人实施的行为必须触犯刑法，达到刑法所要求的犯罪的程度。可见，侦查管辖不仅要解决办案机关的侦查分工问题，还要解决是否能进入立案侦查的门槛问题。这是职权分工的前提。如果没有达到刑事案件这个门槛要求，任何办案机关都没有侦查管辖权，自然也就谈不上侦查上的分工。

如果办案机关背离这样的原则，滥用侦查管辖权，对非刑事案件立案侦查，显然违反了管辖的规定，属于错误管辖，辩护方可以提出管辖异议，进行程序性辩护。在司法实践中，滥用侦查管辖权在经济纠纷领域表现得尤为突出，这是因为经济纠纷与经济犯罪在实体上比较容易产生混淆，且经济案件存在较大的经济利益，促使有些纠纷一方千方百计、想方设法让办案机关利用刑事手段进行干预。多年来，最高人民法院、最高人民检察院，尤其公安部三令五申，强调要严格区分经济纠纷和刑事犯罪，强调要坚决防止利用刑事手段干预经济纠纷，同时要求作为法律监督机关的检察机关加强与公安机关的沟通联系，通过与公安机关建立刑事案件信息共享机制、关注网络媒体报道、设立网络舆情观察员等多种方式，不断拓宽监督线索知情渠道，通过侦查监督促进国家法律的统一、正确实施。此外，近年来中央到地方出台的一系列文件中一再重申禁止利用刑事手段干预经济纠纷，明确了经济纠纷不属于刑事侦查管辖的对象。

对于这类滥用侦查管辖权错误管辖经济纠纷的案件，实践中辩护方多从实体的角度出发，提出案件所涉行为不符合犯罪的构成要件，未达到犯罪的追诉标准，所以不构成犯罪的实体性辩护意见，很少从管辖这个方面进行程序性辩护。事实上，如果能够认定案件不属于刑事案件，不属于侦查管辖的对象，辩护方就可以提出管辖异议，从管辖错误的视角要求撤销案件或者作出不起诉决定，要求对被拘留或逮捕的犯罪嫌疑人以及被查封、扣押、冻结的财产解除强制措施。这样的程序性辩护与实体性辩护并不冲突，两者相辅相成，双管齐下，可以取得更好的辩护效果。

在案例 7－16 中，被告人陈某某与某领导亲戚之间涉及 1000 万元的合同纠纷被立案侦查而最终移送起诉，辩护律师除可以从合同诈骗罪的构成要件这一实体视角提出无罪辩护的意见外，还可以早在侦查阶段从合同纠纷属于民事案件而不属于刑事案件，不应由公安机关立案侦查，公安机关对涉及该 1000 万元的合同纠纷进行立案侦查属于管辖错误这一程序的角度提出管辖异议。

（二）针对错误管辖自诉案件的辩护

自诉案件由人民法院直接受理，所以对自诉案件不存在立案侦查的问题，对自诉案件的处理也不会发生在审前阶段。公安机关或人民检察院如果对自诉案件立案侦查，显然属于管辖错误，辩护方可以提出管辖异议的程序性辩护。但在自诉案件中，除告诉才处理的案件属于绝对的自诉案件外，另外两类即人民检察院没有提起公诉，被害人有证据证明的轻微刑事案件，以及被害人有证据证明对被告人侵犯自己人身、财产权利的行为应当依法追究刑事责任，且有证据证明曾经提出控告，而公安机关或者人民检察院不予追究被告人刑事责任的案件，本质上都属于公诉案件，只是在符合一定条件时可以转为自诉案件。因此，办案机关如果立案侦查了后两类案件，不属于管辖错误。但对于告诉才处理的案件，公安机关和人民检察院一律不得立案侦查，不管其是因故意抢案立案还是因理解偏差立案，辩护方都可以自诉人并未告诉为由，并根据《刑事诉讼法》第16条的规定，要求办案机关撤销案件或者作出不起诉决定。

案例7－18 张某某侵占案提出侦查管辖错误

廖某某到某地出差，将价值2万元的瓷器寄存在张某某的车间。车间工人因操作设备失误，不慎将瓷器打碎。当廖某某办完事后到张某某车间要取走瓷器时，张某某为了避免赔偿责任，谎称瓷器突然不见了，可能被别人盗走了。廖某某以盗窃罪到公安机关报案，经过公安机关的侦查，发现是张某某隐瞒了瓷器被打碎的事实，以侵占罪对张某某进行了刑事拘留。张某某的家属聘请刘律师担任张某某的辩护人。辩护律师提出侵占罪属于告诉才处理的案件，不应当由公安机关受理，而应当由廖某某向人民法院提起自诉。后公安机关将张某某释放，张某某被释放后与廖某某达成赔偿协议，并取得了廖某某的谅解，廖某某没有再到法院提起自诉。

（三）针对公安机关、人民检察院之间错误行使管辖权的辩护

如果确定是刑事案件，且是公诉案件，则需要根据案件的不同类型确定由哪个机关进行管辖。在审前阶段，具有侦查管辖权的机关是公安机关和人民检察院。一般来说，公诉案件的立案侦查由公安机关进行，法律特别规定的案件才由人民检察院立案侦查，比如人民检察院在对诉讼活动实行法律监督过程中发现的司法工作人员利用职权实施的非法拘禁、刑讯逼供、非法搜查等侵犯公民权利、损害司法公正的犯罪。而且法律关于由人民检察院立案侦查的规定，用的是“可以”而不是“应当”，这意味着公安机关立案侦查以上案件，不属于直接违反法律规定。由此可见，公诉案件的立案侦查工作，主要是由公安机关承担，公安机关错误管辖应由人民检察院管辖的案件的概率大大降低。但是

如果人民检察院立案侦查法律规定之外的公诉案件，则属于管辖错误，辩护方可以提出管辖异议，进行程序性辩护。

（四）针对违背地域原则错误管辖的辩护

侦查管辖不但要遵循不同办案机关对刑事案件立案侦查的职权分工，还要遵循同一级别但不同地域的办案机关对刑事案件立案侦查的职权分工。根据公安部颁布的《公安机关办理刑事案件程序规定》，刑事案件由犯罪地的公安机关管辖，如果由犯罪嫌疑人居住地的公安机关管辖更为适宜的，可以由犯罪嫌疑人居住地的公安机关管辖。犯罪地与犯罪嫌疑人居住地以外的地方的公安机关不具有侦查管辖权，其违反这个规定对刑事案件进行立案侦查，就属于管辖错误，辩护方依法可以提出管辖异议，进行程序性辩护。

案例 7－19 谭某损害商品声誉案地域管辖错误

内蒙古自治区××县公安局跨省抓捕谭某的“鸿茅药酒事件”是一个典型案例。2017 年 12 月 19 日，谭某发布题为《中国神酒“鸿茅药酒”，来自天堂的毒药》的网帖，试图从心肌变化、血管老化、动脉粥样硬化等方面说明鸿茅药酒对老年人会造成伤害。涉事企业以其恶意抹黑，造成自身经济损失 140 万元为由报警后，2018 年 1 月 10 日，××县公安局以涉嫌损害商品声誉罪将谭某跨省抓捕。①

在这个案件中，辩护方既可以从谭某的行为不构成损害商品声誉罪出发进行实体辩护，还可以从××县公安局是否具有侦查管辖权入手进行程序性辩护。刑事案件应当由犯罪地公安机关管辖，犯罪地包括行为发生地和结果发生地，在本案中，谭某是在网上发布的言论，其上网的地方和服务器所在地属于行为发生地，至于结果发生地，则比较难确定：谭某是在网络上发布的内容，很难确定其行为在哪个地方产生了损害的结果，因此，从行为发生地来看，本案没有发生在××县；从结果发生地来看，本案无法确定在××县。在这种情况下，

---

① 陈烨：《网络时代言论自由的法律边界及刑法规制》，载《北京警察学院学报》2020 年第 1 期。

应当由谭某居住地的公安机关管辖，如由其户籍所在地或者其离开户籍所在地最后连续居住1年以上的地方的公安机关管辖。××县公安局进行立案侦查并跨省抓捕，显然是错误的。对这种违背地域管辖原则的错误管辖提出异议就属于刑事管辖异议辩护。2018年4月17日，内蒙古自治区人民检察院通报“谭某损害鸿茅药酒商品声誉案”：案件事实不清、证据不足，自治区人民检察院指令××县人民检察院将该案退回公安机关补充侦查并变更强制措施。后该案以涉事企业向××县公安局撤回报案而了结。

（五）针对违反例外规定错误管辖的辩护

对于侦查管辖，除了以犯罪地办案机关管辖为主，以犯罪嫌疑人居住地办案机关管辖为辅，我国《刑事诉讼法》还针对一些特殊情况作了例外规定。例如，为了防止办案机关对辩护人打击报复，维护我国的刑事辩护制度，我国《刑事诉讼法》第44条规定了侦查回避原则，即对于辩护人涉嫌帮助被追诉人隐匿、毁灭、伪造证据或者串供，威胁、引诱证人作伪证以及进行其他干扰司法机关诉讼活动的犯罪，应当由办理辩护人所承办案件的侦查机关以外的侦查机关办理。这不但是一项例外规定，而且是一项义务性规定，因该规定使用的字眼是“应当”。如果办理辩护人所承办案件的侦查机关立案侦查辩护人毁灭证据、伪造证据、妨害作证案件，则必然不利于保护辩护人的正当权益，严重违反了管辖规定，属于管辖错误，辩护方可以提出管辖异议，进行程序性辩护。

案例7-20 金某鹏和朱某妨害作证案管辖错误

根据司法部发布的公告，金某鹏律师和朱某律师是在代理辽宁省D市×区公安局办理的挪用资金案中因涉嫌妨害作证罪，分别于2016年1月18日、19日被辽宁省D市×区公安局刑事拘留，后被当地人民检察院批准逮捕并提起公诉。后×区人民法院开庭审理了本案。在本案中，这两名律师是在代理一起挪用资金案件时涉嫌妨害作证罪，这两名律师代理的挪用资金案的侦查机关是×区公安局，办理这两名律师涉嫌的妨害作证案的侦查机关还是×区公安局，这显然无法保证对案件公正处理。在侦查管辖错误的情况下，×区人民法院自然也不具有审判的管辖权。对这种违反例外规定的错误管辖提出异议，就属于刑事程序性辩护。

（六）针对出现不宜管辖的情形而管辖的辩护

前面五类情形都属于在错误管辖状况下进行的程序性辩护，而除了错误管辖，侦查管辖也会出现不宜管辖的情形，对此辩护方也可以提出管辖异议，进行程序性辩护，要求将案件移送到更适宜管辖的机关。关于不宜管辖的具体情形详见前文，在此不再赘述。

二、审判阶段的管辖辩护

审判阶段的管辖辩护，是指在审判阶段提出管辖异议的程序性辩护。对于人民法院受理非自诉案件而提出异议的，属于职能管辖异议。人民法院受理的自诉案件除包括告诉才处理的案件，还包括人民检察院没有提起公诉，被害人有证据证明的轻微刑事案件，以及被害人有证据证明对被告人侵犯自己人身、财产权利的行为应当依法追究刑事责任，且有证据证明曾经提出过控告，而公安机关或者人民检察院不予追究被告人刑事责任的案件。这两类案件本质上属于公诉案件，本就应当由公安机关或者人民检察院立案管辖，只有在符合一定条件时才转由人民法院受理。在审判阶段，被告人及其辩护人也可以对以下情形提出职能管辖异议的程序性辩护：一是人民法院将公诉案件当成自诉案件受理，比如人民法院将重婚案或遗弃案理解成告诉才处理的案件而受理；二是人民法院将可能判处 3 年有期徒刑以上刑罚的属于《刑法》分则第四章、第五章规定范围的案件，错误评估为可能判处 3 年有期徒刑以下刑罚，在人民检察院没有提起公诉时作为自诉案件直接受理；三是被害人虽然对被告人侵犯自己人身、财产权利的行为向公安机关报过案，但在公安机关尚未作出处理决定时又向人民法院提起自诉，人民法院误认为公安机关没有立案而受理。理论上在审判阶段对以上情形均可提出职能管辖异议，但在实践中提出此类异议的概率相对较小。

审判阶段的管辖辩护对审判管辖提出异议的情形居多。所谓审判管辖，是指不同级别的人民法院之间、同一级别但不同地域的人民法院之间以及普通人民法院与专门人民法院之间，在直接受理、审判第一审刑事案件方面的职权分工。[①] 国外刑事诉讼法规定的管辖，大多是审判管辖。我国《刑事诉讼法》既规定了职能管辖，也规定了审判管辖，但对审判管辖的规定篇幅较大。可见各国对审判管辖都是高度重视的。这是因为整个刑事诉讼过程都是围绕着解决被追诉人的刑事责任问题而展开的，而有权对被追诉人进行定罪和量刑的只有法院，定罪和量刑只能通过审判活动进行。为了实现司法公正，要求审判的法院居中并无偏倚地进行裁判，是实现正义的最低限度的标准。《公民权利和政治权利国际公约》第 14 条规定，人人有资格由一个依法设立的合格的、独立的和无偏倚的法庭进行公正的和公开的审讯。但综观我国《刑事诉讼法》，该法规定审判管辖的落脚点在审判职权的分工，规定了级别管辖、地域管辖和专门管辖，并规定了管辖冲突或者管辖不明状况下的处理原则。各法院按照这些规定进行审判管辖，有利于审判活动按照规定的程序推进。但在司法实践中，存在审判管辖错误或者不宜的现象，需要被告人和辩护人及时提出管辖异议，以维护被告人的合法权益。相比于审前阶段具有不公开性，审判阶段是相对公开透明的，有条件的法院还应当对案件进行庭审直播，这容易使管辖错误或不宜问题暴露出来，进而为被告人和辩护人提出管辖异议提供空间。如 J 省 L 市中级人民法院审理原法官王某忠涉嫌民事枉法裁判案时，因为庭审直播曝光而引发热议，最后 J 省高级人民法院指定异地法院审理该案。

需要说明的是，虽然审判管辖异议包括级别管辖异议、地域管辖异议和专门管辖异议，但专门管辖异议在实践中发生较少，故下面重点针对提出级别管辖异议和地域管辖异议的辩护进行阐述。

（一）提出级别管辖异议的辩护

级别管辖，是指各级人民法院在审判第一审刑事案件上的权限分工。我国《刑事诉讼法》根据案件涉及面大小及影响范围、罪行轻重以及可能判处的刑罚、各级法院在审判体系中的地位以及工作负担大小等因素，对基层人民法院、中级人民法院、高级人民法院和最高人民法院四级法院审理第一审刑事案件的

① 易延友：《刑事诉讼法精义》，北京大学出版社 2013 年版，第 54 页。

范围作了明确的规定。[①] 需要注意的是，虽我国《刑事诉讼法》对中级人民法院管辖的第一审刑事案件作了列举式规定，即危害国家安全、恐怖活动和可能判处无期徒刑、死刑的第一审刑事案件，但并不代表这些案件只能由中级人民法院审理，只是说这些案件的最低审理法院为中级人民法院，如果案件符合高级人民法院或者最高人民法院管辖的条件，也可以由高级人民法院或者最高人民法院管辖。按照常理，既然《刑事诉讼法》规定了各级人民法院审判管辖的范围，各级人民法院就应当按照规定对第一审刑事案件进行管辖，未按照规定进行审判的，被告人或者辩护人可以提出级别管辖异议，进行程序性辩护。

此类辩护通常包括以下两种情形。

1. 对降低审级提出级别管辖异议的辩护

降低审级，是指将本应由上级人民法院管辖的案件，交由下级人民法院审理。对于这种降低审级的级别管辖，如基层人民法院审理可能判处无期徒刑、死刑的第一审刑事案件，严重违背了级别管辖的硬性规定，这时提出级别管辖异议，比较容易得到支持。但如果将可能判处无期徒刑或者死刑，应当由中级人民法院审理的案件降低审级，由基层人民法院审理，因基层人民法院不得判处无期徒刑或者死刑，在可能更有利于被告人的情形下，被告人或者辩护人一般就不需要提出这种级别管辖异议。实践中有些案件，按照指控的犯罪事实，可能被判处无期徒刑或者死刑，但案件的立案系案外因素干扰所致且证据严重不足，被告人或辩护人需要进行无罪辩护的，当地司法机关为了将案件控制在所在辖区范围内，故意降低审级，使二审法院只能上诉至中级人民法院而无法上诉到高级人民法院，规避上级人民法院的监督，被告人或辩护人对这种降低审级的情形就应当提出级别管辖异议，要求将案件移送至中级人民法院。理由在于：一方面，中级人民法院的审理水平和法官的业务素质通常高于基层人民法院，有利于案件的公正审判；另一方面，如果中级人民法院作出了不公正的判决，还有机会将案件上诉至高级人民法院，甚至有机会向最高人民法院申诉。

---

① 最高人民法院管辖的第一审刑事案件，是全国性的重大刑事案件；高级人民法院管辖的第一审刑事案件，是全省（自治区、直辖市）性的重大刑事案件；中级人民法院管辖危害国家安全、恐怖活动和可能判处无期徒刑、死刑的第一审刑事案件；基层人民法院管辖第一审普通刑事案件，但是依法由上级人民法院管辖的除外。

对此，最高人民法院《关于建立健全防范刑事冤假错案工作机制的意见》明确作出了“不得通过降低案件管辖级别规避上级人民法院的监督”的规定，为提出此类管辖异议进行程序性辩护提供了依据和支持。

在司法实践中，降低审级以规避上级人民法院监督的情形并不少见，佘某林故意杀人案就是其中最典型的一个案例。

案例 7-21 佘某林故意杀人案被降低审级

1994 年 1 月 2 日，佘某林患有精神病的妻子张某玉失踪，张某玉的家人怀疑张某玉被佘某林杀害。随即警方在距佘某林家不远的河边发现一具无名女尸，尸体因高度腐烂无法辨认身份，但身穿与佘妻张某玉同款的毛线衣，且腹部有与张某玉相同的剖官产疤痕。于是警方锁定佘某林为杀害其妻子张某玉的犯罪嫌疑人。同年 4 月 28 日，佘某林因涉嫌故意杀人被批捕，后被原荆州地区中级人民法院一审判处死刑，剥夺政治权利终身。佘某林不服一审判决，提起上诉。湖北省高级人民法院审理后以事实不清、证据不足为由将该案发回重审。为了规避湖北省高级人民法院的监督，荆州地区人民检察院撤回起诉，将案件移交至下级京山县人民检察院，由京山县人民检察院向京山县人民法院提起公诉。经京山县人民法院审理，佘某林被判处 15 年有期徒刑。佘某林上诉后，曾判处其死刑的荆门市（原荆州地区）中级人民法院作出了维持原判的二审裁定。1998 年 9 月 22 日，佘某林被判处 15 年有期徒刑的判决生效。2005 年 3 月 28 日，佘某林妻子张某玉突然从山东回到京山。4 月 13 日，京山县人民法院经重新开庭审理，宣判佘某林无罪。

从这个案例我们发现，法院通过降低案件的管辖级别，对佘某林的量刑从原来的死刑降到了 15 年有期徒刑，表面上看对佘某林更有利，但深究其原因，系案件证据不足，被湖北省高级人民法院发回重审，荆州地区人民检察院撤回起诉后将案件移交至下级京山县人民检察院，规避了上级人民法院的监督。

综上，被告人和辩护人在遇到降低案件的管辖级别的情形时，要对案件进行具体分析：对可能构成犯罪，降低案件的管辖级别可能更有利于被告人的，没有必要提出管辖异议；但对于证据不足，可能宣告无罪的案件，司法机关降低案件的管辖级别是为了规避监督的，应当提出管辖异议。

2. 对提高审级提出级别管辖异议的辩护

提高审级，是指将下级人民法院管辖的案件，交由上级人民法院审理。对于这种提高审理级别的管辖，如中级人民法院审理了原本可以由基层人民法院审理的案件，提出级别管辖异议的辩护意见一般很难被采纳，因为我国法律赋予了各级人民法院自行变通提高级别管辖的办法，如我国《刑事诉讼法》第 24 条明确规定，上级人民法院在必要的时候，可以审判下级人民法院管辖的第一审刑事案件；下级人民法院认为案情重大、复杂，需要由上级人民法院审判的第一审刑事案件，可以请求移送上一级人民法院审判。由此可见，人民法院提高级别进行管辖在法律上并无大碍，加上上级人民法院的审理水平和法官的业务素质通常高于下级人民法院，所以实践中被告人或者辩护人对于提高审级的管辖一般也很少提出管辖异议。但如果法院提高审级进行管辖，是因为它认为被告人可能被判处无期徒刑或者死刑，而被告人或辩护人认为对被告人不应判处无期徒刑或者死刑，无须由中级人民法院进行审理的，仍然可以提出级别管辖异议。即使级别管辖异议的意见最终无法被采纳，但至少可以通过这样的管辖辩护提出有利于被告人的量刑意见。

（二）提出地域管辖异议的辩护

地域管辖，是指同级人民法院之间在受理第一审刑事案件方面的权限分工，主要根据犯罪地和被告人居住地来确定。对地域管辖提出异议，同样包括管辖错误和管辖不宜两种情况。我国《刑事诉讼法》针对地域管辖规定了两项原则：一项是以犯罪地法院管辖为主，以被告人居住地法院管辖为辅；另一项是以最初受理的法院管辖为主，以主要犯罪地法院管辖为辅。如果审判的法院背离了这两项原则，被告人和辩护人据此提出地域管辖异议，我们称为“地域管辖错误的辩护”。如果审判的法院根据法律规定享有管辖权，但因出现舆论影响、地方民意或者诉讼状态而不宜审判的情形，被告人和辩护人提出管辖异议，这样的程序性辩护虽然没有直接的法律依据，但符合管辖的基本精神，我们称为“地域管辖不宜的辩护”。对于管辖是否适宜的评判，司法机关具有较大的裁量权。在审前阶段，由于不具有公开性，辩护方提出管辖不宜的辩护一般很难得到支持。但在审判阶段，辩护方可以在庭审过程中阐述不宜审判的理由，阐述不移送管辖可能产生的不公正的处理结果，辩护意见更容易被采纳。

1. 提出地域管辖错误的辩护

（1）依据以犯罪地法院管辖为主，以被告人居住地法院管辖为辅的原则进行程序性辩护。

对于审判的法院，辩护方首先要审查该法院是犯罪地法院还是被告人居住地法院，如果审判的法院是被告人居住地法院，既不是犯罪行为发生地法院，也不是犯罪结果发生地法院，就要审查案件是否存在由被告人居住地法院管辖更为适宜的情形，与承办法院进行积极的沟通。如果不存在更为适宜的情形，且经评估后发现由被告人居住地法院审判有可能不利于被告人的，如被告人在居住地引起的民怨较大，或者被告人与被告人居住地法院具有利害关系，由被告人居住地法院管辖可能无法得到公正审判的，被告人及其辩护人可以根据《刑事诉讼法》第 25 条的规定提出地域管辖异议，要求将案件移送到犯罪地法院审判。

在司法实践中，如果审判法院是被害人居住地法院，辩护方首先应当审查被害人居住地是不是犯罪行为发生地或者犯罪结果发生地，如果既不是犯罪行为发生地也不是犯罪结果发生地，则不符合我国《刑事诉讼法》关于地域管辖的规定，加上被害人与被告人之间具有极大的利害关系，属于利益冲突的双方，而且被害人与被害人居住地法院之间可能存在千丝万缕的联系，由被害人居住地法院进行审判，可能不利于对被告人进行公正审判，那么辩护方应当指出管辖错误，要求司法机关予以纠正，由法院将案件移送到犯罪地法院或者被告人居住地法院审判。

（2）依据以最初受理的法院管辖为主，以主要犯罪地法院管辖为辅的原则进行程序性辩护。

对于一人犯一罪的案件，辩护方可按照以犯罪地法院管辖为主，以被告人居住地法院管辖为辅的原则提出地域管辖异议。由于犯罪地既包括犯罪行为发生地也包括犯罪结果发生地，所以当几个同级法院都有管辖权时，按照《刑事诉讼法》第 26 条的规定，应当由最初受理的法院审判。

一人犯数罪或者数人犯一罪或者数人犯数罪的情况更加复杂，可能会出现多个同时都具有管辖权的法院。在这种情况下，原则上也应当是由最初受理的法院进行管辖，但也存在例外。根据《刑事诉讼法》的规定，在必要的时候，可以移送主要犯罪地法院审判。但法律没有对“必要的时候”作出进一步的解释。所以，实践中，案件不是由最初受理的法院审判，而是由主要犯罪地的法院审判时，辩护方提出地域管辖异议，一般很难得到支持，因为对“必要的时候”的解释权在法院。但如果审判的法院是次要犯罪地的法院，可能导致被告人和辩护人在收集证据、通知证人出庭等方面存在困难，不利于维护被告人的合法权益，那么辩护方可以根据《刑事诉讼法》第26条的规定，要求司法机关纠正管辖错误，将案件移送到最初受理的法院或者主要犯罪地法院审判。

2. 提出地域管辖不宜的辩护

我国《刑事诉讼法》对地域管辖确定了两项原则，依此，案件一般是由犯罪地法院或者被告人居住地法院审判，而几个同级法院都有权管辖的案件，或者由最初受理法院审判，或者由主要犯罪地法院管辖。如果审判的法院都符合《刑事诉讼法》确定的地域管辖规定，辩护方是否就不能提出管辖异议呢？从我国《刑事诉讼法》的规定来看，当出现可能影响公正审判的不宜管辖的情形时，辩护方可以进行地域管辖不宜的辩护。以下情形虽然在前文中有提及，但由于在审判阶段这类辩护非常常见，对维护被告人的合法权益具有非常重要的作用，所以有必要结合实践中出现的典型案例进行详尽分析。

（1）审理法院因其院长需要回避等事由而不宜审判。

根据《人民法院组织法》的规定，法院院长负责本院全面工作，监督本院审判公正，管理本院行政事务，是一家法院的最高行政负责人，同时还主持审判委员会会议。如果法院院长是案件的当事人或者当事人的近亲属，或者院长本人或者其近亲属和案件有利害关系，或者担任过案件的证人、鉴定人、辩护人、诉讼代理人，或者与案件当事人有其他可能影响公正处理案件的关系，即使其依法自行回避，退出对案件的审理，不再主持审判委员会会议，也不参与审判委员会对案件的讨论，但基于其作为法院院长对整个法院的影响力，人们无法期待这个法院能作出与法院院长的意见相悖的判决。所以曾有司法解释规定：“有管辖权的人民法院因案件涉及本院院长需要回避等原因，不宜行使管辖权的，可以请求上一级人民法院管辖；上一级人民法院也可以指定与提出请求的人民法院同级的其他人民法院管辖。”可见，在法院院长需要回避的情况下，即使法院具有管辖权，也不宜再行使管辖权，要么由上一级人民法院管辖，要么指定给同级的其他人民法院管辖。如果都没有做到，被告人和辩护人就有权提出管辖异议，指出继续由现有法院审理可能产生的不利后果，请求法院将案件移送上一级人民法院或者同级的其他人民法院管辖。

由于我国《刑事诉讼法》并没有明确构建刑事管辖异议制度，尤其是没有明确对管辖不宜可以提出管辖异议的规定，辩护方在实践中通常只能以申请“整体回避”或“集体回避”的方式进行，司法机关则通常以法律没有关于审判组织或审判机关回避的明文规定为由予以驳回，一度造成辩审的冲突。最终判决的结果也饱受质疑，不利于维护司法公正。

案例 7－22 杨某、吕某故意杀人案提出法院整体回避

2000 年 3 月 8 日，吕某受与××市中级人民法院院长朱某长期不和的法官杨某挑拨煽动，闯进××市中级人民法院院长朱某的办公室，扬言要与其同归于尽，将其拉倒在地，猛勒领带，造成朱某脑缺血。后杨某和吕某被以故意杀人罪（未遂）移送至××市中级人民法院提起公诉。在一审审理过程中，朱某自行申请回避并经审判委员会决定同意朱某回避。杨某、吕某多次申请××市中级人民法院整体回避，请求异地审理，均被驳回。后××市中级人民法院分别判处杨某、吕某有期徒刑 15 年、13 年。2001 年，杨某、吕某以程序违法上诉至陕西省高级人民法院，后陕西省高级人民法院未经开庭审理，下达“驳回上诉、维持原判”的终审裁定。在二审程序中，陕西省高级人民法院对回避事项的解释是：我国刑事诉讼法律所规定的回避制度是指个人回避，并没有规定审判组织或审判机关回避。本案受害人朱某是××市中级人民法院院长，涉及本案的公正处理，但该案起诉到××市中级人民法院后，朱某已自动申请回避并经审判委员会决定同意朱某回避。故吕某及其律师要求××市中级人民法院回避本案审理的理由与意见不能成立。①

---

① 易延友：《司法权行使的正当性——由回避制度看刑事诉讼程序之弊病》，载《北大法律评论》编辑委员会：《北大法律评论》（2004 年第 6 卷第 1 辑），北京大学出版社 2004 年版，第 81 页。

在这个案件中，杨某、吕某虽然申请的是整体回避，但事实上属于改变管辖的管辖异议。由于刑事管辖异议制度的缺失，杨某、吕某的辩护意见在一审和二审过程中均未得到采纳，也使该案成为一个非常有争议的案件。2003 年 9 月 18 日，《南方周末》登出了一整版的专访，标题为“任何人不得做自己案件的法官”，陈兴良、陈瑞华、陈卫东、梁治平四位法学专家对此案发表了各自的看法，认为此案在审理程序上疑点多多、问题多多。

（2）审判法院因与案件或者当事人存在利害关系而不宜审判。

如果说审判法院的院长与案件存在利害关系，需要回避，而导致整个法院不宜进行审判而需要改变管辖，那么审判法院自身如果就与案件存在利害关系，就更不适宜进行审判了。如审判法院是正在审理的合同诈骗案件中的被害单位，或者审判法院里的绝大部分法官是正在审理的非法吸收公众存款案的事主，或者被告人就是审判法院的工作人员，或者被告人与审判法院的工作人员具有利害关系，那么在这种情况下，辩护方可以提出管辖不宜的异议。

由于刑事管辖异议制度的缺失，实践中辩护方通常也只能采取申请“整体回避”或“集体回避”的方式，司法机关则通常以法律没有明文规定为由予以驳回。但有些案件因庭审直播而引起社会广泛关注，在舆论监督的推动下取得了程序性辩护的成功。

案例 7-23 王某忠民事枉法裁判案变更二审管辖

王某忠原为 J 省 L 市中级人民法院民三庭庭长，后因涉嫌民事枉法裁判罪被一审法院 L 市 A 区人民法院一审认定犯罪成立，被判处有期徒刑 3 年。王某忠不服，提起上诉。二审法院恰恰是其曾经供职的 L 市中级人民法院。在二审审理过程中，王某忠及其辩护人均提出王某忠与 L 市中级人民法院的所有法官系同事，具有利害关系；指出 L 市中级人民法院没有管辖权，其之前指定 L 市 A 区人民法院管辖也是错误的；申请全体合议庭成员和审判委员会全体委员集体回避。后法庭宣布休庭。随后 L 市中级人民法院书面报告 J 省高级人民法院，J 省高级人民法院将王某忠案指定由 H 市中级人民法院管辖。

在这个案件中，二审法院 L 市中级人民法院是王某忠工作了十几年的单位，且王某忠在该院担任民三庭庭长，显然与L市中级人民法院是具有利害关系的。若该法院判决王某忠有罪，会有人质疑审判活动中是否存在打击报复；若该法院判决王某忠无罪，又会有人质疑审判活动中是否存在徇私枉法。[①] 不管出现哪一种判决结果，都会遭受质疑，显然该法院是不适宜进行管辖的，辩护方提出管辖异议，是恰当的。J省高级人民法院最终作出了将案件指定由H市中级人民法院管辖的决定，虽然保证了案件公正审理的要求，但也开了进入二审阶段后再指定管辖的先例，破坏了程序法定。顾永忠教授提出，L市中级人民法院可以依法发回原审法院重新审判，然后由原审法院层报J省高级人民法院，再由其指定L市中级人民法院所辖范围以外的其他人民法院重新进行一审审判。[②] 这样的做法既符合现行《刑事诉讼法》及其司法解释的规定，又解决了王某忠案中的程序公正问题。发回重审在表面上好像增加了一次诉讼，但从长远来看，只需经过一次指定管辖，提高了办案效率，节约了办案成本，更符合诉讼效率原则。但不管法院最终如何处理，对于审判法院与案件或者当事人存在利害关系的，辩护方可以进行地域管辖不宜的辩护是确定的，且在实践中获得成功的案例是真实存在，辩护律师遇到这类情况提出管辖异议要有信心。

案例7－24　刘某某单位行贿案变更二审管辖[③]

2019年，刘某某（Q市A公司实际控制人）和郭某某（Q市A公司名义上的法定代表人）实名举报Q市中级人民法院民事审判庭庭长牛某受贿。牛某被司法机关以受贿罪刑事追诉后，刘某某、郭某某以及A公司均被检察机关以涉嫌单位行贿罪移送Q市乙县法院提起公诉，在一审阶段，被告人均未委托律师进行辩护且均认罪认罚，后刘某某和郭某某被Q市乙县法院一审判处有期徒刑1年6个月并处罚金人民币10万元，刘某某和郭某某不服均向Q市中级人民法院提起上诉。

哈尔滨王明明律师接受委托担任刘某某二审阶段的辩护人，经会见和阅卷

---

① 江聪越：《异地审理——王成忠案必将实现程序实体双正义》，载中国法院网，https：//www.chinacourt.org/article/detail/2018/12/id/3595403.shtml。

② www.360docb.net/wxarticlenew/797349337.html.

③ 本案例由北京大成（哈尔滨）律师事务所王明明律师提供。

后，王律师认为刘某某和郭某某曾实名举报Q市中级人民法院民事审判庭庭长牛某，而二审又是在Q市中级人民法院，该院办案法官与被举报人均为同事，存在利害关系，可能影响公正审理。因此，辩护人便直接向省高级人民法院提出对该案变更管辖的申请，同时也申请Q市中级人民法院向省高级人民法院反映该情况。最终黑龙江省高级人民法院将该案指定J市中级法院审理。后辩护律师在J市中级法院审理的过程中继续进行实体辩护，法院最终作出（2019）黑03刑终75号判决书，直接改判刘某某和郭某免予刑事处罚。

（3）审判法院因受社会舆论、地方保护等的影响而不宜审判。

一般来说，社会舆论对司法审判的影响，既有积极的一面，也有消极的一面。积极的影响是对司法审判起到监督作用，使司法审判公开化和透明化，有利于公民行使权利，实现对权力的制约。消极影响则体现在：由于社会舆论是建立在言论自由和被采访自愿的基础上的，判断是非的标准通常是道德伦理而非法律规范，故社会舆论与司法审判不一定完全相符，容易干扰法官的思维和判断，扰乱正常的审理秩序，有损法院依法独立公正行使审判权和法院的公信力。从表达自由与司法审判的关系而言，表达自由是宪法赋予的权利，司法权作为公共权力的组成部分，理应被纳入社会舆论监督的范围。这主要是从社会舆论对司法活动进行监督的视角而言的，但被告人获得公正审判的权利也是一项宪法权利，且在价值上优先于表达自由。如果社会舆论侵犯了被告人获得公正审判的权利，则应当受到一定的限制。英美国家就明确规定了限制舆论的条件，即确实使陪审员或者法官产生了偏见，致使被告人无法获得公正审判。比如美国《联邦刑事诉讼规则》就规定了，法院根据被告人的申请，有理由相信在对被告人起诉的地区对被告人存在如此强烈的偏见以至于被告人在该地区不可能受到公正的审判，应当将此案移送其他地区。因此，如果社会舆论导致起诉地区对被告人产生了强烈偏见且被告人无法受到公正审判，在被告人申请的情况下，案件应当移送其他地区进行审判。在我国，社会舆论导致具有管辖权的法院产生偏见，导致被告人可能无法受到公正审判的情形同样存在。

除了社会舆论，地方保护等也可能影响案件的公正审判。在这种情况下，有管辖权的法院未必适宜审判，被告人和辩护人可以提出管辖异议，以变更审判法院。

案例 7 – 25 章某理非法行医案提出管辖异议

1999 年 11 月 29 日，曾轰动一时的“德国牙医”章某理非法行医案在南昌市西湖区人民法院开庭审理，公诉机关为南昌市西湖区人民检察院，刑事附带民事原告人共 1154 名，均系在章某理诊所医治的患者，共提出 3810 万元的巨额赔偿。

该案经江西省内外的新闻媒体广泛报道，至少在江西省已是妇孺皆知。有南昌市民曾形容说：“北有胡某林，南有章某理。”南昌当地的一家媒体还刊载了一则民谣：“南昌警察了不起，捉到了牙医章某理……上千名群众来诉苦，罪恶的章某理被逮捕。”而在章某理案发后，在南昌有较大影响的《江南都市报》就以头版推出报道《章某理是逃跑了还是被关押了，德国牙医神秘失踪》，随后更是连续地推出了《“牙医”章某理渐露真面目》《警方向本报记者证实：德国牙医已被刑拘》《26 名受害者昨向本报投诉：章某理可把我们害苦了》等 40 余篇连续报道，由此“引发了一场江西新闻媒体联手围剿‘德国牙医’章某理的战役”。

照理来说，章某理是在西湖区卫生局办理的个体行医执照，西湖区是指控的非法行医行为发生地，所以该案件由西湖区人民法院审理符合以犯罪地法院管辖为主的原则，但在案件审理过程中，辩护人提出了两种管辖异议：一种是地域管辖异议，要求将案件移出江西省审理，或者至少由南昌市以外的地方的法院审理；另一种是级别管辖异议，要求由南昌市中级人民法院作为一审法院，使章某理有机会向江西省高级人民法院提起上诉。虽然辩护人提出的这两项管辖异议最终均未得到支持，但这样的程序性辩护具有合理性，符合管辖制度的基本精神。从效果而言，即使最终没有达到移送到江西省或南昌市以外的地方的法院审判的目标，但通过这样的程序性辩护，尽量减弱舆论等案外因素对法院的影响，也是程序性辩护发挥了价值。

第五节 刑事管辖异议的立法依据与司法处理

《刑事诉讼法》在“管辖”一章用10个条文（第18条至第27条）解决了司法机关在刑事诉讼中的分工问题，为辩护方提出管辖异议提供了立法根据。然而，《刑事诉讼法》并未明确规定案件当事人对案件管辖的知情权和异议权，这就使当发生错误管辖或者不宜管辖的情况时，当事人的诉权有时无法得到及时的保障。当辩护方提出刑事管辖异议，尤其是在出现不宜管辖的情况时，司法机关通常以“法无明文规定”为由置之不理或者直接予以驳回，使司法实践中最终取得实际辩护效果的案例非常少，如前面提到的吕某和杨某故意杀人案、章某理非法行医案中，辩护方要求变更审判地的辩护意见都没有得到支持。所以辩护律师在提出刑事管辖异议时，既要了解目前的立法依据，也要了解目前的司法处理，以便进行这类程序性辩护时提前制订好辩护方案，做好当事人的辅导工作。

一、刑事管辖异议的立法依据

（一）《刑事诉讼法》

我国《刑事诉讼法》对管辖作了专章规定，规定了不同机关的“职能管辖”、上下级法院的“级别管辖”、不同地区的“地域管辖”、不同法院的“专门管辖”等内容。从内容来看，这些规定虽然解决的只是立案权和审判权等职权的分配问题，也没有明确赋予当事人对刑事案件提出管辖异议的权利，但仍然属于辩护方提出刑事管辖异议的立法根据：国家专门机关没有根据《刑事诉讼法》的管辖规定进行管辖，就属于违反程序法，辩护方有权提出异议。此外，我国《刑事诉讼法》还规定了上下级法院的管辖权变更和法院的移送管辖、指定管辖等可能移转管辖的内容。这些虽然只是法院单方的职权行为，但也为辩护方提出管辖异议后可能产生的后果提供了立法依据。

《刑事诉讼法》中除第二章规定了管辖内容外，其第176条还规定了人民检察院应当按照审判管辖的规定向人民法院提起公诉，这是用审判管辖的规定来制约人民检察院提起公诉的行为；其第186条规定了人民法院对提起公诉的案件要进行审查，审查的内容就包括案件是否属于本院管辖，对于不属于本院管辖的，应当退回人民检察院，这属于法院对公诉案件管辖问题的事前审查。这些规定，也为辩护方提出管辖异议提供了一定的立法依据。

（二）司法解释

1. 2012年最高人民法院《关于适用〈中华人民共和国刑事诉讼法〉的解释》第184条（2021年修订后为第228条）中出现了"管辖异议"一词，即召开庭前会议，审判人员可以就"是否对案件管辖有异议"问题向控辩双方了解情况，听取意见。虽然从法条本身来看强调的是审判人员在庭前会议中的权限范围，但也为辩护方提出管辖异议提供了依据。

2. 最高人民法院《人民法院办理刑事案件庭前会议规程（试行）》第11条对管辖异议的提出和处理作出了相对详尽的规定，即被告人及其辩护人对案件管辖提出异议，应当说明理由。人民法院经审查认为异议成立的，应当依法将案件退回人民检察院或者移送有管辖权的人民法院；认为本院不宜行使管辖权的，可以请求上一级人民法院处理。人民法院经审查认为异议不成立的，应当依法驳回异议。这个条文为辩护方提出管辖异议提供了处理的程序。

3. 最高人民法院《关于执行〈中华人民共和国刑事诉讼法〉若干问题的解释》（已失效）第18条规定："有管辖权的人民法院因案件涉及本院院长需要回避等原因，不宜行使管辖权的，可以请求上一级人民法院管辖；上一级人民法院也可以指定与提出请求的人民法院同级的其他人民法院管辖。"这个司法解释虽已失效，但仍具有参考价值。

从目前的立法状况来看，我国《刑事诉讼法》和相关司法解释虽然尚未明确赋予被追诉人、辩护人管辖异议权和救济权，也没有设置提出管辖异议的完整程序，但为辩护方提出管辖异议提供了一定的立法依据。

二、刑事管辖异议的司法处理

随着对人权保护的重视和对程序正义的关注以及程序性辩护的不断兴起，

为了使案件获得公正的处理，司法实践中越来越多案件的被追诉人和辩护人开始进行提出管辖异议的程序性辩护。为了得到司法机关的重视和关注，有些案件的辩护方甚至通过申请“集体回避”或“整体回避”来达到变更管辖的目的。由于《刑事诉讼法》及相关司法解释并未明确规定相应的程序，所以司法机关在实践中处理的方式并不统一，辩护律师对此应当有所了解，以便在进行此类辩护时做好应对。

（一）驳回异议

在司法实践中，对于辩护方提出的管辖异议，大部分司法机关会予以驳回，继续侦办或审判案件。驳回的方式有三种：第一种，也是最常见的，就是直接口头驳回。对于为什么驳回，有的口头告知理由，有的甚至不告知理由。在这种情况下，辩护方要么无法知悉被驳回的理由，要么即使被口头告知了理由，由于缺乏书面记载，也无法对驳回决定寻求救济。第二种，在判决书或者裁定书的说理部分，针对管辖异议的辩护意见进行回应。这属于一种书面驳回，驳回的理由大多为法律没有明文规定。相比于第一种，第二种驳回有书面记载，辩护方如果对驳回的决定不服，还可以针对驳回的理由通过申诉或者上诉寻求一定的救济。第三种，专门针对管辖异议出具驳回的裁定书。这在实践中出现得比较少，但也有相关案例，如案例 7 - 26。有的司法机关甚至在裁定书中赋予当事人上诉权，明确载明“如不服本裁定，可在接到本裁定书的第二日起五日内，通过本院或者直接向 × × 中级人民法院提出上诉”，从而为当事人提供了明确的救济途径。本章第一节案例精析中就出现了这样的情况：笔者作为辩护人提起上诉，二审法院以一审法院就管辖异议作出的裁定没有法律依据为由撤销了一审法院出具的裁定书。最后案件由当地高级人民法院进行指定管辖。

案例 7 - 26　韩某忠、邵某兰贩卖毒品案提出管辖异议被书面驳回[①]

2004 年 7 月，韩某忠（河南省沈丘县人）、邵某兰（河南省沈丘县人）在

① 陈卫东：《刑事诉讼管辖权异议的解决——韩风忠、邵桂兰贩卖毒品一案的思考》，载《法学》2008 年第 6 期。

贩卖毒品的过程中途经河南省项城市火车站附近时被当地公安机关抓获。2005年1月18日，西安市人民检察院向西安市中级人民法院提起诉讼，指控被告人韩某忠、邵某兰犯贩卖毒品罪。庭审中两被告人及其辩护人提出两被告人的居住地和涉嫌贩毒的地点均在河南周口地区附近，本案依法应当由河南省周口地区法院管辖。西安市中级人民法院以刑事裁定的方式驳回了两被告人及其辩护人对案件管辖的异议，认为毒品案件中的犯罪地既包括毒资筹集地、犯罪预谋地、交易进行地等犯罪行为实施地，也包括毒资、毒赃、毒品藏匿地、转移地以及贩运目的地等结果发生地。

在这个案件中，被告人韩某忠虽然是在河南省周口市长途汽车站附近某招待所的房间内将毒品卖给苏某平和苏某梅的，但苏某平和苏某梅是在携带毒品途经西安市灞桥区收费站时被公安机关抓获且最终被西安市中级人民法院定罪判刑，因此，西安市属于毒品转移地。按照法律规定，西安市和河南省周口地区的法院对本案均有管辖权，但西安市中级人民法院是最初受理的人民法院，由其对案件进行管辖是适宜的。从这个案例来看，西安市中级人民法院不但进行了充分的说理，而且还以裁定书的书面方式对管辖异议进行了审定，保障了被告人提出管辖异议的程序性权利。这种做法值得借鉴和推广。

（二）移送管辖

如果辩护方提出的刑事管辖异议被认定成立，司法机关就会根据《刑事诉讼法》及其司法解释的规定，将案件直接移送给有管辖权的机关或者请求移送给其他机关。这说明提出管辖异议的程序性辩护取得了良好的辩护效果。

但目前我国刑事诉讼法并未明确赋予被追诉人和辩护人提出管辖异议的权利，对管辖异议权被侵犯也没有规定明确救济途径，导致实践中管辖异议申请经常被驳回，这类程序性辩护的辩护效果并不理想。对此辩护律师要有心理准备，也要与当事人事先做好沟通和辅导工作。

08

第八章

申请办案人员回避

司法实践中，被追诉人和辩护人很少能获悉回避事由，回避申请也很少得到支持，很多律师提出回避申请多为策略性回避，本章介绍了申请回避的七步法，阐述了如何有效地针对办案人员提出回避。

第一节 案例精析：赵某某涉嫌非法吸收公众存款案

——检察官提前介入引发的回避问题

本节选取了笔者办理的一起检察官提前介入侦查的非法吸收公众存款案件，针对检察官提前介入侦查并实质从事侦查工作的情况，笔者在审判阶段申请检察官回避。

◎ 案情简介

被告人赵某某因涉嫌非法吸收公众存款罪被H乙区人民检察院向H乙区人民法院提起公诉，笔者接受委托担任赵某某的辩护人，并从委托人及相关人员处获悉：本案的公诉人何某某对本案有很大的成见，但并无何某某与本案具有利害关系的证据。在开庭前两天，笔者向证人徐某某核实情况，徐某某突然告知在侦查阶段是由公诉人何某某先进行询问的，并做了记录，随后何某某将该记录交由侦查人员陈某某，并由陈某某询问，制作了询问笔录。笔者审查了对徐某某的询问笔录，发现其询问笔录里并未体现何某某参与询问的情况，而且记载的询问地点并不是某购物中心，而是H乙区公安局某街道派出所。这引起了笔者的高度重视：如果徐某某陈述属实，这意味着公诉人何某某在本案的侦查阶段可能从事了实质上的侦查工作。鉴于委托人及被告人反映公诉人何某某对本案存在成见，可能会影响案件的公正审理，笔者决定申请公诉人何某某回避。

◎ 办案经过

一、第一次申请回避

为了避免中断庭审，拖延诉讼，笔者决定在开庭前分别向法院和检察院提交回避申请书，希望回避问题得到解决后再安排开庭。后法院决定暂停开庭。下面是向检察院提交的回避申请书的内容。

回避申请书

申请人：娄秋琴律师。

申请事项：申请参与案件的检察人员何某某回避。

申请理由：

作为赵某某涉嫌非法吸收公众存款案被告人赵某某的辩护人，发现本案检察官何某某具有下列应当回避的情形：

在赵某某涉嫌非法吸收公众存款罪一案的侦查阶段，本案公诉人何某某曾于2020年8月4日与侦查人员陈某某一起抵达某购物中心办公室。何某某单独对证人徐某某进行询问，并做了记录，然后交由侦查人员陈某某进行询问，制作了询问笔录。目前检察机关移送的徐某某的询问笔录虽然不是何某某直接制作的，但内容实质上是由何某某收集的，其实质上从事了本案的侦查工作。根据《人民检察院刑事诉讼规则》第三十五条的规定，其作为参加过同一案件侦查的人员，不得承办该案的审查逮捕、审查起诉、出庭支持公诉和诉讼监督工作，因此，何某某作为本案的检察人员应当予以回避。故根据《中华人民共和国刑事诉讼法》第二十九条、第三十条的规定以及《人民检察院刑事诉讼规则》第三十五条的规定，特申请对其作出回避决定。

此致

H乙区人民检察院

申请人：娄秋琴

二、检察院对回避申请进行回复

2020年12月25日，检察院向法院出具了回复函，认为：承办人检察官何某某依照最高人民检察院《人民检察院刑事诉讼规则》（2019）第256条的规定在侦查阶段提前介入，对公安机关收集证据提出意见，根据《刑事诉讼法》第29条、第30条的规定，不属于应当回避的情形，因此决定驳回该回避申请。回复函并陈述了相关理由：

一、检察官依法提前介入侦查，系履行检察职能

该案涉及投资人众多，涉案金额达7731万余元，并存在多名可能涉嫌犯罪的行为人及多个其他犯罪行为。根据《人民检察院刑事诉讼规则》第二百五十六条的规定，人民检察院可以派员适时介入重大、疑难、复杂案件的侦查活动，参加公安机关对于重大案件的讨论，对案件性质、收集证据、适用法律等提出意见，监督侦查活动是否合法。因此，在批准逮捕之后，对于公安机关侦查取证、证据收集工作提出意见和建议，系检察机关履行法律监督和引导侦查的检察职能，而非侦查职能。

二、检察官对证据收集提出意见，合法合规

经查，2020年8月4日侦查人员依法对证人徐某某进行询问并制作笔录时，检察人员何某某并不在场；证人徐某某在接受侦查人员的单独询问后，对询问笔录进行核对，确认无误进行签字捺印。检察人员何某某既未制作“询问通知书”，单独对证人徐某某进行询问或制作询问笔录，也未参与公安机关对徐某某的询问，而是就案件有关问题了解情况，为进一步侦查明确方向。检察官何某某引导侦查机关依法全面收集、固定和完善证据，符合“介入但不干预”的适度介入原则，符合《人民检察院刑事诉讼规则》第二百五十六条、第二百八十四条的规定，合法合规。

综上，检察官何某某的提前介入行为系履行检察职能，合法合规，并非侦查活动，根据《中华人民共和国刑事诉讼法》第二十九条、第三十条的规定，不属于应当回避的情形，决定驳回该申请。

三、为再次申请回避进一步收集证据

从检察院出具的回复函来看，其完全否认了检察官何某某参与询问徐某某的事实。为了证明回复函所述并非事实，笔者向检察院递交了两份证据：一份是徐某某出具的情况说明，证明何某某在案件侦查期间在某购物中心对其进行询问；另一份是从某购物中心调取的公共区域的监控录像，证实何某某在2020年8月4日与侦查人员一起抵达某购物中心，走道和停车场均有何某某出现的画面。而为了掩盖该事实，对徐某某的询问笔录将真实的询问地点某购物中心记载为 H 乙区公安局某街道派出所。

鉴于何某某在侦查阶段有直接参与询问证人的行为，笔者推测其也极有可能直接参与对被告人的讯问。虽然在侦查阶段的讯问笔录里均未体现何某某参与对被告人的讯问，但这个事实极有可能在讯问笔录里被故意掩盖了。

随后，笔者赶往看守所会见了赵某某，了解到何某某曾于 2020 年 9 月 2 日与公安人员一起到看守所提审了赵某某，并对其进行了诱供，还制作了讯问笔录。而那时本案尚处于侦查阶段，尚未移送审查起诉。笔者查阅了 2020 年 9 月 2 日的讯问笔录，里面记载的讯问人员却是另外两位侦查人员。对此，笔者制作了详细的会见笔录。会见完毕，笔者在该看守所进行了实地调查，确认了检察官何某某与公安人员一起提审的情况。此外，笔者让已经分案处理的共犯刘某某的辩护律师去会见刘某某，了解何某某有无提审刘某某的情况，由此了解到何某某在案件侦查阶段在派出所讯问过刘某某两三次，并存在非法取证的行为。刘某某的辩护律师对此也制作了详细的会见笔录。

四、重新提出回避申请

虽然检察院已经驳回了笔者的回避申请，但笔者认为因为出现了新的回避事实，所以重新对公诉人何某某申请回避。随后，笔者向检察院递交了“关于再次对何某某检察官回避的申请书”，而不是对驳回回避的决定申请复议，希望能多争取到一次机会。该申请书的具体内容如下。

关于再次对何某某检察官回避的申请书

申请人：娄秋琴律师。

申请事项：重新对何某某检察官在侦查阶段的行为进行审查，依法作出对其回避的决定。

申请理由：

作为涉嫌非法吸收公众存款案被告人赵某某的辩护人，发现本案检察官何某某不只是提前介入侦查，不只是对证据收集提出意见，而是直接参与询问证人和讯问犯罪嫌疑人，积极履行侦查职能，完全违背了“介入但不干预”的适度原则，且可能与本案具有重大利害关系的公司存在其他关系，可能影响案件的公正处理。现根据最新了解到的事实和情况，再次申请检察官何某某进行回避，恳请人民检察院和检察长能够慎重对待，查清事实情况作出慎重的决定，避免本案存在重大程序错误而导致案件无法得到公正处理。具体事实和理由如下：

一、何某某检察官在侦查阶段直接与侦查人员一起讯问犯罪嫌疑人赵某某，不但利诱犯罪嫌疑人，且在讯问笔录中掩盖其参与讯问的事实

根据辩护人于2020年11月23日会见赵某某了解到的情况，何某某检察官在2020年9月2日与本案侦查人员一起到看守所提审赵某某，讯问其与同案犯之间的三个微信情况，赵某某回答都是正常业务之间的联系。何某某检察官让赵某某配合，说只要她配合，就可以给其保释。辩护人查阅了2020年9月2日对赵某某的讯问笔录，发现讯问人并非何某某与陈某某，而记载的却是陈某某和许某某，且未对赵某某的回答进行如实记录。2020年11月23日会见当天，辩护人在看守所进行调查了解，警号01××18的警官通过查阅记录以及管教与赵某某的谈话记录也确认了检察官与公安人员一起提审的情况。而2020年9月2日，本案尚处于侦查阶段，尚未移送审查起诉。这充分证明了何某某检察官不只是提前介入侦查，而是直接讯问犯罪嫌疑人，且对犯罪嫌疑人进行诱供，履行的不是监督侦查活动是否合法的检察职能，而是直接参与侦查，履行侦查职能。（见证据一：对赵某某的会见笔录，检察院也可以向赵某某本人以及到看守所进行核查）

二、何某某检察官在侦查阶段多次直接讯问犯罪嫌疑人刘某某

本辩护人在了解到何某某在侦查阶段直接提审赵某某的情况后，向刘某某的辩护律师了解情况。刘某某的辩护律师于2020年11月24日会见了刘某某。根据会见笔录，何某某检察官在案件侦查阶段在派出所讯问过刘某某两三次，在2020年9月2日也到看守所提审过刘某某。（见证据二：刘某某辩护律师对刘某某的会见笔录，检察院也可以向刘某某本人以及到看守所进行核查）

三、何某某检察官在侦查阶段先单独询问证人徐某某，然后交由侦查人员陈某某制作询问笔录，且在询问笔录掩盖真实的询问地点

《对回避申请书的回复函》所述2020年8月4日检察官何某某并不在现

场，恳请人民检察院向某购物中心调查录像，足以证明何某某检察官2020年8月4日下午是与侦查人员陈某某一起乘坐一辆车离开的某购物中心。根据徐某某的陈述，何某某是与侦查人员一起抵达某购物中心办公室，先单独对证人徐某某进行询问，并做了记录，然后交由侦查人员进行询问，制作了询问笔录，并将真实的询问地点某购物中心记载为“H乙区公安局某街道派出所”，用于掩盖何某某直接参与询问的客观事实，所以才出现了《对回避申请书的回复函》所言的情况。何某某检察官已经严重违反了法律规定，且与本案具有直接利害关系，其自己的辩解不具有真实性。希望人民检察院能够全面查清客观事实，向关键证人徐某某及其他人员调查核实情况，不单方听信所申请回避的检察官之言。（见证据三：徐某某的情况说明，检察院也可以向徐某某本人核查并到某购物中心调取2020年8月4日的监控录像）

正如《对回避申请书的回复函》中所引用的《人民检察院刑事诉讼规则》第二百五十六条的规定，人民检察院可以派员适时介入重大、疑难、复杂案件的侦查活动，但这种介入是有边界的，可以参加公安机关对重大案件的讨论，对案件性质、收集证据、适用法律等提出意见，监督侦查活动是否合法，履行的只能是检察职能，而不是侦查职能。

但从何某某检察官在侦查阶段的所作所为来看，她直接讯问犯罪嫌疑人赵某某和刘某某，却在讯问笔录中记载为其他侦查人员；她直接询问证人徐某某，却自己不做笔录而交由侦查人员做笔录，并将询问地点故意写成派出所，足以证明何某某检察官也应当明确知道自己依法不应当直接进行侦查，应当明确知道自己实施的是违法行为，所以在各个环节中进行积极掩盖其参与侦查的行为。此外，何某某检察官在侦查阶段的提前介入，不但没有履行监督侦查活动是否合法的检察职能，反而存在利诱、威胁等非法取证行为，也恳请人民检察院一并予以核查……

综上所述，何某某检察官已经实质参与了赵某某涉嫌非法吸收公众存款罪一案的侦查活动。根据《人民检察院刑事诉讼规则》第三十五条的规定，其作为参加过同一案件侦查的人员，不得承办该案的审查逮捕、审查起诉、出庭支持公诉和诉讼监督工作，因此，何某某作为本案的检察人员应当依法予以回避。如果本案的检察官严重违反法律规定履行侦查职能而未被决定回避，导致其继续出庭支持公诉，将导致案件无法得到公正处理。人民检察院之前作出驳回回避的决定，可能是没有全面了解到何某某检察官在侦查阶段实施的行为，恳请人民检察院及检察长重新进行审查，并依法对何某某检察官作出回避的决定！

此致

H乙区人民检察院

申请人：娄秋琴

五、对检察院作出驳回决定进行复议

2020年12月17日，检察院以“何某某检察官依法履行提前介入检察职能，且不具有《中华人民共和国刑事诉讼法》第二十九条、第三十条的回避情形”为由，作出驳回申请的决定。

收到驳回申请决定书后，笔者向刑事诉讼法的有关教授和专家请教，也向其他省市检察机关的朋友咨询，得到的回复都是：直接讯问犯罪嫌疑人和询问证人属于侦查行为，不属于履行提前介入的检察职能，但在司法实践中，这类情形的回避申请确实也很难得到支持。但笔者仍然不甘心，认为即使回避申请最终得不到支持，但至少要让检察官意识到这样的行为是违法的，希望她能公正客观地处理本案。因此，笔者又着手起草“回避复议书”，从事实、法律和后果三个方面进行了阐述。其具体内容如下。

回避复议书

复议人：娄秋琴律师。

复议事项：何某某检察官在侦查阶段直接讯问犯罪嫌疑人和询问证人的行为履行的是侦查职能，依法不应再出庭支持公诉。恳请依法作出对其回避的决定。

复议理由：

一、关于回避的事实确定

何某某检察官在侦查阶段直接到看守所提审犯罪嫌疑人赵某某和刘某某，并询问证人徐某某，直接参与侦查，且在笔录中故意掩盖其直接侦查的事实。现有证据据以证实，检察院亦可以进行核实。辩护人在2020年11月30日提交的“关于再次对何某某检察官回避的申请书”中对每起事实都有详细的阐述。而且还提交了“赵某某的会见笔录”“刘某某的会见笔录”“徐某某的情况说明”等材料，辩护人2020年11月23日也向看守所进行调查了解，警号01××18的警官通过查阅记录以及管教与赵某某的谈话记录也确认了检察官与公安人员一起提审的情况，辩护人通过向某购物中心调取了录像，足以证明何某某检察官2020年8月4日下午是与侦查人员乘坐一辆车离开的某购物中心。

二、关于回避的法律适用

何某某检察官直接讯问犯罪嫌疑人和询问证人，履行的是侦查职能，完全超越了提前介入的范围，属于法定回避的事由。

根据最高人民检察院颁布的《人民检察院刑事诉讼规则》第二百五十六条的规定，“经公安机关商情或者人民检察院认为确有必要时，可以派员适时介入重大、疑难、复杂案件的侦查活动，参加公安机关对于重大案件的讨论，对案件性质、收集证据、适用法律提出意见，监督侦查活动是否合法”。该条已经明确了人民检察院派员提前介入的界限，对于收集证据问题，检察员只能对收集证据提出意见，并不能自己直接收集证据。此外，从规定来看，即使检察院派员提前介入侦查活动，其目的是监督侦查活动是否合法，履行的仍然是检察职能，而非侦查职能。

但从何某某检察官在侦查阶段的所作所为来看：她直接讯问犯罪嫌疑人赵某某和刘某某，却在讯问笔录中记载为其他侦查人员；她直接询问证人徐某某，却自己不做笔录而交由侦查人员做笔录，并将询问地点故意写成派出所，足以证明何某某检察官也应当明确知道自己依法不应当直接进行侦查，应当明确知道自己实施的是违法行为，所以在各个环节中进行积极掩盖其参与侦查的行为。此外，何某某检察官在侦查阶段的提前介入，不但没有履行监督侦查活动是否合法的检察职能，反而有威胁、引诱等非法取证行为。由此可见，何某某检察官已经实质参与了赵某某涉嫌非法吸收公众存款罪一案的侦查活动。根据《人民检察院刑事诉讼规则》第三十五条的规定，其作为参加过同一案件侦查的人员，不得承办该案的审查逮捕、审查起诉、出庭支持公诉和诉讼监督工作，因此，何某某作为本案的检察人员应当依法予以回避。

三、关于回避产生的严重后果

对于何某某检察官回避的事实清楚，适用法律明确。辩护人通过咨询诉讼法学专家，亦认为属于法定回避事由。但人民检察院却在驳回申请决定书中未对辩护人的申请书中的事实和理由给予任何回应，只是简单地以“何某某检察官依法履行提前介入检察职能，且不具有《中华人民共和国刑事诉讼法》第二十九条、第三十条的回避情形”为由进行驳回，完全背离了法律和事实，是错误的，请依法予以纠正。

（一）严重损害司法公正

本案的检察官严重违反法律规定履行侦查职能而未被决定回避，导致其继续出庭支持公诉，将导致案件无法得到公正处理，不但严重损害了程序公正，而且严重损害了实体公正。

（二）严重浪费司法资源

何某某检察官具有法定回避事由，如果人民检察院违法继续让其出庭支持公诉，严重违背了我国的回避制度。即使一审作出判决，亦属于严重的程序违法，依法将会被撤销判决，发回重审，严重浪费国家有限的司法资源。

（三）严重损害人民检察院的形象

何某某检察官的行为履行的是侦查职能还是检察职能，这不是简单的主观评价，最高人民检察院《人民检察院刑事诉讼规则》是有明确的法律界定的。在辩护人一再详尽阐述了何某某检察官应当回避的事实和理由后，如果人民检察院仍然不顾事实和法律，执意驳回，无疑是对何某某检察官的违法行为进行纵容，将严重损害人民检察院公正的形象。

最后，辩护人作为法律工作人员，严格依照事实和法律提出回避的申请和复议，真心恳请人民检察院及检察长能够正视本案的回避问题，让我们能在这个案件中感受到最基本的公平与正义！感谢不尽！

此致

H乙区人民检察院

申请人：娄秋琴

六、回避决定

2020年12月30日，检察院下达了回避复议决定书。该决定书仅记载“根据《中华人民共和国刑事诉讼法》第三十一条的规定，经复议决定驳回申请，维持原决定”，未对笔者提出的事实和理由作出任何回应。后检察官告诉辩护律师，此案疑难复杂，案卷众多，其提前介入侦查，对案件最为熟悉，如果对其作出回避决定，恐怕无人能够胜任此案的公诉工作，以后在提前介入时会注意，避免类似情况再发生。

本案的回避申请虽然最终被驳回，但提前介入侦查的尺度和界限从此在H乙区人民检察院开始受到高度重视，想必这也是程序性辩护发挥的另一方面的价值。

第二节 刑事回避制度的概念、价值和理论

一、刑事回避制度的概念

回避制度是一项古老的法律制度，在西方国家源于罗马法中的“自然正义”原则，即为了实现正义，“任何人不得在涉及自己的案件中担任法官”。在中国古代法律明文规定法官回避制度始于唐朝，如《唐六典·刑部》规定：“凡鞫狱官与被鞫狱人有亲属仇嫌者，皆听更之。”[①] 到了近现代，各国刑事诉讼法都普遍确立了回避制度，即为了保障案件的公正处理，要求与案件或者案件当事人存在某种利害关系或者其他可能影响案件公正处理的关系的司法工作人员或其他人员不得参与案件的诉讼活动。

受罗马法上“自然正义”原则的影响，英美法系国家的回避制度主要是为了确保裁判者在诉讼中保持不偏不倚的中立地位，使当事人获得公正审判的机会，因此，回避的对象主要限于法官、陪审员等。但在法、德等大陆法系国家，回避的对象除法官和陪审员外，还有预审法官、书记员、翻译人员、笔录制作人等。这与大陆法系国家普遍重视书面卷宗和书面审查的习惯有关。中国的回避制度适用的范围也比较广，不但适用于审判人员，也适用于检察人员和侦查人员，而且还适用于书记员、鉴定人、翻译人员、记录人等。这主要是借鉴了苏联的有关做法。这些人员在诉讼的各个阶段存在法定回避事由的，均不得参加案件的诉讼活动。

在我国的刑事诉讼中，存在法定回避事由的人员退出诉讼活动主要通过三种途径：一是自行回避，即审判人员、检察人员、侦查人员等人员在诉讼过程中遇有法定回避情形之一时，自己主动要求退出诉讼活动或者主动放弃对诉讼

---

① 张品泽：《刑事回避对象之比较——兼评我国侦诉人员的回避》，载《政法论坛》2004 年第 4 期。

活动的参与；二是指令回避，即法定人员或者法定组织决定或者命令具有法定回避事由的审判人员、检察人员、侦查人员等人员退出诉讼活动；三是申请回避，即案件当事人及其法定代理人、辩护人、诉讼代理人申请具有法定回避事由的审判人员、检察人员、侦查人员等人员退出诉讼活动。其中，被追诉人及其辩护人申请回避属于程序性辩护的范畴，是本章探讨的内容。

二、申请回避辩护的价值

虽然各国刑事诉讼法对回避制度的具体规定有所差异，但普遍都把刑事回避制度作为司法制度的重要组成部分，作为实现司法公正的重要保障措施，尤其是赋予被追诉人及其辩护人申请回避的权利，使这些人员有权利进行申请办案人员回避的程序性辩护，具有非常重要的价值。了解申请回避的价值，可以使被追诉人及其辩护人进行申请回避的程序性辩护更有底气，也更能说服相关机关和人员采纳回避的辩护意见以达到更好的辩护效果。

回避制度具有如下价值。

（一）有利于保障实体公正

实体公正是指通过查明案件真相并正确适用实体法来实现结果上的正确和公平。因为其注重对结果的评价，所以其又被称为结果正义。但刑事诉讼中的案件事实都是过去已经发生的事实，只能通过事后收集的证据材料呈现，依赖相关人员的逻辑思维和经验判断。只有呈现和判断准确了，才能实现实体公正。回避制度就是要求与案件或案件当事人存在利害关系或者其他可能影响案件公正处理的关系的人员退出案件的侦查、起诉、审判、记录、翻译、鉴定等活动，防止这些人员因为与案件或案件当事人存在特殊关系而对案件或案件当事人产生先入为主的预判或者偏见，或者因徇私而枉法追诉或裁判；避免案件的事实真相无法得到揭露或者被掩盖。因此，设立并执行回避制度，有利于提前消除这些不公正因素的影响，有利于促使案件得到公正处理，避免冤假错案的发生，保障了实体方面的公正。

（二）有利于实现程序公正

程序公正和实体公正共同构成司法公正。程序公正具有独立于实体公正的价值，要求不但案件处理的结果要正确、公平，且裁判的过程也要体现公平、正义。这需要程序上和制度上的设计和保障。在实践中，办案人员与案件或者案件当事人具有某些特殊关系，并不意味着办案人员一定会偏袒一方或者忽视另一方，也并不意味着案件就一定会受到不公正处理，因为只要办案人员能够做到“铁面无私”“六亲不认”，甚至“大义灭亲”，仍然可以公正地处理案件。但这些人员一旦参与了案件的处理，在形式上就已经丧失了中立性，其公正形象将遭到质疑，不管案件处理结果客观上是否公正，都足以损害人们对案件处理结果的信任，因为对社会公众而言，对案件处理结果是否认同，不是通过对实体的认知，而是源于对诉讼程序的直接体验。如果程序不公正，结果即使正确无误，也很难获得认同。因此，设立并执行回避制度，有利于保障当事人在诉讼过程中获得公平对待，消除当事人或者其他人员的思想顾虑，增强对办案人员的信任感，维护司法的权威，实现程序上的公正，让正义不但要实现，而且以看得见的方式实现。

（三）有利于提升参与意识

对于与案件或案件当事人存在利害关系或者其他可能影响案件公正处理的关系的人员，当事人及其法定代理人、辩护人和诉讼代理人通过回避制度有权要求他们退出案件的诉讼过程。这有利于增强当事人及其他人员积极参与诉讼的意识，强化其诉讼主体的地位（而不再只是被动地接受处理的客体）。此外，执行回避制度，赋予了当事人在一定条件下选择裁判者和其他诉讼参与人的权利，让当事人在靠国家强制力推动的刑事诉讼中获得参与感，有利于提升裁判结果的权威性和可接受性。且执行回避制度需要审查办案人员与案件或案件当事人是否存在可能影响案件公正处理的关系，从而可以了解到办案人员的姓名、职务等个人信息，这样有利于提高办案工作的透明度，有利于群众参与监督，有利于增强公民参与诉讼的意识。

三、申请回避辩护的理论基础

刑事回避制度有利于保障实体公正、程序公正和提升参与意识，说明设立刑事回避制度有必要性。但要真正了解和认识这项制度，还要深度剖析它的理论基础，即这项制度的理论出发点。从刑事回避的含义可以发现，利益规避原则是回避制度直接的理论根源，它是指纠纷的解决者应当与纠纷或者纠纷当事人之间没有利益上的关涉，如果涉及利益上的关联，则应当进行规避。

这里的“利益”具体可以表现为：(1) 与纠纷本身有利害关系，如与纠纷的处理结果有直接的利害关系，是纠纷的一方当事人或者一方当事人的亲属，与纠纷中的一方当事人有其他足以影响公正处理纠纷的关系等。不管是哪一种情形，纠纷解决者都与纠纷的处理结果存在利益上的关涉，应当予以规避。(2) 对案情存有先入为主的预断，如曾经作为诉讼参与人参与纠纷的处理，比如担任过证人、鉴定人、翻译人员、辩护人、代理人等，已经事先了解案件情况，或者因受到新闻媒体和社会舆论的影响，已经对案件形成倾向性意见。如果允许其继续参与诉讼，可能导致其无法平等地听取各方的意见，注意各方的论据或证据，使纠纷的处理流于形式。如果存在这种利益上的关涉者，也应当予以规避。(3) 存在支持或者反对纠纷一方的偏见。造成这种偏见的原因很多，比如纠纷解决者因自身的好恶或者特殊经历对某一类案件的被害人有同情、支持的心理，或者对被追诉人有反感、排斥心理，或者因为性别、宗教信仰、种族、职业、居住区域等无法对纠纷一方保持理性、冷静的态度。由于偏见产生利益上的关联，纠纷解决者无法公正处理纠纷的，应当予以规避。

这里的“规避”，是指与纠纷或者与纠纷一方当事人利益相关的纠纷解决者应当退出诉讼过程，予以回避。

由此可见，回避制度是利益规避原则在刑事诉讼中的体现，其直接的理论基础就是利益规避原则。利益规避原则具体包括以下三个方面的内容。

（一）保持裁判的中立性

纠纷解决的裁判者应当保持中立和不偏不倚的态度，不得与案件或者案件当事人存在足以影响案件公正处理的利害关系或者其他特殊关系，不得偏袒或者歧视任何一方。这通常被称为中立性原则或者无偏私原则。这个原则虽然是针对法官而言的，但同样适用于能起到裁判作用的其他人员。比如在我国的刑事诉讼中，侦查人员和检察人员在办理案件的过程中，分别有权决定是移送审查起诉还是撤销案件，有权决定是移送起诉还是作出不起诉决定。可见，在相应的诉讼阶段他们同样扮演着裁判者的角色。因此，根据利益规避原则，当这些人员与案件或者案件当事人具有利害关系或者其他特殊关系时，当事人及其法定代理人、辩护人和诉讼代理人也可以要求他们进行规避。

（二）维护控辩的平等性

控辩平等是现代诉讼的一项基本要求。为了实现控辩平等，一方面要求由不偏不倚的裁判者进行中立裁判，另一方面要求赋予控辩双方平等的诉讼权利和攻防手段。如果裁判者与控辩一方存在利害关系或者其他特殊关系而没有规避，对一方产生偏袒或者歧视，那么他就不可能对控辩双方的意见给予平等的注意，有可能产生更愿意采纳一方的证据和意见，而排斥另一方的证据和主张的情况。这样必然就使刑事审判中控、辩、审三方组合形成的等腰三角形结构出现倾斜，破坏了控辩双方之间的平等。利益规避原则可以消除这样的影响，维护控辩双方的平等。此外，客观上控辩双方力量对比悬殊，诉讼地位先天失衡，如果控方与案件或者案件当事人之间具有利害关系或者其他特殊关系，而辩方无法使其退出诉讼活动，则控辩双方的平等便不复存在了。利益规避原则要求与纠纷解决结果利益相关的纠纷解决者进行回避，有利于确保控辩方之间的平等。

（三）彰显司法的公信力

纠纷的解决者与纠纷解决结果利益无涉，才能使纠纷处理的过程和纠纷处理的结果具有公信力，才能取得当事人以及社会公众的普遍信任和尊重。如果纠纷的解决者与纠纷解决结果存在利益上的关联，不管其在解决纠纷的过程中是否实际偏袒一方或歧视一方，也不管其是否实际作出错误的事实认定或者错误的法律适用而产生错误的处理结果，人们都会对纠纷解决过程的公正性产生合理的怀疑，从而不信任纠纷解决结果的正当性。利益规避原则可以消除这样的影响，有利于维护司法的权威，彰显司法的公信力。

第三节 实战运用：申请回避七步法

刑事诉讼中的回避制度，是指为了保障案件的公正处理，要求与案件或者案件当事人存在某种利害关系或者其他可能影响案件公正处理的关系的侦查人员、检察人员、审判人员等人员不得参与案件的诉讼活动的一项制度。回避的方式有法定回避、自行回避和申请回避三种，前面两种回避方式是国家专门机关及其工作人员依照法律规定的事由和情形依职权要求相关人员退出诉讼活动，或者相关人员主动要求退出诉讼活动，无须被追诉人及其辩护人提出抗辩或者主张。但如果具有回避事由的人员并没有通过法定回避或自行回避的方式退出诉讼活动，则被追诉人及其辩护人可以根据回避制度申请这些人员回避，使其退出诉讼活动，或者否定违反回避规定的诉讼行为的效力，从而使案件得到公正处理。这个申请回避的过程就是一种程序性辩护。

一、申请回避的主体

根据辩护主体的不同，辩护可以分为自行辩护和辩护人辩护两种，辩护人辩护又分为律师辩护和非律师辩护。程序性辩护也应该包括这两类辩护。由于程序性辩护需要运用程序法等专业法律知识，被追诉人和非律师辩护人进行程序性辩护一般而言比较困难，因此实践中由律师辩护人进行程序性辩护的现象较多。但我国《刑事诉讼法》是在2012年修订时才赋予辩护人申请回避以及申请复议的权利，而且辩护人在申请回避时是否能够独立于被追诉人在实践中也引发了争议。因此，在进行申请回避这项辩护时，首先要弄清楚申请回避的主体问题。

（一）被追诉人是当然的辩护主体

刑事回避是为了保障案件的公正处理，要求与案件或者案件当事人存在某种利害关系或者其他可能影响案件公正处理的关系的司法工作人员或其他人员退出案件的诉讼活动，进行回避的程序性辩护。实践中需要通过申请回避解决的大多是那些概括性事由，即法律仅以一些不确定性、原则性的词语指导性地要求回避的事由，如“有可能导致受到不公正裁判”或“可能影响公正处理案件”的情形，这些事由通常都是针对被追诉人的，只有被追诉人感知最深。而且被追诉人是刑事诉讼结果的最终承受者，一旦进行申请回避的程序性辩护，尤其是针对案件承办人员申请回避，可能会与承办人员的利益产生冲突。如果申请回避的意见最终未被采纳，被申请回避的案件承办人员没有退出诉讼程序，而是继续办理该案，反而有可能恶化案件承办人员与被追诉人之间的关系。因此，被追诉人是申请回避的当然主体，而且由他们决定是否申请回避也更为恰当。正是基于这样的考虑，我国 1996 年的《刑事诉讼法》只规定了被追诉人申请回避的权利，而未赋予辩护人这样的权利。

（二）辩护人能否独立进行申请回避的辩护

1996 年《刑事诉讼法》并未赋予辩护人申请回避的权利。在当时的法律框架下，大部分被追诉人缺乏专业法律知识，更担心自己申请回避会得罪案件承办人员而受到打击报复并获得更重的处罚，所以不会，也不敢提出回避申请，而辩护人因为不享有申请回避的权利而有力无处使，导致回避制度流于形式和走过场，产生辩护人无法及时保护被追诉人合法权利的尴尬局面。为了激活回避制度，2012 年修订《刑事诉讼法》时才赋予辩护人与被追诉人同样的申请回避和申请复议的权利，明确规定“辩护人可以依照本章的规定要求回避、申请复议”，才使辩护人与被追诉人都成为申请回避这一程序性辩护的主体。在双主体的立法框架下，在被追诉人和辩护人意见不一致的状况下，辩护人能否不顾被追诉人的意愿而独立申请回避呢？虽然理论界在倡导独立辩护的原则，但这里的“独立”不应当指独立于自己的当事人。因此，辩护人在进行申请回避的程序性辩护时，要与被追诉人进行充分的沟通和交流，不能不顾，甚至违背其意愿而独立申请回避。理由包括如下几点。

第一，申请回避作为程序性辩护的内容之一，应当遵从程序性辩护的基本原则，即辩护人辩护作为一种派生辩护，是为了维护被追诉人的利益而进行的辩护，辩护人不能背离被追诉人的意愿而独立进行辩护。此外，辩护人参与辩护大部分是基于被追诉人的委托，作为受托人，辩护人应当忠实于委托人，不能违背委托人的意志，否则，委托人有权利解除委托，辩护人也就无法进行辩护。但鉴于刑事辩护的专业性，辩护人有权根据自己的知识、技能和经验独立地对案件进行判断，对于辩护方案与被追诉人产生严重分歧，无法达成一致意见的，可以协商解除委托。对于申请回避而言，也是一样，辩护人不能违背被追诉人的意见而独立进行申请回避的程序性辩护。

第二，申请回避有时需要被追诉人的配合。没有被追诉人的同意，辩护人无法独立申请回避，即使申请了，也根本达不到应有的效果。这是因为进行回避申请，首先需要审查被申请人是否具备回避事由，而有些回避事由的审查根本离不开被追诉人的配合。如被申请人与被追诉人属于亲属关系，如果被追诉人不提供相关的陈述或者证据，则辩护人无法独立申请回避；又如被申请人因特殊关系对被追诉人存在严重的偏见或歧视，可能会影响案件公正处理，如果被追诉人不提供相关陈述作为回避理由，辩护人也无法独立申请回避。在被追诉人不配合、不同意的状况下，即使辩护人独立提出了回避申请，其申请也会因回避事由缺乏支持而被驳回，无法达到应有的辩护效果。

第三，回避申请可能影响被追诉人与司法工作人员之间的关系，被追诉人作为诉讼结果的最终承受者应当享有最终的决定权。根据法律的规定，辩护人仅享有回避的申请权，并不能保证一定达到回避的效果。但由于大部分的回避都是直接针对案件的承办人员，在进行申请回避的程序性辩护过程中，如果处置不当，就有可能影响被追诉人与承办人员之间的关系。即使是辩护人独立申请回避，承办人员也可能迁怒于被追诉人，最终由被追诉人承担不利的后果。因此，辩护人申请回避，应当征得被追诉人的同意，而不能独立申请。

由此可见，辩护人进行申请回避的程序性辩护时，应当运用自己的法律知识和经验进行充分评估后，将案件的全部信息、关于回避的法律规定、申请回避的优劣得失、可选的方案和建议选择的方案全盘提供给被追诉人，进行全面的解释、分析和引导，最终由被追诉人自己作出决断。如果被追诉人决定不申请回避，而辩护人认为被追诉人的决定对其不利时，则辩护人有义务与被追诉人进行积极的沟通，并对其加以合理的劝导。在这种情况下，辩护人应当是真心出于为被追诉人的利益考虑，而不是考虑自己的职业利益或者其他利益。如果被追诉人与辩护人无法达成一致意见，仍然坚持不申请回避的，则辩护人应当尊重被追诉人的意见，放弃申请回避的程序性辩护，不能独立申请回避。

二、申请回避的对象

根据我国《刑事诉讼法》第 29 条和第 32 条第 1 款的规定，可以申请回避的对象有侦查人员、检察人员、审判人员、书记员、翻译人员和鉴定人。但司法解释和有关规定还将回避对象进行了扩张，被追诉人及其辩护人对此也应当掌握，避免错失了可以申请回避的机会。

（一）侦查人员

侦查人员包括公安机关、国家安全机关、人民检察院、军队保卫机关和监狱狱侦部门承担侦查工作的人员，还包括公安机关的负责人以及对案件有权参与讨论和作出决定的检察长、副检察长和检察委员会委员。由于侦查阶段是相对封闭、秘密的，辩护人很难获知案件侦查人员的情况，而犯罪嫌疑人通常处于被羁押状态，虽然侦查人员在讯问时会告知回避的权利，但犯罪嫌疑人也无法了解侦查人员的个人情况，无法判断其是否存在回避事由，故申请回避的难度很大。等事后了解到侦查人员存在回避事由时，侦查工作业已完成，即使申请回避，也无法达到预期的效果。

虽然在实践中申请侦查人员回避具有一定的难度，也很难达到回避的效果，但被追诉人及其辩护人也不能完全放弃辩护的机会，在发现侦查人员有回避事由时也要积极申请回避。

（二）检察人员

检察人员包括负责案件审查批准逮捕、审查起诉和出庭支持公诉的检察员、助理检察员，也包括对案件有权参与讨论和作出决定的检察长、副检察长和检察委员会委员。由于审查批准逮捕仍然在侦查阶段，审查批准逮捕的期限只有 7 天，而且审查批准逮捕的决定是由检察长作出的，重大案件还应当提交检察委员会讨论决定，因而要在这么短的时间内对审查批准逮捕的检察员、检察长甚至检察委员会委员申请回避，犯罪嫌疑人及其辩护人需要提前做好准备，了解相关人员的背景。实务中对检察人员申请回避，主要还是发生在审查起诉阶段和审判阶段，发生在审查批准逮捕阶段的较少。

需要注意的是，根据《人民检察院刑事诉讼规则》（2019）第394条的规定，人民法院通知人民检察院派员参加庭前会议的，由出席法庭的公诉人参加。检察官助理可以协助。由此可见，检察官助理只能协助出席法庭的公诉人，不能直接代替公诉人直接从事公诉人的工作，否则辩护律师也是可以提出抗辩的，虽然不属于回避申请，但也属于一种程序性辩护。

案例8－1 李某军非法占用农用地案申请回避检察官助理①

2016年，李某军在WC市某林场内将林地开垦成水田，森林、植被和土壤被损毁。经委托鉴定非法损害、改变林地14.6亩。WC市检察院以被告人李某军涉嫌非法占用农用地罪移送起诉。司法机关的态度是速诉速判。

哈尔滨唐学文律师接受委托担任李某军的辩护人，经会见、阅卷，与办案法官多次交涉沟通，并提出重新司法鉴定后，于2019年7月5日参加庭审。在法庭调查环节，《起诉书》署名的公诉人曹××检察员在宣读完起诉书后，让其助理对被告人进行讯问。针对该情况，考虑司法机关欲加速推进案件，从推迟审理寻找有利证据的角度考虑，辩护律师当即向合议庭提出，检察官助理只能协助检察官出庭，无权代理出庭公诉人对案涉被告人进行讯问。后合议庭经合议，认为检察官助理无权讯问被告人，让出庭公诉人曹××依法履职。但由于公诉人之前习惯宣读起诉书后，便将剩余公诉工作都交给助理进行，所以其本人对本案案情不熟，无法完成当庭调查、举证及发表公诉意见的工作。最终合议庭只能延期审理。2019年9月6日法院第二次开庭，辩护律师从实体辩护角度入手，指出本案存在指控事实不清、证据不足，不存在非法占用的故意，最终辩护观点被法院采纳，法院判决李某军不构成非法占用农用地罪。

---

① 本案例由北京大成（哈尔滨）律师事务所唐学文律师提供。

（三）审判人员

审判人员包括审判长、审判员、助理审判员、人民陪审员，也包括法院院长、副院长、审判委员会委员、庭长、副庭长。目前，我国《人民法院组织法》不但规定人民法院依照法律规定独立行使审判权，不受行政机关、社会团体和个人的干涉，还规定任何单位或者个人不得要求法官从事超出法定职责范围的事务。这说明不但人民法院审判具有独立性，法官审判也具有一定的独立性。但如果合议庭认为案件需要，也可以由审判长提出申请并由院长批准后提交审判委员会讨论决定；对于审判委员会的决定，合议庭应当执行。在这种情况下，审判委员会委员对案件的裁判结果往往有着重大，甚至是决定性影响。因此，如果这些人员具有回避事由，被告人及其辩护人也可以申请回避。

（四）书记员

这里的书记员不仅包括在审判阶段担任记录的法庭书记员，还包括在侦查阶段和审查起诉阶段担任记录工作的人员。书记员记录了整个刑事诉讼活动的情况，其记录的内容是审查案件办案质量的重要依据。只有书记员与案件结果利益无涉，才能全面、客观地记录诉讼活动。如果被追诉人及其辩护人发现书记员存在回避事由，也可以申请回避，防止不客观的记录影响案件的公正处理。

（五）翻译人员

翻译人员包括语言、文字或手势等方面的翻译人员。在对外国人、少数民族人员、讲方言的人、聋哑人犯罪案件的侦查、起诉、审判各阶段通常都会有翻译人员。他们是侦查人员、检察人员和审判人员与当事人和其他诉讼参与人进行沟通、交流的中介和桥梁。客观、准确、全面的翻译，对案件的公正处理具有非常重要的作用。如果被追诉人及其辩护人发现翻译人员存在回避事由，可以申请回避，防止因其故意改变、增加或减少所译内容而影响案件的公正处理。

（六）鉴定人

鉴定人是指运用科学技术或专门知识对诉讼涉及的专门性问题进行鉴别和

判断，并提出鉴定意见的人员。在有些刑事案件中，鉴定意见作为一种科学证据，对认定案件事实具有非常重要的作用，所以鉴定人不能与案件或案件当事人具有利害关系或者其他特殊关系，否则会因为缺乏中立性而导致鉴定意见丧失真实性和科学性。对于需要鉴定的案件，被追诉人及其辩护人最好通过沟通提前了解进行鉴定的机构以及鉴定人，为申请回避做好准备。在鉴定人作出鉴定意见后再对其申请回避，可能导致重新鉴定，容易拖延诉讼进程。需要注意的是，如果鉴定人应当回避而没有回避，属于违反回避规定，那么其作出的鉴定意见是不得作为定案根据的。例如根据《司法鉴定程序通则》第20条第2款的规定，司法鉴定人曾经参加过同一鉴定事项鉴定的，或者曾经作为专家提供过咨询意见的，或者曾被聘请为有专门知识的人参与过同一鉴定事项法庭质证的，就属于法定回避事由，鉴定人应当自行回避，辩护人也可以申请其回避。但辩护人在鉴定意见已经作出后才发现鉴定人具有回避事由时，则应当提出鉴定意见不得作为定案根据的辩护意见并且申请重新鉴定。

案例8-2 D某侵犯商业秘密案鉴定人未回避导致重新鉴定①

甲公司向某市公安局举报，乙公司生产的机械装置侵犯了甲公司的商业秘密，造成甲公司4369万元的损失，后某市公安局对乙公司的总经理D某进行立案侦查。侦查过程中，某市公安局委托K鉴定机构，指派三名鉴定人A、乙、C对本案案涉技术信息的“非公知性”和“同一性”这两项专业问题进行鉴定。2021年2月，鉴定人A、乙、C向某市公安局出具《鉴定意见书》，认定甲公司制造的机械装置中的秘密点在2021年1月之前属于不为公众所知悉的技术信息，同时认定乙公司制造的机械装置中的技术信息与甲公司制造的机械装置中的秘密点具有同一性。后经审计，认定乙公司侵犯商业秘密的行为给甲公司造成损失4369万元，情节特别严重，检察机关对D某以侵犯商业秘密罪提起公诉，建议判处3年以上10年以下有期徒刑。

北京徐平和邢留墨律师接受委托担任D某的辩护人，经阅卷后发现出具《鉴定意见书》的鉴定人应当回避而未回避。早在2019年3月，甲公司就曾经

① 本案例由北京大成律师事务所徐平和邢留墨律师提供。

委托K鉴定机构的鉴定人A、乙、C对相同的两项专业问题进行鉴定，并作出过与上述《鉴定意见书》结论相同的《鉴定意见书（报案用）》。《司法鉴定程序通则》第20条第2款明确规定："司法鉴定人曾经参加过同一鉴定事项鉴定的，或者曾经作为专家提供过咨询意见的，或者曾被聘请为有专门知识的人参与过同一鉴定事项法庭质证的，应当回避。"因此，辩护律师提出本案《鉴定意见书》的形成过程严重违法，不得作为定案依据，同时要求委托第三方鉴定机构对本案案涉技术信息的"非公知性"和"同一性"进行重新鉴定。后法院同意辩护律师重新鉴定的申请，某市公安局重新找独立第三方的Q鉴定机构出具了《新鉴定意见书》，但辩护律师对该份意见书也从实体的角度进行了质证，认为其也不能被采信。

由于本案《新鉴定意见书》和《鉴定意见书》均不能被采信，最后法院采取无罪从轻的方式，主动大事化小，将起诉书中甲公司4369万元的损失，按照5%比例，计算成229万元，将本案由情节特别严重，判处3年以上10年以下有期徒刑的刑档，降低到情节严重，判处3年以下有期徒刑的刑档，最终判决D某有期徒刑2，缓刑3年。

除了以上六类人员，最高人民检察院《人民检察院刑事诉讼规则》第37条明确了司法警察属于回避的对象，最高人民法院《关于审判人员在诉讼活动中执行回避制度若干问题的规定》（以下简称《执行回避规定》）第14条明确了执行员属于回避的对象，因此，在刑事诉讼过程中，被诉讼人及其辩护人发现这两类人员存在回避事由的，也可以申请回避。由于本章是针对程序性辩护谈申请回避问题，所以本章所谈及的回避主要是针对侦查人员、检察人员、审判人员、书记员、司法警察、执行员等国家专门机关工作人员，为了阐述方便，以下统称为申请办案人员回避。

三、申请回避的事由

被追诉人及其辩护人了解了可以对哪些人员申请回避之后，需要针对这部分人员进一步调查、了解其是否存在法律规定的回避事由。只有当被申请人存在回避事由时，申请回避的意见才可能被采纳，从而达到程序性辩护的效果，否则，申请回避的意见不但不能被采纳，反而造成被追诉人与办案人员之间的关系紧张，不利于案件的办理。

综合我国《刑事诉讼法》及相关司法解释的规定，回避事由通常包括以下方面的内容。

（一）是本案的当事人或者是当事人的近亲属

被申请人如果存在这样的事由，很难做到客观、公正地履行职责，依法处理案件，辩护方应当申请回避。根据《刑事诉讼法》第108条的规定，这里的当事人是指被害人、自诉人、犯罪嫌疑人、被告人、附带民事诉讼的原告人和被告人；近亲属是指夫、妻、父、母、子、女、同胞兄弟姐妹。但这个范围还是过窄，不利于保证刑事诉讼的公正进行。为此，《执行回避规定》第1条将“近亲属”的范围扩大为“有夫妻、直系血亲、三代以内旁系血亲及近姻亲关系的亲属”。很多国家都有类似规定，如德国刑事诉讼法规定的就是直系亲属或者直系姻亲，或三亲等内之旁系血亲，或二亲等内之姻亲。被追诉人及其辩护人应当掌握这些规定，避免遗漏。

（二）本人或者其近亲属和本案有利害关系

这里的近亲属参照前面的范围。这里的利害关系是指案件的处理结果会直接影响侦查人员、检察人员、审判人员、书记员、翻译人员、鉴定人、司法警察、执行员等回避对象本人或者其近亲属的利益。由于法律并未对利害关系进行明确的规定和解释，故如何说服裁判者认定被申请回避的人员或其近亲属与本案具有利害关系，是被追诉人及其辩护人进行此类程序性辩护的重要内容。

（三）担任过本案的证人、鉴定人、辩护人、诉讼代理人、翻译人员

证人、鉴定人、辩护人、诉讼代理人、翻译人员都是诉讼参与人，具有各自的诉讼地位，从不同的方面参与到刑事诉讼的过程中，对案件事实和证据情况已经基于各自的角色和职责形成了较为固定的认识和看法，如果再以侦查人员、检察人员、审判人员等身份参与案件的处理，很难保证做到客观、公正。因此，被追诉人及其辩护人在办理案件的过程中，要注意了解案件的诉讼参与人，通过与办案人员进行对比，发现可以申请回避的事由。

（四）与本案的辩护人、诉讼代理人有近亲属关系

这里的近亲属仍然可以参考前面的范围。由于在司法实践中，辩护人、诉讼代理人对诉讼解决结果的影响越来越大，所以与本案的辩护人、诉讼代理人有近亲属关系的办案人员也应当回避。从辩护的视角而言，辩护方应当重点关注办案人员与被害人的诉讼代理人之间是否有近亲属关系。

（五）与本案当事人或者委托人之间存在利益往来，或者违反规定会见当事人及其委托人

根据《刑事诉讼法》第30条的规定，审判人员、检察人员、侦查人员不得接受当事人及其委托人的请客送礼，不得违反规定会见当事人及其委托人，否则当事人及其法定代理人有权要求他们回避。具体可以细化为几种情形：（1）违反规定会见本案当事人、辩护人、诉讼代理人；（2）为本案当事人推荐、介绍辩护人、诉讼代理人，或者为律师、其他人员介绍办理本案；（3）索取、接受本案当事人及其委托人的财物或者其他利益；（4）接受本案当事人及其委托人的宴请，或者参加由其支付费用的活动；（5）向本案当事人及其委托人借用款物。

（六）在本案诉讼阶段之前曾参与过案件的办理

这主要包括以下情形：（1）参加过本案侦查的侦查人员，被调至人民检察院工作，不得参与本案的检察工作，包括审查逮捕、起诉和诉讼监督工作；（2）参加过本案的侦查、审查起诉工作的侦查人员、检察人员，被调至人民法院工作，不得担任本案的审判人员；（3）在一个审判程序中参与过本案审判工作的合议庭组成人员或者独任审判员，不得再参与本案其他程序的审判。但是，对于发回重新审判的案件，在第一审人民法院作出裁判后又进入第二审程序或者死刑复核程序的，原第二审程序或者死刑复核程序中的合议庭组成人员不受前述限制。办案人员违反以上这些规定的，辩护方都可以申请回避。

案例8-3 张某某生产、销售不符合安全标准的食品案审判长回避

某幼儿园发生食物中毒事件，100余名幼儿被送急诊，引起社会广泛关注和家长维权。食药监、疾控、公安等部门迅速控制相关场所和责任人，介入调查，并刑事拘留了幼儿园的法定代表人张某某及相关责任人。当地政法委领导召集公安局法制科科长李某某、检察院公诉科科长秦某某、法院刑庭庭长陈某某对案件定性和法律适用等问题进行探讨。后张某某等人被检察机关以涉嫌生产、销售不符合安全标准的食品罪移送法院起诉。张某某的辩护律师在代理案件过程中发现案件的审判长系法院刑事审判庭庭长陈某某，其曾经参与当地政法委召集的协调会，对案件的定性等问题发表过意见。辩护律师认为审判长陈某某在案件审理之前已经对本案发表过意见，已经丧失了中立性，应当依法回避。后合议庭在请示法院院长后，更换了审判长。

（七）与本案当事人有其他关系，可能影响公正处理案件

这是根据回避制度的立法宗旨，针对可能影响公正处理案件的情况不宜逐一列举所作的一项兜底性规定。关于这个规定在司法实践中有很多的理解和解读：有的理解为只有被申请人与本案的当事人有特殊的社会关系才能申请回避。有的理解为被申请人与本案的当事人是否有特殊关系不重要，只有这种关系可能影响公正处理案件，辩护方才能申请回避。后一种理解可能排斥了大量足以影响公正处理案件的回避情形。

在司法实践中，关于前面六种情形法律规定得比较详尽，相对而言也比较好把握，引发的争议不大。实践中引发争议最大的就是这第七种情形。如何理解和掌握该情形是申请回避的程序性辩护中非常重要的内容，下一节将进行重点阐述。

案例8-4 赵某合同诈骗案重组合议庭[①]

被告人赵某因涉嫌合同诈骗商铺购房款202万余元被X区人民法院判处有

---

① 本案例由陕西云善律师事务所吴科律师提供。

期徒刑 11 年 6 个月。西安吴科律师接受委托担任赵某的二审辩护人。后案件被 Y 市中级人民法院发回重审，X 区人民法院改判赵某有期徒刑 10 年 6 个月。赵某不服，继续上诉至 Y 市中级人民法院，由该院刑事审判庭庭长张某组成合议庭进行审理。在审理期间，承办法官张某电话通知赵某的辩护律师与被害人戚某及其代理律师前往 Y 市中级人民法院四楼第二大法庭参加刑事附带民事诉讼调解。辩护律师到场后，法官张某正在与戚某及其代理律师交谈，随后张某询问辩护律师能否就退还涉案商铺购房款进行调解。由于被害人戚某并未在此案中提出刑事附带民事诉讼请求，辩护律师并未与赵某家属签署刑事附带民事诉讼的授权委托书，无法对刑事附带民事案件进行应诉和答辩，故无法继续进行调解。

在代理该案过程中，辩护律师通过阅卷等工作发现被害人戚某关于本案定罪关键事实的陈述有多处自相矛盾，且与其他证据材料无法相互印证。辩护律师认为被害人戚某有恶意捏造、诬告陷害且故意隐瞒案件事实的重大嫌疑，故多次通过电话和邮寄送达（妥投）的方式与案件承办法官张某进行沟通，申请被害人戚某出庭接受法庭调查。但是，承办法官张某没有根据《刑事诉讼法》和最高人民法院、最高人民检察院、公安部、国家安全部、司法部《关于依法保障律师执业权利的规定》予以回复，甚至在开庭前也没有明确告知被害人戚某是否出庭，只是在开庭当日明示，因被害人戚某不同意出庭，故不批准辩护律师的申请。

辩护律师提出：张某可以通知被害人戚某到法院参加涉案商铺购房款是否归还的调解，却不能通知被害人戚某在正式开庭时出庭接受法庭调查，而且仅以被害人戚某不同意出庭为由不批准辩护律师的申请，其做法不合法，也不符合常理，有明显偏袒之嫌，不排除其存在利用刑事手段干预经济纠纷之嫌。如果本案由张某继续审理，可能严重影响司法公正。故辩护律师申请张某回避。因申请未得到回应，辩护律师继续向 Y 市中级人民法院院长及其他有关部门反映。后 Y 市中级人民法院重新组成合议庭对此案进行了审理，并就合同诈骗罪改判赵某有期徒刑 5 年 2 个月。

四、申请回避的方式

被追诉人及其辩护人确定了需要申请回避的对象，调查了解了被申请对象存在的法律规定的回避事由后就可以向有关机关或人员提出回避的申请。一般说来，提出回避申请，最好以书面的方式提出，在申请书中写明申请回避的人员、申请回避的事实和理由，并提供相关的证据材料。当然，法律也允许口头提出申请，由受理的机关记录在案。但书面提出申请，不但更加正式，而且将事实和理由予以明示，有利于意见更好地得到支持。

五、申请回避的阶段

在我国，《刑事诉讼法》规定的回避对象不但包括审判人员，还包括侦查人员和检察人员。这意味着辩护方不但可以在审判阶段申请回避，还可以在侦查阶段和审查起诉阶段申请回避。

在侦查阶段，申请回避主要是针对侦查人员。但由于侦查活动相对封闭，犯罪嫌疑人及其辩护人一般很难获悉侦查人员的个人情况，也很难判断其是否具有法律规定的回避事由，因而实践中侦查人员的回避主要靠自行回避或指令回避。对于具有回避事由而未回避的侦查人员，辩护方应当通过自行调查或者沟通交流来尽量获悉相关信息，力争促使与案件或者案件当事人具有利害关系或者其他可能影响案件公正处理的关系的侦查人员尽早退出侦查活动，避免对案件产生不公正的处理。在侦查阶段，除可以申请对侦查人员的回避之外，辩护方还可以申请审查批准逮捕的检察人员进行回避。由于审查批准逮捕的期限仅有7天，且批准逮捕由检察长决定，于重大案件还应当提交检察委员会讨论决定，因而，回避的对象不仅包括案件的承办人员，还应包括检察长和检察委员会委员。要在这么短的时间内审查这么多检察人员是否具有回避事由并提出回避申请难度较大，更难取得良好的回避效果。

在审查起诉阶段，申请回避主要针对检察人员，要求具备回避事由的检察人员退出审查起诉活动，避免影响案件的公正处理。辩护方到了审查起诉阶段才发现与本案有关的侦查人员具有回避事由而没有回避的，可以继续申请回避，要求其退出侦查活动。这是因为在审查起诉阶段还有两次退回补充侦查的机会，应当回避而没有回避的侦查人员仍可能继续参与侦查活动。除了要求侦查人员退出侦查，辩护方还可以程序违法为由要求将案件退回补充侦查或者更换侦查人员进行侦查。

在审判阶段，申请回避主要针对审判人员。在司法实践中，对审判人员申请回避的概率远远高于对其他人员申请回避的概率。因为人民法院是可以对被告人进行定罪和量刑的唯一机关，审判人员是否与案件或者案件当事人具有利害关系，是否能公正地进行审判，直接影响被告人的切身利益，所以辩护方在审判阶段对审判人员申请回避是比较常见的程序性辩护。在审判阶段，除了可以对审判人员申请回避，还可以对检察人员、书记员等人员申请回避。辩护方到了审判阶段才发现侦查人员应当回避而未回避的，虽然此时侦查活动已经完成，证据收集已经完毕，让侦查人员退出侦查活动已无现实可能，但仍然可以依此进行辩护，可以以程序违法为由否定证据的效力。在审判阶段，根据《刑事诉讼法》第190条第1款的规定，开庭的时候，审判长宣布合议庭的组成人员、书记员、公诉人、辩护人、诉讼代理人、鉴定人和翻译人的名单，告知当事人有权申请回避，并询问其是否申请回避、申请何人回避以及申请回避的理由。被告人及其辩护人此时当然可以提出回避申请。在开庭之前，被告人及其辩护人获悉被申请人存在回避事由的，也可以提出申请，或者在庭前会议时提出。

六、申请回避的策略

对回避申请的审查和决定，除了要考虑申请提出的诉讼阶段，还要考虑回避对象的身份：对侦查人员、检察人员、审判人员的回避申请，不管是在哪个阶段提出，均分别由公安机关负责人、检察院检察长、法院院长决定；而对书记员、翻译人员和鉴定人等的回避申请，则根据回避申请提出的阶段确定有权作出决定的组织和人员。针对不同的回避对象，辩护方应当视情况采取不同的辩护策略。

（一）针对侦查人员回避的辩护策略

1. 在侦查阶段

通常而言，对侦查人员申请回避，主要发生在侦查阶段。但由于侦查活动的封闭性，犯罪嫌疑人及其辩护人一般很难获得侦查人员的个人情况，也很难获悉其是否具有法律规定的回避事由，故实践中对侦查人员的回避主要靠自行回避或指令回避。但犯罪嫌疑人及其辩护人不能因此就放弃这样的程序性辩护，应当通过沟通和交流尽量获悉相关信息，力争使与案件或者案件当事人具有利害关系或者其他特殊关系的侦查人员尽早退出侦查活动，避免产生不公正的处理结果。

2. 在审查批准逮捕阶段或者审查起诉阶段

如果到了审查批准逮捕阶段或者审查起诉阶段，犯罪嫌疑人及其辩护人才发现与本案有关的侦查人员具有回避事由而没有回避的，也仍然可以继续申请回避，要求其退出侦查活动。因为审查批准逮捕之后还需要继续侦查，而在审查起诉阶段还有可能退回补充侦查，应当回避而没有回避的侦查人员可能继续参与侦查，所以申请其回避仍有必要。同时犯罪嫌疑人及其辩护人还可以程序违法为由要求将案件退回补充侦查或者更换侦查人员进行侦查。

3. 在审判阶段

到了审判阶段，侦查活动已经完成，被告人及其辩护人发现侦查人员应当回避而没有回避的，让其退出侦查已无现实可能，但仍然可以基于回避事由以程序违法为由否定证据的可采性。例如，在第七章第一节“案例精析”中，笔者在办理阚某某贪污、挪用公款一案时，不但对检察官申请了回避，而且针对侦查人员具有回避事由却未回避，提出了侦查人员收集的证据无效的程序性辩护意见。

由此可见，在不同阶段对侦查人员提出回避申请，所要达到的辩护目标是不同的。

对于公安机关侦查人员的回避，不管是在哪个阶段提出申请，都是由公安机关负责人审查决定；而对于公安机关负责人的回避，则由同级人民检察院检察委员会审查决定；但对于人民检察院办理自侦案件的侦查人员的回避，则由检察长审查决定。

鉴于侦查活动的特殊性，我国《刑事诉讼法》规定，在对侦查人员的回避作出决定前，侦查人员不能停止对案件的侦查。因为侦查活动必须保持它的及时性和连续性，任何拖延都可能给侦查工作带来无法弥补的损失。如果要求侦查人员停止侦查活动，等候对回避申请的处理决定，则犯罪现场就可能因为没有及时勘验检查而被破坏，犯罪痕迹可能被毁灭，证据将难以收集，犯罪分子也可能趁机逃跑，从而贻误破案时机，严重影响侦查工作的顺利进行。①

经审查后，有关个人或组织作出回避的决定，侦查人员退出诉讼活动，表明被追诉人及其辩护人达到了既定的辩护效果。但如果该侦查人员在回避决定作出以前的诉讼活动中对被追诉人不利的，被追诉人及其辩护人还应当继续质疑该诉讼活动的效力，因为法律规定，被决定回避的侦查人员在回避决定作出以前取得的证据和进行的诉讼活动是否有效，由作出决定的机关根据案件情况决定。可见，取得的证据和诉讼活动的效力是待定的，被追诉人及其辩护人应当继续扩大辩护的成果，要求否定侦查人员在回避决定作出以前取得的证据和进行的诉讼活动的效力，消除不利影响。

（二）针对检察人员回避的辩护策略

检察人员可以出现在刑事诉讼的各个阶段，包括审查批准逮捕阶段、审查起诉阶段以及审判阶段。因此，被追诉人及其辩护人在审查批准逮捕阶段、审查起诉阶段和审判阶段都可以针对检察人员提出回避申请，要求存在回避事由的检察人员退出审查批准逮捕、审查起诉、提起公诉等诉讼活动，避免影响案件的公正处理。在审查批准逮捕阶段和审查起诉阶段，犯罪嫌疑人及其辩护人是向人民检察院提出回避申请，而在审判阶段，则是向人民法院提出回避申请，可以在开庭前提出，还可以在开庭的时候提出；如果法院召开庭前会议的，可以在庭前会议上提出。

但不管是在哪个阶段提出申请，检察人员的回避都由人民检察院的检察长审查决定，而检察长的回避，则由同级人民检察院检察委员会审查决定。检察委员会讨论检察长的回避问题时，应当由副检察长主持，检察长不得参加。对于在开庭时申请出庭的检察人员回避的，人民法院应当决定休庭，并通知人民检察院，由检察长或检察委员会审查决定。

与申请侦查人员回避不同，对检察人员的回避申请一经提出，在作出是否回避的决定之前，检察人员均应暂时停止诉讼活动，不得继续审查批准逮捕、审查起诉或进行公诉。

---

① 龙宗智、杨建广：《刑事诉讼法》（第4版），高等教育出版社2012年版，第224页。

经审查后，有关个人或组织作出回避的决定，检察人员退出诉讼活动，表明被追诉人及其辩护人达到了既定的辩护效果。与申请侦查人员回避时一样，即使达到了回避的效果，还要进一步对作出回避决定以前取得的证据和进行的诉讼活动的效力进行质疑，消除不利影响，以扩大辩护效果。

（三）针对审判人员回避的辩护策略

对审判人员申请回避一般只出现在审判阶段，既可以在开庭的时候提出，也可以在庭前提出。如果法院召开庭前会议，那么也可以在庭前会议上提出。审判人员的回避，由院长审查决定；院长的回避，由本院审判委员会决定。审判委员会讨论时，由副院长主持，院长不得参加。对审判人员的回避申请一经提出，在作出是否回避的决定之前，审判人员均应暂时停止诉讼活动，不得继续进行审判。经审查后，有关个人或组织作出回避的决定，审判人员退出诉讼活动，就达到了既定的辩护效果。

（四）针对书记员、翻译人员、鉴定人回避的辩护策略

书记员、翻译人员、鉴定人在侦查阶段、审查起诉阶段和审判阶段都有可能出现，被追诉人及其辩护人如果发现这些诉讼参与人存在回避事由而没有回避的，可以向所在阶段的办案机关提出回避申请，以使这些诉讼参与人退出诉讼活动，防止对案件产生不公正处理的影响。在侦查阶段的回避申请，由县级以上公安机关负责人审查决定；在审查起诉阶段的回避申请，由检察院检察长审查决定；在审判阶段的回避申请，由法院院长审查决定。

七、回避申请被驳回的救济

申请回避是被追诉人及其辩护人的一项权利，但是提出的申请并不一定就会得到批准。有权决定是否回避的个人或组织如果经审查认为回避申请不符合法定的回避事由，有权作出驳回申请的决定。为了防止驳回申请的回避决定可能出现错误，《刑事诉讼法》第 31 条第 3 款还规定了适当的救济措施，即对驳回申请回避的决定，被追诉人及其辩护人均有权申请复议，但以一次为限。作出这样的规定，既保障了申请回避权的充分行使，又避免了因这项权利被滥用

而拖延案件的处理。但即使申请复议，还是由原来作出驳回回避申请决定的个人或组织进行审查决定。因为这是一种自我审查，所以被追诉人及其辩护人在这个救济程序中要想真正达到辩护效果是非常难的。此外，最高人民法院《关于适用〈中华人民共和国刑事诉讼法〉的解释》第 35 条第 2 款还规定，如果不属于《刑事诉讼法》第 29 条、第 30 条规定情形的回避申请，由法庭当庭驳回，并不得申请复议。可见，复议这个救济程序不是必然出现的，要求回避申请必须符合法律规定的情形。

对于违反回避制度的，我国刑事诉讼法还设置了一种程序性制裁，即第二审人民法院发现第一审人民法院的审理违反了回避制度，应当撤销原判，发回第一审人民法院重新审判。因此，对于在一审阶段存在的驳回回避申请的决定，法院在二审阶段要审查这个决定是否正确、是否违反了回避制度。如果决定是错误的，违反了回避制度，第一审人民法院作出的判决将被撤销，且案件将被发回重新审判。对于这样的规定，被追诉人及其辩护人要特别加以注意，运用好这样的救济措施进行程序性辩护，可以达到更佳的辩护效果。

第四节 当前申请回避的难点与痛点

一、对《刑事诉讼法》第 29 条第 4 项规定的回避事由的理解与掌握

回避事由是回避制度的核心和灵魂，回避制度能否发挥保障司法工作人员公正司法的价值，关键在于回避事由的设置，在于有无尽可能地将那些足以影响案件公正处理的因素都吸收到回避事由中。我国现行的《刑事诉讼法》对回避事由的规定体现在第 29 条和第 30 条中，第 29 条的规定由 1979 年《刑事诉讼法》一直延续至今，第 30 条关于将办案人员接受请客送礼和违反规定会见作为回避事由的规定是 1996 年《刑事诉讼法》修订时新增加的。从这些规定来看，第 29 条前 3 项（是本案的当事人或者是当事人的近亲属；本人或者他的近亲属和本案有利害关系；担任过本案的证人、鉴定人、辩护人、诉讼代理人）和第 30 条规定的回避事由都是具体明确的，虽然在对近亲属的范围和“利害关系”的理解上还存在一些争议，但从整体而言指向是明确的，在实践中也具有可操作性。因此，当办案人员出现这些回避事由时，要么自行回避，要么被指令回避，很少继续参与诉讼活动。如果明知具有法定的回避事由而故意不依法自行回避或者对符合回避条件的申请故意不作出回避决定的，相关人员可能会受到一定处分。《执行回避规定》第 12 条第 1 款就明确规定，明知具有法定回避情形而不依法自行回避的审判人员，依照《人民法院工作人员处分条例》的规定予以处分。但是《刑事诉讼法》第 29 条第 4 项关于“与本案当事人有其他关系，可能影响公正处理案件”的规定，属于概括性的兜底条款，加上立法表述的问题，导致该条款在适用过程中非常容易引发歧义，故办案人员很少适用该条款自行回避。而实践中被追诉人及其辩护人进行申请回避的程序性辩护时大多引用的是该条款。因此，如何理解和掌握《刑事诉讼法》第 29 条第 4 项规定的回避事由是进行申请回避的程序性辩护应当重点掌握的内容。

（一）正确理解和掌握“其他关系”

从《刑事诉讼法》第29条第4项的立法表述来看，其要求“与本案当事人有其他关系”，但对于什么是“其他关系”并未作出具体规定。《执行回避规定》和最高人民法院《关于适用〈中华人民共和国刑事诉讼法〉的解释》将“其他关系”限制解释为“其他利害关系”，但也并未明确什么是“其他利害关系”。《执行回避规定》的征求意见稿根据审判实践和理论观点，曾试图将“其他利害关系”界定为“与本案当事人或者诉讼代理人、辩护人有师生、同学、同事、战友、邻居等亲密关系，或者有仇恨、敌对关系”，但在征求意见的过程中，大多数意见反映这些概念仍然比较模糊，其内涵和外延本身无法明确界定。考虑到实践中的复杂情况以及中国熟人社会的大背景，《执行回避规定》最终没有对“其他利害关系”作出更为细致的界定，而是交由实践根据具体情况进行具体分析。但在司法实践中，由于“其他关系”没有统一的界定标准，各司法机关和司法工作人员对其理解并不一致，导致该项规定在适用过程中存在很大难度，被追诉人及其辩护人适用该项规定进行申请回避的程序性辩护也很难达到良好的辩护效果。

根据回避制度的宗旨，《刑事诉讼法》第29条第4项中规定的“其他关系”应当主要是指可能影响公正处理案件的关系，是否可能影响公正处理案件是评判“其他关系”范围的重要因素。校友、系友、战友、邻居、同学、师生等关系，不能一概被界定为回避事由中的“其他关系”，仍然需要具体情况具体分析。比如只是单纯的校友、系友、战友、邻居关系，之前并无密切交往，甚至根本互不熟悉，就不应当被界定为回避事由中的“其他关系”；但如果是有密切往来的，如经常串门的隔壁邻居，就有可能影响公正处理案件，则属于回避事由中的“其他关系”。再如同学关系和师生关系，相比于前面几项关系更为密切，尤其是同班同学、班主任、指导老师等，由于存在联系的密切性，则应当被认定为回避事由中的“其他关系”；但如果只是通过网络线上授课的同学或者老师，彼此甚至没有在线下见过面，就不能作为回避事由中的“其他关系”。除了这些关系，我们还可以参考国外的一些立法，如《德国刑事诉讼法典》第22条规定的“法官现在是或曾为被告人或被害人的同居者、监护人或照管人”，

《日本刑事诉讼法》第20条规定的“法官是被告人或者被害人的法定代理人、后见监督人、保佐人、保佐监督人、辅助人或者辅助监督人”，《法国刑事诉讼法典》第668条规定的姘居关系、监督关系、上下级关系、从属关系、诉讼关系等，这些关系都可能直接影响案件的公正处理，可以被纳入“其他关系”的范畴。如审判人员、检察人员、侦查人员现在是或者曾经是本案当事人的同居者、姘居者、法定代理人、监督人、上级领导、下属、其他诉讼中的对方当事人等，都应当属于《刑事诉讼法》第29条第4项中的“其他关系”。

（二）正确理解和掌握“与本案当事人”

《刑事诉讼法》第29条第4项在字面上限定为“与本案当事人”有其他关系。根据我国《刑事诉讼法》第108条的规定，当事人是指被害人、自诉人、犯罪嫌疑人、被告人、附带民事诉讼的原告人和被告人，不包括辩护人、诉讼代理人、法定代理人等诉讼参与人。但在我国刑事诉讼中，以上诉讼参与人享有当事人绝大部分的诉讼权利，能直接影响诉讼进程甚至诉讼结果。如果司法工作人员与本案的辩护人、诉讼代理人、法定代理人存在其他可能影响公正处理案件的关系，而不能作为回避的事由，则可能不利于案件的公正处理。事实上，《执行回避规定》和最高人民法院《关于适用〈中华人民共和国刑事诉讼法〉的解释》都已经将与本案的辩护人、诉讼代理人有夫妻、父母、子女或者兄弟姐妹关系纳入回避事由中。因此，在进行申请回避的程序性辩护时，不但要审查司法工作人员与本案当事人的关系，还要审查其与本案辩护人、诉讼代理人、法定代理人之间的关系，看是否存在可能影响案件公正处理的情形。在有的国家，如法国，甚至还需要审查司法工作人员与本案当事人订立紧密关系民事协议的伙伴或者姘居者之间的关系。

笔者认为，《刑事诉讼法》第29条第4项中“与本案当事人”的表述不符合现实的客观需要，无法将诸多可能影响案件公正处理的情形纳入回避事由中，影响了回避制度之功效的发挥，宜将“当事人”删除，直接表述为“与本案有其他关系”。

（三）正确理解和掌握“可能影响公正处理案件”

“可能影响公正处理案件”是《刑事诉讼法》第29条第4项的核心内容。

该项规定之所以能成为回避事由，就是因为有可能影响案件的公正处理。“可能影响公正处理案件”是一种不确定的主观判断，需要根据具体情形来判定是否存在影响公正处理案件的可能性。但被追诉人及其辩护人与被申请回避的审判人员、检察人员、侦查人员担任的角色和所处的立场不同，导致评判的结果经常出现差异：被追诉人及其辩护人认为存在某种关系，会影响案件的公正处理，但审判人员、检察人员、侦查人员认为不会影响，从而导致对该项规定在实践中的适用产生分歧。因此，认定是否属于“可能影响公正处理案件”是正确理解和掌握第 29 条第 4 项的关键。

从目前的法律规定来看，第 4 项属于第 29 条的兜底条款，是为了防止法律的不周严和社会情势的变迁而设置的，用于弥补列举式立法模式的不足。但由于其不确定性和模糊性，容易与罪刑法定原则产生冲突，故为了保障人权，一般要求对兜底条款的司法适用，采用同质性解释的基本方法。所谓“同质性解释”，是指被纳入兜底条款进行规制的对象，应当与通过明文列举进行规制的对象具有相同的性质与特征。《刑事诉讼法》第 29 条前 3 项及第 30 条列举的事由的主要性质和特征包括三个方面：第一个是存在人际上的密切关系，如近亲属关系。这里的“近亲属”不但包括“夫、妻、父、母、子、女、同胞兄弟姐妹”，还包括“三代以内旁系血亲及近姻亲关系的亲属”。只要确定具有这些关系，就能确定会影响案件的公正处理。那么那些在联系密切度上高于或者相当于三代以内旁系血亲及近姻亲关系亲属的其他关系，如同学关系、师生关系等，就可以被判定为“可能影响公正处理案件”，因为具有同质性。第二个是参与过案件的诉讼活动，形成了预断，如担任过本案的证人、鉴定人、辩护人、诉讼代理人的。如果有与之相当的情形，就可以被评定为“可能影响公正处理案件”，因为具有同质性。第三个是存在不当的行为，如接受当事人及其委托的人的请客送礼或者违反规定会见当事人及其委托的人。那么索取、接受本案当事人及其委托的人的财物、其他利益，或者要求当事人及其委托的人报销费用，或者接受本案当事人及其委托的人的宴请，或者参加由其支付费用的各项活动等不当行为，也可以被评定为“可能影响公正处理案件”，因为具有同质性。

（四）正确理解和掌握“与本案当事人有其他关系”与“可能影响公正处理案件”之间的逻辑关系

从《刑事诉讼法》第29条第4项的立法表述来看，“与本案当事人有其他关系”和“可能影响公正处理案件”好像是一种并列关系。司法工作人员通常将其理解为被申请回避的人员不但必须与本案当事人存在一定的特殊关系，而且还要求该关系可能影响公正处理案件，两个条件必须同时具备。按照这样的解释，如果司法工作人员与本案当事人在人际交往上不存在任何具体的其他关系，但对诉讼一方存有明显的偏见，或者存有先入为主的预断，或者有不当行为，就都不属于回避的事由。此外，即使被申请回避的人员与本案当事人之间存在邻居、同学、师生等其他关系，也不是必然回避；只要司法工作人员能公正不阿地处理案件，也可以不构成回避的事由。不管是哪一种解释，本质上都背离了回避制度的宗旨，前者损害了实体公正，后者损害了程序公正。事实上，这里的“与本案当事人有其他关系”主要是指可能影响公正处理案件的关系，而不是指具体的人际上的关系，后面的“可能影响公正处理案件”是对“与本案当事人有其他关系”的限定。因此，两者之间不是一种并列关系，而是一种限定和修饰的关系，可以理解为“与本案当事人有其他可能影响公正处理案件的关系”。

二、整体回避和单位回避的问题

（一）单位与案件或案件当事人存在利害关系或者其他特殊关系的情形

根据我国《刑事诉讼法》第29条和第32条第1款的规定，被追诉人及其辩护人有权申请回避的对象仅限于审判人员、检察人员、侦查人员或其他诉讼参与人，针对的是个体，而不是人民法院、人民检察院、公安机关等单位。但在司法实践中，这些单位会因为一些特殊的原因而整体与案件或者案件当事人存在利害关系或者其他特殊关系，进而影响公正地处理案件。比如以下几种情况。

（1）承办案件的公安、司法机关是案件的被害单位或者与案件当事人存在利益纠纷。根据《民法典》的规定，公安、司法机关属于机关类法人，具有独立人格和自身利益，除了行使国家行政权和司法权，也可以作为与社会其他公民或组织平等的民事主体参与市场活动。所以其不可避免地会与其他市场主体产生各种利益联系或者纠葛，形成各种利害关系，如在签署、履行合同的过程中产生民事纠纷，或者被诈骗而成为合同诈骗罪的被害单位。

（2）承办案件的公安、司法机关的大部分人员或者主要负责人是案件的被害人，比如法院的大部分法官因参与民间集资而属于本院审理的非法吸收公众存款案件的当事人，或者检察院的检察长是本院审查起诉的故意伤害案件的被害人。

案例 8－5　甲房地产公司非法吸收公众存款案公安机关整体回避①

2018 年，阜阳市甲房地产公司股东甲（占公司 30% 股份）发现公司在盈利 2 亿余元的情况下，不但没有给甲分红，而且也无法偿还甲借给公司的 5000 余万元。查账后，甲发现股东乙和丙存在向公司大额放贷并从公司套取大额资金的行为。甲以乙和丙二人涉嫌职务侵占罪向 FN 县公安局报案后，FN 县公安局却以甲房地产公司涉嫌非法吸收公众存款立案，同时将甲、乙、丙三名股东均认定为单位犯罪的直接责任人员，并采取了强制措施。

北京丁慧敏律师接受委托担任甲房地产公司辩护人，通过阅卷发现，所谓非法吸收公众存款的参与人，包括 FN 县公安局副局长、经侦大队长，以及其他十余名当地领导。他们均通过向股东乙借款，从甲房地产公司获取数百万元“利息”回报。一旦按照甲报案提出的职务侵占罪侦办该案，FN 县的十数名领导也可以涉案，获取的利息也会被按照赃款追缴。

在审查起诉和一审阶段，辩护律师及甲公司诉讼代表均向办案机关提出回避申请，应将本案移送到其他县市管辖的意见。理由为：FN 县公安局及其他单位领导是非法吸收公众存款案的当事人，涉嫌拟通过非法吸收公众存款罪的处理将当地领导获取的利息合法化、正当化，与本案有利害关系，可能影响公正处理案件。但该意见并未得到采纳，FN 县法院依然作出了一审判决。

后甲房地产公司上诉后，案件被阜阳市中级人民法院发回重审。在二审及

---

① 本案例由北京大成律师事务所丁慧敏律师提供。

发回重审期间，辩护律师继续向中院及原审法院提出回避并改变管辖的申请，诉讼代表向当地县市省三级法检院、三级监委、省市两级主要领导持续反映该问题，最终阜阳市中级人民法院协调同级检察院后，将该案移送至TH县检察院和法院审查起诉和审理。

（3）案件当事人在承办案件的公安、司法机关担任过领导职务或者有影响力的职务，比如被追诉人或者被害人担任过承办案件的法院的院长、检察院检察长或者公安局局长。

（4）承办案件的公安、司法机关曾经办理过关联案件，比如律师因在代理强奸案中伪造证据而被追诉，指控律师涉嫌伪造证据罪的检察机关也是指控强奸罪的检察机关。

（5）承办案件的公安、司法机关因严重受到社会舆论、地方保护或党政干预影响，而对被追诉人或被害人产生了偏见或偏袒。

案例8－6 吴某妨害公务案法院整体回避[①]

吴某系福州市闽侯县某自然村村民委员会主任，在闽侯县人民法院执行局工作人员强制执行的过程中，吴某带领村民进行“阻碍”。后执行局工作人员报警，闽侯县公安局对吴某等人以妨害公务罪立案侦查。福州陈晋兴律师接受委托担任吴某的辩护人。其提出：本案发生在闽侯县人民法院强制执行的过程中，闽侯县人民法院工作人员系本案“被害人”，闽侯县人民法院与本案当事人具有直接的利害关系，可能影响案件的公正审理，故闽侯县人民法院应当整体回避，应将案件移送闽侯县以外的其他检察机关审查起诉。后本案被闽侯县人民检察院移送闽侯县人民法院起诉后，又被退回至闽侯县人民检察院，而由闽侯县人民检察院移送至马尾区人民检察院，再由马尾区人民检察院向马尾区人民法院提起公诉。在马尾区人民法院审理本案的过程中，辩护律师从多个层面提出罪轻辩护方案，取得了良好的辩护效果，最终得到了当事人及其家属的肯定。

① 本案例由北京大成（福州）律师事务所陈晋兴律师提供。

（二）提出整体回避或者单位回避的后果

根据我国目前的机构设置，公安、司法机关如果与案件或者案件当事人存在利害关系或者其他特殊关系，必然会影响公安、司法工作人员对案件的公正处理，所以被追诉人及其辩护人在司法实践中经常以单位回避或者整体回避为由进行程序性辩护。但由于我国刑事诉讼法并未规定单位回避和整体回避，故有权决定是否回避的个人和组织通常会以“不符合法律规定的回避情形”或者“法律没有关于单位回避和整体回避的规定”为由驳回这样的回避申请，从而引发冲突。如在J省L市中级人民法院审理的王某忠涉嫌民事枉法裁判一案中，王某忠及其辩护人均提出被告人与L市中级人民法院的所有法官系同事，具有利害关系，可能影响案件的公正处理，故申请合议庭全体成员和审判委员会全体委员集体回避。但审判长认为该申请理由不属于《刑事诉讼法》规定的回避情形，当庭予以驳回，继续进行法庭调查。后因王某忠强烈抗议引发庭审冲突而导致休庭。又如在市乙区人民法院开庭审理的李某涉嫌伪造证据、妨害作证一案中，被告人李某提出伪造证据、妨害作证行为的“受害者”是乙区人民法院，乙区人民法院与他有明显的利害关系，遂申请三位审判员、三位公诉人和两位书记员集体回避。在这个庭审中，审判长就是以“法律未就集体回避有明文规定”为由驳回了他的申请而继续开庭。

（三）解决整体回避或者单位回避的路径

为什么在实践中就单位回避或者整体回避会产生这么大的冲突呢？那是因为整体回避或单位回避直接涉及承办案件的公安、司法机关是否适宜办理该案的问题，本质上是刑事管辖异议问题，而不是回避问题。回避制度维护的是公安、司法工作人员的中立性和无偏私性，而管辖异议制度维护的是公安、司法机关整体的中立性。虽然这两项制度都是为了保障形式上的公正，但这两项制度设置的初衷原本就是不同的，因此不能将二者混淆。国外刑事诉讼法大多规定了刑事管辖异议制度，明确赋予被追诉人及其辩护人提出管辖异议的权利，所以在司法实践中并不会产生这样的冲突。但我国刑事诉讼法对管辖的规定主要体现的是司法机关内部分工的工具价值，而忽视了保护当事人的诉权和保障司法公正的价值，所以并未明确赋予被追诉人及其辩护人提出管辖异议的权利。对于管辖异议被驳回的，法律也没有提供任何救济途径。相比于刑事管辖异议制度的严重缺失，回避制度相对完善：不但赋予了被追诉人及其辩护人申请回避的权利，而且赋予了其申请复议的救济权。为了使案件获得公正的处理，被追诉人及其辩护人只能通过申请单位回避或整体回避的方式实现变更管辖的目的。例如，在王某忠案的审理过程中，辩护人在阐述回避理由时，就同时提出了L市中级人民法院不具有审判管辖权。因此，要解决这个实践中的难点问题，或者为了达到良好的辩护效果，我国刑事诉讼法应当将整体回避或者单位回避的情形予以明确，并设置完善的刑事管辖异议制度进行衔接。至于具体如何构建刑事管辖异议制度已经在上一章进行了阐述，在此不再赘述。

虽然目前我国尚未构建刑事管辖异议制度，但实践中通过提出单位回避或整体回避的申请，而最终达到变更管辖目的的案例开始出现。如前面提到的王某忠案，因为庭审直播曝光引发热议，J省高级人民法院最终作出了将案件指定H市中级人民法院管辖的决定。还有案例8－7，辩护律师通过递交M市中级人民法院整体回避的申请书，最终成功地使该案改变管辖而被移送到Z市中级人民法院进行审理。这些成功变更管辖的案例，充分证明了将整体回避或者单位回避与刑事管辖异议制度进行衔接是完全可行的，可以使刑事诉讼法中关于管辖和回避的规定协调一致，有效发挥其保障程序正义的价值。

案例8－7 刘某甲涉嫌数罪法院整体回避

2018年5月3日，河南省Y县人民法院判决：刘某甲犯故意伤害罪、寻衅滋事罪、敲诈勒索罪、诈骗罪，数罪并罚，判处有期徒刑18年；刘某乙犯敲诈勒索罪、妨害作证罪，合并判处有期徒刑5年；刘某红犯妨害作证罪，判处有期徒刑2年；宋某犯伪证罪，判处有期徒刑2年。判决后，当事人认为这是彻头彻尾的假案、冤案，是被打击报复，遂依法提起上诉。河南省M市中级人民法院于2018年9月4日，以原判认定事实不清、证据不足为由发回重审。在发回重审过程中，原公诉机关Y县人民检察院对刘某甲追加起诉新的罪名：强迫交易罪和非法倒卖土地使用权罪。Y县人民法院于2019年6月12日再次作出一审判决，认定：刘某甲被指控的各项罪名均成立，数罪并罚，判处其有期徒刑

23年；其妹妹刘某红的有期徒刑由2年改判为3年6个月。

对于发回重审后的一审判决，当事人均表示不服，遂提起上诉，并重新委托辩护人。辩护人接受委托后，通过会见当事人、查阅卷宗，一致认为M市中级人民法院院长及全体法官对本案应当整体回避。理由有以下几点：第一，该案一审认定的“寻衅滋事罪”，有数起事实涉及M市中级人民法院及该法院的部分法官，M市中级人民法院及其法官成了“寻衅滋事罪”的“受害人”，让“受害人”审判“加害人”，公正性令人生疑；第二，为认定刘某甲“寻衅滋事”，M市中级人民法院副院长及多名法官，均以证人身份出现，如二审还在M市中级人民法院审理，这些证人与审理法官之间具有上下级关系或同事关系，影响对本案的公正审理；第三，刘某甲在案发前，曾数次举报该院部分法官存在收受财物、接受不正当吃请等问题，故M市中级人民法院理应主动回避。辩护人还向M市中级人民法院正式提交了“M市中级人民法院整体回避申请书”。辩护人提出的三点整体回避理由，引起河南省高级人民法院对该案的重视，最终要求M市中级人民法院将刘某甲案移送Z市中级人民法院审理。2019年11月13日，M市中级人民法院将刘某甲案移送Z市中级人民法院。

三、临时更换或新增办案人员的回避问题

各个国家对可以申请回避的对象的规定有所不同，有的限于法官和陪审员，有的规定可以是预审法官、书记员、翻译人员、记录人，有的规定可以是侦查官、调查官、检察官。我国刑事诉讼法规定的回避对象比较广，包括侦查人员、检察人员、审判人员、书记员、翻译人员、鉴定人、司法警察和执行员。但在实践中进行申请回避的程序性辩护，主要针对承办案件的侦查人员、检察人员和审判人员，即办案人员。但要对办案人员申请回避，首先需要确定办案人员是谁以及办案人员的相关情况，这是申请回避的前提。如果办案人员不确定或者办案人员的个人情况不清楚，就无法申请回避，更谈不上达到回避的效果。比如针对合议庭的组成人员，我国《刑事诉讼法》第187条第1款就明确规定，人民法院决定开庭审判后，应当确定合议庭的组成人员，将人民检察院的起诉书副本至迟在开庭10日以前送达被告人及其辩护人。这意味着被告人及其辩护人可以在开庭前获悉合议庭组成人员的情况，可以从起诉书副本的具名处获悉

出庭支持公诉的检察官的情况，并有至少10天的准备时间，用来了解审判人员和检察人员是否具有回避的事由，以此来决定是否申请回避。这样的制度设计是为了保障被告人及其辩护人有效行使申请回避的权利。

但在开庭时合议庭组成人员临时更换，或者出庭的检察官临时更换或者增加的，被告人及其辩护人根本无法获悉临时更换或者临时增加的办案人员的情况，如果直接以不了解办案人员的情况为由申请回避，则不属于刑事诉讼法规定的回避事由，也很难得到支持。在这种状况下，辩护方也不能完全放弃程序性辩护，因为如果直接让临时更换或增加的办案人员继续参与诉讼活动，又有可能影响案件的公正处理，不利于保护被告人的合法权益。这时候就需要辩护人有良好的应变能力，案例8－8中辩护人的做法就值得借鉴。

案例8－8 刘某开设赌场案回避新增检察官

在青海省西宁市城西区人民法院审理的刘某等人开设赌场罪一案中，在开庭审理之前已经开过两次庭前会议，但在正式开庭伊始，公诉方临时新增加了一名出庭的检察官。该检察官既未参加之前的庭前会议，也没有在起诉书中具名。当辩护人以不了解新增加的检察官是否具有回避情形为由申请回避时，审判长就给予了回绝，认为辩护人不能因自己不了解检察官的情况就申请回避。后辩护人并未放弃抗争，提出休庭与被告人进行沟通协商的申请，最终得到了法庭的支持。这样，既赢得了时间，也可以在与被告人沟通、协商的过程中了解新增加的公诉人是否具有法定回避情形。如果有，可以具有回避事由为由继续提出回避申请，以保障被告人的合法权益。

因此，在遇到临时更换或者新增办案人员的情况时，被告人及其辩护人要善于运用回避的相关规定进行程序性辩护。首先，应当说明了解办案人员的个人情况对于保障申请回避的权利的价值，以此要求说明临时更换的或者新增的办案人员的姓名、所在单位、职务等情况。其次，即使获悉了临时变更的或者新增的办案人员的个人信息，辩护人也无法在短时间内了解其是否与本案或者本案当事人具有利害关系。为了提高诉讼效率，保障诉讼的顺利进行，辩护人可以询问临时更换的或者新增的办案人员是否与本案或者本案当事人具有利害关系，该办案人员应当给予明确的答复。如果日后发现该办案人员具有回避情形却故意作虚假陈述，被告人及其辩护人可以要求撤销判决，甚至追究相关人员的责任。最后，由于申请回避可能会使被告人承担不利的后果，所以辩护人虽然有权申请回避，但也应当征得被告人的允许。而且临时更换的或者新增的办案人员是否与被告人具有利害关系，被告人最清楚。由于我国庭审布局的设计，辩护人在庭审过程中与被告人不是坐在一块的，其无法直接与被告人单独进行沟通，因此在出现临时变更或者增加办案人员的情况时，辩护人可以以此为由要求休庭，单独与被告人进行沟通、协商，以确定是否申请回避。案例 8－8 就是采用了这个办法，最终也获得了法庭的支持。由此可见，对于临时变更或者新增办案人员的情形，虽然不能直接以此为由申请回避，但辩护人仍然可以根据回避制度的初衷和精神进行程序性辩护。

四、提前介入侦查的检察人员的回避问题

提前介入，是检察机关派员参加侦查机关对重大、疑难、复杂案件的侦查活动，并对案件性质、证据收集、法律适用和侦查行为的合法性提出意见和建议的一项制度。这项制度作为一项工作机制，有利于提高办理重大、疑难、复杂案件的质量和效率，有利于使检察职能得到充分的发挥。但在司法实践中，一些地方检察机关对该项制度在理解上存在严重偏差，“越俎代庖”，以提前介入为名直接参与对被追诉人的讯问和对证人的询问。被追诉人及其辩护人在遇到这类情况时，可以根据最高人民检察院《人民检察院刑事诉讼规则》（2019）第 35 条关于“参加过同一案件侦查的人员，不得承办该案的审查逮捕、审查起诉、出庭支持公诉和诉讼监督工作”的规定，提出回避申请。但由于我国《刑事诉讼法》第 87 条“必要的时候，人民检察院可以派人参加公安机关对于重大案件的讨论”的规定为检察机关提前介入侦查提供了法律上的依据，且未对介入的条件、时机、程序等作出具体规定，所以实践中以此为由提出的回避申请一般也很难得到支持。为了达到更好的辩护效果，辩护人应当厘清检察人员提前介入案件的界限，超过界限的，应当积极进行申请回避的程序性辩护。

（一）提前介入案件的范围界限

不管是《刑事诉讼法》还是最高人民检察院《人民检察院刑事诉讼规则》

(2019)，对检察机关提前介入侦查都设置了一个前提条件，即“有必要时”，而且将介入的刑事案件的范围限定为“重大、疑难、复杂案件”。这样的规定虽然较为抽象、模糊，具有很大的解释空间，但至少说明检察机关提前介入侦查不是随意的，是有一定界限的。这既是为了节约司法资源，也是为了防止检察机关对侦查过度干预。为了在实践中更好地把握这个界限，有必要对“重大、疑难、复杂案件”的范围进行具体界定，可以从可能的量刑、案件类型以及案件特点等方面进行概括性或者列举性的界定，如可能判处死刑的案件，或者涉黑、涉暴、涉恐的案件，或者受社会舆论关注的案件、新型的犯罪案件，等等。这样可以避免各地检察机关根据司法资源和办案需要进行任意解读，而破坏了法律适用的统一性。

（二）提前介入案件的工作界限

我国目前虽然还没有建立完善的提前介入制度，但根据现有的法律规定和诉讼原则，检察机关提前介入侦查履行的职能只能是检察职能，而不能是侦查职能。易言之，检察机关可以监督侦查，也可以引导侦查，但绝对不能代替侦查人员行使侦查权。因此，检察机关提前介入侦查的工作内容也是有界限的，不能干预侦查，更不能代替侦查，要正确认识与侦查机关之间的分工、配合。最高人民检察院《人民检察院刑事诉讼规则》(2019) 第256条就对提前介入的工作内容和范围作出了界定，具体包括以下内容：(1) 参加公安机关对于重大案件的讨论；(2) 对案件性质、适用法律提出意见，可以帮助侦查人员解释法律适用或者解决案件定性方面的疑难问题；(3) 对收集证据提出意见，可以就侦查取证活动的方向性、合法性、客观性等问题提示侦查人员，引导侦查人员开展取证工作；(4) 监督侦查活动是否合法，对侦查活动是否规范、合法、及时等进行同步监督，发现侦查活动违法的，提出纠正意见，对法律文书是否齐全、卷宗材料是否齐备等提出意见和建议。侦查机关在侦查阶段的主要工作是收集证据，履行的是侦查职能；而检察机关提前介入侦查活动，对收集证据提出意见，履行的是检察职能。两者绝对不能混同，否则既不利于检警关系的协调，也有违设置检察机关提前介入机制的初衷。比如检察机关可以通过视频等方式旁听侦查人员讯问犯罪嫌疑人，或者询问证人、被害人，但绝不能自己直接进行讯问和询问。这是检察机关提前介入侦查的工作界限，不能跨越。

（三）提前介入案件的人员界限

目前，我国法律和司法解释均未对应当由检察机关哪个部门的人员提前介入侦查活动作出明确的规定。司法实务中各地检察机关的做法也各不相同，没有一个明确的标准。如果检察人员提前介入侦查，只是引导和监督侦查，履行的是检察职能，那么其对该案继续进行审查批准逮捕、审查起诉、出庭支持公诉和诉讼监督，不存在职能上的冲突。但如果检察人员跨越了提前介入的工作界限，代替侦查人员直接进行侦查，比如直接讯问犯罪嫌疑人，或者询问证人、被害人，履行了侦查职能，那么其就不应当再承担该案的审查批准逮捕、审查起诉、出庭支持公诉和诉讼监督等工作，而应当自行回避，否则就违反了“分工负责、互相配合、相互制约”的诉讼原则。因为检察人员在侦查阶段直接收集证据，其之后又参与同一案件的审查批准逮捕、审查起诉、出庭支持公诉等工作，必然无法中立地监督自己之前的侦查行为是否合法，这既混同了分工，也起不到制约作用。而且这样的做法，在程序上也破坏了司法的公信力，严重损害了程序公正，进而影响实体公正。如果检察人员未予回避而出庭支持公诉，则严重违反了回避制度，根据《刑事诉讼法》第 238 条第 2 项的明确规定，即使一审法院作出判决，二审法院也应当撤销原判决，发回原审判机关重新审理，而检察机关也应当更换检察人员出庭支持公诉，由此造成司法资源的浪费，严重影响司法效率。

五、检察人员跨审级办案的回避问题

最高人民检察院《人民检察院刑事诉讼规则》（2019）第 390 条规定：“提起公诉的案件，人民检察院应当派员以国家公诉人的身份出席第一审法庭，支持公诉。公诉人应当由检察官担任……”第 445 条规定：“对提出抗诉的案件或者公诉案件中人民法院决定开庭审理的上诉案件，同级人民检察院应当指派检察官出席第二审法庭……”由此可见，不管是第一审法庭开庭还是第二审法庭开庭，人民检察院都应当指派检察官出席，而且通常情况下应当指派本检察院的检察官，而不能指派非本检察院的检察官。但在实践中检察人员跨审级办案的情况并不少见，尤其是在《人民检察院组织法》于2018年修订之前，各级人民检察院可以设助理检察员若干人，而且助理检察员不需要提请本级人民代表大会常务委员会任免，只要经检察长批准，就可以代行检察员职务。据此，检察机关可以通过由检察长任命代理检察员的途径从上级或者下级检察机关临时调动检察人员到本院出庭支持公诉，从而规避了检察员需要检察长提请本级人民代表大会常务委员会任免的规定。但《人民检察院组织法》在修订后取消了检察长可以任命代理检察员的规定，并且检察机关不再有“代理检察员”身份的人员，参与办案的人员有员额检察官和检察官助理，且检察官助理不能独立办案，只能在员额检察官的指导下，从事诸如审查案件材料、草拟法律文书等检察辅助事务。但是修订后的《人民检察院组织法》第24条第1款第4项又规定了检察机关可以统一调用本辖区的检察人员办理案件。最高人民检察院《人民检察院刑事诉讼规则》（2019）第9条第2款还进一步明确规定，上级人民检察院可以依法统一调用辖区的检察人员办理案件，被调用的检察官可以代表办理案件的人民检察院履行出庭支持公诉等各项检察职责。

因此，不管是在《人民检察院组织法》修订之前还是修订之后，都可能存在检察人员跨审级办案的情况，甚至可能出现同一检察人员在两个审级检察机关办理同一案件的情形。比如上级检察人员以下级检察人员名义出庭支持公诉，又回到上级检察机关参与原办案件的二审出庭工作。实践中出现这种情况通常是由于案件影响力较大或者疑难、复杂，上级检察机关担心下级检察人员能力有限无法胜任出庭工作，或者有的案件是由上级检察机关指导办理的，上级检察人员对案件更加熟悉，由其出庭支持公诉有利于案件的办理。此外，还有下级检察人员出席一审法庭支持公诉后又参与原办案件的二审出庭工作的情况。出现这种情况的一种原因是下级检察人员出席一审法庭支持公诉后，调到上级检察机关工作，鉴于其熟悉案件情况，上级检察机关指派其参与原办案件的二审出庭工作。也可能并非工作调动的原因，而是下级检察机关办案人员熟悉案情而被上级检察机关临时安排办理上级检察机关的案件。

不管是哪一种情形，出席一审法庭支持公诉的检察人员都不应继续参与原办案件的二审出庭工作，否则，被告人及其辩护人都有权申请其回避。首先，出席一审法庭支持公诉的检察人员（不管是上级检察人员以下级检察机关的名义，还是下级检察人员自身）在庭审中发表的意见都代表了下级检察机关，且检察人员自身也已经对案件处理形成了结论性判断，与案件、案件当事人都形成了利害关系。如果出席一审法庭支持公诉的检察人员继续参与原办案件的二审出庭工作，则其无法公正地对一审法院作出的错误判决或者裁定提出纠正意见，无法公正地对下级检察机关作出的错误决定提出纠正意见，就不可能完成法律赋予检察官出席二审法庭的法律监督任务。其次，从国外立法的状况来看，司法工作人员曾经参与过案件的一定工作通常为一种法定的回避理由，如《德国刑事诉讼法典》第 23 条规定：法官参与裁判的案件被提起上诉的，依法不得参与上级审裁判。法官曾参与裁判的案件被提起再审的，依法不得在再审程序中参与裁判。当有异议的裁决是在上级审提起时，曾参与下级原审裁判的法官，亦不得参与审判。[①] 最后，我国《刑事诉讼法》的有关司法解释也将曾参与过案件办理作为回避情形之一。[②] 因为以一定角色曾经参与过案件的一定工作，必然会对案件形成一定的倾向性意见，而且也会与案件或案件当事人之间形成一种利害关系，故将其作为法定回避的事由，可以避免影响案件的公正处理。检察人员出席一审法庭支持公诉和出席二审法庭履行职责，虽然都是以检察官的身份，但肩负的责任仍有所区别，故不能由同一个人行使不同阶段的检察权。由此可见，只要出现以上情形，被告人及其辩护人都有权充分论证理由以进行申请回避的程序性辩护。

六、办案人员要求更换或解除辩护人的回避问题

除了第 29 条规定的需要回避的事项，我国《刑事诉讼法》还在第 30 条将审判人员、检察人员、侦查人员接受本案当事人及其委托的人的请客送礼或者违反规定会见当事人及其委托的人作为申请回避的理由。最高人民法院《关于

---

① 《世界各国刑事诉讼法》编辑委员会编译：《世界各国刑事诉讼法：欧洲卷》，中国检察出版社 2016 年版，第 252 页。

② 最高人民检察院《人民检察院刑事诉讼规则》(2019)、最高人民法院《关于适用〈中华人民共和国刑事诉讼法〉的解释》关于回避事由的规定具体包括：(1) 参加过同一案件侦查的人员，不得承办该案的审查逮捕、审查起诉、出庭支持公诉和诉讼监督工作，但在审查起诉阶段参加自行补充侦查的人员除外；(2) 参与过本案的调查、侦查、审查起诉工作的监察、侦查、检察人员，调至人民法院工作的，不得担任本案的审判人员；(3) 在一个审判程序中参与过本案审判工作的合议庭组成人员或者独任审判员，不得再参与本案其他程序的审判。

适用〈中华人民共和国刑事诉讼法〉的解释》等还对该条规定的回避事由进行了细化[①]，其中就包括审判人员为本案当事人推荐、介绍辩护人、诉讼代理人，或者为律师、其他人员介绍办理本案的情形，被告人及其辩护人有权申请具有该项情形的审判人员回避。那么，对于审判人员要求本案当事人变更或者解除辩护人，干预被告人与辩护人之间的委托辩护关系的，被告人及其辩护人是否有权申请回避呢？虽然我国法律及相关司法解释对此没有作出明确的规定，但这类现象在司法实践中依旧存在。在一些证据存在问题的认罪认罚案件中，有些审判人员担心辩护人进行无罪辩护而要求当事人变更或者解除辩护人；或者对于一些重大、敏感或者有争议的案件，有些审判人员担心被告人聘请的律师不可控或者不好沟通，劝说被告人更换或者解除辩护律师。

目前《刑事诉讼法》及最高人民法院《关于适用〈中华人民共和国刑事诉讼法〉的解释》虽然没有明确将要求更换和解除辩护人作为对审判人员申请回避的事由，但根据最高人民法院、司法部《关于规范法官和律师相互关系维护司法公正的若干规定》第 6 条第 1 款的规定，法官不但不得为当事人推荐、介绍律师作为其辩护人，也不得暗示其更换承办律师。可见，暗示更换承办律师与为当事人推荐、介绍辩护人是同一性质的，都违反了相关的规定。既然为当事人推荐、介绍辩护人属于回避的事由，那么按照回避制度的精神，要求更换或者解除辩护人，也应当属于回避的事由。例如，在 J 省 L 市中级人民法院审理的王某忠涉嫌民事枉法裁判案中，审判长在看守所会见王某忠时，要求其将辩护人换掉，辩护人认为审判人员违反相关的法律规定，故对其申请回避。该案后来被改变了审判的法院，该审判长也就没有继续审理此案。因此，在遇到此类情形时，辩护人应当善于运用相关规定进行申请回避的程序性辩护。这既有利于维护被告人的合法权益，也有利于维护辩护人的辩护权。

---

① 最高人民法院《关于适用〈中华人民共和国刑事诉讼法〉的解释》第 28 条具体包括六项内容：（1）违反规定会见本案当事人、辩护人、诉讼代理人；（2）为本案当事人推荐、介绍辩护人、诉讼代理人，或者为律师、其他人员介绍办理本案的；（3）索取、接受本案当事人及其委托人的财物或者其他利益的；（4）接受本案当事人及其委托人的宴请，或者参加由其支付费用的活动的；（5）向本案当事人及其委托人借用款物的；（6）有其他不当行为，可能影响公正审判的。

七、策略性回避问题

我国《刑事诉讼法》及其司法解释对回避事由作出了有关规定，要使申请回避这一程序性辩护达到使具有回避事由的人员退出诉讼活动，或者使应当回避而未回避的人员参与的诉讼活动归于无效的目的，被追诉人及其辩护人应当依法申请回避，不能随意行使，甚至滥用回避申请权。但在司法实践中，司法工作人员出于各种各样的原因，未能依法办案或者未能公正处理控辩双方的关系，加上我国刑事诉讼制度还存在一些不完善的地方，如诉讼权利遭受侵犯后缺乏有效的救济途径，导致被追诉人及其辩护人有时便以“与本案当事人有其他关系，可能影响公正处理案件的”这一兜底事由为依据提出回避申请，将其作为一种辩护策略，希望能督促司法工作人员依法公正办案或者公正处理控辩双方的关系。

案例 8－9　谢某等 63 人诈骗案以控辩不平等为由申请回避

在安徽芜湖谢某等 63 人涉嫌诈骗罪的庭审过程中，F 县人民法院仅给众多辩护律师每人安排了一把折叠椅，导致近百名辩护律师仅有三四名律师有桌子，不便于辩护律师使用电脑、查阅案卷以进行正常工作。于是辩护律师以法庭明明可以摆桌子却不提供，没有为辩护律师提供履行辩护职责的基本条件为由，申请审判长和审判员全体回避，但最终被 F 县人民法院驳回。

案例 8－10　黎某涉黑案以审判长偏袒公诉人为由申请回避

在贵阳市 H 区人民法院开庭审理的黎某涉黑案中，被告人及其辩护人以审判长过于偏袒公诉人，多次与公诉人在庭上秘密沟通，并对辩护律师的合理要求不予采纳为由，申请审判长回避，但被驳回。

案例 8－11　周某受贿案以申请得不到许可为由申请回避

在×市人大常委会原主任周某受贿案的二审过程中，周某及其辩护人以申请证人出庭的要求得不到许可，要求复制录音录像资料也被拒绝，法院未依职权调取周某之子的案卷材料等为由，申请合议庭全体成员和Z省高级人民法院审判委员会全体成员回避，但被法院驳回。

案例8-12 郑某等涉黑案以二审法官旁听过一审为由申请回避[①]

在漳州郑某等涉黑案件的二审过程中，辩护人以审判长旁听过本案一审庭审为由对其申请回避。其认为：旁听了一审庭审的二审法官可能会先入为主，导致二审的独立审判形同虚设，实际上剥夺了当事人的上诉权。但该回避申请被驳回。

案例8-13 周某受贿、挪用公款案以申请得不到支持为由申请回避[②]

在××大学原校长周某受贿、挪用公款案的一审过程中，被告人及其辩护人多次申请启动非法证据排除程序，排除周某因受刑讯逼供而作出的有罪供述，但其申请均被驳回。根据辩护人的介绍，每当其申请非法证据排除的时候，就会被审判长警告。当辩护人的非法证据排除申请再次被驳回并被审判长说是扰乱法庭秩序时，辩护人申请审判长回避，申请回避的理由是：辩护人多次提供证据线索依法申请启动非法证据排除程序，但是都被无理拒绝；辩护人在开庭前到法院送手续时，审判长还曾经不愿意给辩护人起诉书；庭前审判长甚至告诉另一位辩护人，这个案子还有什么可以辩护的，还不赶紧争取宽大处理，让判轻点算了。辩护人认为种种迹象表明本案在这样的审判长手里难以得到公正的审判。

在这些案件中，被追诉人及其辩护人通过申请回避的程序性辩护，确实取得了一定的效果，但回避的申请均被驳回，故只能属于一种策略性辩护。

对于辩护律师而言，在实践中要谨慎使用这类策略性辩护。理由如下：一是我国法律目前并未将办案人员不依法办案或者不公正处理控辩双方的关系明确作为法定回避事由，被追诉人及其辩护人的意见很难被采纳。二是如果可以

---

① 徐昕：《无罪辩护：为自由和正义呐喊》，清华大学出版社2019年版，第19页。

② 朱明勇：《无罪辩护》，清华大学出版社2015年版，第271—272页。

以此为由随时提出回避申请，必然会中断或者阻碍诉讼活动的正常进行，也容易产生辩审冲突，影响诉讼效率。这与回避制度的设置初衷和价值背道而驰。当然，这并不意味着要对办案人员的违法办案或不公正办案听之任之，只是不能将这些行为全部放入回避这个框中进行解决，不能将申请回避作为一种维权的策略。辩护律师应当根据《刑事诉讼法》及其司法解释赋予的相应权利进行不同的程序性辩护，如进行上诉、申诉或者控告，申请法律监督机关进行监督，要求撤销违反法律程序作出的判决，等等。

对于司法机关及其司法工作人员而言，如果遇到这类策略性回避，尤其是在庭审过程中遇到这类策略性回避，应当进行反思和总结，审查自己是否依法办案，是否公正处理控辩双方的关系，是否侵犯了被追诉人以及其辩护人的诉讼权利。对于存在的违法或者违规行为，其应当及时进行纠正，及时保障辩护方的权利，避免辩护方使用策略性回避的手段进行维权。驳回回避申请虽然容易，但要有一定的法律依据，否则落得不公正之嫌或者造成正常诉讼活动的中断，都不利于工作的推进。

第五节 如何有效地申请回避

根据现行的法律规定，被追诉人及其辩护人可以申请回避，并有权对驳回回避申请的决定申请复议一次。法律还针对不同的回避对象规定了不同的审查决定的组织和个人。被追诉人及其辩护人可以按照法律规定的启动程序、审查和决定程序以及救济程序进行申请回避的程序性辩护。由此可见，我国已经建立了基本的回避制度，被追诉人及其辩护人申请回避具有制度上的保障。但在司法实践中，申请回避的效果仍然非常不明显：申请回避的意见很少被采纳，审查机关很少作出回避的决定，大部分回避申请被驳回，尤其在审判阶段，回避申请被驳回还会引起辩审冲突。所以辩护人在进行申请回避的程序性辩护时，应当了解现行法律规定，了解司法工作人员的思维模式，智慧地进行相应辩护，以便取得好的辩护效果。

一、审查被追诉人是否知悉申请回避权

申请回避是一项程序性权利，直接关系到被追诉人能否获得公正的裁判，直接关系到被追诉人的切身利益。但被追诉人大多没有受过专门的法律训练，所以很多人并不清楚，也不了解回避的含义，甚至不知道自己享有申请回避的权利。律师作为辩护人，首先要了解被追诉人是否知道自己享有这项权利，审查司法机关是否依法告知被追诉人其享有这项权利。

（一）审查人民法院是否履行告知义务

从我国目前的法律规定来看，关于人民法院的告知程序的规定最具体翔实，具有可操作性。根据《刑事诉讼法》第 187 条、第 190 条的规定，人民法院至迟在开庭 10 日以前要将合议庭的组成人员送达被告人及其辩护人；在开庭的时候，审判长还要宣布合议庭的组成人员、书记员、公诉人、鉴定人、翻译人员

等人员的名单，告知当事人有权对这些人员申请回避。最高人民法院《关于适用〈中华人民共和国刑事诉讼法〉的解释》第239条第1款还进一步规定，审判长应当询问当事人及其法定代理人、辩护人、诉讼代理人是否申请回避、申请何人回避和申请回避的理由。由此可见，关于人民法院的告知程序的规定是相对完善的。律师作为辩护人，要向被告人了解人民法院是否依法履行了告知义务。如果没有履行，程序上本身就已经违法，辩护律师可以提出异议。

案例8-14　杨某受贿案未保障回避权被发回重审①

杨某受贿案在一审期间共开庭审理4次，后被判处有期徒刑10年。鄂尔多斯市汪洋律师在二审阶段接受委托担任杨某的辩护人，提出在一审阶段，第三次和第四次出庭支持公诉的检察员进行过变更，但并未依法向被告人告知公诉人变更的情况，也没有询问其是否申请回避，一审中第三次和第四次开庭笔录以及中国庭审公开网上的庭审录像均能证实，辩护人提出一审程序没有保障被告人申请回避的权利，存在严重的程序违法，要求撤销原判，发回重审。二审合议庭当庭对该情况予以查实，并将全案发回重审，一审法院重审后，最终对杨某改判，从有期徒刑10年改判为有期徒刑5年。

（二）审查人民检察院是否履行告知义务

从我国目前的法律规定来看，虽然其明确了人民检察院的告知义务，但没有像要求人民法院那样要求人民检察院必须询问是否回避、申请何人回避以及申请回避的理由，导致在实践中其可操作性相对弱。比如，根据最高人民检察院《人民检察院刑事诉讼规则》（2019）第26条的规定，人民检察院应当告知当事人及其法定代理人有依法申请回避的权利，并告知办理相关案件的检察人员、书记员等人员的姓名、职务等有关情况。该条虽然明确了人民检察院的告知义务，但并未规定应当在什么时间内予以告知，也未规定是否应当告知行使该项权利的方式，导致被追诉人可能还是不知道如何行使这项权利。所以，律师作为辩护人，一是要审查人民检察院是否依法履行了告知义务，二是要对被

① 本案例由上海靖予霖（鄂尔多斯）律师事务所汪洋律师提供。

追诉人进行相应的辅导，避免其错失申请回避的时机。

（三）审查公安机关是否履行告知义务

目前《刑事诉讼法》和相关司法解释都没有规定公安机关的告知义务。只是在实践中，有的公安机关的侦查人员在讯问犯罪嫌疑人时会进行告知，有的只是笼统地告知享有申请回避的权利，但未告知侦查人员的姓名和职务。很多案件中的犯罪嫌疑人既没有被告知享有申请回避的权利，也不知道侦查人员的姓名和职务，导致申请回避根本就无从谈起。但侦查活动是刑事诉讼活动的开始，起诉活动和审判活动都是在侦查活动收集证据的基础上进行的，如果具有回避事由的侦查人员没有退出侦查活动，将会影响整个诉讼活动的公正性。所以，在侦查阶段辩护人在会见犯罪嫌疑人时就应当明确告知犯罪嫌疑人享有申请回避的权利，并对其进行申请回避方面的辅导。

二、审查被申请回避的人员的信息

申请办案人员回避的前提是要知道办案人员是否具有法定回避事由，而判断办案人员是否具有法定回避事由的前提，是了解办案人员的基本信息。因此，辩护人进行申请回避的程序性辩护，首先要审查想要申请回避的人员的信息。

目前，《刑事诉讼法》及相关司法解释只规定了披露合议庭组成人员的名单及办理相关案件的检察人员的姓名、职务。披露的信息过于简单，被追诉人及其辩护人单从姓名和职务上很难判断相关人员与案件或者案件当事人是否具有利害关系或者其他特殊关系，是否存在有可能影响公正处理案件的情形。此外，目前的信息披露途径都是单向的，仅限于公安、司法机关向被追诉人及其辩护人披露，披露多少才能知道多少。为了做好这项程序性辩护，在立法尚未改变的情况下，辩护人应当想办法审查了解要申请回避的人员的信息。比如，对于提交审判委员会讨论的案件，可以申请法院公开审判委员会委员的名单，因为按照《人民法院组织法》的规定，审判委员会的决定，合议庭必须执行。审判委员会是裁判结果的最终决定者，如果被告人及其辩护人事先连哪些人员参与了讨论都不知道，更不可能知悉这些人员里是否有人存在回避的情形，亦就无法提出回避的申请。又如，除了了解办案人员的姓名、职务，还要想办法了解办案人员与本案或者本案当事人之间的关系的信息，以判断是否具有亲朋、同学、师生、同事、校友等关系。有些信息可以从公开渠道获取，有些信息则需要进行一些调查取证。

三、审查违反回避制度取得的证据及进行的诉讼行为是否有效

根据最高人民检察院《人民检察院刑事诉讼规则》（2019）和公安部《公安机关办理刑事案件程序规定》，被决定回避的检察长、检察人员或公安机关负责人、侦查人员在回避决定作出以前所取得的证据和进行的诉讼行为是否有效，分别由人民检察院检察委员会、检察长或公安机关负责人根据案件具体情况决定。从这个规定可以推导出，违反回避制度所取得的证据和进行的诉讼行为的效力是待定的，有可能无效，也有可能有效，决定权在人民检察院检察委员会、检察长或公安机关负责人的手中。但在司法实践中，很少有认定违反回避制度取得的证据和进行的诉讼行为无效的决定。这是因为是否有效的认定完全是一种内部的行政认定，认定的过程不对外公开，也不需要说明理由，而公安机关和人民检察院作为侦控机关，担负着打击和追究犯罪的责任，从利益驱动的视角来看，也不可能轻易否定本单位工作人员取得的能够证明犯罪的证据的效力。但辩护人当遇到这类情况时，还是应当积极应对。虽然被申请回避的人员退出诉讼活动，但如果其之前收集的证据和进行的诉讼行为仍然是有效的，则有可能继续影响着案件的公正处理，使申请回避的辩护效果大打折扣。所以，辩护人可以根据以下几个原则进行辩护，积极维护当事人的合法权益。

（一）区别对待原则

侦查人员、检察人员违反回避制度，应当回避而没有回避的，对其取得的证据和进行的诉讼行为的效力可以根据其与案件或案件当事人之间关系的紧密程度，以及影响公正处理案件的严重程度区别对待：关系紧密程度高，对案件公正处理的影响力就大，更倾向于认定无效；关系紧密程度低，对案件公正处理的影响力就小，则倾向于认定有效。

（二）不可重新取得的实物证据原则上有效

违反回避制度参与诉讼活动所收集的物证、书证、勘验报告等证据，具有

客观性、稳定性、不容易失真等特点，故侦查人员、检察人员即使与本案或者本案当事人有利害关系，通常也无法改变实物证据的状态，加上实物证据被收集后，也不能重新或者重复进行收集，因此，对于违反回避制度收集到的实物证据原则上可以认定为有效。

（三）收集的言词证据原则上无效，但无法重新取得的言词证据或者经证言提供者确认的言词证据可以被认定为有效

相比于实物证据，言词证据的主观性较大，稳定性较差，且容易受取证人的影响。如果侦查人员、检察人员与本案或者本案当事人有利害关系，可能容易误导证言的取得。因此，如果证言是可以重新进行收集的，应当认定违反回避制度取得的言词证据无效；但如果证言已经无法重新收集，如临终证言，在收集证据的侦查人员出庭接受质证且被告人无异议的情况下，可以认定为有效。此外，如果证言提供者对之前提供的证言并无异议，则重新收集证言并无必要，也可以认定之前收集的言词证据有效。

（四）根据诉讼时效和诉讼条件确认诉讼行为的效力

如果应当回避而未回避的人员进行的诉讼行为，在法定诉讼期限内还可以重新进行或者具备重新进行的诉讼条件，则可以认定该诉讼行为无效；反之，则尽可能认定为有效。例如，犯罪现场并未遭受破坏，且还在侦查期限内，具备重新勘验的条件，则可认定原来的勘验活动无效；倘若犯罪现场已经遭到破坏，不可重现，则应当尽可能认定原来的勘验活动有效。

案例 8－15　刘某职务侵占案鉴定人未回避[①]

检察机关指控刘某利用担任某公司经销处负责人的职务之便，侵占应回款给某公司的货款700余万元，以刘某涉嫌职务侵占罪移送起诉。

长春孙立峰律师接受委托担任刘某的辩护人，经会见和阅卷后认为指控刘某构成职务侵占罪的事实不清、证据不足，尤其是本案关键证据，即关于《合

① 本案例由北京大成（长春）律师事务所孙立峰律师提供。

作协议》上崔某某的签字的笔迹鉴定存在重大瑕疵，司法鉴定程序违法，不能作为定案根据。刘某主张上述货款是其依据与公司实际经营者崔某某签订的《合作协议》合法所得，而崔某某主张该《合作协议》系刘某伪造。因此，本案争议焦点为：《合作协议》上崔某某的签字是崔某某亲笔书写的还是被伪造的签名。

公安机关委托某省公安厅物证鉴定中心出具了1号鉴定书，认定“崔某某”的个人签字与送检的“崔某某”签名样本不是同一人书写。刘某及辩护人另行委托某司法鉴定中心出具2号鉴定书，认定《合作协议》上“崔某某”的签字系崔某某亲笔书写。审理法院面对两份结论相互矛盾的鉴定意见，无法确定《合作协议》的真实性。于是，公安机关又重新委托某省公安厅物证鉴定中心出具了3号鉴定书，该份鉴定意见与1号鉴定书相同，但两份鉴定书中鉴定人存在重复。辩护人提出3号鉴定书鉴定程序违法，不应当作为定案根据。主要理由为：第一，样本的送检程序存在瑕疵，鉴定采用的崔某某签名样本均系崔某某提供，鉴定的样本应由侦查机关自行调取并直接送检，方能保证样本的真实、可靠，但司法鉴定人出庭接受质证时无法确定鉴定中采用的样本是否为崔某某本人书写，因此，1号鉴定书和3号鉴定书检材来源不明，程序不合法，鉴定意见对案件待证事实缺乏能证性，不能作为定案根据；第二，3号鉴定书的鉴定事项与1号鉴定书完全相同，委托人既未增加新的鉴定要求，也未发现委托的鉴定事项有遗漏，3号鉴定书系重新鉴定，根据《司法鉴定程序通则》第二十条第二款等规定，重新鉴定应当另行指派或者聘请鉴定人，参加过同一鉴定事项初次鉴定的司法鉴定人应当回避，郭某某曾经参加过同一鉴定事项的初次鉴定，在3号鉴定书中应当依法回避而未回避，鉴定程序严重违法，3号鉴定书的鉴定结论不能作为定案根据。审理法院采纳了辩护人意见，要求重新鉴定。公安机关再行委托公安部鉴定中心出具了4号鉴定书，认定《合作协议》上“崔某某”可疑签名字迹运笔自然，特征明显，可供检验，将其与样本上崔某某字迹进行比较检验，发现两者在书法、运笔、搭配比例等特征上既存在符合，也存在差异，就现有材料尚无法做出明确结论。因此，4号鉴定书的意见又否定了3号鉴定书的意见。

法院经审理认为，根据证据规则及司法实践，书证效力大于言词证据，《合作协议》经司法鉴定认定公司公章、负责人名章均系真实，且4号鉴定书未对《合作协议》上“崔某某”个人签名的真实性给予否定性结论，依据该鉴定意见书不能否认该书证的效力，刘某一直供述书证内容是双方真实意思表示，崔某某陈述书证内容系刘某伪造，公诉机关未能提供其他证据加以佐证崔某某陈述的合法性，依据现有证据否认该书证的证据效力显然证据不足。公诉机关以现有证据指控刘某犯职务侵占罪事实不清、证据不足、指控的罪名不能成立。法院最终采纳了辩护律师提出的无罪辩护意见，判决刘某无罪。

四、避免被申请回避的人员参与决定回避的程序

《刑事诉讼法》规定：审判人员的回避由人民法院院长决定，人民法院院长的回避由本院审判委员会决定；检察人员的回避由人民检察院检察长决定，人民检察院检察长的回避由同级人民检察院检察委员会决定；侦查人员的回避由公安机关负责人决定，公安机关负责人的回避由同级人民检察院检察委员会决定。这些规定只确定了有权决定回避的组织和个人，但没有明确辩护方应当向谁申请回避。在司法实践中，被追诉人及其辩护人的回避申请，很多时候是向案件的承办人员提出的，而这个人员可能往往就是被追诉人及其辩护人要申请回避的对象，如在侦查阶段向承办案件的侦查人员提出对他的回避申请，在审查起诉阶段向承办案件的检察人员提出对他的回避申请，在审判阶段向承办案件的合议庭提出对审判人员的回避申请，然后由承办案件的人员将回避申请向有权决定的组织或个人转达、汇报。被申请回避的人员原本就是回避程序中的一方当事人，与回避程序的决定结果具有直接利害关系。如果有权决定的组织和个人支持辩护方的回避申请，对被申请人作出回避的决定，则被申请人有可能面临相应的处分，具体表现为：如果依据《刑事诉讼法》第 29 条的规定作出回避决定，说明被申请人应当自行回避而没有回避，对于审判人员可以依照《人民法院工作人员处分条例》的规定予以处分；如果依据《刑事诉讼法》第 30 条的规定作出回避决定，说明被申请人接受过当事人及其委托的人的请客送礼或者违反规定会见过当事人及其委托的人，则其有可能受到纪律处分甚至刑事处罚。在这样巨大的利害关系中，辩护方不可能期待被申请人能准确、完整、细致、全面地转达、陈述申请回避的理由和意见。因此，为了达到申请回避的辩护效果，辩护人可以尽量避免直接向被申请回避的人员提出回避申请，而直接向有权决定回避的组织和个人提出。

09

第九章

申请变更、解除强制措施

很多辩护律师在辩护的过程中都申请过变更、解除强制措施，但未必知道这实际上就是一项程序性辩护，本章重点阐述如何申请变更、解除强制措施以及相应的辩护流程。

第一节 案例精析：李某某非国家工作人员受贿案

——规劝归案终获不起诉

本节选取了笔者办理的一起当事人被通缉的非国家工作人员受贿案，在当事人被刑事拘留后，利用37天黄金救援期，在审查批捕阶段与检察官沟通交流法律意见，最终当事人未被批准逮捕，为后续作出不起诉决定书奠定了良好的基础。

◎ 案情简介

2014年至2015年年初，深圳LT科技发展公司法定代表人李某某介绍武汉KD公司总裁陈某某认识北京WK公司业务经理石某某。经介绍撮合，KD公司先后多次向WK公司融资近10亿元。融资发生后，陈某某安排KD公司投融资总监徐某某等人以虚构“燃料运输费”等名义，在无相关财务顾问合同及发票的情况下，通过KD公司的关联公司向李某某的账户转入1014余万元，作为支付给李某某的中间介绍融资好处费。收到上述好处费后，李某某转给石某某430万元用于其个人投资理财，并签署了个人投资理财的协议书；于2015年年底借给陈某某100万元用于房屋装修，陈某某于2017年6月24日将该借款还给了李某某。公安机关于2017年9月6日对此以非国家工作人员受贿罪进行立案侦查，并对李某某上网追逃。

◎ 办案经过

一、建议当事人投案说明情况

李某某家属慕名找到笔者咨询，并提供了相关的证明材料。笔者分别对

1014余万元中间介绍融资好处费、430余万元理财资金以及100万元借款进行了法律分析，认为从家属介绍的情况以及证明材料反映的情况来看，这属于民间正常的经济往来，不存在犯罪行为，便建议李某某家属让李某某带着相关证明材料到公安机关投案并如实说明情况，尽早结束被通缉的状态。因律师无法代替当事人到公安机关陈述事实，李某某必须自己去面对。与此同时，笔者也明确告知：投案可能会被刑事拘留送往看守所的后果，家属可以委托辩护律师向公安机关申请取保候审。如果案件被移送审查逮捕，辩护律师也可以向检察机关提交法律意见，争取不予逮捕的结果。

二、充分利用37天黄金救援期

2018年8月31日，李某某向公安机关投案，并被刑事拘留，羁押进看守所。笔者接受委托后于第一时间到看守所对李某某进行了会见，了解了公安机关讯问的情况以及李某某对事实的陈述，并制作了详细的会见笔录。通过之前的调查了解，笔者坚定此案就是一个无罪的案件，所以所应采取的策略与其他只是为了变更强制措施的案件中的策略不同，要尽量在审查逮捕阶段取得好的结果，因为一旦被批准逮捕，检察机关介入了，取得无罪处理结果的难度就增加了。虽然我国《刑事诉讼法》规定公安机关应当在刑事拘留后3日内提请检察机关批准逮捕，特殊情况下才可以延长1日至4日，对于流窜作案、多次作案、结伙作案的重大嫌疑分子，才能将提请审查批准逮捕的时间延长至30日，但在实践中，公安机关提请审查批准逮捕的时间延长到了30日，加上检察机关审查逮捕的时间是7天，所以业内通常把这37天称为黄金救援期。鉴于李某某已被通缉1年多，且陈某某和石某某均已被刑事追诉，加上案件在当地的影响以及案情的复杂，笔者判断公安机关很难自行变更强制措施为取保候审，除非检察机关作出不予逮捕的决定。笔者紧盯着案件被移送检察机关审查批准逮捕的时间，因为检察机关审查批准的时间只有7天，所以必须紧紧抓住这个宝贵而短暂的时间。

三、向检察机关递交不符合逮捕条件的法律意见书

2018年9月底，公安机关将案件移送到了检察机关。笔者决定前往检察机

关与承办检察官面对面进行一次法律意见的交流。鉴于对此案坚定认为无罪的判断，为了开宗明义地表明律师的意见，这次笔者事先准备的法律文书的抬头不是“变更强制措施申请书”，而是“关于李某某不符合逮捕条件的法律意见书”，希望告诉检察机关此案根本不存在犯罪事实，不符合逮捕的法定条件。口头交流和书面意见主要反映以下内容：

李某某不符合非国家工作人员受贿罪的主体要件，也没有实施非国家工作人员受贿的行为，其所收取的费用系因介绍融资应得的劳务或中介费用。

根据会见李某某所知，其被作为犯罪嫌疑人是因为曾经为武汉 KD 公司向北京 WK 公司介绍融资的相关事宜。由于武汉 KD 公司缺资金，其总裁陈某某因与李某某系同班同学关系而请求李某某帮其融资以助企业渡过难关。为此，李某某利用自己的资源和人脉寻找资金方，多次往返武汉和其他地区进行考察和沟通，最终将因中间朋友关系介绍的石某某所在的北京 WK 公司介绍给了武汉 KD 公司。武汉 KD 公司融得了资金，解决了困难，北京 WK 公司收取了资金的利息收益，因李某某的介绍双方均获得相应合法的利益。李某某没有在武汉 KD 公司和北京 WK 公司担任任何职务，在该事件中单纯属于一个居间介绍人的身份，只是撮合了两家公司之间的融资，因居间介绍收取了武汉 KD 公司的财务顾问费，属于正常的居间介绍行为，没有利用任何职务上的便利收取所谓的“贿赂”。因此，不管是从主体还是行为方面，李某某的行为都不构成非国家工作人员受贿罪，根据《刑事诉讼法》的规定，有证据证明有犯罪事实是逮捕的必要条件之一，本案不具备这个基本条件，依法不应予以批捕。

四、取保候审理由多管齐下

笔者虽然坚信此案是一个不存在犯罪事实的无罪案件，但为了保险起见，又认为不能丢失任何有利于自己当事人的环节和意见。适用逮捕需要具备两个条件：一个是“有证据证明有犯罪事实，可能判处徒刑以上刑罚”，另一个是“采取取保候审尚不足以防止发生下列社会危险性的：（一）可能实施新的犯罪的；（二）有危害国家安全、公共安全或者社会秩序的现实危险的；（三）可能毁灭、伪造证据，干扰证人作证或者串供的；（四）可能对被害人、举报人、控告人实施打击报复的；（五）企图自杀或者逃跑的”。因此，在法律意见书中，笔者同时还提及了以下内容：

李某某是自动投案主动说明情况，涉嫌的犯罪属于经济犯罪案件，对社会没有任何社会危害性。

李某某一贯表现良好，没有任何前科劣迹，因武汉KD事件牵涉其中后，主动到公安局投案并如实向公安机关反映案件情况，且涉嫌的罪名系非国家工作人员受贿罪，属于经济案件而非暴力案件，且有关人员现已归案，不存在干扰证人、串供、毁灭、伪造证据的可能性，对其采取取保候审不会产生任何社会危害性。根据《刑事诉讼法》的规定，对犯罪嫌疑人采取取保候审尚不足以防止发生社会危险性的，才应当予以逮捕，而本案也不具备这个法定逮捕的条件。

◎ 处理结果

在笔者向检察机关递交了“关于李某某不符合逮捕条件的法律意见书”并与承办检察官进行面对面交流之后，检察机关于2018年9月30日以“李某某涉嫌非国家工作人员受贿罪的事实不清，证据不足”为由作出了“不批准逮捕决定书”，后公安机关对李某某变更强制措施为取保候审，但只是以“对李某某采取取保候审不致发生社会危险性”为由作出了“取保候审决定书”，李某某仍被继续侦查，案件也被移送检察机关审查起诉。

在后面的阶段，笔者始终坚持无罪辩护，并提交了李某某的行为不构成犯罪的法律意见书，与司法机关进行积极沟通。2022年1月10日，李某某终于拿到了检察机关出具的不起诉决定书：“李某某利用其个人职务便利的事实不清、证据不足；认定李某某与石某某或陈某某共谋，共同通过石某某或陈某某的职务便利，从KD公司获得非法利益的犯罪事实不清、证据不足，不符合起诉条件，依照《中华人民共和国刑事诉讼法》第175条第4款的规定，决定对李某某不起诉。”

此案件历经多年获得无罪的结果，与一开始利用黄金救援期在审查批准逮捕阶段获得不批准逮捕决定书是密不可分的。

第二节 实战运用：申请变更强制措施的流程

一、申请变更为取保候审

（一）对哪些人可以申请变更为取保候审

我国《刑事诉讼法》第一编第六章规定了拘传、取保候审、监视居住、拘留和逮捕等强制措施，并对每一种强制措施都明确规定了决定和执行的机关以及适用的条件，相关机关应当依法适用。在这些强制措施中，取保候审的强制性最弱。《刑事诉讼法》第 97 条规定，犯罪嫌疑人、被告人及其法定代理人、近亲属或者辩护人都有权申请变更强制措施。由于拘传属于暂时性强制措施，一般持续的时间不超过 12 小时，案情特别重大、复杂的，持续时间也不得超过 24 小时，所以很少申请将拘传变更为取保候审的，除了拘传外，对于采取拘留、逮捕、监视居住的被追诉人，都可以申请变更强制措施为取保候审。

（二）掌握法律规定的取保候审的条件

要申请变更强制措施为取保候审，首先要掌握法律规定的取保候审的条件：（1）可能判处管制、拘役或者独立适用附加刑的；（2）可能判处有期徒刑以上刑罚，采取取保候审不致发生社会危险性的；（3）患有严重疾病、生活不能自理，怀孕或者正在哺乳自己婴儿的妇女，采取取保候审不致发生社会危险性的；（4）羁押期限届满，案件尚未办结，需要采取取保候审的。

（三）审查是否符合法定的取保候审条件

辩护律师在掌握法律规定的取保候审条件的前提下，要分析案件具体情况以及被追诉人具体情况，审查是否符合法定的取保候审条件，符合条件的，申请变更为取保候审才能达到既定效果，才是有效的程序性辩护。在司法实践中，存在很多不符合取保候审条件的被追诉人及其近亲属仍要求辩护律师申请变更为取保候审的情况，辩护律师应当提前向相关人员解读相关法律规定，不要让被追诉人及其近亲属抱有太高的心理预期。此外，审查是否符合法定的取保候审条件，主要从以下几个方面入手：

（1）审查涉嫌犯罪的量刑情况。辩护律师应当通过会见、阅卷、调查取证等方式了解被追诉人涉嫌犯罪的具体情况，如果构成犯罪的，要审查犯罪的具体情节，根据法律规定，审查其是否可能被判处管制、拘役或者独立适用附加刑，如果在这些量刑范围内，可以申请变更为取保候审。如果被追诉人可能被判处有期徒刑以上刑罚，则要继续审查采取取保候审是否不致发生社会危险性，如果不致发生社会危险性的，也符合取保候审的条件。

（2）审查被追诉人具体情况。辩护律师应当通过会见、阅卷、调查取证等方式了解被追诉人自身的情况，审查其是否患有严重疾病且是否生活不能自理，审查其是否属于怀孕或者正在哺乳自己婴儿的妇女。如果被追诉人属于这些人，就具备了申请取保候审的基础条件，但与此同时，还要继续审查采取取保候审是否不致发生社会危险性。

（3）审查采取取保候审是否不致发生社会危险性。对于可能被判处有期徒刑以上刑罚，或者具有患有严重疾病、生活不能自理、系怀孕或者正在哺乳自己婴儿的妇女的情形的，要想申请变更为取保候审，有“采取取保候审不致发生社会危险性”这个附带条件。但法律并未对该条件进行明确细化，导致实践中该条件的适用未有明确的标准，受主观影响较大，是实践中适用取保候审最大的障碍。辩护律师可以从涉嫌犯罪的罪名、具体情节、主观恶性、一贯表现，是否存在串供、伪造、毁灭证据的可能等角度论证采取取保候审不致发生社会危险性。

（4）了解案件办理的程序情况。辩护律师应当通过会见、阅卷、向相关办案机关了解情况等方式了解案件办理的进度，了解被追诉人被羁押的情况，审查被追诉人的羁押期限是否届满，案件是否尚未办结。

（四）审查是否不符合现有强制措施的条件

前面介绍了，刑事诉讼法对所有的强制措施都规定了适用条件，在申请将现有强制措施变更为取保候审时，除了审查是否符合取保候审的条件外，还可以反向审查现有强制措施是否不符合法律规定的条件。例如，申请将逮捕变更为取保候审，除了审查是否符合取保候审条件外，还可以提出被追诉人不符合适用逮捕的条件；申请将监视居住变更为取保候审，除了审查是否符合取保候审条件外，还可以提出被追诉人不符合适用监视居住的条件。在案例9－1中，辩护律师申请取保候审，除了提出犯罪嫌疑人符合取保候审的条件外，还提出了犯罪嫌疑人有固定住所，不适用指定居所监视居住，最终取得了良好的辩护效果。

案例9－1　雷某某掩饰隐瞒犯罪所得案监视居住变更为取保候审[①]

2019年年初，某县县委书记何某发涉嫌受贿罪被监委留置，雷某某因涉嫌帮助何某发掩饰隐瞒犯罪所得被采取指定居所监视居住的强制措施。

厦门曾献猛律师接受委托担任雷某某的辩护人，要求会见雷某某，但ZZ市公安局刑侦支队以该案与监察委办理的何某发受贿案有牵连为由，不允许律师会见。辩护人经与雷某某家属沟通了解到，雷某某系精神病患者，曾经多次在老家郑州某医院住院治疗。雷某某的母亲、弟弟也患有精神病，都曾经在该院住院治疗。随后，辩护人调取了雷某某及其母亲、弟弟在郑州某医院住院治疗的病案材料，申请将监视居住的强制措施变更为取保候审，主要理由是：第一，雷某某系精神病患者，其是不是在精神正常的状态之下实施涉嫌的犯罪，其在指定居所监视居住期间接受讯问时精神状态是否正常，均需要委托有资质的鉴定机构进行鉴定，否则，无法排除雷某某实施犯罪行为时无刑事责任能力，无法排除其接受讯问时无行为能力。第二，根据病案材料证实，雷某某需要经常服药，否则很可能精神病发作。第三，雷某某在ZZ市有不仅有租房，还有购房，不符合《刑事诉讼法》第75条规定的指定居所监视居住的条件。故建议变更强制措施。变更强制措施申请书提交之后大约一星期，办案机关将雷某某的强制措施变更为取保候审。一年之后，办案机关以事实不清，证据不足为由，撤销了对雷某某的刑事立案。

---

① 本案例由北京盈科（厦门）律师事务所曾献猛律师提供。

（五）口头申请变更为取保候审或者递交书面申请

《刑事诉讼法》和中华全国律师协会《律师办理刑事案件规范》都没有强制要求申请变更为取保候审必须递交书面申请书，所以辩护律师申请变更为取保候审也可以采用口头方式。但为了达到更好的辩护效果，辩护律师为被追诉人申请变更为取保候审时，最好向有关机关提交书面的申请书，申请书里应当写明律师事务所名称、律师姓名、通信地址及联系方式，被追诉人姓名和所涉嫌或指控的罪名、申请事实及理由、保证方式等。尤其应当根据审查情况重点在申请书中阐述申请的理由，以达到最佳的辩护效果。

申请书的参考格式如下：

变更强制措施申请书

申请人：________律师事务所________律师。

通信地址及联系方式：____________________。

申请事项：为犯罪嫌疑人（被告人）__________变更强制措施为取保候审。

事实与理由：

犯罪嫌疑人（被告人）________因涉嫌犯________被采取________的强制措施。申请人作为其辩护律师，认为其具有下列情形，符合取保候审的条件，依法可以变更为取保候审：

____

____

根据《中华人民共和国刑事诉讼法》第六十七条、第九十七条的规定，特申请对其变更强制措施为取保候审。

此致

____________（司法机关）

申请人签名：

（律师事务所章）

年　月　日

（六）协助确定取保候审的方式

根据《刑事诉讼法》第68条的规定，人民法院、人民检察院和公安机关决定对被追诉人取保候审，应当责令被追诉人提出保证人或者交纳保证金，并且还明确规定了保证人必须符合的条件和必须遵守的义务，也规定了确定保证金数额的标准和保证金存入的账户。辩护律师应当提前将这些规定告知被追诉人及其近亲属，让他们确定符合条件的保证人或者准备足额的保证金，协助当事人确定取保候审的方式。

1. 提出保证人

对于提出保证人的，辩护律师要协助审查保证人是否符合以下条件：（1）与本案无牵连；（2）有能力履行保证义务；（3）享有政治权利，人身自由未受到限制；（4）有固定的住处和收入。如果不符合以上条件的，应当建议更换保证人。对于确定的符合条件的保证人，可以告知保证人应当履行的义务：一是监督被保证人遵守《刑事诉讼法》第71条的规定；二是发现被保证人可能发生或者已经发生违反《刑事诉讼法》第71条规定的行为的，应当及时向执行机关报告。辩护律师还应告知保证人未履行保证义务可能会受到罚款，甚至被依法追究刑事责任等法律后果。需要注意的是，根据中华全国律师协会《律师办理刑事案件规范》的要求，辩护律师不宜为被追诉人担任保证人。

2. 交纳保证金

对于交纳保证金的，辩护律师要协助审查取保候审决定机关确定的保证金数额是否合适；是否综合考虑了保证诉讼活动正常进行的需要，被追诉人的社会危险性，案件的性质、情节，可能判处刑罚的轻重，被追诉人的经济状况等情况；数额是否畸高；保证金是否存入执行机关指定银行的专门账户；程序是否合法；等等。

（七）当申请不被受理和答复时寻求救济

我国《刑事诉讼法》第97条明确规定：犯罪嫌疑人、被告人及其法定代理人、近亲属或者辩护人有权申请变更强制措施。人民法院、人民检察院和公安机关收到申请后，应当在3日以内作出决定；不同意变更强制措施的，应当告知申请人，并说明不同意的理由。由此可见，受理和按时答复变更强制措施的申请是人民法院、人民检察院和公安机关的义务，如果这些机关在规定时间内不受理、不答复辩护律师提出的申请，辩护律师可以向同级或者上一级人民检察院申诉或者控告，控告检察部门应当接受并依法办理，相关办案部门应当予以配合。

二、申请变更为监视居住

（一）掌握法律规定的监视居住的条件

根据我国《刑事诉讼法》第74条的规定，人民法院、人民检察院和公安机关对符合逮捕条件，有下列情形之一的被追诉人，可以监视居住：（1）患有严重疾病、生活不能自理的；（2）怀孕或者正在哺乳自己婴儿的妇女；（3）系生活不能自理的人的唯一扶养人；（4）因为案件的特殊情况或者办理案件的需要，采取监视居住措施更为适宜的；（5）羁押期限届满，案件尚未办结，需要采取监视居住措施的。对符合取保候审条件，但被追诉人不能提出保证人，也不交纳保证金的，可以监视居住。所以，对于被采取拘留、逮捕强制措施且不符合取保候审条件的被追诉人，可以考虑申请变更强制措施为监视居住。

案例9-2 孙某诈骗案逮捕变更为监视居住[①]

2009年5月孙某在担任A公司法人期间，得知其经营的企业在大连市政府新建体育中心拆迁范围内后，为了获得拆迁补偿款，通过伪造镇政府法人签名和政府印章，编造同镇政府签订的《征地意向协议书》，伪造大连某运输公司签订的《关于搬迁后运距增加、运费增加的说明》，虚构企业年运量21万吨，骗取大连某运输公司印章，聘用辽宁某评估公司出具虚假评估报告等，请求租赁土地补偿款和拆迁补偿款，最终非法获利1.4364亿元。孙某因涉嫌诈骗罪被公安机关刑事拘留，于2022年12月23日被检察院批准逮捕，后案件被移送检察院审查起诉。

---

① 本案例由北京大成（大连）律师事务所佟圣玲律师提供。

大连佟圣玲律师接受委托担任孙某的辩护人，通过阅卷、会见了解的案件事实，认为涉案拆迁款项数额是双方合意的结果，是双方对自己权利的民事处分，不构成诈骗罪。辩护人向人民检察院提交了不起诉的法律意见书，并申请对孙某的羁押必要性进行审查，要求变更强制措施。经过长达9个多月的工作，检察院采纳了辩护人的意见，将孙某由逮捕变更为监视居住。辩护律师继续从实体上进行辩护。

（二）审查变更为何种监视居住

根据我国《刑事诉讼法》第75条的规定，监视居住分为两种：一种是普通监视居住，另一种是指定居所监视居住。对于监视居住，原则上应当在被追诉人的住处执行，即普通监视居住，只有在特殊情况下，才可以在指定的居所执行，即指定居所监视居住。后者包括两种情况：一种是被追诉人无固定住处的，可以在指定的居所执行。这里的“固定住处”一般是指被追诉人在办案机关所在的市、县内生活的合法住处；另一种是涉嫌危害国家安全犯罪、恐怖活动犯罪，在住处执行可能有碍侦查的，并经上一级公安机关批准，可以在指定的居所执行。这里的“在住处执行可能有碍侦查”主要包括以下情形：（1）可能毁灭、伪造证据，干扰证人作证或者串供的；（2）可能引起被追诉人自残、自杀或者逃跑的；（3）可能引起同案犯逃避、妨碍侦查的；（4）在被追诉人住处执行监视居住有人身危险的；（5）被追诉人的家属或者所在单位人员与犯罪有牵连的。但是，法律要求不得在羁押场所、专门的办案场所执行。

指定居所监视居住不是在被追诉人的住处执行，执行时被追诉人无法与家人在一起，即使不是在羁押场所或者专门的办案场所执行，人身自由度和心理感受度与普通监视居住相比也是有很大差异的，因此，辩护律师在申请变更强制措施时，应当尽量申请变更为普通监视居住，而且要排除指定居所监视居住。对于办案机关决定指定居所监视居住的，还要审查是否符合《刑事诉讼法》所规定的两种情形，如果不符合这两种情形，辩护律师应当申请变更执行场所，要求到被追诉人的住处执行。

（三）口头申请监视居住或者递交书面申请

《刑事诉讼法》和《律师办理刑事案件规范》都没有强制要求申请变更为

监视居住必须递交书面申请书，所以辩护律师申请变更为监视居住也可以采用口头方式。但为了达到更好的辩护效果，辩护律师为被追诉人申请变更为监视居住时，最好向有关机关提交书面的申请书，申请书里应当写明律师事务所名称、律师姓名、通信地址及联系方式，被追诉人姓名和所涉嫌或指控的罪名，申请事实及理由等。尤其应当根据审查情况重点在申请书中阐述申请的理由，以达到最佳的辩护效果。

申请书的参考格式如下：

变更强制措施申请书

申请人：________律师事务所________律师。

通信地址及联系方式：____________________。

申请事项：为犯罪嫌疑人（被告人）________变更强制措施为监视居住。

事实与理由：

犯罪嫌疑人（被告人）________因涉嫌犯________被采取________的强制措施。申请人作为其辩护律师，认为其具有下列情形，符合监视居住的条件，依法可以在其固定住所执行监视居住：

____

____

根据《中华人民共和国刑事诉讼法》第七十四条、第九十七条的规定，特申请对其变更强制措施为监视居住。

此致

__________（司法机关）

申请人签名：

（律师事务所章）

年　月　日

（四）当申请不被受理或答复时寻求救济

我国《刑事诉讼法》第97条明确规定：犯罪嫌疑人、被告人及其法定代理人、近亲属或者辩护人有权申请变更强制措施。人民法院、人民检察院和公安机关收到申请后，应当在3日以内作出决定；不同意变更强制措施的，应当告知申请人，并说明不同意的理由。由此可见，受理和按时答复变更强制措施的申请是人民法院、人民检察院和公安机关的义务，如果这些机关在规定时间内不受理、不答复辩护律师提出的申请，辩护律师可以向同级或者上一级人民检察院申诉或者控告，控告检察部门应当接受并依法办理，相关办案部门应当予以配合。

案例9－3　甲某强奸案监视居住变更为取保候审①

甲某于2020年4月29日因涉嫌强奸罪被刑事拘留，因疫情及个人身体原因，次日变更强制措施为监视居住。后案件被移送检察机关审查起诉。厦门许兴文律师接受委托担任甲某的辩护人。辩护律师经阅卷后认为，现有证据仅能证明甲某的行为构成强制猥亵罪，被告人甲某明知他人报警，仍留在现场，配合公安机关调查，也如实供述了强制猥亵的全部犯罪事实，应当构成自首，对其审查采取取保候审不致发生社会危险性。故辩护律师与承办检察官沟通交涉，申请将对甲某的强制措施变更为取保候审。后检察机关采纳了辩护律师的意见，将对甲某的强制措施从监视居住变更为取保候审。

① 本案例由北京大成（厦门）律师事务所许兴文律师提供。

第三节 实战运用：申请或要求解除强制措施的流程

一、申请或要求解除不当的强制措施

根据我国《刑事诉讼法》第96条的规定，人民法院、人民检察院和公安机关如果发现对被追诉人采取强制措施不当的，应当及时撤销或者变更。因此，对于辩护律师而言，在办理案件的过程中也应当审查司法机关对被追诉人采取的强制措施是否适当，如果可以采取强制性更弱的措施，应当申请变更强制措施；如果认为不应当对被追诉人采取强制措施的，如有证据证明被追诉人没有实施犯罪行为或者被追诉人的行为不构成犯罪等，则应当申请或者要求解除强制措施。对于侦查机关移送审查批准逮捕的案件，如果辩护人认为被追诉人没有实施犯罪行为或者被追诉人的行为不构成犯罪，也可以通过向审查批准逮捕的检察机关提交不予批准逮捕的法律意见，说服检察机关不批准逮捕从而促使侦查机关解除强制措施。

案例9-4 范某某合同诈骗及职务侵占案解除取保候审①

2022年6月，犯罪嫌疑人范某某因涉嫌合同诈骗罪被刑事拘留，公安机关提请检察院批准逮捕。河源李景律师接受委托担任其辩护人，通过会见和调查取证认为，范某某不构成合同诈骗罪，向检察院提交了不予批准逮捕的辩护意见：一是案件属于民商事法律纠纷，二是本案现有证据严重不足，缺乏范某某的有罪供述、物证、书证、视听资料、鉴定意见等直接证据和客观证据予以印证和补强，公安机关刑事立案不当，涉嫌动用刑事手段插手经济纠纷，请求检

---

① 本案例由北京市盈科（河源）律师事务所李景律师提供。

察院不批准逮捕，并启动检察监督，责令公安机关撤销案件。后检察机关以证据不足为由对范某某作出不予批准逮捕的决定。

2022 年 9 月，公安机关基于同一事实，又以范某某涉嫌职务侵占罪为由提请检察院批准逮捕。李景律师再次接受委托担任其辩护人，研判案件事实之后，再次向检察院提交了不予批准逮捕的辩护意见：首先，公安机关针对同一案件事实变更罪名进行立案或者擅自补充侦查的行为涉嫌违法。之前检察院对范某某涉嫌合同诈骗罪作出不批准逮捕决定时并未通知公安机关补充侦查，也没有人报案声称公司财物被范某某职务侵占。其次，既然公安机关没有作出职务侵占罪新的立案决定，也就无权擅自补充侦查或者将罪名更换为职务侵占罪继续进行侦查，更无权以新罪名重新提请批准逮捕，公安机关和侦查人员涉嫌滥用侦查权，办案程序严重违法。之后，检察院听取了辩护律师意见，对范某某涉嫌职务侵占罪一案作出不批准逮捕的决定。2022 年 10 月，公安机关以发现不应当追究刑事责任为由，对范某某作出解除取保候审决定。

二、申请或要求解除办案期限届满但未办结案件中所采取的强制措施

根据我国《刑事诉讼法》第 98 条的规定，被追诉人被羁押的案件，不能在法定的侦查羁押、审查起诉、一审、二审期限内办结的，对被追诉人应当予以释放；需要继续查证、审理的，对被追诉人可以取保候审或者监视居住。因此，对于办理被追诉人被羁押案件的辩护律师而言，在办理案件的过程中也要注意审查案件的侦查羁押、审查起诉、一审、二审的期限是否已经届满，如果期限已经届满，案件尚未办结，就应当申请或者要求解除对被追诉人的强制措施；即使不能解除，至少也要争取变更为取保候审或者监视居住。

三、要求解除期限已经届满的强制措施

根据我国《刑事诉讼法》第 99 条的规定，人民法院、人民检察院或者公安机关对被采取强制措施法定期限届满的被追诉人，应当予以释放、解除取保候审、监视居住或者依法变更强制措施。被追诉人及其法定代理人、近亲属或者辩护人对于人民法院、人民检察院或者公安机关采取的强制措施法定期限届满的，有权要求解除强制措施。因此，对于辩护律师而言，除了要审查办案期限

外，也要注意审查强制措施的期限，比如取保候审最长不得超过12个月，监视居住最长不得超过6个月，如果司法机关采取的强制措施期限已经届满，就应当要求解除强制措施。

四、申请或要求解除强制措施的方式

《刑事诉讼法》和中华全国律师协会《律师办理刑事案件规范》都没有强制要求申请或者要求解除强制措施必须递交书面材料，所以辩护律师申请或者要求解除强制措施也可以采用口头方式。但为了达到更好的辩护效果，辩护律师为被追诉人申请解除强制措施时，最好向有关机关提交书面材料，写明律师事务所名称、律师姓名、通信地址及联系方式，被追诉人姓名和所涉嫌或指控的罪名，申请事实及理由等。如果对于是否解除强制措施，司法机关具有一定的裁量权，则辩护律师最好使用解除强制措施申请书；如果法律明确规定应当解除强制措施的，则辩护律师可以直接提交要求解除强制措施的函。具体参考格式如下：

解除强制措施申请书

申请人：________律师事务所________律师。

通信地址及联系方式：____________________。

申请事项：解除对犯罪嫌疑人（被告人）________采取的________强制措施。

申请理由：犯罪嫌疑人（被告人）________因涉嫌______________一案，于____年____月____日____时被________采取________的强制措施，现审查起诉（一审、二审）期限已经届满。作为犯罪嫌疑人（被告人）________委托的律师（辩护人），根据《中华人民共和国刑事诉讼法》第九十七条的规定，特申请解除对其采取的该强制措施。

此致

____

申请人签名：

（律师事务所章）

年　月　日

要求解除强制措施的函

________：

贵单位办理的犯罪嫌疑人（被告人）________因涉嫌________一案，犯罪嫌疑人（被告人）________从____年____月____日____时开始，被采取了________的强制措施手段，至今法定期限已届满。作为犯罪嫌疑人（被告人）________委托的律师（辩护人），根据《中华人民共和国刑事诉讼法》第九十九条的规定，特向贵单位提出，要求解除对其采取的强制措施。

此致

____

辩护律师（签名）：

（律师事务所章）

年　月　日

第四节 实战运用：审查逮捕阶段的辩护流程

逮捕是刑事诉讼强制措施中最严厉的一种，它不仅剥夺了被追诉人的人身自由，而且逮捕后除发现不应当追究刑事责任和符合变更强制措施的条件外，对被逮捕人的羁押一般要到人民法院的判决生效为止。① 为了防止这项强制措施被滥用，避免因滥用而侵犯公民的人身权利和民主权利，破坏社会主义法治的尊严和权威，我国《刑事诉讼法》明确规定逮捕被追诉人，必须经过人民检察院批准或者人民法院决定，由公安机关执行。公安机关要求逮捕犯罪嫌疑人的时候，应当将提请批准逮捕书，连同案卷材料、证据，一并移送同级人民检察院审查批准。人民检察院办理直接受理侦查的案件，需要逮捕犯罪嫌疑人的，由负责侦查的部门制作逮捕犯罪嫌疑人意见书，连同案卷材料、讯问犯罪嫌疑人录音录像一并移送本院负责捕诉的部门审查。人民检察院审查批准逮捕，可以询问证人等诉讼参与人，听取辩护律师的意见；辩护律师提出要求的，应当听取辩护律师的意见。因此，辩护律师在审查逮捕阶段，应当积极介入，提供有力的辩护意见，为当事人争取不被批准逮捕的结果。辩护律师在审查逮捕阶段针对强制措施进行的辩护，属于程序性辩护的范畴，虽然也是以申请变更或者解除强制措施的方式予以体现，但由于该阶段的特殊性，故单列一节进行阐述。

一、审查逮捕阶段程序性辩护的方式

根据《刑事诉讼法》及相关的法律规定，不管是公安机关侦查的案件要求逮捕犯罪嫌疑人，还是人民检察院自侦的案件需要逮捕犯罪嫌疑人，都需要由人民检察院负责捕诉的部门审查，由人民检察院批准或者决定。在人民检察院

---

① 陈光中：《刑事诉讼法》（第6版），北京大学出版社、高等教育出版社2016年版，第242页。

审查批准或者审查决定的过程中，辩护律师都可以参与并发表意见。只要辩护律师提出要求，依法律规定，人民检察院应当听取。辩护律师应当掌握这些规定，积极发表不批准逮捕或不予逮捕的意见，参与辩护。法律并未限制发表意见的方式，所以辩护律师既可以发表口头意见，也可以发表书面意见。但为了让检察机关有关部门更好地听取并采纳意见，辩护律师最好采取口头与书面结合的方式，不但要与审查人员进行口头的沟通和交流，还应当向他们递交犯罪嫌疑人的行为不构成犯罪、无社会危险性、不适宜羁押、侦查活动有违法犯罪情形等书面意见。如果能收集到相关证据材料，也可以连同意见或意见书提交给检察机关。

案例9-5　牛某某职务侵占案不批准逮捕①

2021年9月15日，L甲某市YC区公安分局以涉嫌职务侵占罪刑事拘留牛某某。漯河刘洪军律师接受委托担任牛某某的辩护人，经过会见了解到：控告单位TT建设开发公司在开发建设某大厦过程中，出现了资金严重紧张的现象，急需资金1500万元，后牛某某多次向控告单位提供高息民间借贷，为了保证牛某某债权及时收回，双方曾经约定，控告单位同意将售房款存入牛某某个人账户，以优先保证牛某某债权。双方对牛某某账户里的近千万元资金作为控告单位偿还牛某某还款资金从来没有提出异议。因控告单位尚欠牛某某超过千万元本金以及相应的多年利息没有按时归还，牛某某将控告单位起诉至法院，河南省高级人民法院终审判决控告单位应当偿还牛某某本金近千万元以及相应的利息。辩护律师认为：在上述交易背景以及当时民间借贷的社会环境下，控告单位尚欠牛某某上千万元本息长达数年，牛某某账户的购房款优先保证牛某某债权一直都在执行，这是牛某某行使权利的直接体现，根本不存在职务侵占的犯罪行为。本案很有可能是一起使用刑事手段插手经济纠纷的错案。

在审查批准逮捕阶段，辩护律师收集到以前的民事纠纷的判决书和相应的证据，并将证据和辩护意见提交给了检察院。在审查逮捕的7日内，检察院最终采纳了辩护律师的意见，以证据不足、事实不清为由，作出不批准逮捕决定，

① 本案例由河南强人律师事务所刘洪军律师提供。

公安局释放了牛某某。

二、审查逮捕阶段程序性辩护的时间

根据最高人民检察院《人民检察院刑事诉讼规则》（2019）第282条的规定，对公安机关提请批准逮捕的犯罪嫌疑人，已经被拘留的，人民检察院应当在收到提请批准逮捕书后7日以内作出是否批准逮捕的决定；未被拘留的，应当在收到提请批准逮捕书后15日以内作出是否批准逮捕的决定，重大、复杂案件，不得超过20日。根据该法第297条的规定，对本院负责侦查的部门移送审查逮捕的案件，犯罪嫌疑人已被拘留的，负责捕诉的部门应当在收到逮捕犯罪嫌疑人意见书后7日以内，报请检察长决定是否逮捕，特殊情况下，决定逮捕的时间可以延长1日至3日；犯罪嫌疑人未被拘留的，负责捕诉的部门应当在收到逮捕犯罪嫌疑人意见书后15日以内，报请检察长决定是否逮捕，重大、复杂案件，不得超过20日。由此可见，检察机关审查批准逮捕或者决定逮捕的期限较短，已被拘留的，一般情况下是7日以内作出决定，最长也只能延长1日至3日；未被拘留的，作出决定的时间相对长一点，一般情况下是15日以内，遇到重大、复杂案件时，也不得超过20日。具体见表9－1。

表9－1　审查批捕决定作出的时间

案件类型	已被拘留的		未被拘留的	
	一般情况	特殊情况	一般情况	特殊情况
公安机关提请批准逮捕	7日以内	无	15日以内	不得超过20日
人民检察院自侦案件移送审查逮捕	7日以内	8—10日以内	15日以内	不得超过20日

因此，辩护律师要在审查逮捕阶段发表不批准逮捕或不予逮捕的意见，不论是口头的还是书面的，都应当在人民检察院作出决定之前进行，不能超出法律规定的期限范围，否则，一旦有关机关已经作出了逮捕的决定，再发表意见就已经晚了。由于审查逮捕阶段时间较短，辩护律师要积极保持与公安机关或者人民检察院侦查部门的沟通和交流，及时了解案件办理的进程，了解公安机关或者人民检察院侦查部门移送审查逮捕的时间，然后与负责审查批准或者审查决定逮捕的部门及办案人员取得联系，及时发表辩护意见。

案例 9－6　李某强奸案不批准逮捕[①]

2023 年 6 月 30 日，李某、刘某、任某三名青年男子乘机到外市观看某著名歌星的专场演唱会。演唱会当晚，与李某相识两年多时间，并曾发生过多次性关系的年轻女子梁某乘机专程赶到该市，与李某、刘某、任某一起吃完夜宵后驾乘同一辆车到该市某五星级酒店住宿，途中四人谈及回到酒店后要“玩一玩”。到达酒店后，梁某先到李某住宿的房间与李某发生了性关系，后李某发微信通知刘某、任某“完事了”，刘某、任某遂来到了李某房间，梁某也换上了“情趣内衣”。随后梁某在李某房间的床上和地毯上与刘某、任某发生性关系，李某则躺在沙发上休息。在发生性关系的过程中，任某为增加刺激感打了梁某几巴掌，梁某突然情绪失控哭喊起来，并用手机打电话给朋友说“我要被人打死了赶快报警”。随后刘某、任某离开了李某的房间，梁某则仍在李某的房间。不久，警察到达李某房间，将李某、梁某带回公安机关调查。次日晚，公安机关以李某涉嫌强奸罪对李某刑事拘留。因刘某、任某已离开案发的该市，故公安机关对刘某、任某网上通缉。

海口汤尚濠和王盐盐律师接受委托担任李某的辩护人。接案后经多次会见李某详细了解了李某与梁某在案发前两人的关系和交往的情况，并结合案发时报警出现的一些违背常理和不符合逻辑的情形以及案发后梁某很快通过朋友与李某、刘某、任某亲属联系要求支付 100 万元“补偿费”等情况，辩护人及时向侦查机关提交了《关于梁××有可能不实控告，对李××应当依法释放或取保候审的律师意见书》，但侦查机关未予采纳仍向检察机关提请批准逮捕李某。辩护人在侦查机关报捕后又及时向检察机关提交了《关于李××没有强奸犯罪事实，依法应当不批准逮捕的律师意见书》，并申请到了承办检察官当面听取辩护律师意见和进行沟通的机会。经过努力，检察机关作出了不批准逮捕的决定。侦查机关遂作出了取保候审决定书，李某当天即被释放。

三、审查逮捕阶段程序性辩护的流程

由于审查逮捕阶段属于侦查阶段，辩护律师没有阅卷权，只能通过会见犯

---

① 本案例由北京大成（海口）律师事务所汤尚濠律师提供。

罪嫌疑人以及与侦查机关交流了解案件情况，加上审查逮捕阶段持续时间短，辩护律师要做好这个阶段的辩护工作具有一定的难度，所以辩护律师应当主要从犯罪嫌疑人是否符合逮捕条件的视角切入，如果能排除案件具有符合逮捕条件的情形，或者案件具有可以不予批准逮捕的情形，就可以提出不批准逮捕或不予逮捕的意见。

（一）审查是否有证据证明有犯罪事实

根据我国《刑事诉讼法》第81条的规定，对有证据证明有犯罪事实，可能判处徒刑以上刑罚的被追诉人，采取取保候审尚不足以防止发生社会危险性的，应当予以逮捕。可见，“有证据证明有犯罪事实”是适用逮捕的条件之一，如果能排除该条件，就可以提出不批准逮捕或不予逮捕的意见。

1. 掌握“有证据证明有犯罪事实”的情形

根据最高人民检察院《人民检察院审查逮捕质量标准》第2条的规定，“有证据证明有犯罪事实”，是指同时具备以下情形：

（1）有证据证明发生了犯罪事实，该犯罪事实可以是单一犯罪行为的事实，也可以是数个犯罪行为中任何一个犯罪行为的事实；

（2）有证据证明犯罪事实是犯罪嫌疑人实施的；

（3）证明犯罪嫌疑人实施犯罪行为的证明已有查证属实的。

2. 排除“有证据证明有犯罪事实”的情形

根据最高人民检察院《人民检察院审查逮捕质量标准》第3条的规定，具有以下情形之一的，不属于“有证据证明有犯罪事实”：

（1）证据所证明的事实不构成犯罪的；

（2）仅有犯罪嫌疑人的有罪供述，而无其他证据印证的；

（3）证明犯罪嫌疑人有罪和无罪的主要证据之间存在重大矛盾且难以排除的；

（4）共同犯罪案件中，同案犯的供述存在重大矛盾，且无其他证据证明犯罪嫌疑人实施了共同犯罪行为的；

（5）没有直接证据，而间接证据不能相互印证的；

（6）证明犯罪的证据中，对于采取刑讯逼供等非法手段取得的犯罪嫌疑人供述和采用暴力、威胁等非法手段取得的证人证言、被害人陈述依法予以排除后，其余的证据不足以证明有犯罪事实的；

（7）现有证据不足以证明犯罪主观方面要件的；

（8）虽有证据证明发生了犯罪事实，但无证据证明犯罪事实是该犯罪嫌疑人实施的；

（9）其他不能证明有犯罪事实的情形。

案例9-7　刘某诈骗案不批准逮捕①

刘某于2019年8月17日因涉嫌诈骗罪被刑事拘留。海口崔文卿和张国勋律师接受委托担任刘某的辩护人。辩护律师会见刘某后认为本案纯属民事纠纷，所谓的"被害人"冷某、李某二人先前与刘某有过多次生意往来，投资的项目中不乏盈利的情况，在盈利后刘某将本金和利润悉数转给了冷某和李某。但由于最后一次的投资合作失败，刘某本身也遭受不少损失。事实上，冷某、李某二人向刘某支付的投资款全都用于购买约定的商品，因此，刘某在主观上根本不具备诈骗的故意。随后，辩护律师向检察机关递交了不予批准逮捕申请书，认为刘某的行为不构成诈骗罪。最终，检察机关采纳了辩护律师的意见，未对刘某批准逮捕，公安机关对刘某变更强制措施为取保候审。但在2020年9月17日，公安机关仍以刘某涉嫌诈骗罪向检察机关移送审查起诉。经过辩护律师的多次努力，检察机关两次退回补充侦查后，最终采纳了辩护律师的意见，认定本案犯罪事实不清、证据不足，决定对刘某不起诉。

（二）审查是否可能被判处徒刑以上刑罚

根据我国《刑事诉讼法》第81条的规定，对可能判处徒刑以上刑罚的被追诉人才能适用逮捕。根据最高人民检察院《人民检察院审查逮捕质量标准》第4条的规定，"可能判处徒刑以上刑罚"是指根据已经查明的犯罪事实和情节，可能判处徒刑以上刑罚。辩护律师虽然无法查阅案卷，不了解侦查机关已经查明的犯罪事实和情节，但可以通过会见犯罪嫌疑人了解有关情况，然后据此审

① 本案例由海南威盾律师事务所崔文卿律师提供。

查是否可能判处徒刑以上刑罚。如果犯罪嫌疑人的行为构成犯罪，但只能判处管制、拘役或者独立适用附加刑的，辩护律师可以提出不批准逮捕或不予逮捕的意见。

（三）审查被追诉人是否具有社会危险性

根据我国《刑事诉讼法》第 81 条的规定，只有对采取取保候审尚不足以防止发生下列社会危险性的被追诉人才能适用逮捕，所以辩护律师应当审查被追诉人是否具有社会危险性，如果不具有，则可以提出不批准逮捕或不予逮捕的意见。

1. 审查被追诉人是否可能实施新的犯罪

根据最高人民检察院、公安部《关于逮捕社会危险性条件若干问题的规定（试行）》第 5 条的规定，从以下几个方面考察被追诉人是否“可能实施新的犯罪”：

（1）案发前或者案发后正在策划、组织或者预备实施新的犯罪的；

（2）扬言实施新的犯罪的；

（3）多次作案、连续作案、流窜作案的；

（4）1 年内曾因故意实施同类违法行为受到行政处罚的；

（5）以犯罪所得为主要生活来源的；

（6）有吸毒、赌博等恶习的；

（7）其他可能实施新的犯罪的情形。

2. 审查被追诉人是否有危害国家安全、公共安全或者社会秩序的现实危险性

根据最高人民检察院、公安部《关于逮捕社会危险性条件若干问题的规定（试行）》第 6 条的规定，从以下几个方面考察被追诉人是否“有危害国家安全、公共安全或者社会秩序的现实危险”：

（1）案发前或者案发后正在积极策划、组织或者预备实施危害国家安全、公共安全或者社会秩序的重大违法犯罪行为的；

（2）曾因危害国家安全、公共安全或者社会秩序受到刑事处罚或者行政处罚的；

（3）在危害国家安全、黑恶势力、恐怖活动、毒品犯罪中起组织、策划、

指挥作用或者积极参加的；

（4）其他有危害国家安全、公共安全或者社会秩序的现实危险的情形。

3. 审查被追诉人是否可能毁灭、伪造证据，干扰证人作证或者串供

根据最高人民检察院、公安部《关于逮捕社会危险性条件若干问题的规定（试行）》第7条的规定，从以下几个方面考察被追诉人是否“可能毁灭、伪造证据，干扰证人作证或者串供”：

（1）曾经或者企图毁灭、伪造、隐匿、转移证据的；

（2）曾经或者企图威逼、恐吓、利诱、收买证人，干扰证人作证的；

（3）有同案犯罪嫌疑人或者与其在事实上存在密切关联犯罪的犯罪嫌疑人在逃，重要证据尚未收集到位的；

（4）其他可能毁灭、伪造证据，干扰证人作证或者串供的情形。

4. 审查被追诉人是否可能对被害人、举报人、控告人实施打击报复

根据最高人民检察院、公安部《关于逮捕社会危险性条件若干问题的规定（试行）》第8条的规定，从以下几个方面考察被追诉人是否“可能对被害人、举报人、控告人实施打击报复”：

（1）扬言或者准备、策划对被害人、举报人、控告人实施打击报复的；

（2）曾经对被害人、举报人、控告人实施打击、要挟、迫害等行为的；

（3）采取其他方式滋扰被害人、举报人、控告人的正常生活、工作的；

（4）其他可能对被害人、举报人、控告人实施打击报复的情形。

5. 审查被追诉人是否企图自杀或者逃跑

根据最高人民检察院、公安部《关于逮捕社会危险性条件若干问题的规定（试行）》第9条的规定，从以下几个方面考察被追诉人是否“企图自杀或者逃跑”：

（1）着手准备自杀、自残或者逃跑的；

（2）曾经自杀、自残或者逃跑的；

（3）有自杀、自残或者逃跑的意思表示的；

（4）曾经以暴力、威胁手段抗拒抓捕的；

（5）其他企图自杀或者逃跑的情形。

（四）审查被追诉人是否有逮捕必要性

即使被追诉人具备适用逮捕的条件，辩护律师还是要审查是否有逮捕必要性，如果没有，也可以提出不批准逮捕或不予逮捕的意见。根据最高人民检察院《人民检察院审查逮捕质量标准》第6条的规定，犯罪嫌疑人涉嫌的罪行较轻，且没有其他重大犯罪嫌疑，具有以下情形之一的，可以认为没有逮捕必要：

（1）属于预备犯、中止犯或者防卫过当、避险过当的；

（2）主观恶性较小的初犯、偶犯，共同犯罪中的从犯、胁从犯，犯罪后自首、有立功表现或者积极退赃、赔偿损失、确有悔罪表现的；

（3）过失犯罪的犯罪嫌疑人，犯罪后有悔罪表现，有效控制损失或者积极赔偿损失的；

（4）因邻里、亲友纠纷引发的伤害等案件，犯罪嫌疑人在犯罪后向被害人赔礼道歉、赔偿损失，取得被害人谅解的；

（5）犯罪嫌疑人系已满14周岁未满18周岁的未成年人或者在校学生，本人有悔罪表现，其家庭、学校或者所在社区以及居民委员会具备监护、帮教条件的；

（6）犯罪嫌疑人系老年人或者残疾人，身体状况不适宜羁押的；

（7）不予羁押不致危害社会或者妨碍刑事诉讼正常进行的其他无逮捕必要的情形。

（五）审查侦查机关有无违法犯罪行为

除可以审查案件和被追诉人本身的情况之外，辩护律师还可以审查侦查机关或者侦查人员有无违法犯罪行为，有无可能影响对案件公正处理的情形。

案例9-8 李某开设赌场案不批准逮捕

李某在某公司从事网络转账工作，工作三四个月后李某及其同事被异地公安机关以涉嫌开设赌场罪刑事拘留。拘留后李某家属接到承办民警打来的电话，让家属到公安机关了解情况，并告知李某情节较轻，交付些保证金后应可对李某取保候审。李某家属表示将与辩护律师一同前往，但承办民警要求李某家属不要带辩护律师，并说明辩护律师起不到任何作用。后李某家属与辩护律师沟通情况后，决定先由辩护律师去会见李某，再共同前往公安机关了解情况。

经会见，李某告知辩护律师其并不明知是为开设赌场的人员转账，没有犯罪故意。随后，辩护律师与李某家属共同前往公安机关，在表明各自身份后，承办民警遂告知只是让家属来领取李某随身物品，目前李某不符合取保候审条件，并不同意收取辩护律师的委托手续。后辩护律师通过邮政快递寄出委托手续及取保候审申请文件，也没有收到任何回复。在审查逮捕期间，辩护律师立即联系了检察机关，以口头和书面等方式提出李某并无开设赌场罪的主观故意，以及即便其行为构成犯罪，也属于情节轻微，不需要逮捕等法律意见，同时还指出侦查人员在侦办初期明确告知家属符合取保候审条件，后又无故改变意见，既不收取辩护律师的委托手续，也未依法回应取保候审申请，不尊重辩护律师及辩护意见，明显缺乏客观公正的办案立场，可能影响对案件的公正处理，并附上了相应的证据。检察机关经审查案件材料并重新提审李某后，最终对李某作出不予批准逮捕的决定。

第五节 实战运用：羁押必要性审查的辩护流程

辩护律师在审查逮捕阶段提出没有逮捕必要性或者羁押必要性的辩护意见未被采纳，人民检察院审查批准逮捕或者决定逮捕后，辩护律师可以就羁押必要性继续发表意见，申请审查羁押必要性，人民检察院应当对羁押的必要性进行审查。这也属于针对强制措施的程序性辩护，也可以申请或者要求变更或者解除强制措施的方式呈现。鉴于其特殊性，也单列一节进行阐述。

一、申请羁押必要性审查的依据

1.《刑事诉讼法》第95条规定："犯罪嫌疑人、被告人被逮捕后，人民检察院仍应当对羁押的必要性进行审查。对不需要继续羁押的，应当建议予以释放或者变更强制措施。有关机关应当在十日以内将处理情况通知人民检察院。"

2. 最高人民检察院《人民检察院刑事诉讼规则》（2019）第270条规定："批准或者决定逮捕，应当将犯罪嫌疑人涉嫌犯罪的性质、情节，认罪认罚等情况，作为是否可能发生社会危险性的考虑因素。已经逮捕的犯罪嫌疑人认罪认罚的，人民检察院应当及时对羁押必要性进行审查……"

3. 最高人民检察院、公安部于2023年11月30日颁布的《人民检察院 公安机关羁押必要性审查、评估工作规定》对犯罪嫌疑人、被告人被逮捕后羁押必要性的审查、评估工作作了详尽规定。

在司法实践中，辩护律师要掌握这些依据，运用好这些依据进行羁押必要性审查申请的辩护工作，对于当事人只认部分事实的案件，辩护律师如何既用好认罪认罚制度取得变更强制措施的效果，又能坚持事实和法律为当事人谋求最大的合法权益，需要制定更加周备的辩护策略。

案例9-9　李某某销售假冒注册商标的商品案逮捕变更为取保候审[①]

李某某因涉嫌销售假冒注册商标的商品罪被公安机关刑事拘留，同时办案机关委托第三方检测机构对产品进行了产品质量鉴定，经鉴定产品质量不合格，于是检察院以生产、销售伪劣产品罪对李某某批准逮捕。

徐州蒯春华律师接受委托担任李某某的辩护人，通过会见了解到，李某某对销售假冒注册商标的商品的事实没有异议，但是不认可产品不合格的鉴定意见，也不知晓产品系伪劣产品。之后辩护律师对案件进行反复分析、推敲，也与办案机关多次沟通，并向检察机关申请羁押必要性审查，后李某某向办案机关出具了认罪认罚悔过书，也委托家属退缴了违法所得，后检察机关向公安机关出具了变更强制措施（予以释放）建议书，李某某被变更强制措施为取保候审。

之后，检察机关以李某某涉嫌销售伪劣产品罪向法院移送起诉，历经多次庭审，法院最终变更罪名，改判李某某犯销售假冒注册商标的商品罪，判处有期徒刑10个月，并处罚金2万元。

二、申请羁押必要性审查的时间

辩护律师参与审查逮捕阶段是在有关机关作出逮捕决定之前，而羁押必要性审查是对已被逮捕的犯罪嫌疑人有无继续羁押的必要性进行审查，所以申请审查羁押必要性应当在逮捕决定作出之后提出。但如果是在逮捕之后立即就提出羁押必要性审查的申请，被立案的可能性较低，因为作出逮捕决定的机关和审查羁押必要性的机关均为检察机关，在很短的时间内改变原有的决定，继而建议释放或者变更强制措施的可能性是很小的。除了在侦查阶段可以对申请羁押必要性进行审查外，在审查起诉阶段和审判阶段均可以。

三、申请羁押必要性审查的程序

（一）申请的内容

如果辩护律师认为被逮捕的被追诉人没有继续羁押的必要性，可以依据

① 本案例由江苏万泉律师事务所主任蒯春华律师提供。

《刑事诉讼法》第95条的规定，申请人民检察院对羁押必要性进行审查。

（二）申请的机关

申请羁押必要性审查时，辩护律师原则上应当向办案机关对应的同级人民检察院刑事执行检察部门申请，如果检察机关没有设立刑事执行检察部门，则向负责刑事执行检察工作的专职人员申请。由于检察机关的侦查监督、公诉、侦查、案件管理、检察技术、羁押地派驻看守所检察室等部门均应对刑事执行检察部门给予配合，必要时，辩护律师也可以请求这些部门给予帮助。

需要注意的是，辩护人在向办案机关对应的同级人民检察院申请羁押必要性审查时，也可以通过多种方式向上一级人民检察院反映情况，多渠道促进辩护效果。

案例9－10 张某提供虚假证明文件案申请羁押必要性审查①

张某是某知名评估公司董事长，因某项目评估问题涉嫌提供虚假证明文件罪被C市公安机关刑事拘留。北京朱勇辉律师接受委托担任张某辩护人。经会见及了解相关情况后，辩护律师于2019年7月3日第一次向侦查机关提交了《取保候审申请书》，C市公安局于2019年7月5日以可能“毁灭、伪造证据，干扰证人作证或者串供”为由作出不予变更强制措施决定。随后，辩护律师向张某及家属进一步了解案件事实，并详细审查涉案评估项目相关资料，于2019年7月24日再次向C市公安局提交《变更强制措施为取保候审申请书》及相关附件材料，但第二次申请仍未获批准。侦查机关不同意取保候审，辩护律师将目标放在了批捕环节。在批捕审查阶段，辩护律师向C市检察院提出了《建议不予批捕法律意见书》，但未被采纳。2019年7月30日，C市检察院对张某批准逮捕。

虽然张某已被批准逮捕，但辩护律师并未放弃为其继续争取取保候审的机会。根据《刑事诉讼法》第95条的规定，批捕后检察机关仍应当对羁押的必要性进行审查。并且，根据《刑事诉讼法》第156条的规定，批捕后的羁押期限

---

① 本案例由北京京都律师事务所主任朱勇辉律师提供。

为两个月，如需延长须由上一级人民检察院批准。据此，辩护律师瞄准了张某被逮捕后羁押期限两个月即将届满这一时间节点，一方面向批准逮捕的 C 市人民检察院提出《羁押必要性审查申请书》，另一方面主动向 C 市上级人民检察院提交了《建议不予批准延长羁押期限的法律意见书》。在这两份文件中，辩护律师综合已知案件信息和相关材料，从评估报告是否为“虚假证明文件”、张某本人未参与评估项目也不负责管理该项目且不具备作案动机、张某在评估行业影响重大对其继续羁押将严重影响公司运营、张某一贯表现良好不具备社会危险性、对张某取保候审不会妨碍侦查、张某身体状况较差、对民营企业家应慎用羁押措施的相关法律和司法政策等七个方面，结合最高人民检察院发布的首批涉民营企业司法保护典型案例，详细论述了张某不具备羁押必要性的理由。经辩护律师向两级检察院的积极反映和争取，最终 C 市检察院经审查采纳辩护律师意见，出具《羁押必要性审查结果通知书》，认为没有继续羁押张某的必要，并向 C 市公安局提出变更强制措施的建议。至此，经过辩护律师的不懈努力，C 市公安局于 2019 年 9 月 27 日终于对张某作出取保候审决定。到了审查起诉阶段，通过继续辩护，检察机关最终对张某作出不起诉决定。

（三）申请的手续

辩护律师向人民检察院申请羁押必要性审查，应当提交诸如律师事务所证明、委托书或者法律援助公函、律师执业证书复印件、委托人身份证复印件等手续以表明辩护人的身份，与此同时，还应当说明不需要继续羁押的理由并提供相关证据或者其他材料。这一般是以羁押必要性审查申请书的方式呈现的。但在司法实践中，辩护律师还可能通过提供其他法律意见书或者进行实体性辩护达到申请羁押必要性审查的目的。

案例 9－11　桑某虚开增值税专用发票案逮捕变更为取保候审①

2021 年 12 月 21 日，桑某因涉嫌虚开增值税专用发票罪被刑事拘留。哈尔滨高明律师接受委托担任其辩护人。辩护律师通过会见桑某认为其行为不构成

① 本案例由黑龙江东禹律师事务所高明律师提供。

虚开增值税专用发票罪，理由在于：首先，桑某虚开增值税专用发票一方面是为了对公司进行注资，另一方面是为了增加公司现金流以便从银行贷款，主观上不是为了骗取国家税款。其次，通过对调查取证获取的财务账目进行整理核算发现，从第一张发票入账之时起，每个月公司财务账上均有留抵金额结余，且留抵金额在持续增长。由于公司自成立以来一直入不敷出，即使将涉案发票入账，实际上也达不到抵扣税款的目的，不可能给国家造成税收损失，因而辩护律师向检察机关递交了不予批准逮捕的辩护意见。但检察机关并未采纳，对桑某批准逮捕。待案件进入移送审查起诉阶段后，辩护律师向检察机关提交退回补充侦查意见，要求税务稽查部门对国家是否遭受损失问题予以进一步核实。检察机关采纳了辩护律师的意见，将该案退回公安机关补充侦查。后税务稽查部门经详细核实，认定桑某的行为的确未给国家造成税款损失。检察机关遂以“有无罪可能”对桑某变更强制措施为取保候审。

四、掌握羁押必要性审查的内容

掌握司法机关办理羁押必要性审查案件时应当审查的内容，了解加分项目、减分项目、否决项目等具体标准，有利于辩护律师说明不需要继续羁押的理由或者撰写“羁押必要性审查申请书”；有利于指导辩护律师提供有效证据或者材料，力争找到更多的加分项目，排除减分项目，尤其是绝对排除否决项目。

（一）审查内容

（1）被追诉人的基本情况，原案涉嫌的罪名、犯罪的性质、情节，可能判处的刑罚；

（2）原案所处的诉讼阶段，侦查取证的进展情况，犯罪事实是否基本查清，证据是否收集固定，被追诉人是否认罪，供述是否稳定；

（3）被追诉人的羁押期限是否符合法律规定，是否有相应的审批手续，羁押期限是否即将届满，是否属于羁押超过 5 年的久押不决案件或者羁押期限已满 4 年的久押不决预警案件；

（4）被追诉人是否存在可能作不起诉处理，被判处管制、拘役、独立适用附加刑，免予刑事处罚、判决无罪或者宣告缓刑的情形；

（5）被追诉人是否有认罪、悔罪、坦白、自首、立功、积极退赃、与被害人达成和解协议并履行赔偿义务等从宽处理情节；

（6）被追诉人是否有前科、累犯等从严处理情节；

（7）共同犯罪的，是否有不在案的共犯，是否存在串供可能；

（8）被追诉人的身体健康状况；

（9）被追诉人在本地有无固定住所、工作单位，是否具备取保候审、监视居住的条件；

（10）被追诉人的到案方式，是否被通缉到案，或者是否因违反取保候审、监视居住规定而被逮捕；

（11）其他内容。

案例 9－12　马某某非法买卖、运输危险物质案解除强制措施[①]

马某某因涉嫌非法买卖、运输危险物质罪被逮捕并被移送审查起诉。银川金帅律师接受委托担任马某某的辩护人。辩护律师通过会见和阅卷后认为马某某的行为不构成犯罪：一是不具备“非法”的条件；二是虽然违反了行政法规，但未达到刑事追诉条件；三是销售给靳某某的氰化钠确实用于合法生产；四是行为未造成任何危害后果，不具有刑事处罚性。故辩护律师提出不应当对马某某继续进行羁押。后检察机关采纳了辩护律师的意见，以“不需要继续羁押”为由释放了马某某。

案例 9－13　徐某组织未成年人进行违反治安管理活动案变更为取保候审[②]

2023 年 5 月 31 日，徐某因涉嫌组织未成年人进行违反治安管理活动罪被刑事拘留，后被批准逮捕。经查，徐某于 2018 年 11 月 2 日还因故意伤害罪被判处有期徒刑 1 年 6 个月。

宜昌冯愿妮律师接受委托担任徐某辩护人，通过会见和阅卷发现，徐某在

---

① 本案例由宁夏兴业律师事务所金帅律师提供。

② 本案例由北京大成（宜昌）律师事务所冯愿妮律师提供。

组织未成年人进行有偿陪侍活动中，组织人数为4人，组织时间不到2个月，从中获利不足4000元，情节较为轻微，量刑可能为拘役，这样就不构成累犯。另外，徐某系自首，到案后认罪态度好，积极缴纳罚金。因此，冯律师认为徐某符合取保候审的条件，且可能判处缓刑，于是向检察院递交了羁押必要性审查申请书，后意见被采纳，徐某被取保候审，最终被法院判处拘役5个月，缓刑8个月。

（二）加分项目

（1）积极退赃、退赔的；

（2）被害人有过错的；

（3）系在校学生犯罪的；

（4）在本市有固定住所、工作单位的；

（5）能够提供适格保证人或者缴纳足额保证金的；

（6）具备监视居住条件的；

（7）其他应当加分的情形。

（三）减分项目

（1）被追诉人不认罪或者供述不稳定，反复翻供的；

（2）矛盾尚未化解的；

（3）被追诉人在本市没有固定住所、固定工作，无力维持正常生活的；

（4）办案机关明确反对变更强制措施，认为有继续羁押的必要且具有合法、合理的理由的；

（5）被追诉人所在单位、所居住社区明确反对变更强制措施，认为有继续羁押的必要且具有合法、合理的理由的；

（6）其他应当减分的情形。

（四）否决项目

（1）具有《刑事诉讼法》第81条规定的情形的；

（2）具有重大社会影响，不宜进行羁押必要性审查的；

(3) 提供的申请材料故意造假的;

(4) 其他应当否决的情形。

五、羁押必要性审查申请书的格式

羁押必要性审查申请书

申请人：________律师事务所________律师。

通信地址及联系方式：____________________。

申请事项：对犯罪嫌疑人（被告人）________进行羁押必要性审查。

事实与理由：

犯罪嫌疑人（被告人）________因涉嫌________被执行逮捕，现羁押于________看守所。申请人作为其辩护律师，认为其具有下列情形，对其进行羁押没有必要，依法应当释放或者变更强制措施：

____

____

根据《中华人民共和国刑事诉讼法》第九十五条和《人民检察院刑事诉讼规则》的规定，特申请对犯罪嫌疑人（被告人）________有无继续羁押的必要性进行审查。

此致

____

申请人签名：

（律师事务所章）

年　月　日

六、目标未能实现后依然可以坚持

刑事辩护在刑事诉讼中是一个持续的过程，不管是申请变更、解除强制措施还是申请羁押必要性审查，不是申请了就能得到批准，实践中大量存在被驳回的情况，但申请被驳回后不意味着就要放弃，辩护律师还要根据案件具体情况，以及案件进展变化情况，持续跟进，不断向办案机关反映情况，提出诉求，为当事人谋取合法权益的最大化。

案例9－14 刘某某医保基金诈骗案在审判阶段变更为取保候审①

德阳市某民营医院院长刘某某于2017年3月被DY市公安局医保诈骗专案组刑事拘留，公安机关认为其涉嫌诈骗医疗保险基金达330余万元。

德阳唐朗军律师接受委托担任刘某某辩护人，向办案机关书面提交了《取保候审申请书》《羁押合法性审查律师意见》等，医院预交保证金20万元，但均未能变更强制措施。后检察机关以诈骗罪将案件移送法院提起公诉后，辩护律师继续从犯罪构成、鉴定人资格、鉴定方法、犯罪金额、全案证据未全部移交法院等方面提出了系统的意见。如针对本案的鉴定意见，鉴定人郭某某的职责是二级复核，没有直接编制报告，不具备司法会计鉴定资质，却直接负责了最高等级的复核工作；在计算方法上，鉴定人是以"药品实际使用量＝药品期初库存量＋药品实际进药量－药品期末库存量"的公式计算，没有考虑病历执行情况、医院存在私下购药等情况；鉴定统计的数量清单、具体指向的证据材料等，鉴定机构也未向法院提供；鉴定机构在送检材料完全一致的情况下针对同样药品却作出三份鉴定意见且前后矛盾。此外，该案移送法院起诉后，大部分案件材料却没有移送法院，仍继续保存于公安机关涉案财物保管中心，辩护律师数次通过法院协调阅卷无果。

在辩护人的积极争取下，检察院通过让被告人认罪认罚，将诈骗数额330余万元变更为3万余元，法院对被告人刘某某办理了取保候审后判处刘某某有期徒刑1年8个月，缓刑2年，罚金63000元。

---

① 本案例由四川君唐律师事务所唐朗军律师提供。

10

第十章 会见和阅卷

会见和阅卷是辩护律师在刑事诉讼中最常规的辩护工作，是辩护律师维护当事人合法权益的前提和基础，所以《刑事诉讼法》明确规定辩护律师享有会见权和阅卷权。如果这些权利受到限制或者阻碍，《刑事诉讼法》还赋予辩护律师进行救济的权利。因此，对于辩护人而言，一方面，要掌握正确开展会见和阅卷工作的方法和技能；另一方面，如果会见权和阅卷权受到限制或者阻碍，要积极进行抗议或者申诉、控告。这些都属于程序性辩护的内容，两者是相辅相成的。

第一节 案例精析：魏某贩卖、运输毒品案

——据理力争查阅案卷光盘

本节选取了笔者办理的一起贩卖、运输毒品案，在案件移送审判阶段后，辩护人要求查阅案卷光盘被承办法官拒绝，认为光盘不属于证据，不在律师阅卷范围内，后辩护人据理力争，才查阅到了案卷光盘，也为案件全方位的辩护奠定了基础。

◎ 案情简介

被告人魏某被检察机关指控涉嫌贩卖、运输毒品罪移送YC中级人民法院提起公诉，辩护律师到法院查阅案卷，发现起诉中载明“案卷材料和证据20册，光盘108张，硬盘1个”，于是要求查阅108张光盘，但承办法官拒绝，认为108张光盘不属于证据，不在律师阅卷范围内。

◎ 办案经过

辩护律师与承办法官进行多次口头和书面交涉，提出以下理由：

一、同步录音录像是毒品犯罪案件中非常重要的证据之一，属于刑事诉讼法规定的法定证据之一。

本案涉毒数量大，可能涉及死刑，关系到人的生命权，根据最高人民法院、最高人民检察院、公安部针对毒品案件颁布的《办理毒品犯罪案件毒品提取、扣押、称量、取样和送检程序若干问题的规定》，很多环节都要求进行录音录像或者拍照，用于证明证据收集的合法性，这些都是以视听资料和电子数据的形式呈现的，通常存储于光盘或者硬盘等载体内，虽然形式不同于纸质证据，但均属于刑事诉讼法规定的法定的证据之一，《中华人民共和国刑事诉讼法》第五十条规定“可以用于证明案件事实的材料，都是证据”，其后列举的八类证据就

包括了视听资料和电子数据。

二、辩护律师查阅复制案卷材料的范围不应受公诉机关是否作为证据出示为限。

根据《中华人民共和国刑事诉讼法》第四十条的规定，辩护律师自人民检察院对案件审查起诉之日起，可以查阅、摘抄、复制本案的案卷材料，并不以公诉机关是否作为证据出示为条件。本案辩护人多次向贵院申请复制涉案光盘，但承办法官以检察院没有将这些光盘作为证据进行出示为由予以拒绝，这是没有任何法律依据的，属于严重限制和剥夺辩护人的阅卷权。

三、不查阅毒品扣押、提取、称量的录音录像，无法确定侦查活动是否合法，收集的证据是否合法，辩护律师无法针对毒品物证、扣押毒品清单、扣押毒品笔录、提取毒品的笔录、称量笔录等的合法性进行质证。

四、限制和剥夺辩护律师的阅卷权可能会影响公正审判，属于程序违法，所作出的裁判可能会被二审法院撤销。

根据《中华人民共和国刑事诉讼法》第二百三十八条的规定，剥夺或者限制了当事人的法定诉讼权利，可能影响公正审判的，第二审人民法院应当裁定撤销原判，发回原审人民法院重新审判。为了避免司法资源的浪费，也恳请一审法院依法保障被告人和辩护的法定诉讼权利。

法院后经合议，最终同意律师查阅光盘，但只能在法院的办公场所查阅，不得复制，为了尽快了解案件情况，辩护律师连续几天到法院查阅光盘，同时也继续提出要求拷贝光盘的申请，因为本案涉及光盘 108 张，观看所需要的时间和精力巨大，以当前法院限制的时间、地点和方式，辩护律师很难全面完成辩护工作，很难全面保障被告人正当合法权益。辩护律师经查阅光盘后发现侦查机关扣押和称量毒品的程序违法，随后提出了非法证据排除申请。

第二节 会 见

会见是辩护律师最常见的工作之一，贯穿于整个刑事诉讼过程，因为所有辩护工作都需要通过会见被追诉人并征得其同意后才能进行。如果不能及时有效地会见被追诉人，辩护的效果会大打折扣。因此，辩护律师应当知道如何进行会见，以及会见受到限制或者阻碍后应当如何进行救济。

一、会见与程序性辩护

（一）会见是开展程序性辩护工作的前提和基础

程序性辩护是为了维护被追诉人的诉讼权利和定罪量刑以外的其他程序性合法权益，这些权利和权益与被追诉人密切相关，是否受到侵犯只有被追诉人自己最清楚，所以辩护律师需要通过会见与被追诉人沟通交流后，才能进行相应的程序性辩护。可见，会见是律师开展程序性辩护工作的前提和基础。

在侦查阶段，定罪量刑的证据尚未确定，在押的犯罪嫌疑人的诉讼权利容易受到侵犯，比如遭受刑讯逼供或者变相刑讯逼供，辩护律师只有通过会见知悉后才能帮助犯罪嫌疑人提出申诉、控告或者进行申请非法证据排除的程序性辩护。另外，辩护律师在侦查阶段无法阅卷，只有通过会见犯罪嫌疑人，才能了解到案件情况及犯罪嫌疑人自身情况，进而判断犯罪嫌疑人是否具备变更强制措施的条件，以便决定是否进行申请变更强制措施的程序性辩护。在审查起诉阶段和审判阶段，虽然辩护律师可以通过阅卷和调查取证获知案件情况，但仍然需要通过会见，才能知悉在押被追诉人的诉讼权利或者其他合法权益有无受到侵犯，进而决定是否需要进行程序性辩护。此外，辩护律师进行申请回避或者提出管辖异议等程序性辩护，也需要通过会见征得在押被追诉人的同意。由此可见，会见是开展程序性辩护工作的前提和基础。

（二）争取会见许可是交涉型和请求型程序性辩护

前面提到，根据《刑事诉讼法》第 39 条第 3 款的规定，对于危害国家安全犯罪、恐怖活动犯罪案件，在侦查期间辩护律师会见在押的犯罪嫌疑人，应当经侦查机关许可。因此，辩护律师要会见这两类案件的犯罪嫌疑人，应当首先向侦查机关申请会见，在征得侦查机关许可后才能到羁押场所进行会见。非律师的辩护人要想在审查起诉阶段和审判阶段会见被追诉人，也需要经过人民检察院和人民法院的许可。由于是否许可会见的决定权在侦查机关、人民检察院和人民法院，所以辩护人要想获得会见许可，应当就会见的必要性以及会见对案件办理的影响等问题，与这些机关进行积极的沟通和交涉，尽量打消这些机关的顾虑，争取会见许可。这个争取会见许可的过程本身就是一种程序性辩护。从辩护行使方式来看，它属于交涉型程序性辩护；从辩护产生的效果来看，它属于请求型程序性辩护。

（三）对限制和阻碍会见进行救济是抗辩型程序性辩护

会见权是律师辩护权中非常重要的一项权利。我国《刑事诉讼法》第 39 条第 1 款也明确规定辩护律师可以同在押的被追诉人会见。但在司法实践中，辩护律师行使会见权受到限制和阻碍的情况时有发生。在侦查阶段，定罪量刑的证据尚未收集完毕，侦查机关又非常重视口供，担心在押的犯罪嫌疑人会见辩护律师后会提高自我保护能力或者反侦查能力，所以经常以各种方法和手段限制或者阻碍辩护律师会见。在有些特殊情况下，在审查起诉阶段和审判阶段也会出现会见受到限制或者阻碍的情况。辩护律师遇到这类情况时，应当依法积极抗辩。由于能否及时会见，尤其是首次会见，有时会直接影响辩护效果，所以辩护律师除可以依法向同级或者上一级人民检察院申诉或者控告外，还可以向律师协会、司法行政部门、承办单位的上级机关，甚至信访部门投诉反映，多管齐下，以争取尽早会见到被追诉人。在司法实践中，会见受阻的情形多样化，很多辩护律师通过积极抗辩和争取，最终成功会见了当事人。在抗辩的过程中，除了争取到会见外，还可能有意外收获。下面这则案例就是辩护律师在争取会见的过程中，发现监委插手干预地方司法，最终将案件移送异地办理，为案件的公正处理奠定了基础。

案例10－1　甲职务犯罪案争取会见后变更管辖[1]

甲系YY县司法局退休干部，因涉嫌职务犯罪被YY县监委留置6个月，案件尚未办结。在YY县监委协调后，ML市公安局以甲涉嫌诈骗养老保险为由对其立案，并将甲非法拘禁在ML市监委的留置点。

北京丁慧敏律师接受委托担任甲的辩护人前往会见，各机关均明确表示当前系监委办案，不能会见。辩护律师查询湖南省公安厅阳光警务执法公开系统，显示甲被ML市公安局以涉嫌诈骗罪刑事立案，并被该局指定居所监视居住，办案人员系该局的两名民警。辩护律师联系到系统显示的ML市公安局办案人员以及局长后，他们均明确表示该案不由ML市公安局办理，强制措施也不是ML市公安局采取，并表示该案系由YY县公安局和监委联合办理，律师要会见应联系YY县公安局。

辩护人遂又多次电话联系YY县公安局警官，该警官承认案件确系其办理，但律师能否会见需由YY县公安局和监委领导决定。辩护律师又前往YY县监委协商会见问题，但监委拒绝了律师的要求。

协商无果后，辩护人前往YY县公安局、YY市公安局、ML市公安局反映ML市公安局虚开司法文书、涉嫌伪造国家机关公文的问题。既然该案并非由ML市公安局办理，强制措施也并非由ML市公安局采取，可见湖南省公安厅阳光警务执法公开系统显示的系虚假内容，存在有关机关伪造指定居所监视居住通知书等国家机关公文欺骗湖南省公安厅的情况。

根据当前判例，即便ML市公安局盖的是真章，只要公文内容是捏造的、虚假的，也构成伪造国家机关公文罪，且系实质伪造。辩护律师还找到了相关判例和案件，如山西省临汾市中级人民法院（2017）晋10刑终93号刘某伪造国家机关公文案（违法出具虚假的公务人员身份证明）、河南省商丘市中级人民法院（2016）豫14刑终253号张某等伪造国家机关公文案（出具虚假的警员身份证明）以及四川省江安县法院法官李某伪造民事调解书被判伪造国家机关公

---

① 本案例由北京大成律师事务所丁慧敏律师提供。

文罪案。

最终，在YY市公安局协调下，辩护律师在ML市监委办案点会见了甲。但之后还一直向有关机关反映ML市公安局涉嫌伪造国家机关公文犯罪，反映YY县监委在当地干预插手司法、阻碍律师会见等问题。甲涉嫌职务犯罪案在层报给湖南省监委后，被移送到了与YY监委没有任何隶属制约关系的CS县检察院和CS县法院审查起诉和审理，为案件能够得到公正处理打下了基础。

二、递交会见手续

我国《刑事诉讼法》第39条规定，对于危害国家安全犯罪案件、恐怖活动犯罪案件这两类特殊案件，辩护律师在侦查期间会见在押的犯罪嫌疑人应当经过侦查机关许可；除此之外，其他的在押人员包括在押的被告人和被监视居住的犯罪嫌疑人、被告人，辩护律师都有权会见，但必须向有关部门递交相应的手续。具体手续如下。

（1）律师执业证书。看守所要求查验原件，有的看守所还要求留存复印件，因此，辩护律师要提前准备好复印件。

（2）律师事务所证明。目前，有些地方司法部门对律师事务所证明有统一的格式文书。律师事务所证明范本如下：

律师会见在押犯罪嫌疑人（被告人）专用介绍信

[　　]第　　号

____________________：

根据《中华人民共和国刑事诉讼法》第三十四条、第三十九条以及《中华人民共和国律师法》第三十三条的规定，现指派本所________律师前往你处会见________案在押犯罪嫌疑人（被告人）________，请予安排。

（律师事务所章）

年　月　日

附：

1. 律师执业证复印件一份、委托书一份

> 2. 辩护人信息
>
> 姓　　名：　　　　　　　　　　执业证号：
>
> 电　　话：　　　　　　　　　　身份证号：
>
> 通信地址：
>
> 注：本介绍信用于律师会见在押犯罪嫌疑人（被告人）时，向羁押处所提供。

（3）委托书或者法律援助公函。委托书是针对委托辩护的案件，而法律援助公函则是针对法律援助的案件。委托书是由委托人出具的，法律援助公函则是由法律援助机构出具的。有的看守所要求每一次会见时都留存一份原件，为了防止不够使用，辩护律师应提前多准备一些委托书或者法律援助公函。委托书的范本如下：

> **委　托　书**
>
> （担任辩护人适用）
>
> 委托人________根据《中华人民共和国刑事诉讼法》第三十三条、第三十四条及《中华人民共和国律师法》第二十八条之规定，委托________律师事务所________律师担任________案犯罪嫌疑人（被告人）________的辩护人。
>
> 本委托书有效期自即日起至________止。
>
> 委托人（签名）：
>
> 年　月　日

（4）委托人与被追诉人之间的关系证明，如身份证、结婚证、户口簿等。虽然《刑事诉讼法》规定只需前面三证即可，但在实务中，各看守所和办案机关的要求不尽相同。为了会见的顺利进行，辩护律师最好带着相关证明，以备不时之需。

三、争取会见许可

（一）特殊案件在侦查阶段的会见许可

根据《刑事诉讼法》第 39 条第 3 款的规定，危害国家安全犯罪、恐怖活动犯罪案件，在侦查期间辩护律师会见在押的犯罪嫌疑人，应当经侦查机关许可。因此，辩护律师要会见这两类案件的犯罪嫌疑人，应当首先向侦查机关提出申请，征得侦查机关许可后，再到羁押场所递交会见手续。申请书的范本如下：

许可会见犯罪嫌疑人申请书

[　　]第　　号

__________：

根据《中华人民共和国刑事诉讼法》关于危害国家安全犯罪、恐怖活动犯罪案件有关会见的规定，申请人申请会见__________案在押犯罪嫌疑人________，请予以许可。

申请人：______________律师事务所______________律师

联系方式：______________

律师（签名）：

年　月　日

注：本文书用于侦查阶段辩护律师办理涉及刑事诉讼法等法律明确规定的需要许可会见的案件时申请会见使用。

（二）其他辩护人的会见许可

根据《刑事诉讼法》第 39 条的规定，在侦查阶段只有辩护律师才能会见在押的犯罪嫌疑人，非律师的辩护人是不能会见犯罪嫌疑人的。非律师的辩护人在审查起诉阶段和审判阶段虽然可以会见在押的被追诉人，但也必须经人民检察院、人民法院许可。因此，非律师的辩护人要会见在押的被追诉人，首先要向人民检察院、人民法院提出申请，在取得许可后才能会见。

需要注意的是，在会见需要经过许可的特殊情况下，是否许可会见的决定权在侦查机关、人民检察院和人民法院。因此，辩护人应当就会见的必要性以及会见对案件办理的影响等问题，与公安、司法机关进行积极的沟通和交涉，尽量打消公安、司法机关的顾虑，争取取得会见许可。这个争取会见许可的过程本身就是一种程序性辩护，属于交涉型程序性辩护。

四、确定会见目标

（一）建立信任关系和确认委托关系

对于在押的或者被监视居住的被追诉人而言，由于其人身自由受到限制，可能面临刑事处罚，故其容易产生恐慌和焦虑，对社会和他人的信任度往往会大幅降低。为了保障辩护的顺利进行，达到良好的辩护效果，辩护律师可以通过会见表现出对被追诉人的尊重、关心和支持，通过交流帮助其缓解紧张的情绪，通过解答咨询帮助其建立和恢复信心，从而与其建立信任关系，使其相信律师并愿意和律师交流案件的相关事实与法律问题。除要建立信任关系外，辩护律师还要与被追诉人确认委托关系。虽然辩护律师在会见时已经与被追诉人的监护人、近亲属确立了委托关系，但这样的委托关系仍然需要经过被追诉人本人的确认。所以，辩护律师在会见时应当明确告知自己的身份，介绍委托人的情况，询问被追诉人是否同意委托。如果同意，让其在委托书上签字、按手印；如果不同意，则应将不同意委托的情况如实记入笔录，交由被追诉人签字确认。

案例 10－2　沈某某职务侵占案通过会见建立信任

沈某某因涉嫌职务侵占罪被刑事拘留，刘律师受家属委托担任沈某某在侦查阶段的辩护人。在向侦查机关了解案件情况时，侦查人员告诉辩护律师，沈某某自己已经供认了侵吞公司财物的事实，并表示不需要律师。但辩护律师在会见的过程中发现：沈某某主要是担心妻子受牵连，自己幼小的女儿无人照顾，同时又受到了侦查机关的高强度讯问，心理早已崩溃，于是交代了是自己侵吞了公司财物，但实际上他是在公司领导的安排下做的。起初，沈某某并不愿意配合辩护律师的工作，也不愿意谈论任何案情。但辩护律师耐心向其进行讲解，并转达了其妻子的关心，告诉他妻子的近况，打消了沈某某的顾虑，沈某某由此开始相信辩护律师，并慢慢恢复了信心。

（二）了解、核实案件情况并确定辩护策略

除要与被追诉人建立信任关系和确认委托关系外，辩护律师更要通过会见向被追诉人了解案件的情况，包括实体方面与程序方面的情况，从而确定辩护的方向和策略。在侦查阶段，辩护律师无法阅卷，调查取证的能力也非常有限。辩护律师只有通过会见犯罪嫌疑人，才能了解到一手的案件情况。如果辩护律师不了解案件情况，辩护策略无从谈起。在审查起诉阶段和审判阶段，辩护律师虽然可以通过阅卷和调查取证了解案件情况，但仍然需要通过会见核实，通过沟通交流与被追诉人确定辩护策略。

案例 10－3 L 某制造毒品案争取会见获不起诉[①]

L 某系某生物制药公司的技术高管，与 L 某同为专业人士的“闺蜜”S 某携带其制作的涉案物质找 L 某帮忙提纯，L 某并不知道涉案物质的具体成分，S 某拿到提纯物后交给其制毒同伙。公安机关以 L 某涉嫌制造毒品罪立案侦查。

西安赵叶红律师接受委托担任 L 某的辩护人。由于案件发生在疫情期间，侦查阶段公安机关为以疫情为由，多次拒绝律师会见，辩护人由此推断公安机关此种做法目的在于获取有罪供述，L 某涉案应属证据不足，争取会见机会尤为重要。经过多方维权，终于在会见后同 L 某确认了其主观不明知的事实，还了解到侦查人员在讯问中反复要求 L 某供述主观上明知，要求其作有罪供述的情形。辩护人随即围绕 L 某不能被推定“明知涉案物品系毒品”阐述辩护观点并申请取保候审，但多次申请未果。随后，辩护人将办案重点移转至审查逮捕环节，重点准备了请求不批准逮捕意见书，并时刻跟进批捕进程，尽管检察机关两次对 L 某作出证据不足不批准逮捕决定，公安机关仍然坚持将 L 某随其闺蜜等人以制造毒品罪移送审查起诉，审查起诉期间辩护律师多次提交辩护意见充分阐述大量证明 L 某不知情的证据，最终检察机关决定对 L 某不起诉。

---

① 本案例由北京大成（西安）律师事务所赵叶红律师提供。

（三）提高被追诉人自行辩护的能力

除有权委托辩护外，被追诉人还有权自行辩护。由于被羁押的被追诉人通常处于孤立无助的状态，自行辩护的能力非常弱，所以辩护律师要通过会见，向被追诉人介绍刑事诉讼程序，告知其在刑事诉讼程序中的权利、义务，以及其权利行使方式及放弃权利和违反法定义务可能产生的后果，指导其运用法律的武器保护自己，从而提高其自行辩护的能力。

五、会见的注意事项

（一）遵守看守所依法作出的有关规定

中华全国律师协会《律师办理刑事案件规范（2017）》第26条第1款规定："辩护律师会见在押犯罪嫌疑人、被告人应当遵守看守所依法作出的有关规定。未经允许，不得直接向犯罪嫌疑人、被告人传递药品、财物、食物等物品，不得将通讯工具提供给犯罪嫌疑人、被告人使用，不得携犯罪嫌疑人、被告人亲友会见。"

在实践中，有些辩护律师因未能正确应对来自被追诉人及其家属的压力，或者受到委托人的欺骗，未经看守所允许，而有意或者无意地在被追诉人和其家属之间充当"信使"的角色。这样的做法不但违反了看守所依法作出的规定，还可能帮助被追诉人隐匿、毁灭、伪造证据或者串供，在严重的情况下还可能导致律师被追究刑事责任。因此，辩护律师在会见时一定要特别加以注意，如果要传递相关物品，应当经过有关主管部门的允许。虽然中华全国律师协会《律师办理刑事案件规范（2017）》第26条第2款规定辩护律师可以接受被追诉人提交的与辩护有关的书面材料，也可以向被追诉人提供与辩护有关的文件与材料，但为了保险起见，在接受和提供与辩护有关的文件与材料时，最好告知有关主管部门。

（二）不得帮助被追诉人隐匿、毁灭、伪造证据或者串供，不得进行妨碍司法机关诉讼活动的行为

《刑事诉讼法》第44条第1款规定："辩护人或者其他任何人，不得帮助

犯罪嫌疑人、被告人隐匿、毁灭、伪造证据或者串供，不得威胁、引诱证人作伪证以及进行其他干扰司法机关诉讼活动的行为。”《刑法》第306条还规定了辩护人毁灭证据、伪造证据、妨害作证罪，即在刑事诉讼中，辩护人毁灭、伪造证据，帮助当事人毁灭、伪造证据，威胁、引诱证人违背事实改变证言或者作伪证可构成该罪。因此，辩护律师应该严格遵守法律法规的规定，不得通过会见帮助被追诉人隐匿、毁灭证据或者伪造无罪、罪轻的证据，干扰正常的司法活动。

（三）不得暗示、指使、诱导被追诉人及其家属行贿

我国《刑法》中明确规定了行贿罪和介绍贿赂罪。根据《律师法》第40条第5项的规定，律师在执业过程中不得向法官、检察官、仲裁员以及其他有关工作人员行贿、介绍贿赂或者指使、诱导当事人行贿。在实践中，在押的被追诉人的家属都希望辩护律师能尽快会见到被追诉人，希望被追诉人尽快出来，希望被追诉人在羁押场所受到关照而不遭罪。辩护律师可以通过会见对被追诉人进行人文关怀，传递其家属亲友的关心，让其打消顾虑，或者进行鼓励，但要坚持底线，绝不能暗示、指使、诱导被追诉人及其家属向有关机关或者人员行贿，以达到不法目的。

（四）不得泄露当事人的隐私或者知悉的其他情况或信息

《刑事诉讼法》第48条规定，“辩护律师对在执业活动中知悉的委托人的有关情况和信息，有权予以保密。但是，辩护律师在执业活动中知悉委托人或者其他人，准备或者正在实施危害国家安全、公共安全以及严重危害他人人身安全的犯罪的，应当及时告知司法机关”。根据《律师法》的相关规定，会见活动是律师的执业活动之一，律师对在会见过程中获悉的犯罪嫌疑人、被告人或者委托人的隐私、有关情况和信息，应当予以保密。律师泄露个人隐私的，由设区的市级或者直辖市的区人民政府司法行政部门给予警告，可以处1万元以下的罚款；有违法所得的，没收违法所得；情节严重的，给予停止执业3个月以上6个月以下的处罚。可见，对知悉的当事人的个人隐私予以保密，不但是辩护律师的权利，也是辩护律师的义务。

六、不同诉讼阶段的会见工作

在会见被追诉人之前，辩护律师应当根据从委托人、知情人员、办案人员那里或者从案卷中了解到的案件情况，做好法律方面的准备工作，并制订明晰、缜密的会见计划，列好问题提纲。对于不同阶段的会见，辩护律师的工作侧重点是有所不同的。

（一）侦查阶段的会见工作

侦查阶段是辩护律师接触犯罪嫌疑人最早的阶段。在初次会见时，辩护律师对案件情况可能了解得非常少，犯罪嫌疑人也最需要获得法律上的辅导，所以侦查阶段的会见是非常重要的。对于那些经过许可才得以会见的，辩护律师更应当珍惜会见的机会，提前做好准备工作。通常而言，侦查阶段的会见工作，主要包括以下三个方面的内容。

1. 了解案件情况

向犯罪嫌疑人了解案件情况是辩护律师在侦查阶段会见时非常重要的工作内容，因为这直接决定着辩护律师在侦查阶段的辩护方向。一般情况下，辩护律师在初次会见时应当重点向犯罪嫌疑人了解以下内容：（1）犯罪嫌疑人的个人信息等基本情况；（2）犯罪嫌疑人是否实施或参与所涉嫌的犯罪；（3）犯罪嫌疑人对侦查机关侦查的事实和罪名是否有异议；（4）犯罪嫌疑人无罪、罪轻的辩解；（5）犯罪嫌疑人有无自首、立功、退赃、赔偿等从轻、减轻或免予处罚的量刑情节；（6）犯罪嫌疑人有无犯罪预备、犯罪中止、犯罪未遂等犯罪形态；（7）立案管辖是否符合法律规定；（8）采取强制措施的法律手续是否完备、程序是否合法；（9）是否存在刑讯逼供等非法取证的情况，以及其他侵犯人身权利或诉讼权利的情况；（10）犯罪嫌疑人及其亲属的财物被查封、扣押、冻结的情况；（11）侦查机关收集的供述和辩解与律师会见时的陈述是否一致，有无反复以及出现反复的原因；（12）其他需要了解的与案件有关的情况。对于之后的会见，辩护律师应根据实际情况进行相应的调整。

通过会见犯罪嫌疑人，辩护律师应当实现“五个了解”，即了解犯罪嫌疑人及其陈述的案件基本事实，了解犯罪嫌疑人对自己行为的态度和认识，了解案件中可能影响定罪量刑的基本问题，了解已经进行的讯问情况，了解侦查程序是否合法。

2. 提供法律咨询

辩护律师在会见时除了向犯罪嫌疑人了解案件情况，还应当解答犯罪嫌疑人提出的法律问题，通过提供相应的法律咨询让犯罪嫌疑人了解相关的权利及法律规定。这主要包括但不限于以下内容。

（1）关于基本诉讼权利的法律咨询。此阶段犯罪嫌疑人的基本诉讼权利主要包括以下内容：①有不被强迫证实自己有罪的权利；②有对办案机关的侵权行为、程序违法行为提出申诉和控告的权利；③有申请侦查人员回避的权利；④有知悉鉴定意见和提出异议的权利；⑤有对刑事案件管辖提出异议的权利；⑥有刑事和解的权利。

（2）关于强制措施的法律咨询，主要包括以下内容：①强制措施的种类；②强制措施的条件、适用程序的法律规定；③强制措施期限的法律规定；④申请变更强制措施的权利及条件。

（3）关于侦查机关讯问方面的法律咨询，主要包括以下内容：①犯罪嫌疑人对侦查人员的讯问有如实回答的义务，对与本案无关的问题有拒绝回答的权利；②犯罪嫌疑人对侦查人员制作的讯问笔录有核对、补充、更正的权利以及在确认笔录没有错误后签名的义务；③犯罪嫌疑人有要求自行书写供述和辩解的权利；④犯罪嫌疑人有如实供述犯罪事实以获得从宽处罚的权利。

（4）关于犯罪构成与证据方面的法律咨询，主要包括以下内容：①刑法及相关司法解释关于犯罪嫌疑人所涉嫌罪名的相关规定；②刑法及相关司法解释关于从重、从轻、减轻以及免予处罚的相关规定；③关于刑事案件的举证责任的相关规定；④关于证据的含义、种类及收集、使用的相关规定；⑤关于非法证据排除的相关规定。

辩护律师在为犯罪嫌疑人提供法律咨询的过程中，应结合犯罪嫌疑人的知识水平和认知能力，尽量使用其能够理解的用语进行回答；在对法律规定进行分析的过程中，要结合案件的具体情况进行解读，切忌机械地念法条。

3. 进行人文关怀

了解案件情况和提供法律咨询是律师会见犯罪嫌疑人时最重要的工作内容。

除此之外，辩护律师还要对犯罪嫌疑人进行适当的人文关怀。在侦查阶段的早期，很多犯罪嫌疑人还无法适应被羁押的状态，处于孤立无援的状态，辩护律师可通过询问犯罪嫌疑人的身体状况，询问是否需要给其在看守所存钱或者生活用品，告知犯罪嫌疑人其关心的亲人的现状，在不妨碍侦查的情况下代为转达亲属的问候和与案件无关的口信等方式进行人文关怀，可以让犯罪嫌疑人打消顾虑，减轻思想负担和精神压力，配合辩护律师的工作，以达到好的辩护效果。

案例 10 -4　张某被拘留后的会见未进行人文关怀影响辩护效果

辩护律师王某某在会见完犯罪嫌疑人张某后与其家属见面。在介绍完律师工作后，张某的母亲问道："王律师啊，我儿子在里面是胖了还是瘦了啊？里面的饭菜伙食好不好啊？有没有人欺负他啊？"王律师说："对不起，我以前从来都没有见过你儿子，我怎么知道他瘦了还是胖了。我又没在里面待过，没吃过里面的饭菜，我怎么知道伙食好不好。"张某的母亲稍有不悦，又问："那我儿子有没有给我带什么话啊？"王律师又说："我们只顾了解案件的情况和进行法律分析了，这些事情还没来得及说。"这时，张某的母亲十分不高兴地说："那麻烦您再去会见一次。我有几句话要带给他，看看我儿子有什么要跟我说的。"

虽然法律没有明确规定律师在会见时必须对犯罪嫌疑人进行人文关怀，也没有把这项工作作为律师的义务，但对犯罪嫌疑人进行必要的人文关怀是律师会见时非常重要的一项内容。如果这项工作没有做到位，可能会影响律师与犯罪嫌疑人及其家属之间的关系，也会间接影响辩护效果。

（二）审查起诉阶段的会见工作

相比于在侦查阶段，辩护律师在审查起诉阶段可以通过查阅案卷和调查取证更加全面地了解案件情况，所以辩护律师在这个阶段的会见工作，除了常规的了解案件情况、提供法律咨询和进行人文关怀等外，主要是核实有关证据和获取取证线索。

1. 核实有关证据

根据《刑事诉讼法》第 39 条和第 40 条的规定，辩护律师自人民检察院对案件审查起诉之日起，可以查阅、摘抄、复制本案的案卷材料，可以向被追诉人核实有关证据。因此，在审查起诉阶段，辩护律师在阅卷后，可以通过会见犯罪嫌疑人，向其核实有关证据，如犯罪嫌疑人的供述和辩解、被害人陈述以及证人证言是否真实，对犯罪嫌疑人取证的程序是否合法，对物证、书证及鉴定意见是否有异议。辩护律师可通过向犯罪嫌疑人核实证据，找到证据中存在的问题，从而为质证和辩护方案的制订奠定基础。辩护律师还可以通过会见犯罪嫌疑人，审查是否存在侦查机关在侦查期间收集的证明犯罪嫌疑人无罪或者罪轻的证据材料未提交的情况，如果存在，还可以申请人民检察院进行调取。

2. 获得取证线索

相比于在侦查阶段，辩护律师在审查起诉阶段享有更多的调查取证的权利：在征得同意的情况下，辩护律师不但可以向证人或者其他有关单位和个人收集与本案有关的材料，还可以在经人民检察院许可后向被害人或者其近亲属、被害人提供的证人收集与本案有关的材料。但辩护律师具体应当向谁调查取证，调查收集什么证据，除了依靠在查阅案卷中发现线索外，更多的是向犯罪嫌疑人本人了解线索，因为犯罪嫌疑人是当事人，最清楚、最了解事情发生的经过和过程。因此，获得取证线索是辩护律师在审查起诉阶段的会见工作的内容。

（三）一审阶段的会见工作

一审阶段对被告人而言是非常重要的阶段，需要到庭面对法官和检察官，需要被核实身份、接受讯问和发问、对证据进行质证、发表辩护意见以及进行最后陈述。被告人在法庭上的表现可能直接影响定罪和量刑，因此，辩护律师需要通过会见对在押被告人进行充分的庭前辅导，就发问提纲、质证提纲、举证提纲、辩护提纲以及辩护方案与其进行充分的沟通。本部分工作具体包括以下内容。

1. 告知具体的庭审程序

虽然被告人已经经历了侦查阶段和审查起诉阶段，但并不意味着被告人对于走向法庭做好了充分的准备。有些被告人，尤其是初犯，之前并未经历过法庭审理，并不了解法庭审理的程序，不知道在什么阶段应该做什么以及要怎么做，如果不提前告知其具体的庭审程序，不但会影响庭审效率，也会影响庭审效果。所以，辩护律师在一审阶段会见被告人时一定要向被告人介绍整个法庭审理的程序，对被告人进行庭前辅导。这主要包括以下内容。

（1）庭前会议。庭前会议是2012年《刑事诉讼法》新增的程序，辩护律师应当提前向法院了解自己办理的案件是否要召开庭前会议，以及庭前会议是否会通知被告人参加，然后通过会见告知被告人。对于要通知被告人参加庭前会议的案件，辩护律师应当告知被告人庭前会议要解决哪些问题，被告人应当如何参与庭前会议以及对哪些问题发表意见，让被告人做好参加庭前会议的准备。

（2）开庭审理。对于第一审案件，人民法院都应当开庭审理。辩护律师应当在会见时向被告人介绍开庭审理的流程，告知被告人其在法庭核实身份、控辩审三方对被告人发问、法庭调查、法庭辩论以及被告人最后陈述等流程和环节中的权利和义务，告知每一个流程和环节中应注意的问题和所要解决的问题及所要达到的目标，让被告人做好参加开庭审理的准备。

2. 告知被告人在庭审中的诉讼权利

在会见时除要告知被告人具体的庭审程序外，辩护律师还要告知被告人在庭审中享有的诉讼权利，听取被告人的意见并告知被告人应当如何行使这些权利。具体包括：（1）对案件管辖有无异议；（2）是否申请回避；（3）是否申请调取证据；（4）是否适用简易程序；（5）是否公开审理；（6）是否申请通知证人出庭作证；（7）是否申请鉴定人出庭作证；（8）是否申请具有专门知识的人员出庭；（9）是否申请非法证据排除。

3. 充分交流辩护方案和策略

辩护律师应当在开庭审理前研究证据材料，有关法律、判例，熟悉案件涉及的专业知识，拟订辩护方案，准备发问提纲、质证提纲、举证提纲、辩护提纲等。除了自己做好这些庭前准备，辩护律师还要将这些准备通过会见与被告人进行充分的沟通和交流，让被告人了解辩护方案和策略，在庭审过程中与辩护律师做好配合，从而达到最佳的辩护效果。

（四）二审阶段的会见工作

第二审程序有可能开庭审理，也有可能不开庭审理。由于开庭审理更有利于辩护律师充分发表辩护意见，所以争取二审开庭审理是二审辩护律师的一项非常重要的工作。这本身也属于程序性辩护的范畴。不管能否争取到二审开庭审理，辩护律师都需要通过会见与当事人进行沟通，完成二审辩护工作。本阶段的会见工作具体包括以下内容。

1. 告知当事人二审程序和处理后果

有些当事人第一次参与第二审程序，对该程序的流程可能完全不了解，所以辩护律师在会见时，要告诉当事人二审程序的内容、流程，以及可能产生的维持原判、发回重审或者直接改判等处理结果，以便当事人做好充分的应对和思想准备。对于要开庭审理的案件，辩护律师还要在会见时告知当事人第二审具体的庭审程序，尤其是与第一审开庭程序的差异。

2. 了解当事人对一审裁判的意见

第二审程序的辩护律师在二审阶段的工作包括协助当事人提出上诉、协助当事人确定上诉的请求和理由、代写上诉状、申请开庭审理、确定二审辩护思路、发表二审辩护意见等，而这些工作都需要在了解当事人对一审裁判意见的基础上完成。所以，辩护律师在二审阶段的会见工作就是要重点了解当事人对一审裁判的意见，包括对一审裁判中的事实认定、证据认定、法律适用、诉讼程序等各个方面的意见。对于原审被告人的二审辩护律师而言，虽然原审被告人没有提起上诉，也没有不服一审裁判，但其也应当了解原审被告人对一审裁判的意见，以便应对检察机关的抗诉和其他被告人上诉可能影响当事人权益的情况。

3. 了解过往程序中的辩护情况

没有经历过案件侦查阶段、审查起诉阶段和一审阶段的二审辩护律师，可以通过会见了解过往的庭审情况和辩护情况，尤其是一审阶段的庭审情况和辩护情况，再结合一审裁判的内容进行有针对性的分析，以确定二审辩护的思路和重点。如果二审辩护思路与一审辩护思路一致，则要做到辩护意见的衔接；如果二审辩护要改变思路，则要突出改变的原因和依据。

4. 充分沟通辩护思路和方案

二审的处理结果与一审的处理结果不同，辩护律师应当根据引起二审程序的诉由确定辩护思路：（1）对于上诉案件，重点围绕上诉所涉及的事实、证据及法律适用问题展开辩护。对于法律适用错误的，请求二审人民法院撤销原判，进行改判；对于事实不清、证据不足的，可以请求二审人民法院发回原审法院重新审判；对于已经发回重审过一次的案件，应当直接要求二审人民法院按疑罪从无原则宣告当事人无罪。（2）对于抗诉案件，根据抗诉对原审被告人产生的影响确定辩护思路和意见。对于不利于原审被告人的抗诉，应当维护原审判决，请求二审人民法院驳回抗诉，维持原判；对于有利于原审被告人的抗诉，应当支持抗诉，以期二审人民法院撤销原判，作出对原审被告人有利的改判。（3）对于既有上诉又有抗诉的案件，应当重点围绕上诉请求和理由展开辩护，同时兼顾抗诉请求和理由，分别不同情况，支持有利于上诉人、原审被告人的抗诉，反对不利于上诉人、原审被告人的抗诉。关于这些辩护思路与方案，辩护律师都需要通过会见与当事人进行充分的沟通与交流。

七、特殊情形下的会见

不同诉讼阶段的会见工作有不同的关注点，司法实践中还会存在一些特殊情形，导致会见受阻。辩护律师应当针对不同情形积极抗辩，争取成功会见当事人。下面通过分享收集到的真实案例来了解一些律师取得会见成功的经验。

（一）指定居所监视居住中的会见

监视居住是强制措施的一种。普通监视居住是在被追诉人的住处执行，但在实践中很多办案机关采取的是指定居所监视居住，即在指定的居所执行监视居住。虽然不是在羁押场所和专门的办案场所执行，但被指定居所监视居住的人的自由也是受到严格限制的，因为这类强制措施通常被用在危害国家安全犯罪、恐怖活动犯罪或者其他特殊犯罪的被追诉人身上。虽然我国《刑事诉讼法》规定辩护律师有权会见被监视居住的被追诉人，但在实践中辩护律师会见被指定居所监视居住的被追诉人容易受到阻碍。辩护律师在遇到这类情况时，应当积极抗辩，进行程序性辩护。

案例 10－5 吴某帮助信息网络犯罪活动案争取会见变更指定居所监视居住①

2021 年 11 月 2 日，吴某因涉嫌帮助信息网络犯罪活动罪被 A 市公安局刑侦大队指定居所监视居住。武汉王锐律师接受当事人家属委托担任吴某的辩护人，随后立即赶赴 A 市会见吴某，但被 A 市公安局刑侦大队以该案件为一起部督案件且犯罪嫌疑人认罪态度不佳为由拒绝。针对会见权无法得到保障的情形，辩护律师立即采取以下措施：第一，向侦查机关提交“会见申请书”，列明侦查机关对辩护律师所依法享有的会见权应当予以保障的规范依据；第二，与当事人家属一同前往 A 市公安局信访部门反映情况，向当日值班的副局长反复申明，辩护律师的会见权不因案件性质与犯罪嫌疑人认罪态度如何而有所改变，无论该案件是否为部督案件，也无论犯罪嫌疑人是否如实供述，侦查机关均应无条件依法保障辩护律师的会见权；第三，预先备好“限制律师会见控告书”，随时准备拨打“12309”向人民检察院相关部门投诉、控告，以主张权利。在采取上述措施 2 天后，辩护律师接到侦查机关的通知，对吴某的强制措施由指定居所监视居住转为刑事拘留。辩护律师最终得以在看守所顺利完成会见。

（二）涉黑涉恶案件中的会见

自中共中央、国务院于 2018 年 1 月发出《关于开展扫黑除恶专项斗争的通知》以来，全国范围内开展了一系列扫黑除恶专项斗争，涉黑涉恶刑事案件剧增。涉黑涉恶案件的当事人众多，会见需求激增，加上有的地方对涉黑涉恶案件的破案率规定了指标，侦查人员的侦办压力加大，在客观上和主观上都导致在涉黑涉恶案件中出现会见难的问题。因涉黑涉恶案件并不属于需要经过侦查机关许可会见的案件范围，故辩护律师在会见受阻时，应当积极进行程序性辩护。

① 本案例由湖北武珞律师事务所王锐律师提供。

案例 10－6　晏某寻衅滋事案指定居所监视居住期间争取会见[①]

2021 年 11 月 11 日，晏某因涉嫌寻衅滋事罪被湖南省 A 市公安局指定居所监视居住。2022 年 1 月，湖南省 A 市公安局在抖音、微信公众号及《潇湘晨报》、新闻株洲、新浪网、潇湘警务通、法制视点、网易新闻、腾讯网等，发布《关于公开征集晏某、吴某、杨某、刘某等人涉黑涉恶犯罪团伙违法犯罪线索和证据并敦促主动投案自首的通告》。长沙毛雄律师和邵晓青律师接受委托担任晏某的辩护人，并向 A 市公安局提出会见的请求，但均遭到拒绝。为了维护律师的会见权，辩护律师通过多渠道展开维权工作：一是向办案机关提交书面的会见申请书；二是向律所所在地及侦查机关所在地的律协、司法局提出维护律师执业权利的申请；三是向上级检察院及湖南省人民检察院提出纠正阻碍律师行使诉讼权利的违法行为的申诉，反复申明律师行使会见权的合法性、合理性及必要性；四是向湖南省公安厅的网上及线下投诉渠道就阻碍律师行使诉讼权利的违法行为进行投诉。在积极争取和持续沟通下，A 市公安局终于在 2021 年 12 月 14 日安排辩护律师会见了犯罪嫌疑人。

（三）特殊情形下的会见

自全国新冠疫情暴发以来，各地均采取了严格的防疫防护措施。由于看守所等羁押场所人员密集，一旦有病例输入，容易暴发大规模疫情，如山东任城监狱在 2020 年曾确诊 207 例新冠肺炎病例，造成严重后果，因此，各地羁押场所根据疫情实际情况适时采取有效的防控措施是必要的，但防控措施应当合理，而且还应当积极探索和采取视频等无接触方式安排会见，切实保障律师的执业权利。如果羁押场所以防控疫情为名不合理地限制律师的会见权，则辩护律师应当积极反映、抗辩，以维护自己的执业权利。现在疫情虽已结束，但律师争取会见的方式方法仍可参考。

---

① 本案例由北京大成（长沙）律师事务所毛雄律师提供。

案例10-7 蒋某某涉嫌犯罪争取会见[①]

蒋某某因涉嫌犯罪被大连市公安局××分局刑事拘留。厦门柳燕律师在接受委托后意欲前往大连市看守所会见蒋某某。辩护律师于2021年12月多次向大连市看守所打电话预约会见，但看守所均以辩护律师所在省份或行程码经历的省份有1例新冠病例为由拒绝安排，并告知行程码所经历的省份零增长后14天才可以电话预约会见，且病例不区分是本土确诊的还是境外输入的。由于疫情不时在某些省份出现，这种规定极大地限制了在全国各地出差的刑事律师的会见权，因此，辩护律师向辽宁省公安厅申请信息公开，要求公开法律依据和省公安厅的文件，并向辽宁省和大连市两级检察院邮寄提交了要求按照《关于依法保障律师执业权利的规定》（司发〔2015〕14号）、《关于进一步保障和规范看守所律师会见工作的通知》（公监管〔2019〕372号）保障律师会见权利的投诉信。

辽宁省公安厅在收到信息公开申请之后，安排工作人员与辩护律师进行沟通，解释了为什么会在疫情状态下采取这种特殊措施。但辩护律师明确提出：即使在疫情状态下看守所关于管理会见的规定也要有合理性，并且要采取合理的解决方案保障会见。之后，在辽宁省公安厅的介入下，大连市看守所安排了辩护律师进行会见。

（四）对已决犯的会见

根据《刑事诉讼法》的规定，对已决犯是由公安机关送交监狱执行刑罚。对被判处有期徒刑的罪犯，在被交付执行刑罚前，剩余刑期在3个月以下的，由看守所代为执行。对未成年犯则是在未成年犯管教所执行刑罚。但不管是在监狱、看守所还是在未成年犯管教所，已决犯都有申诉的权利和会见律师的权利，不应受到限制或阻碍。辩护律师接受委托，代已决犯申诉或者申请再审的，会见已决犯是一项基本的权利，应当得到保障。如果会见权遭受侵犯，辩护律师可以进行抗辩，进行维护会见权的程序性辩护。

---

① 本案例由福建众宁律师事务所柳燕律师提供。

（五）律师助理的协助会见

最高人民法院、最高人民检察院、公安部、国家安全部、司法部于2015年9月16日印发的《关于依法保障律师执业权利的规定》第7条第4款规定："……犯罪嫌疑人、被告人委托两名律师担任辩护人的，两名辩护律师可以共同会见，也可以单独会见。辩护律师可以带一名律师助理协助会见。助理人员随同辩护律师参加会见的，应当出示律师事务所证明和律师执业证书或申请律师执业人员实习证。办案机关应当核实律师助理的身份。"第48条规定："本规定所称'律师助理'，是指辩护、代理律师所在律师事务所的其他律师和申请律师执业实习人员。"因此，辩护律师带所在律师事务所的其他律师和申请律师执业实习人员协助会见，是《关于依法保障律师执业权利的规定》明确规定的，看守所等羁押场所不能予以阻碍和限制，否则辩护律师可以进行抗辩。

案例10－8　厉某职务侵占案律师助理争取协助会见[1]

厉某因涉嫌职务侵占罪被羁押在G市第一看守所。北京陈丽莎律师接受委托担任厉某的辩护人。除此之外，厉某的家属还在当地聘请了Z律师担任辩护人。因开庭在即，会见工作需要一名律师助理予以协助，故陈丽莎律师于2020年11月4日与同一律师事务所的D律师一同前往G市第一看守所，由D律师协助会见。但看守所不同意D律师以律师助理的身份一同参与会见，除非厉某的家属解除对Z律师的委托。辩护律师在现场与看守所民警进行了抗辩，并将随身携带的《关于依法保障律师执业权利的规定》《关于进一步保障和规范看守所律师会见工作的通知》中的相关规定进行出示，提出带同所律师作为案件律师助理协助会见是具有法律依据的，不应当受到阻碍，但现场交涉无果。辩护律师随即向G市人民检察院、G市律协、G市司法局、G市公安局、G省律协、G省司法局和G省公安厅一一进行电话投诉，拨打了50余次电话，希望有关部门能纠正看守所的错误做法。之后，该省公安厅相关负责人主动联系了辩护律师，在听取了投诉事项、事实和理由后，表示立即安排看守所进行整改。次日，辩护律师与D律师一同顺利会见到了厉某。

---

① 本案例由北京天达共和律师事务所陈丽莎律师提供。

第三节 阅 卷

查阅案卷材料是辩护律师非常重要的一项辩护工作。通过阅卷，辩护律师可以全面、详细地了解案件情况，审查对被追诉人定罪量刑的证据是否确实充分，判断案件程序、事实认定和法律适用是否存在问题，然后与被追诉人进行沟通交流，形成有效的辩护思路和方案。因此，能否及时查阅到案卷材料以及是否掌握有效的阅卷方法对于辩护律师而言是非常重要的。

一、阅卷与程序性辩护

（一）阅卷是开展程序性辩护工作的前提和基础

辩护律师进行程序性辩护需要基于案件程序事实，而这些程序事实大部分是要通过阅卷才能获知的。比如，辩护律师进行申请非法证据排除的程序性辩护，首先要确定对哪些证据申请排除，只有通过阅卷，才能确定物证和书证是否是按照法定程序收集；只有通过阅卷，才能结合会见被追诉人的情况和调查取证的情况，知悉哪些讯问笔录和询问笔录是通过非法手段取得的。又如，辩护律师在审查起诉阶段或者审判阶段申请变更或者解除强制措施，需要了解被追诉人是否不符合逮捕条件，是否可以适用取保候审或者监视居住措施，而只有通过阅卷了解案件事实以及被追诉人的情况才能进行准确判断。再如，辩护律师申请回避或者提出管辖异议，也需要通过阅卷了解犯罪行为和犯罪结果发生地、主要犯罪地以及被追诉人居住地等信息。由此可见，阅卷是开展程序性辩护工作的前提和基础。

（二）争取阅卷许可是交涉型和请求型程序性辩护

阅卷权是辩护律师的一项法定权利。只要案件进入审查起诉阶段，辩护律师就有权利进行阅卷，不需要经过许可。但非律师的辩护人要阅卷，则需要经过人民检察院、人民法院的许可。由于是否许可阅卷的决定权在人民检察院和人民法院，所以非律师的辩护人要想阅卷，需要与相关部门进行积极的沟通和交涉，打消相关部门的顾虑，争取获得阅卷许可。这个争取许可的过程本身就是一种程序性辩护。从辩护行使方式来看，它属于交涉型程序性辩护；从辩护产生的效果来看，它属于请求型程序性辩护。

案例10-9　甲某组织、领导黑社会性质组织案争取阅卷[①]

甲某因涉嫌组织、领导黑社会性质组织罪等罪名被移送审查起诉。济南王之虎律师接受委托担任甲某的辩护人，在其向检察机关递交委托手续要求阅卷时，检察机关以案卷材料较多，电子卷宗仍旧在刻录过程中为由拒绝辩护律师阅卷。由于审查起诉阶段所剩时间不多，加上涉黑案件的案卷材料繁杂，如果不能及时阅卷，就无法履行辩护职责，所以，王律师根据《刑事诉讼法》和最高人民检察院《人民检察院刑事诉讼规则》的有关规定，积极跟检察机关交涉，提出：辩护律师在递交委托手续后，负责案件管理的部门应当及时安排阅卷。即便存在电子卷宗未刻录完成的原因，无法及时安排，也应当在法定3个工作日以内予以安排。与此同时，王律师还主动向省检察机关相关部门反映情况，沟通本案在阅卷方面存在的困难，表达了律师的阅卷权应该得到充分保障的合理诉求。在王律师的积极沟通和交涉下，检察机关终于进行了阅卷安排。

（三）对限制和阻碍阅卷进行救济是抗辩型程序性辩护

自人民检察院对案件审查起诉之日起，辩护律师就享有法定的阅卷权，不应受到限制和阻碍。这几年随着司法的进步，“阅卷难”问题得到了一定的解决。有些检察机关将案卷材料电子化之后直接向辩护律师提供光盘，为辩护律师阅卷节省了大量的时间和精力。这是阅卷方面非常重大的进步。但有的地方还存在限制或者阻碍辩护律师阅卷的情形，比如限制阅卷的时间或者限制阅卷的方式。辩护律师遇到这类情况时，应当依法积极进行抗辩，向同级或者上一

① 本案例由浙江靖霖（济南）律师事务所王之虎律师提供。

级人民检察院申诉或者控告，由人民检察院通知有关机关予以纠正。这个过程属于抗辩型程序性辩护。

案例 10－10 谢某某诈骗案争取阅卷①

2018 年 9 月 22 日，犯罪嫌疑人谢某某因涉嫌诈骗罪被××区公安分局刑事拘留。成都郑陈蜀律师接受委托担任谢某某的辩护人。案发后，谢某某之父代为退赃 15 万元，被害人刘某放弃利息损失并出具谅解书，请求司法机关对谢某某从宽处理。后公安机关对谢某某提请批准逮捕，检察机关经审查认为案件事实不清、证据不足，作出不批准逮捕的决定。公安机关遂对谢某某变更强制措施为取保候审，并对案件继续侦查。案件侦查终结后，公安机关认为案件事实清楚、证据确实充分，以谢某某涉嫌诈骗罪为由将案件移送至检察机关审查起诉。根据承办本案的检察机关的规定，对羁押性强制措施案件的案卷材料进行扫描刻盘，辩护律师可在检察服务大厅申请领取光盘实现阅卷，但对非羁押性强制措施案件的案卷材料不进行扫描刻盘，辩护律师只能联系承办检察官申请阅卷。由于谢某某在审查起诉阶段被采取的是取保候审这一非羁押性强制措施，所以本案属于非羁押性强制措施案件，谢某某的辩护律师只能联系承办检察官申请阅卷。但承办检察官以案件尚未提起公诉为由拒绝了辩护律师的阅卷要求。

辩护律师当场即根据《刑事诉讼法》关于辩护律师阅卷权的规定向承办检察官提出了异议，并要求检察机关和承办检察官依法履行职务以保障辩护律师的阅卷权，但承办检察官依然拒绝辩护律师阅卷。随后，辩护律师前往检察机关的检察服务大厅，对承办检察官的违法行为进行了投诉。检察服务大厅接到辩护律师的投诉后及时联系了刑事检察部门负责人进行接待。在辩护律师将申请阅卷受阻的情况向刑事检察部门负责人进行全面介绍后，刑事检察部门负责人当场要求承办检察官依法履行职务以保障辩护律师的阅卷权。最终，辩护律师顺利完成了阅卷工作。后辩护律师得知承办检察官原系某市看守所的驻所检察官，工作岗位刚轮换至刑事检察部门，对审查起诉工作还未全面熟悉，才出现了未及时保障辩护律师阅卷权的状况。

---

① 本案例由北京大成（成都）律师事务所郑陈蜀律师提供。

二、递交阅卷手续

根据《刑事诉讼法》第 40 条及相关司法解释的规定，辩护律师自人民检察院对案件审查起诉之日起，可以查阅、摘抄、复制本案的案卷材料，人民检察院也应当允许辩护律师查阅、摘抄、复制本案的案卷材料。可见，自人民检察院对案件审查起诉之日起，阅卷权就是辩护律师的一项法定权利。因此，辩护律师在递交相关委托手续后，可以与相关司法机关联系，要求阅卷，而无须额外递交阅卷申请或者其他手续。但辩护人如果不具有律师身份，查阅、摘抄、复制案卷材料还是要经人民检察院、人民法院许可，因此，辩护律师以外的辩护人要阅卷的，除需要向人民检察院、人民法院递交委托手续外，还需要提出阅卷申请或者提交司法机关要求的其他手续。

三、阅卷前的准备工作

（一）确定阅卷时间

自案件移送审查起诉之日起，辩护律师就可以向人民检察院或者人民法院提出阅卷要求，并与有关部门确定阅卷的时间。阅卷一般是由人民检察院、人民法院负责案件管理的部门安排，由办案部门提供案卷材料。最高人民检察院《人民检察院刑事诉讼规则》（2019）第 49 条第 1 款明确规定："因办案部门工作等原因无法及时安排的，应当向辩护人说明，并自即日起三个工作日以内安排辩护人阅卷，办案部门应当予以配合。"可见，该规则对阅卷时间作了一定的限制，故辩护律师要在时间上予以争取。

（二）确定阅卷场所

最高人民检察院《人民检察院刑事诉讼规则》（2019）第 49 条第 2 款规定，人民检察院应当为辩护人查阅、摘抄、复制案卷材料设置专门的场所或者电子卷宗阅卷终端设备。对于在人民法院的阅卷没有类似的规定。为了保障阅卷的顺利进行，辩护律师在阅卷前最好与相关部门确定好阅卷的场所。

（三）确定阅卷方式

不管是在人民检察院阅卷还是在人民法院阅卷，阅卷的方式都不应当受到限制，包括摘抄、复印、拍照、扫描、刻录等。为了保证阅卷的顺利进行，辩护律师在阅卷前最好确定阅卷方式，并向相关部门了解针对不同阅卷方式需要做的准备工作。

（1）确定摘抄的，要准备好笔和纸；

（2）确定复印的，要咨询或者实地考察接待的人民检察院或人民法院是否配备复印的仪器或者设备，是否需要自备复印所需的纸张等；

（3）确定拍照的，要准备好相机、手机等拍照设备，确保拍照设备能正常工作，并最好带着备用电池或者充电器；

（4）确定扫描的，要准备好扫描仪等扫描设备，确保扫描设备的正常运行，并最好带着备用电池或者充电器；

（5）确定刻录的，要咨询接待的检察院或法院是否需要自备空白的光盘等物品。

案例 10－11　甲某故意杀人案争取复印案卷①

2014 年 4 月，合肥王金胜律师接受委托担任一起涉嫌故意杀人罪被告人甲某的辩护人，前往安徽省 L 市中级人民法院进行阅卷。在联系承办法官并到办公室后，承办法官将 3 本案卷递到辩护律师面前，并告知“根据法院内部规定，法院不提供复印设备，只能拍照，不能复印”。辩护律师当时并未携带相机，便申请到法院门口复印案卷，但被承办法官拒绝，要求辩护律师回去携带相机再来阅卷。辩护律师向承办法官出示《刑事诉讼法》及相关司法解释的规定，提出辩护律师复制案卷材料的方式不应受到限制，而且法院也应当提供便利。但承办法官仍然不同意。辩护律师遂向法院领导投诉。在沟通协商后，辩护律师最终成功复印到了案卷。

四、阅卷的范围和内容

一般来说，辩护律师可以查阅、摘抄、复制案件的诉讼文书和证据材料。到了审判阶段，诉讼文书和证据材料除包括在侦查阶段形成的诉讼文书和证据

① 本案例由北京大成（合肥）律师事务所王金胜律师提供。

材料外，还包括人民检察院在审查起诉阶段形成的诉讼文书和证据材料，甚至包括退回补充侦查形成的诉讼文书和证据材料。但是，对于合议庭、审判委员会的讨论记录以及其他依法不公开的材料，辩护律师不得查阅、摘抄、复制。

辩护律师应当认真研读全部案卷材料，根据案情需要制作阅卷笔录或案卷摘要。辩护律师阅卷时应当重点了解以下事项：(1) 被追诉人的个人信息等基本情况；(2) 被追诉人被认定涉嫌或被指控犯罪的时间、地点、动机、目的、手段、后果及其他可能影响定罪量刑的法定、酌定情节等；(3) 被追诉人无罪、罪轻的事实和材料；(4) 证人、鉴定人、勘验检查笔录制作人的身份、资质或资格等相关情况；(5) 被害人的个人信息等基本情况；(6) 侦查、审查起诉期间的法律手续和诉讼文书是否合法、齐备；(7) 鉴定材料的来源、鉴定意见及理由、鉴定机构是否具有鉴定资格等；(8) 同案被追诉人的有关情况；(9) 证据的真实性、合法性和关联性，证据之间的矛盾与疑点；(10) 证据能否证明起诉意见书、起诉书所认定涉嫌或指控的犯罪事实；(11) 是否存在非法取证的情况；(12) 涉及未成年人的刑事案件，在未成年人被讯问时法定代理人或合适成年人是否在场；(13) 涉案财物查封、扣押、冻结和移送的情况；(14) 其他与案件有关的情况。

五、常用的阅卷方法

辩护律师可以根据自身的习惯和案件的特点，采用不同的阅卷方法。常见的阅卷方法包括以下几种：

(1) 提纲挈领法。在阅卷过程中，以起诉意见书、起诉书或判决书为切入点，根据这些文书中查明的犯罪事实，有针对性地去查阅指控犯罪所依据的证据材料，顺着司法机关的逻辑思路寻找证据上的漏洞与疑点。

(2) 彩笔圈阅法。在阅卷过程中，对于案卷材料中的重点内容、关键信息，分别使用不同颜色的彩笔画线圈点，以便识别。

(3) 列表排序法。列表是对某一类同性质事实、证据最直观的归纳，可以清晰地理出繁杂的案卷材料中的特定信息。这一方法在复杂案件中用处最大。对于案情较为重大、复杂，具有多个犯罪事实的案件，可逐一梳理，通过每人一表、每案一表、时序列表、口供列表、证人证言列表、分类列表、横向对比、纵向印证等整理，理清逻辑，便于分析。

（4）重点索引法。对于案卷材料中重要的材料或者证据，如对犯罪嫌疑人非常有利的或者极其不利的证据，必须特别标注，单独整理、装订、列明，同时注明卷宗编号、页码。

（5）归纳整理法。可以按照案卷材料的种类或者证明内容进行归类、总结，如将证据分为犯罪嫌疑人的供述和辩解、证人证言、被害人陈述、书证、物证、鉴定意见、视听资料和电子证据等，或者分为证明犯罪嫌疑人犯罪事实的证据，证明犯罪嫌疑人具有从轻、减轻、免除处罚情节的证据，证明侦查程序违法的证据等。这样既方便查阅，也有利于围绕案件焦点问题归纳、总结辩护要点，整理逻辑思路，最终形成辩护意见。

六、阅卷的注意事项

（一）保密

根据《刑事诉讼法》第48条的规定，辩护律师对在执业活动中知悉的委托人的有关情况和信息，有权予以保密。因此，辩护律师对于在阅卷过程中知悉的委托人的有关情况和信息，是有权予以保密的，保密的对象不但包括司法机关及司法工作人员，也包括家属、证人和其他案外人员。需要注意的是，虽然我国《刑事诉讼法》中使用的是“有权”一词，但从维护当事人合法权益的角度出发，这里的保密不但是律师的一项权利，也是律师的一项义务。

根据中华全国律师协会《律师办理刑事案件规范（2017）》第37条的规定，律师参与刑事诉讼获取的案卷材料，不得向被追诉人的亲友以及其他单位和个人提供，不得擅自向媒体或社会公众披露。辩护律师查阅、摘抄、复制的案卷材料属于国家秘密的，应当经过人民检察院、人民法院同意并遵守国家保密规定。律师不得违反规定披露、散布案件重要信息和案卷材料，或者将其用于本案辩护、代理以外的其他用途。

（二）妥善保管案卷材料

辩护律师查阅、摘抄、复制案卷材料后，不管是对于摘抄的案卷材料还是复制的案卷材料，不管是对于纸质版的案卷材料还是电子版的案卷材料，都应当妥善保管，不得随意放置，案件办结后应当及时归档，防止案卷材料遗失。

案例 10－12　未妥善保管案卷导致不利后果

在一起强奸案中，犯罪嫌疑人张某的辩护律师在接受委托后就开始着手案件的办理，到检察院递交手续并复制了所有的案卷材料。一天，张某的母亲李某来找辩护律师询问案件的进展情况。李某趁辩护律师出办公室倒水、泡茶、上厕所之际，用数码相机拍走了放在办公桌上的案件全部材料。此后，李某看到了对被害人白某的询问笔录，并通过该询问笔录中载明的白某的联系方式联系到了白某，表明只要白某向公安机关重新说明其是自愿与犯罪嫌疑人张某发生性关系的，他们可以用 5 万元私了这个案件，以弥补白某的精神损失。后来，李某被公安机关抓获，辩护律师也因没有尽到妥善保管案卷材料的义务而受到牵连。

在上述案件中，辩护律师在接待委托人的过程中，将案卷散放在办公桌上，在离开办公室时也没有尽到注意义务，没有妥善保管案卷，给委托人提供了偷拍和复制的可乘之机。

（三）摘抄、复制应当准确、完整

辩护律师在摘抄、复制案卷材料时，应当保证摘抄、复制的材料的准确性和完整性，避免因摘抄、复制错误或者不完整，而形成错误的辩护思路。在不同阶段，阅卷的侧重点有所不同：如果在审查起诉阶段已经阅过卷，那么在一审阶段应重点关注审查起诉阶段新增而尚未被查阅的部分。如果到了二审阶段，除了在一审阶段可以查阅的内容，要重点查阅第一审程序的开庭笔录、被告人及其辩护人在一审阶段递交的辩护意见和辩护词等。对于人民检察院提出抗诉的案件，辩护律师还应当认真查阅和复制人民检察院递交的抗诉书，了解和掌握人民检察院抗诉的理由；对于其他被告人提起上诉的案件，辩护律师也应当认真查阅和复制其他被告人及其辩护人或者近亲属递交的上诉状或者人民法院制作的笔录，了解其他被告人上诉的理由，以及与自己的当事人之间有无利害关系。